浙江省“十一五”重点建设教材

汽车类专业素质拓展系列教材

新能源汽车技术

主　编　周梅芳　黄正军

副主编　吴　君　张正中

Qichelei

Zhuanye Suzhi Tuozhan Xilie

Jiaocai

浙江科学技术出版社

图书在版编目(CIP)数据

新能源汽车技术/周梅芳主编. —杭州：浙江科学技术出版社,2014.8(2015.9重印)

汽车类专业素质拓展系列教材

ISBN 978-7-5341-5890-2

Ⅰ. ①新… Ⅱ. ①周… Ⅲ. ①新能源—汽车—高等学校—教材 Ⅳ. ①U469.7

中国版本图书馆CIP数据核字(2014)第074406号

丛 书 名 汽车类专业素质拓展系列教材
书　　名 新能源汽车技术
主　　编 周梅芳　黄正军
副 主 编 吴　君　张正中

出版发行 浙江科学技术出版社
网　　址 www.zkpress.com
杭州市体育场路347号　邮政编码：310006
销售部电话：0571-85171220
排　　版 杭州大漠照排印刷有限公司
印　　刷 杭州丰源印刷有限公司
经　　销 全国各地新华书店

开　　本 787×1092　1/16　　**印　张** 16.75
字　　数 385 000
版　　次 2014年8月第1版　　2015年9月第2次印刷
书　　号 ISBN 978-7-5341-5890-2　**定　价** 39.00元

责任编辑 张祝娟　　**责任美编** 孙　菁
责任校对 赵　艳　　**责任印务** 崔文红

汽车类专业素质拓展系列教材

编撰委员会

主　任　王怡民

副主任　谈黎虹

成　员　（以姓氏笔画为序）

马林才　王怡民　吕新龙　李增芳

邱英杰　张　瑜　陆叶强　季永青

金柏正　周梅芳　胡允达　柴勤芳

钱守义　徐澍敏　翁茂荣　谈黎虹

本书主编　周梅芳　黄正军

本书副主编　吴　君　张正中

本书编著者　方晓汾　周梅芳　吴　君　黄正军　阮帅帅

刘大学　张正中

本书主审　谈黎虹

编写说明

汽车产业是中国国民经济重要的支柱产业，产业链长，关联度高，就业面广，消费拉动大，在国民经济和社会发展中发挥着重要作用。当今中国汽车产业高速发展，形成了多品种、全系列的各类整车和零部件生产及配套体系，已成为世界汽车生产大国。随着汽车保有量的增多、新技术的出现，汽车后服务的岗位也相应增多，需要越来越多的汽车应用型人才。

浙江省共有27所高职院校开设汽车类专业，主要开设的专业有汽车运用技术、汽车检测与维修技术、汽车技术服务与营销、汽车制造与装配技术、汽车电子技术、汽车整形技术等。汽车类专业在加大专业核心课程建设力度的同时，为拓展学生的知识面，提高汽车类专业学生的综合素质，增强就业能力，都开设了面向专业方向的拓展类课程。

为了体现汽车行业发展的最新信息，促进汽车类专业学生职业能力和职业素质的全面提高，浙江省高职高专教育交通运输汽车类教学指导委员会经调查研究和分析，从汽车类专业方向的课程中找出有共性的、开设面较广的《汽车类专业素质拓展系列教材》，包括“汽车文化”“汽车保险与理赔实务”“新能源汽车技术”“汽车商务礼仪”“汽车使用技术”5门课程作为汽车专业学生的拓展类课程，并成功申报了浙江省“十一五”重点教材建设项目。

本系列教材面向汽车类专业，由全省10余所高职院校共同参与编写。本系列教材以就业为导向，以提高学生职业综合素质为宗旨，每本教材根据课程特点不同有不同的编写体系，各有特色，但均突出对学生职业核心能力和职业综合素质的培养，切实提高学生的职业迁移能力，使其能快速适应社会、职业发展的需要，真正成为高素质技能型的汽车类专门人才。

该系列教材的开发与出版将有利于促进高职高专汽车后服务类专业的教学改革、师资建设和专业发展，为我国汽车后服务产业高技能人才的培养做出贡献。

最后，我们感谢参加本系列教材编著和审稿的各位老师付出的辛勤劳动。由于编写时间和协调等原因，本系列教材还存在一些不足和错漏，希望各位老师和学生提出宝贵意见，使我们不断改进和完善这套教材。

编委会

2013年3月

前　言

汽车作为重要的交通工具，为人们生活带来便捷和舒适的同时，也带来了诸多负面影响。随着世界各国汽车保有量的不断增加，能源消耗、环境污染和温室效应已经成为全球性难题，寻求替代能源、发展绿色交通已刻不容缓。新能源汽车以汽油、柴油之外的非常规的车用替代燃料或电能、太阳能等作为动力能源，具有污染较小、噪声较低、转换效率较高、使用成本较低等优点，被视为汽车工业节能减排、减少对石油依存的最有效途径。汽车工业较为发达的德国、英国、美国、法国、日本等国家，在20世纪中期就开始致力于新能源汽车的研发，其中美国着重研究燃料电池汽车，欧洲更崇尚于零污染的纯电动汽车，而日本选择了混合动力汽车作为重点发展方向，其技术已领先世界其他国家。近几年，随着电动汽车关键技术瓶颈突破预期的增强，各国政府逐步加大政策的支持力度，全力推进电动汽车产业化。当前，大部分汽车制造商都致力于开发电动汽车，如美国福特、克莱斯勒，日本丰田、三菱、日产，韩国现代，法国Courreges等。我国对新能源汽车的研究和发展虽然起步较晚，但在国家政策的大力支持下，发展非常快。目前，我国汽车工业以纯电驱动作为技术转型的主要战略方向，重点突破电池、电机和电控技术，推进纯电动汽车产业化发展。国内整车制造企业，如一汽、东风、上汽、宇通、比亚迪、众泰、青年、吉利、奇瑞等也纷纷推出自主研发和设计的混合动力汽车及纯电动汽车。我国纯电动汽车及主要关键部件，如动力电池、驱动电动机等快速发展，使我国的纯电动汽车在新能源汽车技术领域有机会与西方发达国家在同一个层面上竞争。

新能源汽车产业是我国“十二五”国家战略性新兴产业发展规划之一，是汽车工业未来的发展方向。随着新能源汽车在汽车领域产业化的有序推进，新能源汽车的安全维护、使用、检测与维修等方面的专业技术人才需求也会逐步扩大。针对社会这一发展需求，高职院校汽车类专业纷纷开设或预开设新能源汽车技术课程，但至今尚无合适的出版教材可供高职院校教学使用，尤其是以具体车型为载体、系统介绍新能源汽车结构及检修技术等内容的教材几乎没有，为此编写本书，供教学使用。

本书采用项目化方式编写，共分6个项目、17个任务。项目一，对各种汽车新能源的使用特点、环境影响以及在汽车上的应用等内容进行了全面系统的阐述；项目二、项目三，为本书的重点部分，详细介绍了纯电动汽车和混合动力汽车的动力驱动部分（包括驱动系统、动力源系统、充电系统以及控制系统）的结构、工作原理、部件拆装以及故障检修等内容；项目四、项目五和项目六，分别介绍了燃料电池汽车、太阳能汽车和气体燃料汽车的结构、工作原理、关键技术及应用等内容 。本书编写具有以下特色：

1. 以新能源具体车型，如众泰5008EV、丰田Prius为载体，采用任务驱动、项目化形式编写，具备当前高职高专课程教学改革的特点，符合项目化教学的需求。

2. 涵盖了目前的主流新能源车型，内容全面、图文并茂、形象具体，表述简洁、通俗易懂、可读性强、适用性好。

3. 纯电动汽车及混合动力汽车的检修内容，是根据企业维修服务的典型工作任务进行改造的，具有较强的实践性和实用性。

4. 每个任务都附有学习目标、相关知识、任务小结和习题，利于教师在教学中把握重点、难点，便于读者理解和巩固所学知识。

5. 由多所示范院校的骨干教师参与编写，同时邀请了众泰控股集团和浙江天煌科技实业有限公司的技术骨干参与，具有较强的代表性和鲜明的校企合作特色。

本书可作为高职高专汽车类相关专业的教学用书，也可作为从事新能源汽车相关领域的工程技术人员、管理人员和科研人员的参考用书。

本书由浙江经济职业技术学院的谈黎虹教授担任主审，金华职业技术学院周梅芳、黄正军担任主编，由浙江经济职业技术学院吴君与金华职业技术学院张正中担任副主编。其中，项目一由衢州职业技术学院方晓汾编写，项目二由金华职业技术学院周梅芳负责编写，项目三由浙江经济职业技术学院吴君与金华职业技术学院黄正军编写，项目四由浙江交通职业技术学院阮帅帅编写，项目五由浙江交通职业技术学院刘大学编写，项目六由金华职业技术学院张正中编写。本书的编写还得到了众泰控股集团苏根业工程师以及浙江天煌科技实业有限公司裘奕晨工程师的悉心指导和大力支持，在此对他们为本书编写所付出的辛勤劳动表示衷心的感谢。

限于作者对新能源汽车技术知识理解及编写水平，书中难免有一些错误和描述不当之处，恳请各位读者批评指正。

编著者

2013 年 12 月

目　录

CONTENTS

项目五　太阳能汽车技术应用

项目六　气体燃料汽车技术应用

绪　论

一、发展新能源汽车的必要性

汽车作为重要的交通工具，为人们生活带来便捷和舒适的同时，也带来了环境污染、能源消耗等许多负面影响。因此，大力发展新能源汽车是实现汽车工业节能减排的有效途径。发展新能源汽车的必要性如下：

1. 能源危机。汽车的发展主要是以地球上有限的矿物燃料资源为基本前提的，随着世界各国汽车保有量的不断增加，石油在交通领域的消费逐年增长。国际能源机构(IEA)的统计数据表明，2001年全球57%的能源消费在交通领域，美国达到67%，中国的石油消耗仅次于美国。预计到2020年，交通用油占全球石油总消耗的62%以上。随着石油资源的危机凸显，石油的价格也不断飙涨。从1973年到2013年这40年时间里，石油价格从每桶(159L)3美元上升到70美元。2008年受中亚政局动荡和世界经济危机影响，石油价格曾飙升到140美元。与此同时，石油危机也频频引发了世界各国的纷争和战争。因此，石油资源已成为世界各国共同关注的焦点。为减少对石油的依赖，各国都把发展新能源汽车作为战略制高点。

2. 环境污染。交通能源消耗是造成局部环境污染和全球温室气体排放的主要原因之一。据统计，大气污染42%来源于交通运输，2010年汽车尾气排放量占空气污染源的64%，其中CO的排放量占80%以上、NO_X占40%以上，城市颗粒污染占20%～30%。据有关部门2002年统计，在全国600多座城市中，空气质量达到一级标准的城市不足1%。近几年，我国多个省份出现雾霾天气，波及1/4国土面积，影响约6亿人。汽车尾气排放对环境造成的污染已经严重危害人们的生活和健康。

汽车尾气排放中的CO_2虽然不会对人体造成直接的危害，但大气中大量的CO_2抑制了地球的散热，使地球温度上升，产生温室效应，导致全球气候变暖。据1998年统计，因矿物燃料燃烧排放CO_2最多的是美国、其次是中国和俄罗斯。法国在发达国家中排放量相对较少。

目前我国石油对外依存度已经接近51%，按照我国车用燃油消耗量以年均12%的增长速度估算，到2020年，我国原油对外依存度将达到70%以上，石油供应安全受到严峻挑战。我国原油消耗情况和未来预测如图0-1所示。因此，我国发展新能源汽车是应对节能减排重大挑战的需要，同时也是汽车产业实现跨越式发展和提升国际竞争力的需要。

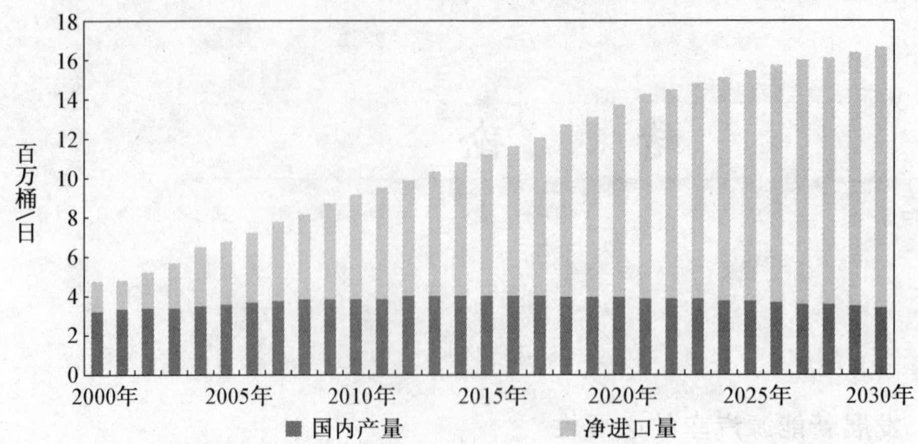

图 0－1　我国原油消耗情况和未来预测

二、新能源汽车分类及特点

2009 年 7 月 1 日，我国正式实施了《新能源汽车生产企业及产品准入管理规则》，明确指出：新能源汽车是指采用非常规的车用燃料作为动力来源(或使用常规的车用燃料、采用新型车载动力装置)，综合车辆的动力控制和驱动方面的先进技术，形成的技术原理先进，具有新技术、新结构的汽车。新能源汽车包括电动汽车和替代燃料汽车。

(一) 电动汽车

全部或部分由电机驱动，并配置大容量电能储存装置的汽车统称为电动汽车。电动汽车主要包括纯电动汽车、混合动力电动汽车、燃料电池电动汽车、太阳能电池电动汽车等。

1. 电动汽车的特点。

(1) 污染小。电动汽车排放量很低，其中纯电动汽车和燃料电池电动汽车在使用过程中实现零排放，一般无直接污染物，其间接污染物主要产生于非可再生能源的发电和氢气制取过程。电力的来源多种多样，可以是火电、水电、风力发电、太阳能发电以及核电，从发电厂的源头来控制污染和节能更加容易、更加有效。如瑞士，全国 45％来自水力发电，10％来自清洁能源，其余 45％依靠核电。在发达国家中，法国排放量相对较少，主要是因为在产业、民生部门更多使用和依靠核能、水能发电的电能。

混合动力电动汽车工作在最佳功率状态，其排放量达到最低，在纯电动行驶模式下同样具有零排放的效果。另外，电动汽车比同类燃油车辆噪声也降低了。

(2) 效率高。在比较采用不同能源转换系统的汽车的能量转换效率时，通常用综合燃料效率的概念。综合燃料效率是指燃油从开采、炼制以及加注到油箱和车辆行驶过程中的能量效率的乘积。图 0－2 为各种类型车辆的燃油综合效率比较。

从图中可见，传统燃油汽车实际使用过程平均能量利用只有 15％左右。燃料电池电动汽车的综合效率最高，达到 29％；其次为混合动力 HEV；纯电动汽车 EV 若充电效率从 70％提高到 80％，能量效率可达 24％，若采用风能、太阳能和核电，则可进一步提高能量利用效率。

(3) 使用成本低。电动汽车购置成本比较高，通常比传统车型高 30％～50％，但电动汽

车(如纯电动汽车)使用成本只有传统汽车的1/3～1/4。电动汽车还可以有效利用晚间用电低谷的富余电力充电,提高经济效益。若电动汽车整体设计水平和电池的性价比不断提高,车辆的费用会不断下降,相比于世界原油价格不断攀升的现状,电动汽车的总体效益将不断提升,越来越优越于传统汽车。

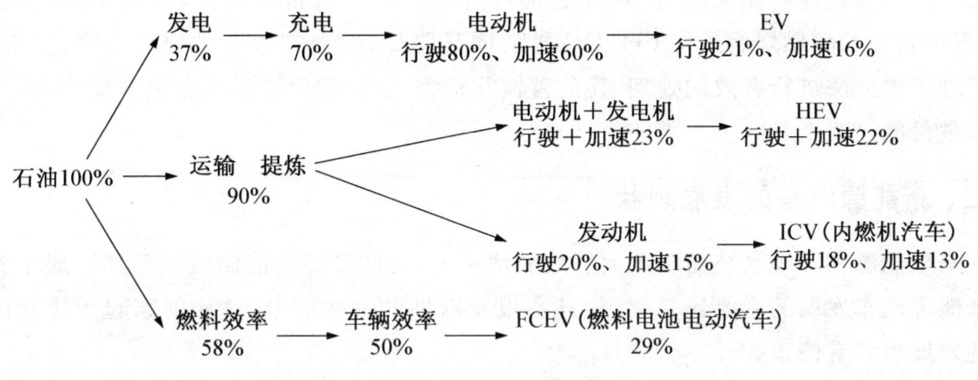

图0-2　各种类型车辆的燃油综合效率比较

2. 电动汽车的分类及定义。

(1) 纯电动汽车。纯电动汽车是完全由可充电电池(如铅酸电池、锂离子电池等)提供动力源的汽车。纯电动汽车系统结构简单、动态特性好,可双向传递能量,零排放、高效率、发电能源多元化,但目前纯电动汽车动力电池储能密度低,因此一次充电续航里程短;比功率较低,充电速度慢,充满电所需时间长;另外动力电池性能受温度影响很大,充放电循环寿命有限。

(2) 混合动力电动汽车。混合动力电动汽车是指使用电动机和传统内燃机联合驱动的汽车,按动力耦合方式的不同可以分为串联式混合动力汽车、并联式混合动力汽车和混联式混合动力汽车。混合动力电动汽车含有一种以上驱动动力源,克服单一动力系统在排放及能耗方面的局限性,但动力耦合技术难度高,整车控制系统设计复杂。

(3) 燃料电池电动汽车。燃料电池电动汽车是利用氢气和空气中的氧在催化剂的作用下,在燃料电池中经电化学反应产生的电能作为主要动力源驱动的汽车。燃料电池汽车中的燃料一般是氢,氢不是地球的天然资源,需要通过天然气或水电解造氢,能量损失较大。氢燃料储存运输较困难。另外,燃料电池汽车也需要具备电池与混合动力的技术。

(4) 太阳能电池电动汽车。太阳能电池电动汽车是指利用太阳能转换成电能来驱动的汽车。太阳能电池电动汽车由于成本高、转换效率低等,目前还只是处于概念型阶段。

(二) 替代燃料汽车

替代燃料汽车主要是以天然气、液化石油气、生物柴油、氢能源和醇类燃料等作为发动机燃料的汽车。替代燃料汽车包括气体燃料汽车、生物燃料汽车、氢燃料汽车、两用燃料汽车等。

1. 气体燃料汽车。气体燃料汽车(gasoline fuel vehicle)是指以液化石油气、天然气或煤气等气体作为发动机燃料的汽车。

2. 生物燃料汽车。生物燃料汽车是指以生物燃料或掺有生物燃料的燃油作为发动机燃料的汽车,包括乙醇燃料汽车和生物柴油汽车。

3. 氢燃料汽车。氢燃料汽车是指以氢作为主要能量驱动的汽车。

4. 两用燃料汽车。两用燃料汽车是指具有两套独立的燃料供给系统，一套供给天然气或液化石油气，另一套供给其他燃料，两套燃料可分别向气缸供给燃料，但不能同时，如汽油/天然气两用燃料汽车。

由于很多替代燃料如天然气、液化石油气等是一种不可再生资源，而且很难达到零排放，含氧燃料如乙醇燃烧后虽然CO、HC排放明显降低，但会产生非常规污染物，且常规的尾气处理装置无法进行有效的处理，其危害性非常大，所以替代燃料汽车也只能作为一种缓解石油危机的过渡产品。

三、新能源汽车的发展现状

在全球能源和环境系统面临巨大挑战的情况下，全球发展新能源汽车已经达成了共识，引领新能源汽车发展的主要还是美国、日本以及欧洲的一些国家，这些国家起步比我国早，它们的发展也各有侧重。

美国各届政府先后提出了以发展混合动力技术、氢燃料电池技术、生物质燃料技术来摆脱石油依赖的重要举措，并以法律法规的形式确定了新能源汽车的战略地位。奥巴马政府提出了总额40亿美元的动力电池以及电动汽车研发和产业化的计划，将大力发展插电式混合动力电动车。

日本在新能源汽车产品的研发和产业化推进领先于其他国家。日本重点推进生物质燃料的应用，大力发展电动汽车，包括混合动力电动汽车、燃料电池电动汽车和纯电动汽车。其中，混合动力汽车已经实现产业化，全球销量第一，占全球90%份额。日本计划到2020年普及以电动汽车为主体的下一代汽车，计划于2030年交通领域对石油的依赖从100%降到80%。

相对于美国和日本，欧洲侧重于温室气体减排战略。欧洲的新能源汽车发展在早期主要以生物燃料、天然气以及氢燃料为主，近期则对电动汽车给予高度关注。例如德国2009年下半年发布电动汽车计划，高度重视纯电驱动的电动汽车发展，以纯电为重点，分别提出了2012年、2016年、2020年的产业化和市场化目标。

我国发展新能源汽车有较好的基础，一是我国锂资源储量丰富，锂离子动力电池生产已经形成了一个比较完整的产业链，占全球约25%的市场份额，全球排名第三，仅次于日本、韩国。二是我国是工业电动机生产大国，电动机产业规模位居全球首位，产品量大、面广。

从2001年开始，我国“863”项目共投入20亿元研发经费，形成了以纯电动、油电混合动力、燃料电池三条技术路线为“三纵”，以动力蓄电池、驱动电动机、动力总成控制系统三种共性技术为“三横”的电动汽车研发格局。在国家政策对新能源汽车发展的大力支持下，我国汽车工业以纯电驱动作为技术转型的主要战略方向，重点突破电池、电动机和电控技术，推进纯电动汽车、插电式混合动力汽车产业化。目前已有160多款各类电动汽车进入了我国汽车产品公告，建成30多个电动汽车国家重点实验室，制定电动汽车相关标准40多项。

目前，我国电动汽车整车已经进入规模化应用阶段，包括动力性、经济性、续驶里程、噪声等指标已经达到国际水平，比如深圳比亚迪目前推广使用的2350辆新能源汽车，每年可节约燃油19803吨，减少燃油费用支出1.6亿元，减少碳排放60889吨。但由于新能源汽车

整车购置成本较高、充一次电续航里程较短、充电基础设施不配套，因此新能源汽车还未受到消费者的青睐。目前新能源汽车还主要应用于城市公共交通领域，深圳计划至2015年将50%的公交车更换成纯电动大巴；众泰在杭州电动汽车智能充换电服务网络管理纯电动汽车370辆，其中纯电动出租车210辆，在2013年投放290辆纯电动出租车。计划新增1000辆纯电动出租车投放长沙市区营运。其次在公共事业领域也逐步以电动汽车取代传统汽车，如观光车、巡逻车、邮政车、供电车等。乘用车产品也越来越多，比如比亚迪、郑州日产、奇瑞、长安等都有电动汽车生产上市。

在“十二五”期间，我国将大力发展节能汽车，中度、重度混合动力乘用车保有量计划超过100万辆。在短期内，油电混合、插电式混合动力将是重要的过渡路线。从长远来看，包括纯电动、燃料电池技术在内的纯电驱动汽车将是新能源汽车的主要技术方向，也是汽车工业未来的发展方向。我国计划于2020年，纯电动汽车和插电式混合动力汽车实现产业化，市场保有量有望超过500万辆，使我国有机会在新能源汽车领域与西方发达国家在一个平衡的层面上创新。

项目一　汽车新能源认知

本项目简要介绍汽车用燃料型能源和非燃料型能源的种类、成分、来源、特点、用途及发展前景。通过本项目的学习,使学生对新能源汽车所使用的能源有一定的感性认识。

任务1　燃料型能源认知

学习目标

1. 知识目标

(1) 认识燃料型能源的基本类型、成分和特点。

(2) 了解燃料型能源在汽车上的应用现状。

(3) 理解燃料型能源的产生机理。

2. 能力目标

(1) 能区分能源类型,并对不同类型的能源进行对比分析。

(2) 能阐述燃料型新能源汽车的应用情况。

相关知识

一、新能源汽车燃料概述

燃料,是一种通过化学反应或核反应释放本身的内能以供其他方面使用的物质。燃料可分成天然燃料与人工燃料。天然燃料从大自然获得并可以直接使用,比如木柴、煤等;人工燃料是经过工艺加工后获得的燃料,比如焦炭、燃油等。常见化学燃料的热值见表1-1。从表中可见,氢气的热值最高,气体燃料和液体燃料相对固体燃料的热值要高,因此汽车用燃料一般使用气体燃料和液体燃料。

表 1－1　常见化学燃料的热值

气体燃料的热值 (MJ/m^3)	液体燃料及氢气的热值 (MJ/kg)	固体燃料的热值 (MJ/kg)
煤气：17.6 甲烷：32.8 乙炔：51.6 乙烯：54.2 乙烷：58.9 丙烷：83.4 丁烷：108.4 天然气：31.7～41.8 一氧化碳：11.5	苯：40.2 氢气：141.6 机油：36.0 石蜡：45.0 甲醇：19.6 乙醇：26.9 柴油：43.0 取暖油：40.2～42.7 异丙醇：30.9 汽油：42.5 柴油：37.0	碳：32.8 磷：25.2 硫：9.3 镁：25.2 纸　：15.0 木头：15.1 泥炭：14.7 煤炭：8.0 煤球：19.7 石煤：27.2～31.4 木炭：30.1 橡胶：35.0

传统汽车采用汽油或柴油作为燃料，汽油和柴油主要通过石油炼制而得。如图 1－1 所示，石油通过不同的炼制可以获得汽油、柴油、煤油和润滑油等。

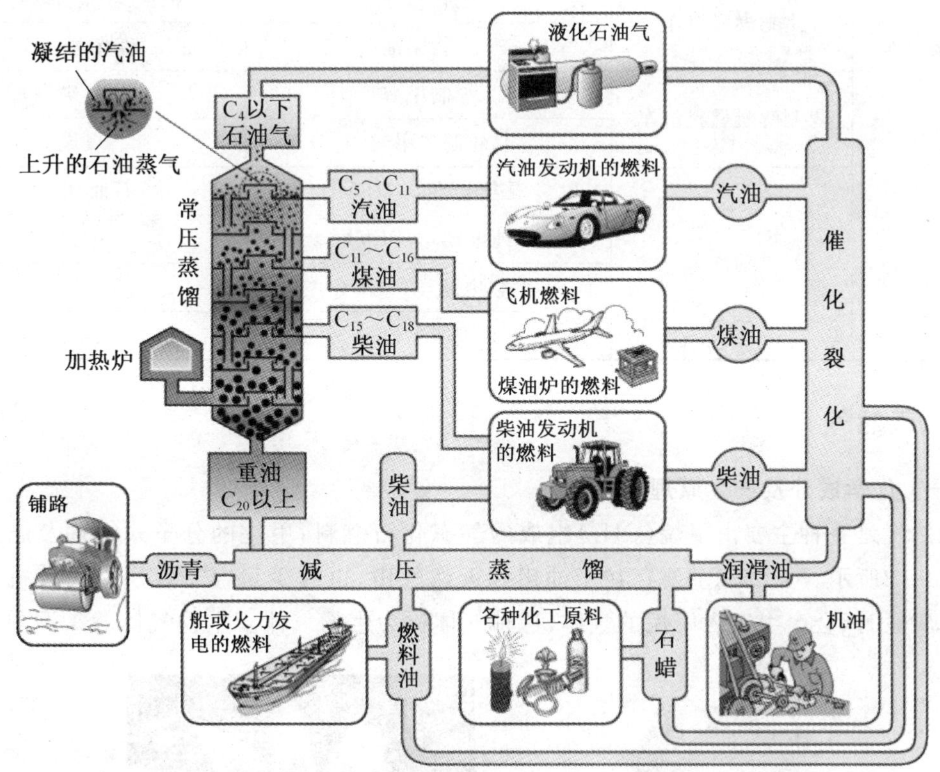

图 1－1　石油炼化过程示意图

石油是不可再生能源，由于石油供应紧张带来的各种压力以及对经济发展、环境污染等方面产生的负面影响，迫使世界各国纷纷调整汽车燃料结构。汽车使用不同的燃料，其结构必然会发生变化。因此，各国都致力于发展汽车新技术，一方面使用常规车用燃料，但采用新型车载动力装置，如缸内直喷、可变进气等新技术；另一方面重点发展采用非常规车用燃料作为动力来源，综合车辆的动力控制和驱动方面的先进技术的新能源汽车。各种新能源汽车所使用的燃料以及燃料来源见表1－2。新能源汽车所使用的燃料按照能源的形态不同，可分为燃料型能源和非燃料型能源。其中，燃料型能源主要包括气体燃料、生物燃料和醇醚燃料等；非燃料型能源主要是其他能源通过发电技术转换成电能提供给汽车驱动的能源，如电能、风能发电、太阳能发电、燃料电池发电等。在能源紧缺、环境污染越来越严重的今天，发展新能源已成为汽车产业发展的必然途径。

表1－2　新能源汽车技术及燃料一览表

	类　型	技　术	能量/燃料来源
新能源汽车	新型燃油汽车	清洁柴油车	石油
		新配方汽油(RFG)	石油
	燃气汽车	石油液化气(LPG)	石油
		液化天然气(LNG)	天然气
		压缩天然气(CNG)	天然气
	生物燃料汽车	生物乙醇	粮食/非粮食农作物
		生物柴油	动植物油脂
	煤制醇醚燃料汽车	煤制甲醇	煤炭
		煤制二甲醚	煤炭
	电动汽车	混合电动车(HEV)	石油/电力
		纯电动车(PEV)	电力
		燃料电池车(FCEV)	氢/电力
		太阳能电池车	太阳能

二、天然气

(一) 化学成分及产生原理

天然气是一种主要由甲烷(CH_4)组成的气态化石燃料，甲烷的分子式结构及燃烧示意图如图1－2所示。天然气主要存在于油田和天然气田，也有少量存于煤层。当有机物质经过厌氧腐烂时，会产生富含甲烷的气体，这种气体称为生物气体。生物气体的来源包括森林

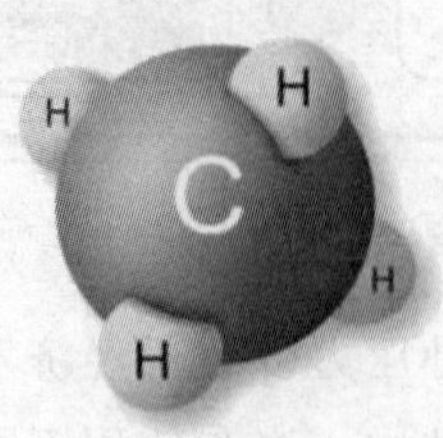

图1－2　甲烷的分子式结构及燃烧示意图

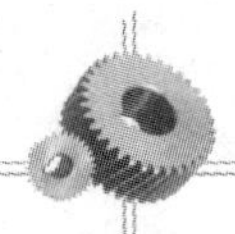

和草地间的沼泽、垃圾填埋场、下水道中的淤泥、粪肥，由细菌的厌氧分解产生。天然气广泛存在于世界各地，是世界上储量最丰富的能源之一。

天然气的密度只有空气的 55%，其热值略高于汽油，自燃温度为 630℃～730℃，在常温和常压下呈气体状态，因此天然气以气体方式进行运输和储运。天然气中的甲烷分子结构极其稳定，其抗爆性好于汽油，能有效地防止发生爆燃现象，可用于高压缩比发动机，成为一种非常适宜的汽车燃料。天然气可以产生比汽油发动机更高的热效率和更好的经济性。

（二）车辆应用

压缩天然气（以及液化天然气）被用作汽车燃料的清洁替代物。天然气产量与储量丰富，价格便宜。将一般家用天然气输送管线中燃气加压储存在高压钢瓶中，即可成为车辆使用的天然气燃料，如图 1－3 所示。

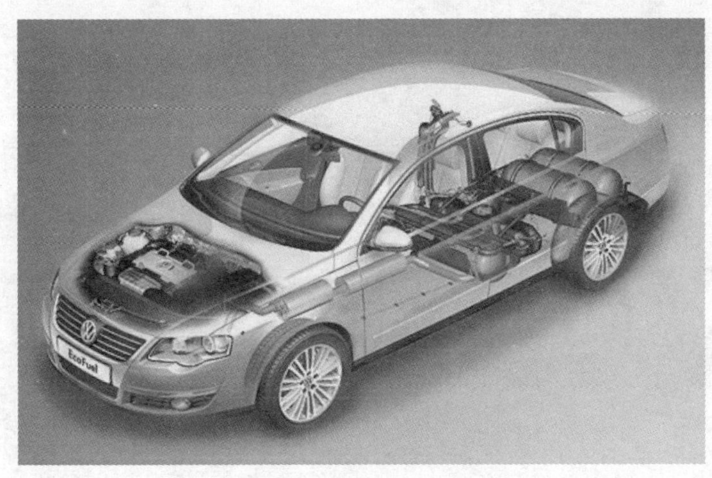

图 1－3　大众天然气汽车

（三）环境影响

当甲烷（生物气）溢散到大气层中时，它将是一种直接促使全球变暖的温室气体。天然气燃料的优势在于它不含苯、铅、硫等致癌物质，且燃烧完全，无杂物，排放清洁。与传统汽车相比，天然气汽车在空气中排放的一氧化碳减少 97%，碳氢化合物减少 72%，氮氧化物减少 39%，粉尘减少 100%。

由于环境问题，欧美各国竞相开发天然气汽车。目前市场中存在的天然气汽车，燃料主要分成两部分：一是适合轿车使用的压缩天然气（CNG ），主要应用于私家车、出租车；二是适合大型车辆使用的液化天然气（LNG ），其能源密度更高，主要应用于公交车、重型卡车。所有这些车辆中，一部分由传统汽车动力系统改装而来，俗称“油改气”；另一部分由汽车生产企业在生产时已进行改装，直接投向市场。

三、液化石油气

（一）化学成分及产生原理

液化石油气通过石油炼制而得，为无色气体或黄棕色油状液体，是丙烷和丁烷的混合物，通常伴有少量的丙烯和丁烯。将一种强烈的气味剂乙硫醇加入液化石油气，这样石油气泄漏就很容易被发觉。液化石油气主要用作石油化工原料，用于烃类裂解制乙烯或蒸汽转化制合成气，可作为工业、民用、内燃机燃料。

（二）车辆应用

液化石油气被广泛地作为内燃机的绿色燃料使用，以减低废气排放。液化石油气的辛烷值（RON）为 110。日本丰田公司制造了很多液化石油气发动机，如 20 世纪 70 年代的 M、R 和 Y 发动机家族。

图 1－4 所示为金龙 XMQ6100SL 型 LPG/汽油双燃料客车。到目前为止，许多汽车制造商，如雪铁龙、大宇、福特、现代、欧宝/沃克斯豪尔、标志、雷诺、Saab 和沃尔沃均以 OEM 方式生产双燃料汽车，用液化石油气和石油两种燃料均能够良好运行。

图 1－4　金龙 XMQ6100SL 型 LPG/汽油双燃料客车

液化石油气沸点低，挥发性好。因其硫含量和机械杂质均远低于汽油、柴油，对气缸、活塞、活塞环、气门等零部件的危害较小。液化石油气是比汽油、柴油小得多的短链气态烷烃分子，与空气混合良好，燃烧时不需要汽化，燃烧完全，故在发动机气缸及其他部件上的积炭、结焦少。其燃烧过程中不产生焦油，不易污染机油，润滑油也不会被稀释，不用经常换注机油和更换火花塞，减轻了发动机及其他部件的磨损和腐蚀，减少机油的消耗量，发动机运转平稳，噪声小，从而延长了发动机的使用寿命和机油更换周期。与汽油车相比，液化石油气汽车大修里程可提高 50％以上，而且可节约 50％以上的维修费用，使用寿命约为汽油车的 3 倍。

（三）环境影响

液化石油气是比汽油更“清洁”的燃料。液化石油气的蒸发温度低，雾化性能好，更易于与空气混合。液化石油气的燃烧速度比汽油快 8％ ～ 21％，即液化石油气能在与汽油相同的燃烧时间内燃烧得更充分，因此液化石油气汽车排气中的 CO、HC、NO_x 等有害成分大为减少，且没有黑烟和积炭。

四、燃料乙醇

(一) 化学成分及产生原理

燃料乙醇 (fuel ethanol)是一种被广泛用于运输业的生物燃料。燃料乙醇由富含糖类物质的农作物酿制产生,可加入汽油中制成混合燃料。燃料乙醇主要供汽车、摩托车等交通工具使用,汽油发动机无需做过多改动就可以直接使用燃料乙醇。当汽油价格较高时,燃料乙醇具有明显的成本优势,但是大规模使用燃料乙醇会导致玉米、甘蔗等农作物供不应求、价格上升。同时,在生产燃料乙醇的过程中也会释放出二氧化碳或污染物。

图 1-5 乙醇分子的结构
(所有的化学键都是单键)

乙醇分子结构如图 1-5 所示。乙醇发酵期间,在玉米中的葡萄糖和其他糖类被转换成乙醇和二氧化碳。

$$C_6H_{12}O_6 \longrightarrow 2\ C_2H_5OH + 2\ CO_2 + \text{热} \qquad (1-1)$$

乙醇在燃烧过程中与氧气发生反应,产生二氧化碳、水和热。

$$C_2H_5OH + 3\ O_2 \longrightarrow 2\ CO_2 + 3\ H_2O + \text{热} \qquad (1-2)$$

(二) 车辆应用

世界酒精的 66%用于燃料,14%用于食用,11%用于工业溶剂,9%用于其他化学工业。发酵酒精作为车用燃料有两种方式:一是配制汽油和无水酒精的混合物——汽油醇,酒精在混合物中的比例最高可达 25%,在用汽油醇作为汽车燃料时,可以利用原有的汽车发动机;二是直接利用酒精作为汽车燃料,这时必需使用专门设计的、具有更高压缩比的发动机。

早在 1989 年,巴西以甘蔗、糖蜜、木薯、玉米为原料年产发酵酒精 12Mt 以上,几乎全部用来代替汽油,大部分直接利用酒精作为汽车的燃料。欧美许多国家曾试图通过发展乙醇等生物燃料来取代石油,其中发展比较快、年产乙醇超过百万加仑的国家见表 1-3。

表 1-3 乙醇年产百万加仑(1 加仑为 3.785L,美国热量单位)的国家

序号	Country/Region	2011 年	2010 年	2009 年	2008 年	2007 年
1	美国	13 900.00	13 231.00	10 938.00	9 235.00	6 485.00
2	巴西	5 573.24	6 921.54	6 577.89	6 472.20	5 019.20
3	欧盟	1 199.31	1 176.88	1 039.52	733.60	570.30
4	中国	554.76	541.55	541.55	501.90	486.00
5	泰国			435.20	89.80	79.20
6	加拿大	462.30	356.63	290.59	237.70	211.30
7	印度			91.67	66.00	52.80
8	哥伦比亚			83.21	79.30	74.90
9	澳大利亚	87.20	66.04	56.80	26.40	26.40
10	其他			247.27		
11	世界总量	22 356.90	22 946.87	19 534.99	17 335.20	13 101.70

1908 年美国人设计并制造了世界上第一台纯乙醇的汽车，1930 年乙醇/汽油混合燃料在美国内布拉斯加州首次面市，1978 年含 10%乙醇的混合汽油在内布拉斯加州大规模使用。

图 1-6 所示为在瑞典市场推出的 Saab 9—3 型号 SportCombi BioPower，这是 Saab 推出的第二个 E85 灵活燃料的车型。其尽管已有着广泛的用途，但仍是在传统观念的市场范围。未来乙醇作为车用燃料，主要是乙醇汽油和乙醇柴油。由于乙醇等生物燃料生产成本高昂，还带来粮食价格抬高等问题，欧盟、美国以及我国均下调了未来生物燃料的生产目标。

图 1-6　E85 灵活燃料的车型

(三) 环境影响

燃料乙醇拥有清洁、可再生等特点，可以降低汽车尾气中 CO 和 HC 的排放。未来我国燃料乙醇行业的重点是降低生产成本、减少政府补贴。为此，制定生物燃料乙醇生产过程的消耗控制规范及产品质量技术标准，统一燃料乙醇生产消耗定额标准，包括物耗、水耗、能耗等，是降本增效的有力手段。

五、生物柴油

(一) 化学成分及产生原理

生物柴油(Biodiesel)是指以油料作物、野生油料植物和工程微藻等水生植物油脂以及动物油脂、餐饮垃圾油等为原料油，通过酯交换工艺制成的可代替石化柴油的再生性柴油燃料，其循环再生如图 1-7 所示。

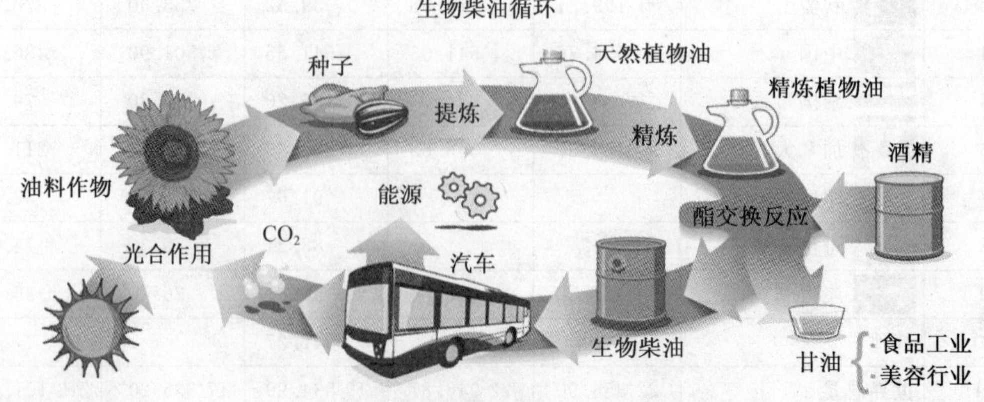

图 1-7　生物柴油循环再生示意图

生物柴油是生物质能的一种，它是生物质利用热裂解等技术得到的一种长链脂肪酸的单烷基酯。生物柴油是含氧量极高的复杂有机成分的混合物，这些混合物主要是一些分子量大的有机物，几乎包括所有种类的含氧有机物，如醚、醛、酮、酚、有机酸、醇等。复合型生物柴油是以废弃的动植物油、废机油及炼油厂的副产品为原料，再加入催化剂，经专用设备和特殊工艺合成。

欧盟生物柴油80％的原料为双低菜子油(低硫甙、低芥酸)，美国、巴西主要以大豆为原料，我国主要以木本油料 、废弃油脂和微藻油脂为原料。我国在内蒙古开展了微藻固碳生物能源示范项目，同时已在四川、贵州、海南启动小油桐生物柴油产业化示范项目。

(二) 车辆应用

生物柴油在汽车上的使用原理如同传统柴油，对传统内燃机几乎不需要改进就可以直接使用，兼容性好；燃料闪点比传统柴油显著提高；使用该燃料的汽车在输出功率、扭矩以及燃料经济性等方面的性能与传统柴油汽车接近。由于生物柴油的16烷值要显著高于普通柴油，因此使用该类燃料的汽车，其运行中的抗爆性好，排放值符合美国加州大气资源局制定的洁净柴油标准。另外，该燃料的润滑性能比传统柴油有显著改善，对精密机件损害较小，且净生物柴油是无毒物质。

在美国，目前净生物柴油燃料和混合物柴油燃料在汽车上实际使用超过10 000kmi(1英里＝1609.344m)的试验，市场上已经有了一些客车生产商正在开发使用生物柴油燃料的客车，但是目前还没有以生物柴油为燃料的轿车发展计划和行动。图1－8所示为以生物柴油为动力的VW甲壳虫。

图1－8　以生物柴油为动力的VW甲壳虫

(三) 环境影响

生物柴油的优良性能，使得采用生物柴油的发动机废气排放指标不仅满足目前的欧洲Ⅱ号标准，甚至满足随后即将在欧洲颁布实施的更加严格的欧洲Ⅲ号排放标准。由于生物柴油燃烧时排放的二氧化碳远低于该植物生长过程中所吸收的二氧化碳，从而改善由于二氧化碳的排放而导致的全球变暖这一有害于人类的重大环境问题，因此生物柴油是一种真正的绿色柴油。

1. 具有优良的环保特性。由于生物柴油中硫含量低，使得二氧化硫和硫化物的排放低，可减少约30%（有催化剂时为70%）。生物柴油中不含对环境会造成污染的芳香族烷烃，因而废气对人体损害低于柴油。检测表明，与普通柴油相比，使用生物柴油可降低90%的空气毒性，降低94%的患癌率。由于生物柴油含氧量高，故其燃烧时排烟少，一氧化碳的排放与柴油相比减少约10%（有催化剂时为95%）。生物柴油的生物降解性高。

2. 具有较好的低温发动机启动性能。无添加剂时，冷凝点可达－20℃。

3. 具有较好的润滑性能，使喷油泵、发动机缸体和连杆的磨损率降低，使用寿命延长。

4. 具有较好的安全性能。由于闪点高，生物柴油不属于危险品，因此在运输、储存、使用方面的安全性是显而易见的。

5. 具有良好的燃料性能。其十六烷值高，燃烧性好于柴油，燃烧残留物呈微酸性，使催化剂和发动机机油的使用寿命延长。

6. 具有可再生性。作为可再生能源，与石油储量不同，可通过农业和生物科学家的努力，供应量不会枯竭。

7. 无须改动柴油机。可直接添加在柴油发动机中使用，同时无须另添设加油设备、储存设备及人员的特殊技术训练。

8. 生物柴油以一定比例与石化柴油调和使用，可以降低油耗，提高动力性，并降低尾气污染。

生物柴油是从可回收的一些资源，如植物油、动物脂肪和已经使用过的油和脂肪中提炼而成的一种液态产品。液态形式的生物柴油（又称为净生物柴油）已经被美国能源政策法列为汽车替代燃料。

任务小结

发展汽车新能源是解决汽车能源问题和环境问题的钥匙。自然界的能源各种各样，按照能源的形态来分，汽车新能源分为燃料型和非燃料型能源，其中汽车运用的燃料型能源主要包括汽油、柴油、天然气、液化石油气、生物柴油、燃料乙醇等。因此，本任务重点对天然气、液化石油气、生物柴油、燃料乙醇等汽车燃料的化学成分、燃烧机理、排放污染以及其在汽车领域的应用等方面进行简要介绍，为进一步了解新能源汽车奠定基础。

习　题

一、填空题

1. 传统汽车采用汽油或柴油作为燃料，汽油和柴油主要通过__________炼制而得。

2. 乙醇作为汽车燃料，主要可以降低汽车尾气中__________和__________的排放。

3. 电动汽车通常分为__________、__________、__________和__________等几种类型。

4. 燃料型能源主要有__________、__________和__________等。

二、判断题

1. 新能源汽车使用的燃料按照能源的形态不同，可分为燃料型能源和非燃料型能源。（　）

2. 天然气是一种气态化石燃料，主要存在于油田和天然气田中。（　）

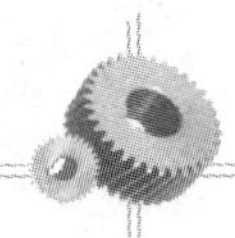

3. LPG 蒸发温度低，雾化性能好，易于与空气混合，燃烧更充分，因此 LPG 是比汽油更“清洁”的燃料。（　）

4. 生物柴油也是以石油为原料炼制而成的再生性柴油燃料。（　）

三、综合题

1. 由于石油的不可再生性，将会产生哪些能源危机？

2. 常见的天然气汽车有哪几种类型？

3. 生物柴油可以从哪些原料中提炼？生物柴油在汽车上应用有什么优势？

4. 如果有一天新能源汽车得到普及，那么汽车的相关配套设施以及服务将会发生哪些变化？

任务 2　非燃料型能源认知

学习目标

1. 知识目标

(1) 认识非燃料型能源的基本类型、成分和特点。

(2) 了解非燃料型能源在汽车上的应用现状。

(3) 理解非燃料型能源的产生机理。

2. 能力目标

(1) 能区分能源类型，并对不同类型的能源进行对比分析。

(2) 能阐述非燃料型新能源汽车的应用情况。

相关知识

非燃料型的能源主要有电能、风能、水能、太阳能、潮汐能和蒸汽能等，其中用于汽车驱动的能源主要是电能。电能可以通过风力发电、太阳能发电、燃料电池发电、水力发电、核能发电以及生物质能发电等。

一、电能

(一) 产生原理

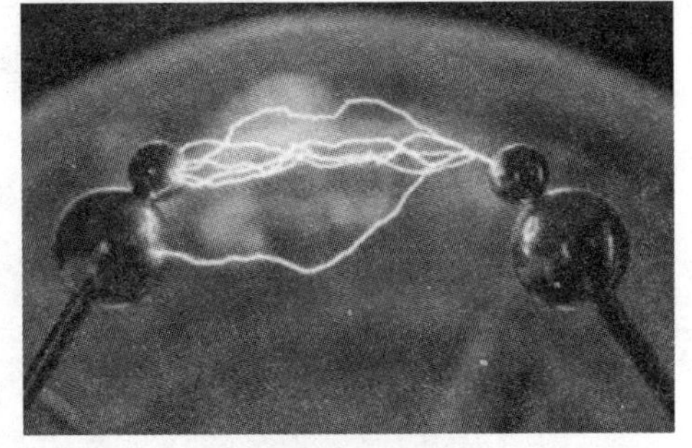

图 1-9　电能

电以各种形式做功的能力被称为电能，如图 1-9 所示。其广泛应用于动力、照明、冶金、化学、纺织、通信、广播等各个领域。日常生活中使用的电能，主要来自其他形式能量的转换，包括水能(水力发电，如图 1-10 所示)、热能(火力发

电)、原子能(核电)、风能(风力发电)、化学能(电池)及光能(光电池、太阳能电池)等。电能也可转换成其他所需能量形式,如热能、光能、动能等。电能通过有线或无线的形式传输。

电能是一种二次能源,其发电(electricity generation)方式多种多样。根据能源转换原理区分的发电类型见表1-4。

表1-4　根据能源转换原理区分的发电类型

种　类	简　介	范　例	备　注
摩擦起电效应	静电、自由电荷的转移	范德格拉夫起电机	
电磁感应	动能使一组以上的线圈在磁场中进行旋转运动,借以产生感应电流	发电机	现今发电的主流
	将燃料加热至高温等离子状态,然后让其在磁场中高速流动切割磁力线,借以产生感应电流,将热能转换成电能	磁流体发电	
电化学	化学能转化为电能	电池、燃料电池	
光电效应	光能转化为电能	太阳能电池	
热电效应	热能直接转化为电能	热电偶	主要用于传感器
	放射性物质在衰变时放出热量,再将其直接转化为电能	放射性同位素热电机	主要用于人造卫星、太空探测器、无人遥控设备
压电效应	压电材料的晶格形变转化为电能		主要用于传感器
核变化	使用同位素衰变时放出的β粒子直接产生电子来发电	非热转换型核电池	理论上的技术

图1-10　涡轮发电机

我国电力资源主要来自于火力发电。火力发电环境污染严重，因此近几年我国重点发展水力发电、核能发电和风力发电等。美国的电力能源发展相对比较均衡，煤电占44.9%，核电占20.3%，天然气发电占23.4%。法国主要依靠核能发电和水力发电，几乎不使用火力发电。

(二) 汽车领域运用

电动汽车以车载电源为动力，用电机驱动车轮行驶，符合道路交通、安全法规。车载电源主要通过外接电网充电，如图1-11所示。由于电动汽车对环境影响相对传统汽车要小，其发展前景看好，但许多关键技术尚不成熟，配套设施尚不完善，因此目前还没有被广泛推广应用。

图1-11　电动汽车利用电网充电

二、风能

(一) 产生原理

风能是因空气流做功产生的一种可利用的能量。用风车可以把风的动能转化为有用的机械能，用风力发动机把风的动能转化为有用的电力，如图1-12所示。风能作为一种无污染和可再生的新能源，有着巨大的发展潜力，特别是对沿海岛屿、交通不便的边远山区、地广人稀的草原牧场，以及远离电网和近期内电网还难以达到的农村、边疆，作为解决生产和生活能源的一种可靠途径，有着十分重要的意义。风能量丰富、可再生、分布广泛、不产生污染，也不会排放温室气体。

图1-12　风力发电机

由于风速并不稳定，风能不能持续产生，常以抽水蓄能电站或其他方法来储存风能以保持电力能持续供应。风能利用技术的不断革新，使这种丰富的无污染能源正重放异彩。

(二) 汽车领域运用

英国的一位动力工程师理查德·简金斯的"绿鸟"风力汽车是世界上最快的风力汽车，如图 1-13 所示。它在风速仅为 48.2km/h 的情况下，创造了每小时行驶 202.9km 的世界纪录。

与传统的风帆汽车不同的是，"绿鸟"采用一种钢制驱动翼，这种驱动翼能够以与机翼同样的方式产生向上提升的动力。整辆风力汽车几乎全部采用碳复合材料，唯一的金属部件就是翅膀和车轮的轴承。据简金斯解释，这种以空气动力学设计的较轻质量的汽车的速度能够轻易达到风速的 3～5 倍。

图 1-13　风力汽车

虽然美国发明家里克·卡瓦拉罗认为风帆设计对汽车很不利，但是德国宝马公司认为风帆可以让汽车驾驶变得绿色而有趣，于是推出了名为"蓝色动力"的风帆型风力汽车。该车可以根据风的方向自动行驶，驾驶员也可以通过驾驶舱内的特别配置来手动调节其车尾的"帆"，进而改变车辆的行驶方向。

三、太阳能

(一) 产生原理

太阳能(Solar Energy)一般是指太阳光的辐射能量。太阳能发电是一种新兴的可再生能源，也是地球上许多能量的来源，如风能、化学能、水的势能、化石燃料等。太阳能资源丰富，既可免费使用，又无须运输，还对环境无任何污染。太阳能为人类创造了一种新的生活形态，使社会及人类进入一个节约能源、减少污染的时代。图 1-14 所示为台湾体育场馆屋顶，采用多达 8 844 片的太阳能光伏板，是全球第一座具有 1 MW 太阳能发电容量的运动场。

图 1-14　太阳能光伏发电的运动场

太阳能技术被广泛定性为以被动的或主动的方式来捕获、转换和分配太阳光。主动式太阳能技术，利用太阳能光伏板、泵、风机将太阳光转换为有用的输出。被动式太阳能技术，包括选择材料具有良好的热性能，设计自然空气流通的空间，并按照太阳来安排建筑物的位置等。

利用太阳能的方法主要有：使用太阳能电池，通过光伏转换把太阳光中包含的能量转化为电能；利用便宜的镜子将太阳光反射至高效太阳能电池（但需要注意散热），可以降低发电成本；使用太阳能热水器，利用太阳光的热量加热水，并利用热水发电；利用太阳的热能来进行吸附式制冷；通过机械及硬件设备来收集及传送太阳能的热量，以供应暖气设备等。

（二）汽车领域运用

目前，太阳能在汽车上得到一定的应用。世界太阳能车挑战赛（World Solar Challenge）每半年举办一次，图 1-15 所示为在澳大利亚举办的 World Solar Challenge 太阳能车 Nuna3。太阳能在汽车领域的应用并没普及，主要是因为利用太阳能发电还存在成本高、转换效率低的问题，但是太阳能电池在人造卫星能源提供方面得到了很好的应用。

图 1-15　太阳能车 Nuna3

四、燃料电池

（一）产生原理

燃料电池是利用氢和氧在燃料电池中发生化学反应来产生电能的，如图 1-16 所示。燃料电池的原始燃料包括氢气、液氢、天然气、液化石油气、甲醇和汽油等。

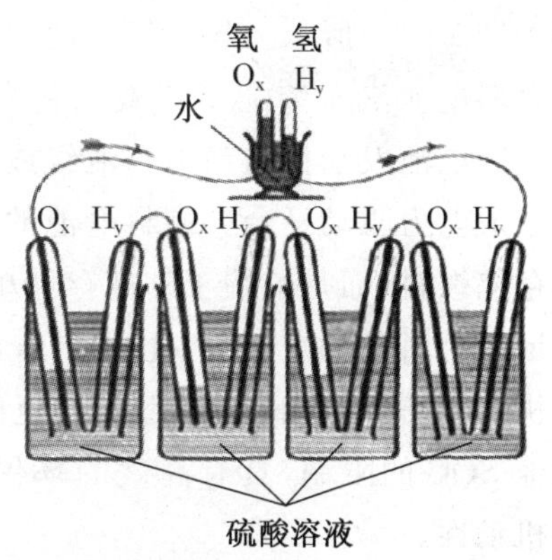

图 1-16　威廉·葛洛夫 1839 年电池草图

燃料电池的类型包括碱性燃料电池（AFC）、磷酸盐燃料电池（PAFC）、熔融碳酸盐燃料电池（MCFC）、固体氧化物燃料电池（SOFC）、直接甲醇燃料电池（DMFC）、直接碳燃料电池（DCFC）、再生燃料电池（RFC）和质子交换膜燃料电池（PEMFC）等。各种动力型燃料电池的性能比较见表 1－5。现代燃料电池汽车上主要采用质子交换膜燃料电池和少数磷酸盐燃料电池。

表 1－5　各种动力型燃料电池的性能

		PEFC 固体高分子	PAFC 磷酸	MCFC 熔融碳酸盐	SOFC 固体氧化物
电解质	电解质材料	交换膜	磷酸盐	碳酸锂， 碳酸钠，碳酸	稳定的氧化锆
	移动离子	H^+	H^+	CO_3^{2-}	CO^{2-}
	使用模式	膜	在基质中浸渍	在基质中浸渍 或粘贴	薄膜、薄板
	催化剂	铂	铂	不要	不要
反应	阳极	$H_2 \rightarrow 2H^+ + 2e^-$	$H_2 \rightarrow 2H^+ + 2e^-$	$H_2 + CO_3^{2-} \rightarrow$ $H_2O + CO_2 + 2e^-$	$H_2 + O^{2+} \rightarrow H_2O + 2e^-$
	阴极	$\frac{1}{2}O_2 + 2H^+$ $+ 2e^- \rightarrow H_2O$	$\frac{1}{2}O_2 + 2H^+$ $+ 2e^- \rightarrow H_2O$	$\frac{1}{2}O_2 + CO_2 + 2e^-$ $\rightarrow CO_3^{2-}$	$\frac{1}{2}O_2 + 2e^- \rightarrow O^{2-}$
运行温度/℃		80～100	190～200	600～700	700～1 000
燃料		氢	氢	氢、一氧化碳	氢、一氧化碳
发电效率/％		30～40	40～45	50～65	50～70
设想发电能力		数瓦到数十千瓦	100 千瓦到 数百千瓦	250 千瓦到数兆瓦	数千瓦到数十兆瓦
设想用途		手机、家庭 电源、汽车	发电	发电	家庭电源、发电
开发状况		家庭用实用化，汽车 2015 年预计实用化	废水处理厂、 医院、应急电源		家庭用实用化， 大型定制在开发中

由于燃料电池没有移动部件，而且发电不涉及燃烧，具有 99.999 9％的可靠性。燃料电池的能源效率大约在 40％～60％。相比于其他能源，其转换效率较高。

（二）汽车领域运用

燃料电池汽车也属于电动汽车，其结构模型如图 1－17 所示。与一般电动汽车的区别在于燃料电池汽车装配了车载燃料电池发动机，用燃料电池发动机与动力电池组或超级电容共同组成电力驱动平台。燃料电池的电解槽系统不存储燃料，而是依赖于外部存储单元，但只要保证氢燃料的供应，燃料电池汽车就可以像内燃机汽车一样自由行驶，不受充电时间和动力电池 SOC 的限制，具有高度的环保性、灵活性和机动性。

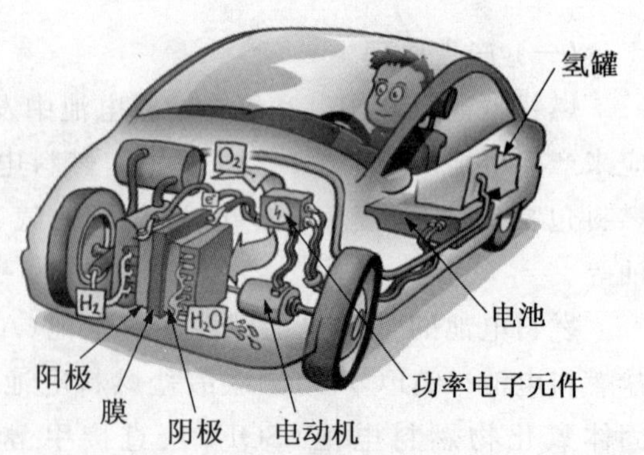

图 1－17　燃料电池汽车的部件配置

自 2009 年以来，已有超过 20 种类型的 FCEVs 的原型和示范车。示范车型包括本田的

FCX Clarity，丰田 Toyota FCHV PEMFC（如图 1－18 所示），奔驰 F－CELL。到 2011 年，示范车型 FCEVs 行驶超过了 4.8×10^5km，重新加注燃料超过 27 000 次，续驶里程超过 400km，重新加燃料的时间小于 5min。虽然目前还没有可供商业销售的燃料电池车，但燃料电池汽车无疑是未来汽车的发展方向之一。

图 1－18　Toyota FCHV PEMFC 燃料电池汽车

任务小结

自然界的能源可以分为一次能源和二次能源，电能是典型的二次能源。对于汽车而言，往往无法直接使用某些能源，需将其转化为电能，所以电能是很重要的中间能源。本任务重点介绍了非燃料型能源如电能、风能、燃料电池等能源的特性、产生机理以及其在汽车上的应用前景。

习　题

一、填空题

1. 电能作为二次能源，其发电方式主要有________、________、________、________、________、________等，目前我国主要的发电方式是________。

2. 风力发电是________转换为电能。

3. 太阳能发电主要是利用________把太阳光中包含的能量转化为电能。

4. 燃料电池的原始燃料包括氢气、液氢、天然气、液化石油气和甲醇等，目前在燃料电池中使用比较广泛的燃料是________。

二、判断题

1. 燃料电池是利用氢和氧在燃料电池中发生化学反应来产生电能的。（　　）

2. 燃料电池电动汽车也属于电动汽车。（　　）

3. 风能、水能、太阳能和蒸汽能等都属于非燃料型能源。（　　）

4. 发电机发电实质是感应起电。（　　）

三、综合题

1. 对于电能来说，除了书中介绍的几种产生电的方式外，还有哪些方式也能产生电？
2. 不同形式的电能在我们生活中随处可见，但是它们有哪些异同？
3. 你认为太阳能汽车的发展前景如何？
4. 燃料电池汽车也属于电动汽车，它与其他电动汽车的主要区别是什么？

项目二　纯电动汽车结构及检修

本项目主要介绍纯电动汽车整体结构组成、动力驱动原理，对常见品牌纯电动汽车的主要性能及技术参数作了简单对比描述。详细介绍了纯电动汽车各系统的组成、主要部件、连接方法及工作原理等内容。最后结合众泰 5008EV 车型深入介绍纯电动汽车拆装、维护及故障检测诊断的方法。通过本项目的实施，使学生了解纯电动汽车的发展及应用现状，熟悉纯电动汽车的整体结构，掌握纯电动汽车动力系统的接线安装及故障检测诊断方法。

任务 1　纯电动汽车结构认知

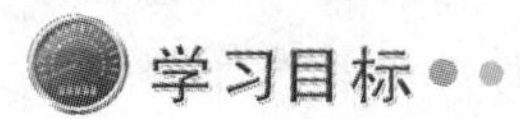

1. 知识目标

(1) 认识纯电动汽车的组成结构及工作原理。

(2) 了解纯电动汽车的发展及应用现状。

(3) 熟悉纯电动汽车的技术参数。

(4) 掌握纯电动汽车的电力驱动过程。

2. 能力目标

(1) 能正确识别纯电动汽车电力驱动系统的部件。

(2) 能简单描述纯电动汽车的发展现状。

(3) 能正确解说纯电动汽车的技术参数。

相关知识

纯电动汽车是完全由可充电储能式电池（如铅酸电池、锂离子电池等）提供动力源的汽车。它能够直接利用外电源为蓄电池充电，并通过蓄电池的电能转换成机械能来驱动汽车行驶。相比于传统的内燃机汽车，纯电动汽车的动力传递是柔性的电线连接，结构更加灵活。具体如下：

1. 传动系统柔性化。对于传统的内燃机汽车，主要采用手动变速器或自动变速器来换向和变速；而纯电动汽车可以有多种选择，既可以用手动和自动变速器，又可以用电子驱动器控制电动机直接变速驱动。另外，内燃机汽车的动力从内燃机输出后，送达飞轮和离合器，再进一步传递到传动系，直至驱动车辆前进，动力传递主要依靠刚性连接；纯电动汽车则使用电动机提供动力，动力传递可以通过控制器柔性的电线连接完成，动力输出到传动系后，其过程和传统车辆相一致。因此，纯电动汽车的构造相对简单化、传递柔性化。

2. 动力系统电能化。传统汽车由内燃机提供动力，通过燃料燃烧产生的化学能转换成机械能来驱动汽车，其燃料储存在油箱中；而纯电动汽车由可充电电池（如铅酸电池、锂离子电池等）提供动力源，通过蓄电池的电能转换成机械能来驱动汽车，蓄电池的电能储存于储能式电池中。

3. 控制系统精确化。纯电动汽车除了 CAN 总线整车控制系统外，增加了电机控制系统和电池管理系统等，因此纯电动汽车的通信和控制技术比传统汽车要求更高、结构更复杂、控制更精确。

纯电动汽车由电能驱动，能源来源广泛，低能耗和低噪声，且没有任何尾气排放，符合环保和节能的理念，是最理想的绿色环保工具。

一、纯电动汽车的结构

纯电动汽车主要由电力驱动控制系统、汽车底盘、车身以及各种辅助装置等部分组成。除了电力驱动控制系统外，其他部分的功能及其结构组成基本与传统汽车类同，只是有些部件根据所选的驱动方式不同，已被简化或省去。图 2-1 所示为宝马迷你纯电动汽车整体结构。图 2-2 所示为众泰 5008EV 纯电动汽车电力驱动系统结构框架，其电力驱动平台主要由动力

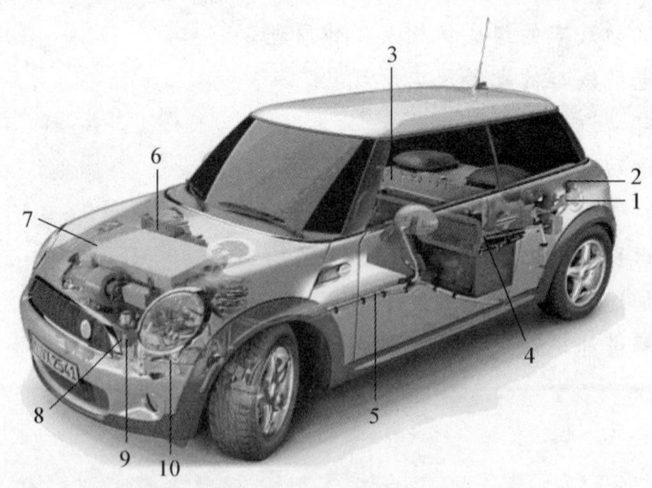

图 2-1　宝马迷你纯电动汽车整体结构

1-充电插头；2-诊断接口；3-电池；4-接触器箱；5-高压装置；
6-控制模块；7-功率电子；8-电动机；9-电动真空泵；10-变速箱

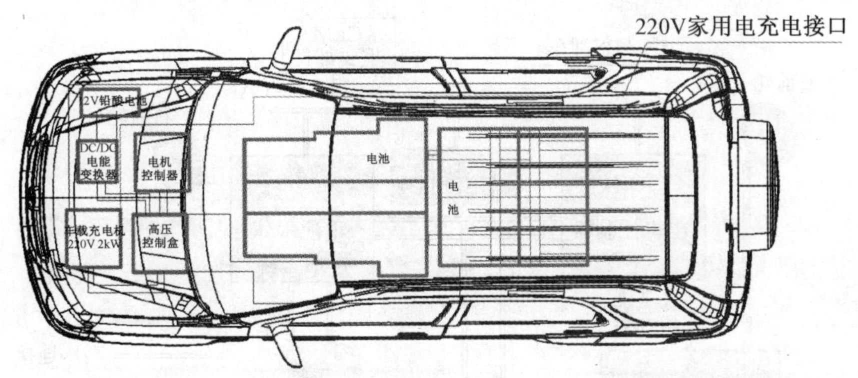

图 2-2　众泰 5008EV 纯电动汽车电力驱动系统结构框架

电池组、电动机、电机控制器、DC/DC 电能变换器、高压控制盒等组成。除了动力锂电池外，其余部件基本布置在车辆的前发动机箱内。众泰 5008EV 前舱布置如图 2-3 所示。

图 2-3　众泰 5008EV 前舱布置

二、电力驱动控制系统工作原理

电力驱动控制系统按工作原理可分为车载电源模块、电力驱动主模块和辅助模块三大部分。图 2-4 所示为众泰 5008EV 纯电动汽车电力驱动控制系统示意图。

其工作原理为：点火钥匙打开后，蓄电池通过高压控制盒内继电器控制板启动高压控制盒内总正、总负接触器，高压控制盒启动后高压回路接通，给 DC/DC 输送高压，DC/DC 将高压电转换为 13V 低压电，为蓄电池充电；动力电池通过高压控制盒内总正、总负输入到驱动电动机控制器，由驱动电动机控制器将两相高压直流电转换为三相高压直流电，输送至驱动电动机，使驱动电动机工作，驱动电机动通过减速器带动半轴驱动汽车行驶。同时，电池管理系统（BMS）监控电池组的实时信息。整车控制器集成于高压控制盒内，根据 BMS 监控的实时信息来控制整车系统。

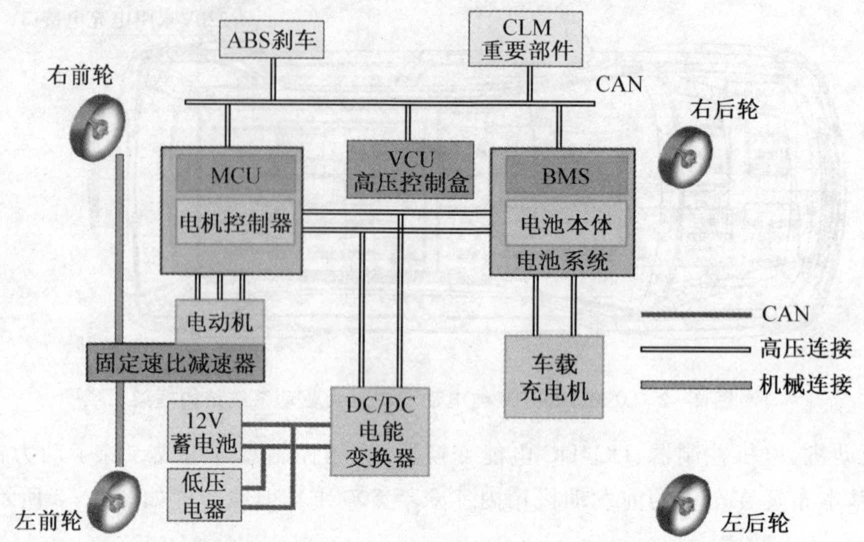

图 2-4 众泰 5008EV 纯电动汽车电力驱动控制系统示意图

(一) 车载电源模块

车载电源模块主要由蓄电池电源、能源管理系统和充电控制器三部分组成。

1. 蓄电池电源。蓄电池是纯电动汽车的唯一能源，它除了供给汽车驱动行驶所需的电能外，也供应汽车上各种辅助装置的工作电源。蓄电池在车上安装前需要通过串并联的方式组合成所要求的电压等级。由于电动机驱动所需的电压等级往往与辅助装置的电压要求不一致，辅助装置所要求的一般为 12V 或 24V 的低压电源，而电动机驱动一般要求为高压电源，并且所采用的电动机类型不同，其要求的电压等级也不同。为满足该要求，可以用多个 12V 或 24V 的蓄电池串联成 96～384V 高压直流电池组，再通过 DC/DC 电能变换器供给所需的不同电压；也可按所要求的电压等级，直接由蓄电池组合成不同电压等级的电池组，不过这样会给充电和能源管理带来相应的麻烦。

2. 能源管理系统。能源管理系统是对纯电动汽车系统能量转换装置的工作能量进行协调、分配和控制的软硬件系统。

能源管理系统与电力驱动主模块的中央控制单元配合一起控制发电回馈，使纯电动汽车在降速制动和下坡滑行时进行能量回收，从而有效地利用能源，提高纯电动汽车的续程能力。

能源管理系统还需与充电控制器一同控制充电。为提高蓄电池性能的稳定性和延长其使用寿命，需要实时监控电源的使用情况，对蓄电池的温度、电解液浓度、蓄电池内阻、电池端电压、当前电池剩余电量、放电时间、放电电流或放电深度等蓄电池状态参数进行检测，并按蓄电池对环境温度的要求进行调温控制，对有关参数进行显示和报警，以便驾驶员随时掌握操作，按需要及时对蓄电池充电并进行维护保养。

3. 充电控制器。充电控制器是把供电电网的交流电转换为相应电压的直流电，对蓄电池充电并按要求控制其充电电流。充电开始时一般为恒流充电阶段；当电池电压上升到一定值时，进入恒压充电阶段，充电器输出电压维持在相应值；进入恒压充电阶段后，电流逐渐减小。也有采用脉冲式电流进行快速充电的。

（二）电力驱动主模块

电力驱动主模块主要由中央控制单元、驱动控制器、电动机、机械传动装置等组成。为适应驾驶员的传统操纵习惯，纯电动汽车仍保留了加速踏板、制动踏板及有关操纵手柄或按钮等。不过在纯电动汽车上是将加速踏板、制动踏板的机械位移量转换为相应的电信号，输入到中央控制单元来对汽车的行驶实行控制。纯电动汽车一般只有“前进”“空挡”“倒退”三个挡位，用以将开关信号传输到中央控制单元，对汽车进行前进、停车、倒车控制。

1. 中央控制单元。中央控制单元不仅是电力驱动主模块的控制中心，也要对整辆电动汽车的控制起到协调作用。它根据加速踏板与制动踏板的输入信号，向驱动控制器发出相应的控制指令，对电动机进行启动、加速、减速、制动控制。在电动汽车减速和下坡滑行时，中央控制器配合车载电源模块的能源管理系统进行发电回馈，即对蓄电池反向充电。

对于与汽车行驶状况有关的速度、功率、电压、电流及有关故障诊断等信息，还需传输到辅助模块的驾驶室显示操纵台进行相应的数字或模拟显示，也可采用液晶屏幕显示来提高其信息量。

另外，如果采用轮毂电动机分散驱动方式，当汽车转弯时，中央控制器也需与辅助模块的动力转向单元配合，即控制左右轮毂电动机来实行电子差速转向。

为减少纯电动汽车各个控制部分间的硬件连线，提高可靠性，现代汽车控制系统已较多地采用微机的CPU总线控制方式。特别是对于采用轮毂电动机进行前后四轮驱动(4WD)的控制模式，更需要运用总线控制技术来简化电动汽车内部线路的布局，提高其可靠性，也便于故障诊断和维修。采用该模块化结构，一旦技术成熟，其成本将会随批量的增加而大幅下降。

2. 驱动控制器。驱动控制器功能是按中央控制单元的指令和电动机的速度、电流反馈信号对电动机的速度、驱动转矩和旋转方向进行控制的。驱动控制器与电动机必须配套使用。目前对电动机的调速主要采用调压、调频等方式，这主要取决于所选用的驱动电动机类型。

由于蓄电池以直流电方式供电，所以对直流电动机主要通过DC/DC电能变换器进行调压调速控制；对于交流电动机需通过DC/AC变换器进行调频调压矢量控制；对于磁阻电动机是通过控制其脉冲频率来进行调速。当汽车倒车行驶时，需通过驱动控制器使电动机反转来驱动车轮反向行驶。当纯电动汽车处于减速和下坡滑行时，驱动控制器使电动机运行于发电状态，电动机利用其惯性发电，将电能通过驱动控制器回馈给蓄电池，所以驱动控制器与蓄电池电源的电能流向是双向的。

3. 驱动电动机。驱动电动机在电动汽车中被要求承担着电动机和发电机的双重功能，即在正常行驶时发挥其主要的电动机功能，将电能转化为机械旋转能；而在减速和下坡滑行时又被要求进行发电，将车轮的惯性动能转换为电能。

对电动机的选型一定要根据其负荷特性来选。由对汽车行驶时的特性分析可知，汽车在起步和上坡时要求有较大的启动转矩和相当的短时过载能力，并有较宽的调速范围和理想的调速特性，即在启动低速时为恒转矩输出，在高速时为恒功率输出。

电动机与驱动控制器所组成的驱动系统是纯电动汽车中最为关键的部件，纯电动汽车的运行性能主要取决于驱动系统的类型和性能，它直接影响着汽车的各项性能指标，如汽车在各工况下的行驶速度、加速与爬坡性能以及能源转换效率。

4. 机械传动装置。纯电动汽车机械传动装置的作用是将电动机的驱动转矩传输给汽车的驱动轴，从而带动汽车车轮行驶。由于电动机本身就具有较好的调速特性，所以机械传动装置的变速机构被大大简化，较多的是为放大电动机的输出转矩仅采用一种固定的减速装置。因电动机可带负荷直接启动，可省去传统内燃机汽车的离合器。又因电动机可以容易地实现正反向旋转，则无需通过变速器中的倒挡齿轮组来实现倒车。若对电动机在车架上合理布局，即可省去传动轴、万向节等传动链。当采用轮毂式电动机分散驱动方式时，还可以省去传统汽车的驱动桥、机械差速器、半轴等一切传动部件。所以，该驱动方式也可被称为“零传动”方式。

(三) 辅助模块

辅助模块主要包括辅助动力源、空调器、动力转向系统、导航系统、刮水器、收音机以及照明和除霜装置等。

辅助动力源主要由辅助电源和 DC/DC 电能变换器组成。它的功用是向动力转向系统、空调器及其他辅助设备提供电能。

三、纯电动汽车驱动模式

纯电动汽车只用储能式电源的电力带动电动汽车行驶，其电力和动力传输路线如图 2-5所示。

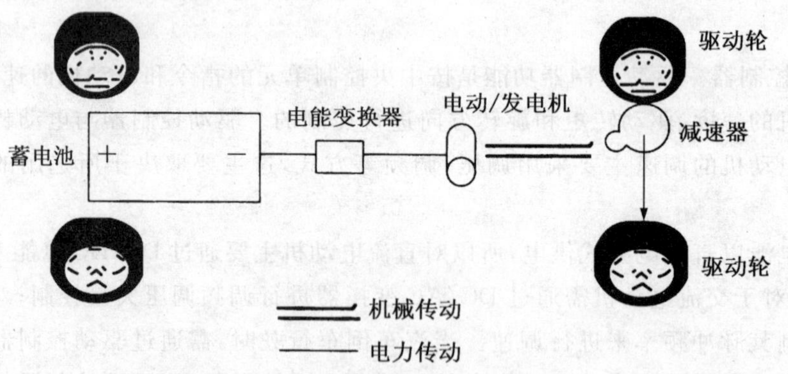

图 2-5　纯电动汽车电力和动力传输系统

蓄电池提供给电动机电源，直接对汽车驱动、启动和加速等，即所有动力均由电源系统提供。滑行、下坡和刹车时，电动机作为发电机回收能量，存储于动力电池中。动力电池主要通过外接电源充入电能。纯电动汽车不同工况下的驱动运行模式见表 2-1。

表 2-1 纯电动汽车的运行模式

起步加速	巡航行驶	加速或爬坡行驶	滑行或下坡	停车充电
电动机 低速大转矩起动	电动机 以恒功率行驶	电动机 以最大功率加速或 以最大转矩爬坡	电动机转换 为发电机 回收反馈能量	电力电池组 充电
充电器 储能式电源 ↓ DC/DC电能变换器 ↓ 驱动电动机 ⇓ 驱动轮	充电器 储能式电源 ↓ DC/DC电能变换器 ↓ 驱动电动机 ⇓ 驱动轮	充电器 储能式电源 ↓ DC/DC电能变换器 ↓ 驱动电动机 ⇓ 驱动轮	充电器 储能式电源 ↑ DC/DC电能变换器 ↑ 驱动电动机 ⇓ 驱动轮	充电器 储能式电源 DC/DC电能变换器 驱动电动机 驱动轮

四、纯电动汽车的技术参数及考核指标

纯电动汽车的技术参数主要包括结构参数、质量参数、动力性能参数和动力装备技术参数。

1. 结构参数。主要指整车的外形尺寸，如车辆的长度、宽度、轴距、前轮距、后轮距和离地间隙等尺寸。

2. 质量参数。主要指整车的整备质量、乘员数量、满载质量等。任何一种汽车的驱动功率都与汽车的质量成正比，因此汽车的质量越大，行驶时所消耗的功率（或能量）也越大。目前纯电动汽车的比能量和比功率较低，使得整备质量和占用的空间一般都比内燃机汽车大，会对纯电动汽车的总布置和动力性能有较大的影响。

3. 动力性能参数。动力性能参数是反映电动汽车动力系统的主要性能特征，主要包括最高车速 v_{max}、0～Xkm/h 的加速时间(s)、最大爬坡度(%)、一次充满电的续驶里程、百公里的能耗等参数。目前，纯电动汽车由于受到充电时间和条件的限制，其性能还不能完全达到发动机汽车的水平。

4. 动力装配技术参数。动力装配技术参数是指组成纯电动汽车动力平台所需的关键装备的技术参数，包括驱动电动机、电源和电能变换器等技术参数，如驱动电动机的功率、转矩，动力电池的额定容量、额定电压、功率等。动力系统的功率既要满足整车所有用电设备最大功率的要求，又要与传动系参数相匹配。纯电动汽车的电动机功率一般在 50～100kW，电源系统的容量通常在 100～500A·h。

表 2-2 和表 2-3 分别为众泰 5008EV 和奇瑞 S18EV 汽车的技术参数。

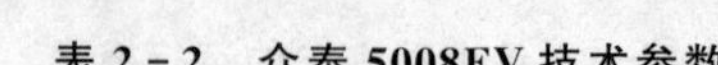

表 2-2　众泰 5008EV 技术参数

项　　目		参　　数
尺　寸	整车尺寸(长×宽×高)/(mm×mm×mm)	3 970×1 570×1 730
	轴距/mm	2 420
质　量	整车最大总质量/kg	1 650
	整车整备质量/kg	1 350
性　能	最高速度/(km/h)	≥100
	最大爬坡度/%	≥20
	1～50km/h 加速时间/s	<10
	续驶里程/km	≥200(50km/h 匀速行驶)
电动机	类型	永磁无刷直流电机
	电动机功率(额定/峰值)/kW	11/27
	最高转速/(r/min)	3 500
电　池	类型	锂离子电池
	额定容量/A·h	100
	额定电压/V	330
充　电	快速充电时间/min	20(80%SOC)
	普通充电时间/h	6～8
百公里能耗/(kW·h/100km)		10～12(60km/h 匀速行驶)
乘客载数(人)		5

表 2-3　奇瑞 S18EV 技术参数

项　　目		参　　数
尺　寸	整车尺寸(长×宽×高)/(mm×mm×mm)	3 601×1 587×1 527
	轴距/mm	2 330
质　量	整车最大总质量/kg	1 360
	整车整备质量/kg	1 060
性　能	最高速度/(km/h)	120
	最大爬坡度/%	25
	1～50km/h 加速时间/s	7
	续驶里程/km	110
电动机	类型	永磁同步电机
	电动机功率(额定/峰值)/kW	29/40
	最高转速/(r/min)	9 000

续表

项　　目		参　　数
电　池	类型	锂离子电池
	电池容量/(A·h)	47/60
	电池电压/V	345/336
充　电	快速充电时间/min	45(80%SOC)
	普通充电时间/h	6～8
百公里能耗/(kW·h/100km)		14
乘客载数(人)		4

国家制定了有关纯电动汽车动力性能的考核标准，这是审核纯电动汽车动力性能的主要依据。主要性能考核指标见表2-4。

表2-4　纯电动汽车动力性能主要考核指标

项　　目	指　　标	
车　型	整备质量≤1 100kg	整备质量≤1 500kg
最高车速/(km/h)	≥100	≥120
能量消耗率/(kW·h/100km)	≤13	≤17
市区工况续驶里程/km	≥100	

五、纯电动车型示例

“十二五”期间，我国政府先后提出通过纯电动汽车及混合动力技术的攻关和推广应用，解决汽车排放污染问题，实现节能减排。国内许多汽车生产厂家自主研发了多种多样的纯电动汽车，如深圳比亚迪汽车公司生产的比亚迪e6、众泰控股集团自主研发和制造的众泰5008EV、上汽集团自主开发的荣威350纯电动汽车，还有北汽301EV、奇瑞纯电动车、吉利纯电动车等等。

(一) 小型SUV纯电动汽车

众泰5008EV纯电动汽车属小型SUV车型，如图2-6所示。5008EV的最大功率为27kW，最高车速可达110km/h。大容量锂离子电池被安置在底盘中部，标准放电为2～5C，连续高电流放电可达10C，瞬间脉冲放电(10s)可达20C的高效率输出。电池模块BMS，有效监控每块电池在行驶或充电时的使用状态，电量过放、过充及时报警，确保了行车和充电的安全。众泰5008EV有家用充电或快速充电两种充电模式，家用充电有专用充电机，插入220V民用电源6～8h可充满电；快充模式需将快充插头插入380V专用的电源，在20min内可充满80%SOC。单次充满电后续驶里程为200km以上，0～100km耗电仅为12kW·h，比同级别的汽油车至少节约了4/5的使用成本。众泰5008EV汽车参数见表2-5。

图 2-6　众泰 5008EV

表 2-5　众泰 5008EV 电动汽车参数

尺寸：长/宽/高/mm	3 970/1 570/1 733
轴距/mm	2 420
轮距（前/后）/mm	1 305/1 310
整备质量/kg	1 350
最高速度/(km/h)	≥100
0～50km/h 加速时间/s	<10
单次充电行驶里程/km	≥200(50km/h 匀速行驶)
最大扭矩/(N·m)	220
电池容量/(A·h)	100
每百公里能耗/(kW·h)	10～12(60km/h 匀速行驶)

（二）比亚迪 e6 纯电动汽车

深圳比亚迪汽车公司研发了 EP3、ET、e6 等纯电动汽车。如图 2-7 所示，比亚迪纯电动汽车 e6 设计成熟，性能良好，续驶里程超过 300km，是目前世上续驶里程最长的纯电动汽车。其技术参数见表 2-6。e6 动力强劲，百公里加速时间在 10s 以内，最高车速可达 140km/h，百公里能耗 20kW·h 左右，只相当于燃油车 1/3～1/4 的消费价格。电能储备输出的动力很强劲，0～100km/h 加速时间只需 9.2s。比亚迪出租版配备 3C 充电，快充模式 380V 工作电压 15min 内能充满 80%SOC；也可以采用家用常规电压 220V 慢充方式。

图 2-7　比亚迪 e6

表 2-6　比亚迪 e6 技术参数

尺寸：长/宽/高/mm	4 554/1 822/1 630
轴距/mm	2 830
轮距（前/后）/mm	1 556/1 558
整备质量/kg	2 295
0～100km/h 加速时间/s	10
最高速度/(km/h)	140
单次充电行驶里程/km	300(综合工况)
最大扭矩/(N·m)	450
电池容量/(A·h)	180～200
每百公里能耗/(kW·h)	≤21.5

（三）奇瑞 S18EV 纯电动汽车

奇瑞 S18EV 纯电动汽车是在 S18 整车平台上由奇瑞公司自主开发的一款高速纯电动汽车，如图 2-8 所示。整车搭载了 336V、40kW 大功率永磁同步电动机，配备了 40A·h 高性能磷酸铁锂电池。最高车速可以达到 120km/h，巡航续驶里程可以达到 160km。具有较好的动力性和操控性，真正实现零排放、零污染。

奇瑞 S18EV 纯电动汽车充电快捷、方便，利用 220V 民用充电即可，充电时间一般在4～6h；也可以进行快速充电，30min 可充满 80%SOC。其技术参数见表 2-7。

图 2-8 奇瑞 S18EV

表 2-7 奇瑞 S18EV 电动汽车技术参数

尺寸:长/宽/高/mm	4 560/1 822/1 630
轴距/mm	2 830
整备质量/kg	1 060
0~50km/h 加速时间/s	7
最高速度/km/h	120
单次充电行驶里程/km	160(巡航行驶)
电池容量/(A·h)	47
每百公里能耗/(kW·h)	14

(四) 德国宝马迷你 E

德国宝马迷你 E 是第一款量产的、零排放、100%纯电动的前驱双座汽车,首发于 2008 年洛杉矶车展。如图 2-9 所示,宝马迷你 E 搭载一台最大功率 150kW、峰值转矩 220N·m 的感应异步电动机,电力电子装置、控制模块、单级螺旋齿轮减速器及电动真空泵和电动机均置于"发动机室"内,后排及行李厢大部分空间容纳锂电池组。锂电池组由 3 个单元总数达 5 088 块原蓄电池组成,电池单元具有大功率、高储能与低能耗的特性,最大容量可达 35kW·h,续驶里程(理想情况)250km,普通路况下可以行驶 168km。0~100km/h 加速时间只需 8.5s,最高车速 152km/h。宝马迷你 E 充电可与所有标准的电源接口连接,充电时间取决于供电网络的电压和电流强度。在美国,客户可以利用随车配送的墙盒在很短的时间内为完全耗尽的蓄电池完成充电。墙盒可以安装在客户的车库里,利用 240V、60A 的增强电流可以缩短充电时间,仅需 2.5h 即可完全充满电。其技术参数见表 2-8。

图 2-9 宝马迷你 E

表 2-8 宝马迷你 E 技术参数

尺寸:长/宽/高/mm	4 825/1 820/1 430
整备质量/kg	1 465
0~100km/h 加速时间/s	8.5
最高速度/(km/h)	152
单次充电行驶里程/km	250(理想路况),168(普通路况)
电动机峰值扭矩/N·m	220
电动机最大功率/kW	150
电池容量/kW	35
每百公里能耗/(kW·h)	≤17.5

(五) 康迪小电跑

金华康迪新能源车辆有限公司开发的纯电动汽车——康迪小电跑如图 2-10 所示,采用阀控密封式铅酸蓄电池为动力源、交流感应电动机为驱动电机、后置后驱方式。整车结构小巧,双人座。充分考虑城市街道限速的因素,在时速设计上,把最高车速限在 72km/h 之内。初始 50km/h 的滑行距离≥500mm,最大爬坡度≥20%。康迪小电跑一次充电可行驶

100～130km，百公里耗电不到10kW·h，其技术参数见表2-9。该车可以利用220V交流电源缓慢充电，也可以选择更换电池的方式。康迪小电跑作为中国新能源汽车的先行者，已率先纳入国家工信部的《节能与新能源汽车示范推广应用工程推荐车型目录》，在国内可以正式挂牌上路。除此之外，小电跑还远销海外，被美国人视为“中国制造”的优秀代表。

表2-9　康迪小电跑技术参数

尺寸：长/宽/高/mm	2 900/1 545/1 590
轴距/mm	2 080
整备质量	980kg
0～100km/h加速时间/s	≤20
最高速度/km/h	≥72
单次充电行驶里程/km	100～130(40km/h匀速)
电动机峰值扭矩/(N·m)	100
电动机最大功率/kW	15
电池容量/(A·h)	120
每百公里能耗/(kW·h)	≤10

图2-10　康迪小电跑

(六) 丰田e-Com小型纯电动汽车

丰田汽车公司研发的e-Com小型纯电动汽车如图2-11所示。其外形尺寸为2 790mm×1 475mm×1 605mm，质量为770kg(可乘坐2人)，最高车速达100km/h，一次充满电的续驶里程为100km，装备18.5kW的永磁电动机和总电压288V、28A·h的镍氢电池组。

图2-11　丰田e-Com小型纯电动汽车

(七) 日产LEAF纯电动汽车

日产汽车公司研发的LEAF纯电动汽车如图2-12所示，曾是纯电动汽车领域的标杆。LEAF纯电动汽车采用层叠式紧凑型锂离子电池系统，电池组由48个电池单元组成，电池容量为24kW·h，电池组最大输出功率为90kW，电动机的输出功率为80kW，最大扭矩达280N·m，续驶里程为160km。其蓄电池充电盖设计有快充和慢充两种充电接口，快充方式只需30min即可给蓄电池充至80%的电量；慢充采用200V交流电，大约需要8h可以充满电。

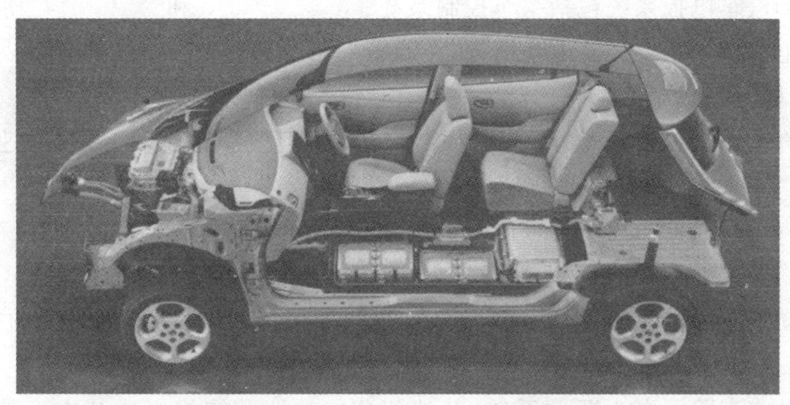

图 2－12　日产 LEAF 纯电动汽车

六、纯电动汽车技术发展瓶颈

纯电动汽车由电能驱动，能源来源广泛，能耗较低，且没有任何尾气的排放，是一种绿色的交通工具，但也存在诸多问题。

1. 蓄电池的质量大，体积大，比能耗低，使得续驶里程短，整车动力相对不足。

2. 电池的充电时间较长，循环寿命低，造成车辆运行效率低，使用成本增加。

3. 电动机的转矩、转速控制精度不高，动力总成比较分散、集成度不够，可靠性和耐久性需要加强。

4. 关键材料（高性能硅钢片、绝缘材料）和关键元器件（如 CPU 芯片）依靠进口，缺乏自主知识产权，使得成本较高。

5. 充电配套设施不完善。由于充电设施如大型充电站、小型充电桩、家用停车场或车库是一个系统工程，短时间内不可能如同加油站一样完成配套建设，使得纯电动汽车的充电不便捷。

任务小结

纯电动汽车主要由电力驱动控制系统、汽车底盘、车身以及各种辅助装置等部分组成。与传统汽车结构的主要差别在于电力驱动控制系统，传统汽车采用发动机作为动力源，而纯电动汽车是以电池作为动力源，通过电池输出的电能来驱动电动机，再由电动机带动车辆行驶。本任务首先介绍了纯电动汽车的基本结构组成及工作原理，其次介绍了纯电动汽车驱动系统运行模式，并列举了国内外比较典型的纯电动车型，对各种车型的性能特点及技术参数进行了简单的对比描述，便于读者认知和理解。

习　题

一、填空题

1. 纯电动汽车主要由电力驱动系统、________、底盘、车身以及各种辅助装置组成。

2. 电力驱动系统按功能不同可划分为车载电源模块、________和辅助模块三大部分。

3. 纯电动汽车的技术参数主要包括结构参数、质量参数、________和动力装备技术参数。

4. 纯电动汽车电控系统包括整车控制系统、__________和__________等。

5. 车载电源模块主要由蓄电池电源、能源管理系统和________三部分组成。

二、判断题

1. 电动汽车因为可以用电子驱动器控制电动机直接变速驱动，所以变速器不是必需的。 （ ）

2. 电动汽车的通信和控制技术比传统汽车要求更高、结构更复杂、控制更精确。 （ ）

3. 纯电动汽车由电能驱动，能源来源广泛，能耗较低，且没有任何尾气的排放，是一种绿色的交通工具。 （ ）

4. 纯电动汽车除了电力驱动系统，其他部分的功能及结构组成基本上与传统汽车相同。 （ ）

5. 电动汽车上加速踏板、制动踏板的工作原理与传统汽车不同。 （ ）

三、综合题

1. 纯电动汽车主要由哪几部分组成？与传统汽车在结构方面有什么区别？

2. 纯电动汽车电力驱动平台主要由哪几部分组成？有哪些驱动模式？能量如何进行传递？

3. 纯电动汽车的整车技术参数包括哪些内容？评价电动汽车使用性能的参数主要有哪些？

4. 国内外有哪些典型的纯电动车型，分别由哪些制造公司生产？国内外在纯电动汽车发展方面存在哪些差异？

5. 纯电动汽车发展的关键技术存在哪些瓶颈？

任务 2 纯电动汽车驱动系统检修

学习目标

1. 知识目标

(1) 认识纯电动汽车驱动系统组成结构。

(2) 理解纯电动汽车驱动系统工作原理。

(3) 熟悉电动机的类型及基本性能参数。

(4) 掌握电动机的基本结构和工作原理。

2. 能力目标

(1) 能使用仪器进行电动机检测和分析。

(2) 能进行电动汽车驱动系统安装与检测。

(3) 能进行纯电动汽车驱动系统故障诊断与修复。

(4) 能进行纯电动汽车动力系统维护。

相关知识

一、纯电动汽车驱动系统结构和原理

纯电动汽车主要由电力驱动，所以驱动系统是纯电动汽车的核心。驱动系统的作用是将电源的电能转化成机械能，通过传动装置或直接驱动车轮与工作装置。驱动系统主要由电控单元、电动机及电机控制器、机械传动装置和车轮组成。其基本结构如图 2－13 所示。

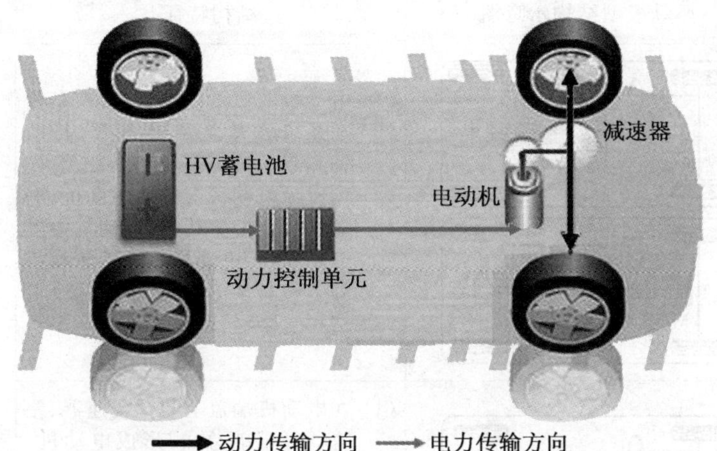

图 2－13　纯电动汽车驱动系统基本构造

电动汽车驱动系统控制原理如图 2－14 所示。其工作过程是根据制动踏板和加速踏板输入的信号，由电子控制器发出相应的控制指令来控制电动机，调节电动机和电源之间的功率流。辅助动力供给系统主要给动力转向、空调、制动及其他辅助装置提供动力。

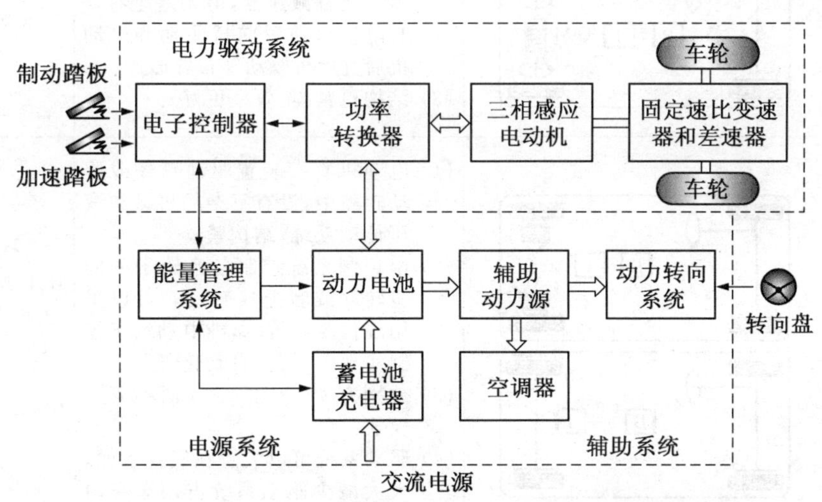

图 2－14　纯电动汽车驱动系统控制原理示意图

二、纯电动汽车驱动系统的布置形式

早期的纯电动汽车多采用内燃机汽车底盘改装，基本保持了内燃机的传动系统。随着电动汽车技术的发展，纯电动汽车采用新型的集中驱动系统、组合驱动系统、轮边电动机驱动系统和轮毂电动机驱动系统等，使纯电动汽车的驱动平台向多元化、传动简化方向发展。各种纯电动汽车的驱动方式见表 2-10。

表 2-10　纯电动汽车的几种常见的驱动方式

驱动方式	驱动模型结构示意图	结构特征	车　型
单电动机有传动系统	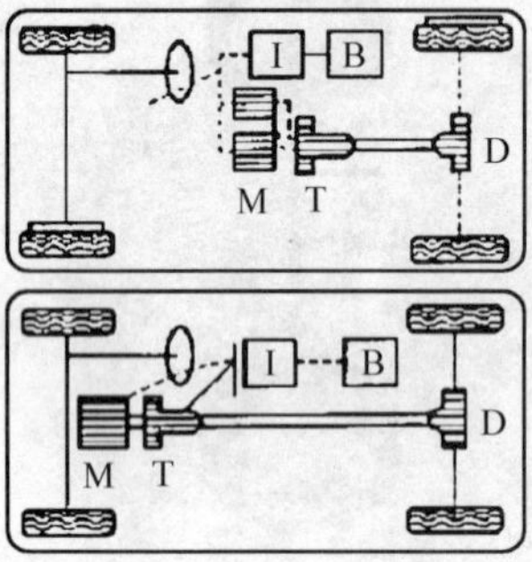	(1) 电动机取代发动机，保留汽车传动系统的离合器、变速器、传动轴和驱动桥等装置 (2) 可以为电动机前置前驱动桥、电动机前置后驱动桥、电动机中置后驱动桥、电动机后置后驱动桥等多种布置形式 (3) 结构复杂、效率低	
单电动机无传动系统	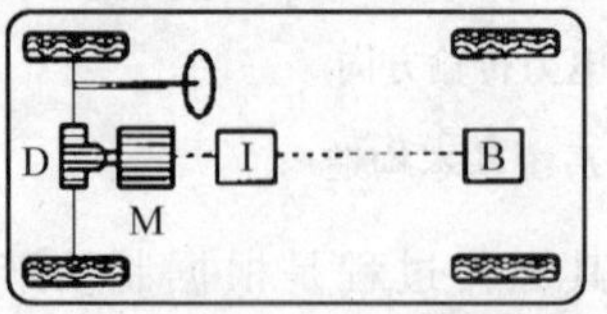	(1) 在电动机端盖上装置变速器、差速器等驱动总成，形成电动机-驱动桥组合驱动系统 (2) 有电动机前置前桥驱动和电动机后置后桥驱动等布置形式 (3) 结构紧凑、效率高	丰田 RAV4 - EV 电动汽车
单电动机无差速器系统	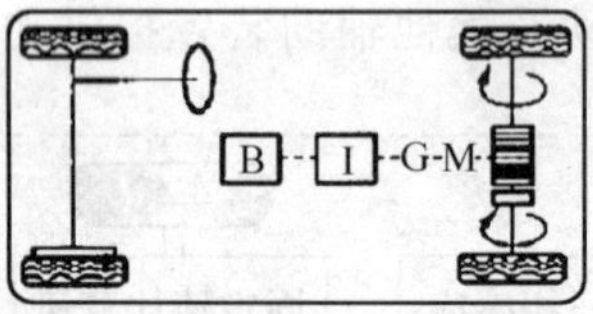	(1) 电动机为反相电动机，电动机端盖上装置减速器，但无差速器 (2) 有电动机前置前桥驱动和电动机后置后桥驱动等布置形式 (3) 结构更紧凑、效率更好	众泰 5008EV
多电动机驱动系统	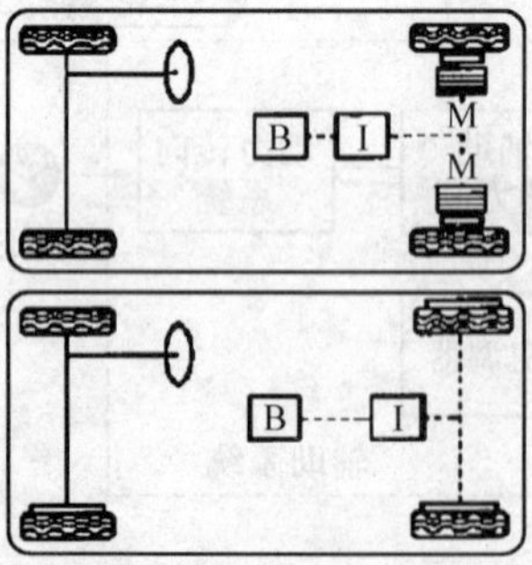	(1) 电动机直接装置驱动轮处或驱动轮毂中，没有复杂的机械和液压传动系统，结构紧凑 (2) 由控制系统控制各个轮子的同步转动或者差速转动。可以采用现代控制技术，纯电动汽车控制实现电子化、自动化 (3) 分别有 4×2 和 4×4 两种驱动模式 (4) 驱动系统可以装置在底盘下面，大大减少驱动系统占用车身内部的有效空间	比亚迪 e6 四轮轮边驱动，美国通用 Autonomy 四轮轮边驱动，日本丰田 PM 电动汽车等

注：B-电池组；I-电能变换器；M-驱动电动机；T-变速器；D-驱动桥；G-减速器。

三、纯电动汽车用电动机

电动机是纯电动汽车驱动系统的核心部件，是唯一的驱动装置。其性能的好坏直接影响纯电动汽车驱动系统的性能，特别是影响纯电动汽车的最高车速、加速性能及爬坡性能等。因此，了解纯电动汽车电动机类型、结构及性能参数等至关重要。因为纯电动汽车用电动机和其他电动汽车用电动机无多大差别，因此以下通称为电动汽车用电动机。

(一) 电动机的分类

电动机的分类方法很多，主要有下面几种分类方法：

1. 按工作电源分类。根据电动机工作电源不同，可分为直流电动机和交流电动机。其中，直流电动机又分为绕组励磁式直流电动机和永磁式直流电动机；交流电动机分为单相电动机和三相电动机。

2. 按结构及工作原理分类。电动机按结构及工作原理可分为直流电动机、异步电动机和同步电动机。直流电动机又分为无刷直流电动机和有刷直流电动机；异步电动机分为感应电动机和交流换向器电动机；同步电动机分为永磁同步电动机、磁阻同步电动机和磁滞同步电动机。

3. 按用途分类。电动机按用途可分为驱动用电动机和控制用电动机。

4. 按转子的结构分类。电动机按转子的结构可分为笼型感应电动机和绕线转子感应电动机。

5. 按运转速度分类。电动机按运转速度可分为高速电动机、低速电动机、恒速电动机、调速电动机。纯电动汽车最早采用的是直流电动机。随着电子技术和自动控制技术的发展以及纯电动汽车技术要求的提高，无刷直流电动机、异步电动机、永磁同步电动机和开关磁阻电动机等显示出比直流电动机更为优越的性能，在纯电动汽车中应用越来越广泛。

(二) 纯电动汽车对电动机的要求

电动机的特性是在“基速”范围内先保持恒转矩输出，其动力不需要通过变速器的变换就可以在低转速时获得大的转矩；当驱动电动机的转速超过“基速”以上时，转换为恒功率范围保持恒功率输出。这是电动机有别于内燃机的特性，如图 2－15 所示。因此，电动机的特性能满足纯电动汽车的动力输出要求。

由于纯电动汽车在行驶过程中经常频繁地启动/停车、加速/减速等，这就要求纯电动汽车中的电动机比一般工业应用的电动机性能更高。对电动机的基本要求如下：

1. 运行特性要满足纯电动汽车的要求，在恒转矩区，要求低速运行时具有大转矩，以满足电动汽车启动和爬坡的要求；在恒功率区，要求低转矩时具有高的速度，以满足纯电动汽车在平坦的路面能够高速行驶的要求。

2. 应具有瞬时功率大、带负荷启动性能好、过载能力强、加速性能好、使用寿命长等特点。

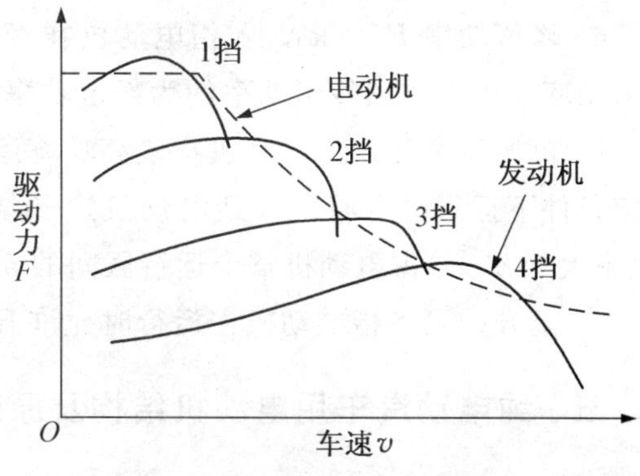

图 2－15　驱动电动机与内燃机特性比较

3. 应在整个运行范围内具有很高的效率，以提高一次充电的续驶里程。

4. 应能够在汽车减速时实现再生制动，将能量回收并反馈给蓄电池，使得电动汽车具有最佳能量的利用率。

5. 可靠性好，能够在较恶劣的环境下长期工作。

6. 体积小、重量轻，一般为工业用电动机的1/2～1/3。

7. 结构要简单坚固，适合批量生产，便于使用和维护。

8. 价格便宜，从而能够减少整体电动汽车的价格，提高性价比。

9. 运行时噪声低，减少污染。

四、电动机的主要性能参数

电动机的各种性能指标如下：

1. 额定电压U(V)。指电动机在额定条件下运行时，电动机定子绕组应输入的线电压。通常小型直流电动机的额定电压为36～48V，单相交流电动机额定电压为220V，三相交流电动机额定电压为380V，特种电动机的额定电压可达500V。

2. 额定电流I_e(A)。指电动机在额定电压条件下，其输出轴的机械功率为额定功率时，电动机定子绕组通过的线电流。

3. 频率f(Hz)。指三相电流的频率。我国为50Hz的三相电流，国外多采用60Hz的三相电流。

4. 额定转速(r/min)。电动机在指定的频率(我国为50Hz)时，在额定电压条件下输出轴上输出的机械功率为额定功率时电动机的转速。

根据纯电动汽车速度、动力性能的要求，需要选择不同转速的驱动电动机。一般电动机的转速有以下几种：① 低速电动机，转速为3 000～6 000r/min；② 中速电动机，转速为6 000～10 000r/min；③ 高速电动机，转速为10 000～15 000r/min。

5. 额定功率P_e(kW)。指电动机在额定条件运行时其输出轴上输出的机械功率。

$$P_e = U_e \cdot I_e \cdot \eta_e \tag{2-1}$$

式中，U_e为额定电压(V)；I_e为额定电流(A)；η_e为效率(%)。

轿车电动机的额定功率约为30～50kW，客车和货车电动机的额定功率约为50～150kW，ISG电动机的额定功率约为5～15kW。

6. 峰值功率P_{max}(kW)。指电动机在额定转速条件下运行时，电动机轴上输出的最大机械功率。电动机的峰值功率约为额定功率的2～3倍。

7. 机械效率η_e。指电动机在最高功率运行时电动机轴上输出的机械功率，与电动机在额定条件下运行时电源输入到电动机定子绕组上的功率之比值(%)。要求电动机高效区(效率大于85%)占电动机整个运行区间的50%以上。

8. 温升(℃)。指电动机在运行时允许升高的最高温度。

五、纯电动汽车用电动机结构及原理

目前纯电动汽车上常采用的电动机有直流电动机(DC Motor)、交流电动机(AC IM)、

永磁电动机(BDCM)和开关磁阻电动机(SRM)等,功率一般由几十千瓦到一两百千瓦。几种常用电动机的性能比较见表2-11。

表2-11　几种常用电动机的性能比较

项　目	直流电动机	交流电动机	永磁电动机	开关磁阻电动机
转速范围/(r/min)	4 000～6 000	12 000～20 000	4 000～10 000	>15 000
功率密度	低	中	高	较高
功率因数		82～85	90～93	60～65
峰值效率/%	85～89	94～95	95～97	85～90
负荷效率/%	80～87	90～92	85～97	78～86
过载能力/%	200	300～500	300	300～500
恒功率区比例		1∶5	1∶2.25	1∶3
电动机质量	重	中	轻	轻
电动机外形尺寸	大	中	小	小
可靠性	一般	好	优良	好
结构坚固性	差	好	一般	优良
控制操作性能	最好	好	好	好
控制器成本	低	高	高	一般

(一) 直流电动机

1. 直流电动机的特点。直流电动机就是将直流电能转换成机械能的电动机,是电动机的主要类型之一。它具有启动加速时驱动力大、结构简单、技术成熟、控制容易等特点,在早期的电动汽车得到应用,特别适用于场地用电动汽车和专用电动汽车,但是直流电动机的电枢电流由电刷和换向器引入,换向时易产生电火花,换向器易烧蚀,电刷易磨损,需经常更换,维护工作量大;接触部分存在磨损,不仅使电动机效率降低,还限制了电动机的工作转速。新研制的纯电动汽车基本不采用直流电动机,但无刷直流电动机是一种高性能的电动机,既有交流电动机的结构简单、运行可靠、维护方便等诸多优点,又具备运行效率高、无励磁损耗、运行成本低和调速性能好等特点,因此它在电动汽车上的应用与日俱增。

直流电动机分为绕组励磁式直流电动机和永磁式直流电动机两种。在纯电动汽车所采用的直流电动机中,小功率电动机采用的是永磁式直流电动机,大功率电动机采用的是绕组励磁式直流电动机。

2. 直流电动机的基本构造。图2-16所示的直流电动机由固定部分(定子)和转动部分(转子)两大部分构成,定子部分包括外部的吊环、外壳和机座、端盖、接线板、接线盒,以及装于定子内部的压紧层叠的定子硅钢片组成的主磁极,在定子主磁极上固定定子绕组、换向极、集电刷等。转子部分包括转轴、用冲压出一定形状的槽子的硅钢片叠压制成的转子铁芯和装于转子铁芯上的电枢绕组、端部的换向器和冷却风扇等。在定子与转子之间留有空隙,称为气隙。

3. 直流电动机工作原理。简化的直流电动机内固定两个对称的永磁磁极，一个为N极，另一个为S极。在对称的永久磁极之间，装置一个可以转动的线圈，转动线圈的两端分别与两个弧形的换向片连接，换向片分别与电刷A、B接触。

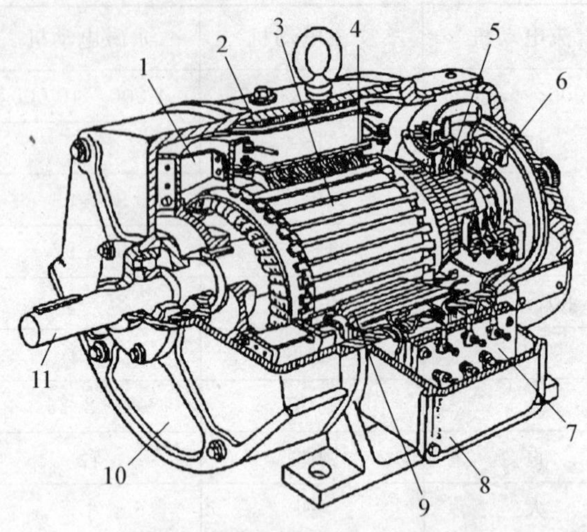

图2-16　直流电动机构造

1-冷却风扇；2-机座；3-电枢；4-主磁极；5-极电刷架；6-换向极；
7-接线板；8-出线盒；9-换向极；10-端盖；11-输出轴

外接电源的正极与A电刷连接，负极与B电刷连接，在N极处的线段 *ab* 中的电流向内流，按照弗莱明左手定则，线段 *ab* 受感应电动势产生的电磁力的作用向左运动。同时，在S极处的线段 *cd* 中的电流向外流，线段 *cd* 受感应电动势产生的电磁力的作用向右运动。在N、S两个电磁力共同的作用下，线圈 *abcd* 产生的电磁转矩，使线圈绕轴线逆时旋转，如图2-17(a)所示。

当线圈旋转180°之后，在N极处的线段 *cd* 中的电流向内流，线段 *cd* 受感应电动势产生的电磁力的作用向左运动。同时，在S极处的线段 *ab* 中的电流向外流，线段 *ab* 受感应电动势产生的电磁力的作用向右运动。在N、S两个电磁力共同的作用下，线圈 *dcba* 产生的电磁转矩，使线圈绕轴线逆时针旋转，如图2-17(b)所示。

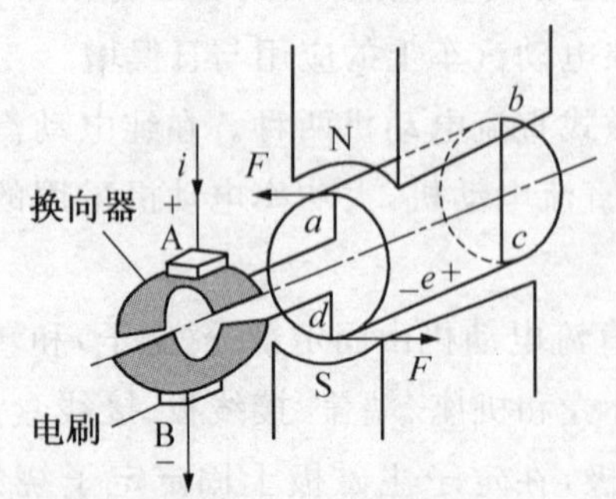

(a) 线圈 *ab* 段在N极处，线段 *cd* 段在S极处

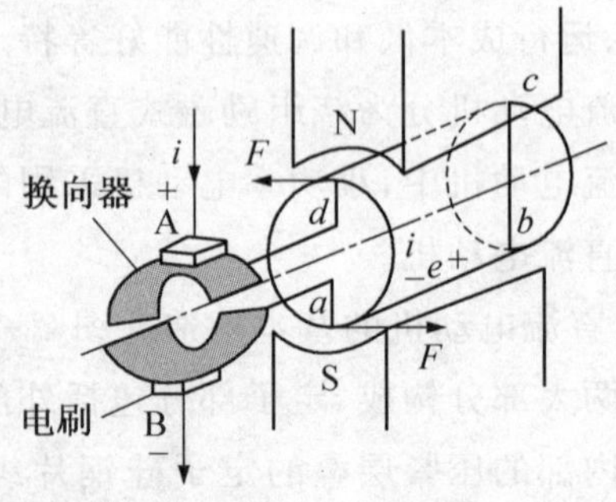

(b) 线圈 *cd* 段在N极处，线圈 *ab* 段在S极处

图2-17　直流电动机工作原理

直流电通过换向器输入电动机的电枢线圈后，在直流电动机的电枢电流 I_a 与磁通 Φ 相互作用下，使 N 极处产生电磁力与电磁转矩为逆时针方向。电流从 N 极向 S 极流动时，电流方向经过一次转变，同样在电枢电流 I_a 与磁通 Φ 相互作用下，使 S 极产生电磁力与电磁转矩也为逆时针方向。由于 N 极与 S 极处的电磁力和电磁转矩的方向保持不变，使得电动机的电枢能够连续不断地转动。

直流电动机电磁转矩 T 是电动机的驱动转矩，它与电动机的机械负荷转矩 T_2 和电动机的空载损耗转矩 T_0 相平衡（$T=T_2+T_0$）。当电源电压 U 不变，电动机机械负荷转矩 T_2 变化时，电动机的反电动势 E、电流 I、电磁转矩 T 和转速 n 将会自动调整，保持电动机的稳定运转。

（二）交流电动机

1．交流电动机的特点。交流电动机可分为同步电动机和异步电动机。同步电动机转子的转速 n 与定子旋转磁场的转速 n' 在空间同步旋转，即 $n=n'$。异步电动机转子的转速 n 与定子旋转磁场的转速 n' 在空间不同步，即 $n\neq n'$。

异步电动机采用变频调速时，可以取消机械变速器，实现无级变速，使传动效率大为提高。另外，异步电动机很容易实现正反转，再生制动能量的回收也更加简单。当采用笼型转子时，异步电动机还具有结构简单、坚固耐用、价格便宜、工作可靠、效率高和免维护等优点，所以异步电动机在纯电动汽车上应用广泛。下面以鼠笼式三相异步感应电动机为例介绍结构和工作原理。

2．三相异步电动机基本构造。鼠笼式三相异步感应电动机由固定部分（定子）和转动部分（转子）组成。定子部分包括吊环、定子外壳和机座、端盖、接线板、接线盒，以及装于定子内部的压紧层叠的硅钢片组成的定子铁芯和定子铁芯上固定的定子绕组。转子部分包括用冲压出一定形状的槽子的硅钢片叠压制成的转子铁芯、在转子的槽中嵌入铜条或铝条的转子导体、两端的环状铜板或铝板、将各个铜条或铝条铸为一体连接成整体的转子，以及支撑转子的转轴、轴承、端环和冷却风扇等。在定子和转子之间留有空隙，称为气隙，共同形成“鼠笼”结构，如图 2－18 所示。

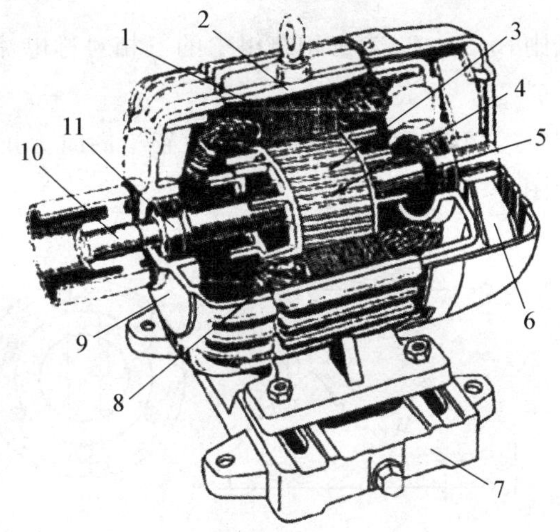

图 2－18 交流电动机构造

1－定子铁芯；2－定子外壳；3－转子铁芯；4－转子导体；5－端环；6－冷却风扇；7－机座；8－定子绕组；9－轴承壳；10－轴；11－轴承

3．三相异步电动机工作原理。三相异步感应电动机的定子绕组是一个固定的、对称的三相绕组。当电源的三相对称交流电输入感应电动机的定子绕组时，定子在三相电流通过时产生旋转磁场，受到旋转磁场产生的“感应”电磁力的作用，在转子绕组中产生感应电动势 E 和感应电流 I，受定子电磁力的作用，使转子绕定子的磁场方向旋转，因此被称为感应电动机。

如果三相异步感应电动机的转子的转速与定子旋转磁场的转速同步时，转子绕组不能切割旋转磁场的磁力线，转子绕组中就不会产生感应电动势和感应电流，也就不会有电磁力来驱动转子转动。因此，只有在两者之间存在差异，即转子的转速 n 小于定子旋转磁场的转速 n_0 时（$n_0>n$），才能使转子与旋转磁场产生相对运动。旋转磁场转速与转子转速之间产生转速差，是三相异步感应电动机运行的必要条件，因此被称为异步电动机，如图 2-19 所示。

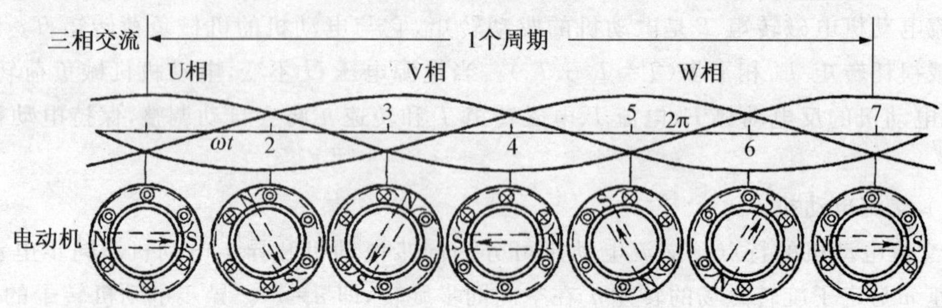

图 2-19　三相异步电动机的工作原理

(1) 旋转磁场。将三相对称电源通入三相异步感应电动机的星形连接的三相绕组 U_1、U_2、V_1、V_2、和 W_1、W_2 中，绕组中的三相对称电流为：

$$i_U = I_m \sin\omega t$$

$$i_V = I_m \sin(\omega t - 120°)$$

$$i_W = I_m \sin(\omega t + 120°)$$

式中，i_U、i_V、i_W 为三相绕组中的三相对称电流(A)；I_m 为电流最大值(A)；ωt 为磁场旋转角度(°)。

① 正向旋转磁场。电流在正半周时为正值，在负半周时为负值。三相对称电流的波形如图 2-20 所示。

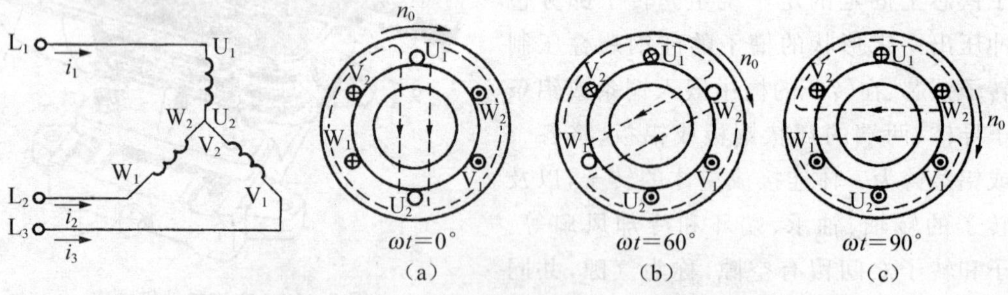

图 2-20　三相电流正接时的正向旋转磁场

② 反向旋转磁场。当需要三相异步感应电动机反方向转动时，只需将三相对称交流电源中任意两相对调，三相异步感应电动机即能反向旋转，如图 2-21 所示。

(2) 三相异步感应电动机的定子极数与定子绕组。三相异步感应电动机定子的极数不同时，定子绕组之间的夹角也不同。定子绕组极数 $p=1$ 时，每相定子绕组上只有一个绕组线圈。当极数 $p=1$ 时，定子绕组之间的夹角为 120°。定子极数 $p=2$ 时，每相定子绕组上有两个绕组线圈。当 $p=2$ 时，定子绕组之间的夹角为 60°。如此类推，p 值增加，产生旋转磁

场的极也增加，定子绕组之间的夹角也按一定比例减小。三相异步感应电动机的极数可以有 1 极、2 极、3 极、4 极、6 极等不同极数。

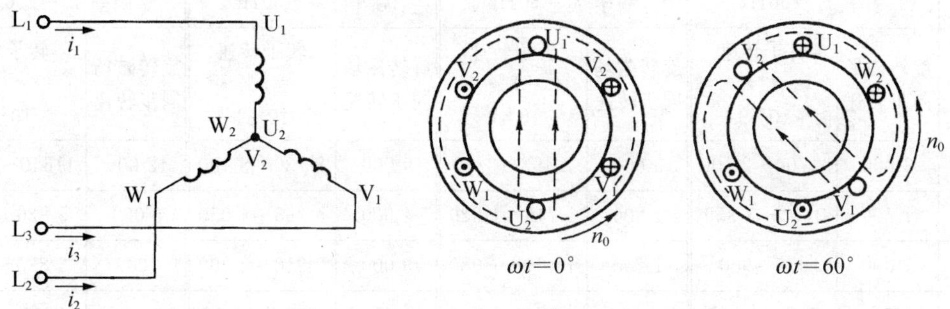

图 2-21　三相电流换接后的反向旋转磁场

(3) 旋转磁场的转速与转子的转速和转差率。

① 旋转磁场的转速与转子的转速。由三相异步感应电动机的旋转磁场的特征可知，定子绕组的旋转磁场在电流交变一次(一个周期)时，在空间旋转了 1 转(360°)，定子旋转磁场的转速称为同步转速。当输入的三相电源电流的每秒钟交变的频率为 f_1，即每分钟交变的频率为 $60f_1$，则不同极数的电动机的定子旋转磁场的转速为：

$$n_0 = 60f_1/p$$

式中，n_0 为定子旋转磁场转速(r/min)；f_1 为三相电源的每秒钟交变的频率(Hz)；p 为三相电动机的极数。

由于感应电动机是依靠感应磁场的电磁力作用驱动转子旋转的，转子转速与定子旋转磁场转速不同步，转子每秒钟交变的频率为 f_2，即每分钟交变的频率为 $60f_2$，则转子实际转速为：

$$n = 60f_2/p$$

式中，n 为转子实际转速(r/min)；f_2 为转子每秒钟交变的频率(Hz)；p 为三相电动机的极数。

② 转差率。三相异步电动机的定子旋转磁场转速为 n_0，而转子实际转速为 n，定子旋转磁场转速 n_0 与转子实际转速 n 的关系用转差率 s 来表达为：

$$s = (n_0 - n)/n_0$$

则

$$n = (1 - s)n_0$$

转差率 s 随负荷的变化而改变，空载时转差率 s 约在 0.5%以下，额定负荷时转差率 s 约在 2%～5%。

③ 定子电路与转子电路。由以上分析和计算可知，交流电动机的各种性能参数都与转差率 s 有关。不同磁极对数、频率和转差率时三相交流电动机旋转磁场的转速与转子的转速关系见表 2-12。

表 2-12 不同磁极对数、频率和转差率时三相交流电动机旋转磁场转速与转子转速的关系

(r/min)

磁极对数	频率 $f_1=50\text{Hz}$		频率 $f_1=60\text{Hz}$		频率 $f_1=150\text{Hz}$		频率 $f_1=200\text{Hz}$	
	旋转磁场同步转速	转子转速(s=3%~10%)	旋转磁场同步转速	转子转速(s=3%~10%)	旋转磁场同步转速	转子转速(s=3%~10%)	旋转磁场同步转速	转子转速(s=3%~10%)
1	3 000	2 700~2 100	3 600	3 492~3240	9 000	8 730~8 100	12 000	11640~10 800
2	1 500	1455~1 350	1 800	1 746~1 620	4 500	4 365~4 050	6 000	5 820~5 400
3	1 000	970~900	1 200	1 164~1 080	3 000	2 910~2 700	4000	3 880~3 600
4	750	727.5~675	900	873~810	2 250	2242.5~2 025	3 000	2910~2 700
5	600	582~540	720	698.4~648	1 800	1 746~1 620	2 400	2328~2160
6	500	485~450	600	582~540	1 500	1 455~1 350	2 000	1 940~1 800

④ 三相异步感应电动机的转矩。由转子转矩可知,电动机的转矩 $T=K_T\Phi I_2$,但由于漏磁感抗 X_{20} 的作用、在三相异步感应电动机的转子电路中功率因数 $\cos\varphi_2$ 的影响,因此三相异步感应电动机的转矩为:

$$T=K_T\cdot\Phi\cdot I_2\cos\varphi_2$$

式中,T 为三相异步感应电动机的转矩(N·m);K_T 为与电动机的结构有关的常数;Φ 为旋转磁场每极的磁通(Wb),I_2 为转子电流(A);$\cos\varphi_2$ 为功率因数。

将有关参数代入经过运算,则三相异步感应电动机的转矩可转换为:

$$T=K\cdot s\cdot R_2\cdot U_1^2/R_2^2+sX_{20}^2$$

式中,K 为常数;s 为转差率;U_1 为三相电路的相电压(V);R_2 为转子电路的电阻(Ω);X_{20} 为转子漏磁感抗。

由上式可知,电动机的转矩 T 与定子每相电压平方(U_1^2)成正比,与转子电阻平方(R_2^2)成反比。因此,电源电压和转子电阻变化时,会对电动机转矩形成很大的影响。

三相异步电动机的机械特性曲线有:转矩 T 与转差率 s 关系特性曲线 $T=f(s)$,如图 2-22所示;转子转速 n 与转矩 T 关系特性曲线 $n=f(T)$,如图 2-23 所示。

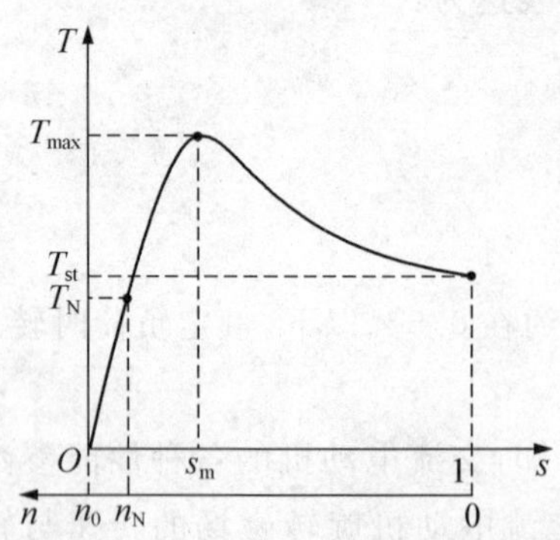

图 2-22 转矩 T 与转差率 s 的特性曲线 $T=f(s)$

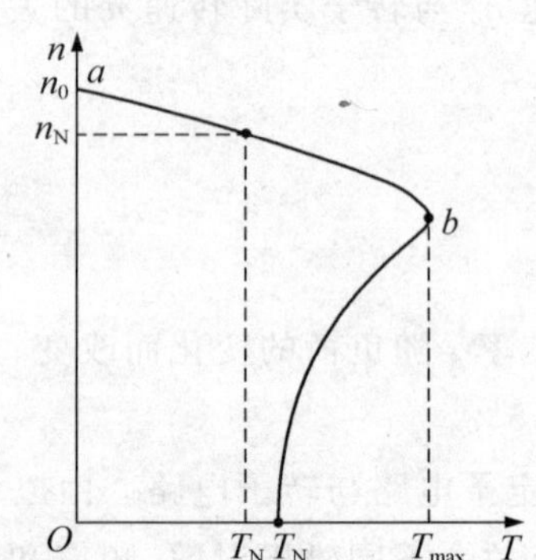

图 2-23 转子转速 n 与转矩 T 的特性曲线 $n=f(T)$

在三相交流异步电动机的实际控制中，是综合控制电动机的磁极对数 p、三相电流频率 f_0、电压 U 等变化而呈非线性的复杂变化。

（三）永磁电动机

1. 永磁电动机的特点。永磁同步电动机结构与无刷直流电动机相似，不同之处在于它采用正弦波驱动，所以在具备无刷直流电动机优点的同时，还具有低噪声、体积小、功率密度大、转动惯量小、脉动转矩小、控制精度高等特点，特别适用于混合动力电动汽车电动机驱动系统，以达到减小系统体积、改善汽车加速性能和行驶平稳性等目的。因此，永磁同步电动机受到了全世界各大汽车生产厂家的重视。

2. 永磁同步电动机的基本结构。如图 2-24 所示，永磁同步电动机（PMSM）的定子绕组与普通同步电动机的定子绕组一样。永磁同步电动机是用径向内置永久磁铁磁极或混合永久磁铁磁极形成可同步旋转的转子磁极代替其他形式的励式同步电动机的转子励磁绕组。由于其定子产生的旋转磁场与转子产生的磁场共同以同样的频率旋转，因此这种同步电动机称为永磁同步电动机。

3. 永磁同步电动机的工作原理。永磁同步电动机实际上是一种凸极式电动机，一般其在定子结构上采用与三相交流电动机相似的三相对称绕组，交流电源通过交—直—交电压型逆变器或直—交电压型逆变器调制为电压可变化的三相正弦波电压，输入永磁同步电动机三相对称绕组后，产生三相对称的三相电流，在正弦波定子电流和正弦波反电动势的作用下，气隙中产生旋转磁场，带动转子跟随旋转磁场同步旋转，如图 2-25 所示。

$$n=n_s=60f_s/p_n$$

式中，n 为转子的转速（r/min）；n_s 为旋转磁场的转速（r/min）；f_s 为三相正弦波电压的频率（Hz）；p_n 为电动机的磁极对数。

图 2-24 永磁同步电动机外形

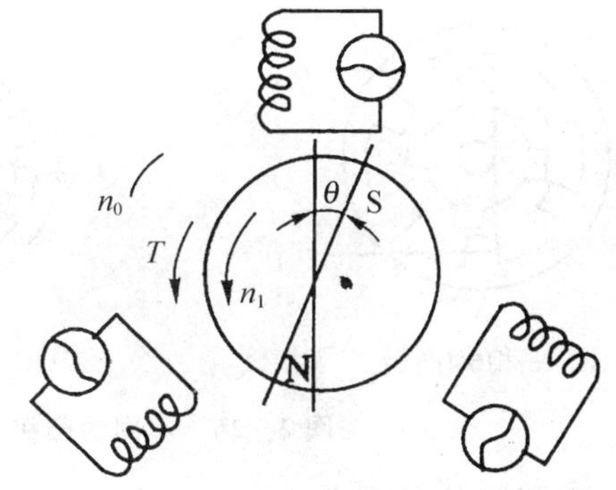

图 2-25 三相永磁磁阻同步电动机工作原理示意图

当永磁磁阻同步电动机的磁极对数 p_n 一定时，旋转磁场的转速变化取决于三相正弦波电压频率 f_s 的变化。

（四）开关磁阻电动机

1. 开关磁阻电动机的特点。开关磁阻电动机（SRM）是一种新型电动机，也称为可变磁阻电动机（VRM），它的结构比其他任何一种电动机都要简单、坚固、可靠性好。开关磁阻电动机功率密度高，转矩—转速特性好，有高的启动转矩和低的启动功率，效率可以达到85%～93%。转矩、转速在较宽的转速范围内可灵活地控制，调速控制较简单，最高转速可以达到15 000r/min。其调速系统运行性能和经济指标比普通的交流调速系统好，被公认是一种极有发展前途的电动汽车驱动电动机。

2. 开关磁阻电动机的结构。开关磁阻电动机的定子和转子都是由硅钢片叠片组成的，定子和转子采用“凸极”结构形式。开关磁阻电动机的定子和转子凸极有多种组合方式，定子凸极数量为偶数，转子凸极数量也为偶数，一般比定子凸极少两个，共同组成不同极数的开关磁阻电动机。最常见的三相开关磁阻电动机的定子上有6个凸极，转子上有4个凸极。四相开关磁阻电动机的定子上有8个凸极，转子上有6个凸极。开关磁阻电动机的结构方案见表2-13。

表2-13 开关磁阻电动机的结构方案

开关磁阻电动机相数	3	4	5	6	7	8	9
定子极数 N_s	6	8	10	12	14	16	18
转子极数 N_r	4	6	8	10	12	14	16
步进角	30°	15°	9°	6°	4.28°	3.21°	2.5°

开关磁阻电动机的定子和转子都是凸极结构，只在电动机的定子上安装有简单的集中励磁绕组，在互相对称的两个定子凸极上的定子绕组互相串联构成一相。定子励磁绕组的端部较短，没有相间跨接线，磁通量集中于磁极区，通过定子电流来励磁。各相磁路的磁阻随转子位置不同而变化。在电动机的转子上，没有滑环、绕组的导体和永久磁铁等。转子的运转是依靠定子的磁引力来运行的。图2-26所示为各种开关磁阻电动机的结构示意图。

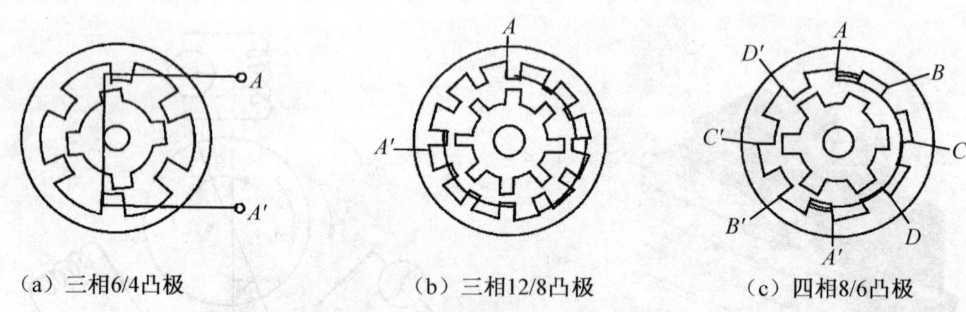

图2-26 不同的凸极开关磁阻电动机的结构示意图

3. 三相开关磁阻电动机的工作原理。

(1) 三相6/4凸极结构的开关磁阻电动机的工作原理。开关磁阻电动机是基于“磁阻最小”的原理设计的新型具有凸极结构转子的电动机。图2-27所示为三相6/4凸极结构的开关磁阻电动机的截面图，有6个定子磁极，每相对的两个定子磁极的绕组互相串联成为一相绕组（$A—A'$绕组、$B—B'$绕组、$C—C'$绕组）。转子沿圆周有4个均匀分布的转子磁极（1—1′、2—2′），转子磁极上没有线圈。定子磁极与转子磁极之间有很小的气隙。

① 如图2-27(a)所示，当转子凸极2—2′与$C-C'$相定子凸极对齐时，转子凸极1—1′与$A—A'$相定子凸极相差一个角度θ(θ=30°)，当A相绕组单独通电，B、C相绕组不通电时，就

在 A 相定子中建立一个以 A—A′为磁极轴线的对称磁场。磁通经过定子轭、定子极、气隙、转子极和转子轭等处闭合，A—A′对称磁场产生的弯曲的磁力线沿旋转方向的切向磁拉力产生的转矩作用于转子磁极轴线 1—1′上，力图将转子向 A—A′轴线方向拉动，迫使转子产生逆时针方向转动。在转子转动时，转子凸极 1 的磁极轴线 1—1′逐渐向定子凸极的磁极轴线 A—A′靠拢，当转子转过一定角度 θ 时，即当转子凸极 1—1′与定子凸极 A—A′对齐时，磁场的切向磁拉力完全消失，转子达到稳定平衡位置，转子就不再转动。

② 如图 2-27(b)所示，当转子凸极 1—1′被拉动与定子 A—A′凸极对齐时，转子凸极 2—2′与 B—B′相定子凸极之间相差一个角度 θ。当 B 相绕组单独通电，C、A 相绕组不通电时，就在 B 相定子中建立一个以 B—B′为磁极轴线的对称磁场。B—B′对称磁场产生的弯曲的磁力线沿旋转方向的切向磁拉力产生的转矩作用于转子磁极轴线 2—2′上，力图将转子向 B—B′轴线方向拉动，迫使转子继续产生逆时针方向转动。在转子转动时，转子凸极 2 的磁极轴线 2—2′逐渐向定子凸极的磁极轴线 B－B′靠拢，当转子转过一定角度 θ 时，即当转子凸极 2—2′与定子凸极 B—B′凸极对齐时，磁场的切向磁拉力完全消失，转子再度达到稳定平衡位置，转子就不继续转动。

③ 如图 2-27(c)所示，当转子凸极 2—2′被拉动与定子 B－B′凸极对齐时，转子凸极 1－1′与 C－C′相定子凸极之间相差一个角度 θ。当 C 相绕组单独通电，A、B 绕组不通电时，就在 C 相定子中建立一个以 C－C′为磁极轴线的对称磁场。C－C′对称磁场产生的弯曲的磁力线沿旋转方向的切向磁拉力产生的转矩，作用于转子磁极轴线 1—1′上，力图将转子向 C－C′轴线方向拉动，迫使转子继续产生逆时针方向转动。在转子转动时，转子凸极 1 的磁极轴线 1－1′逐渐向定子凸极的磁极轴线 C－C′靠拢，当转子转过一定角度 θ 时，即当转子凸极 1—1′与定子凸极 C－C′凸极对齐时，磁场的切向磁拉力完全消失，转子再度达到稳定平衡位置，转子就不继续转动。

此后，不断地按顺序接通和截断 A－A′、B－B′、C－C′……正相电流的接通时，电动机的转子即按逆时针方向连续转动。如果反过来接通和截断 C－C′、B－B′、A－A′……反相电流的接通时，电动机的转子即顺时针(反)方向连续转动。因此，只要顺序改变定子磁极绕组的通电方向的顺序，就可以改变开关磁阻电动机转子转动的方向。如果改变电流的大小，则可改变电动机的转矩大小和电动机的转速快慢。如果控制转子极在离开定子极时的通电方向，即可产生与转子旋转方向相反的制动转矩。

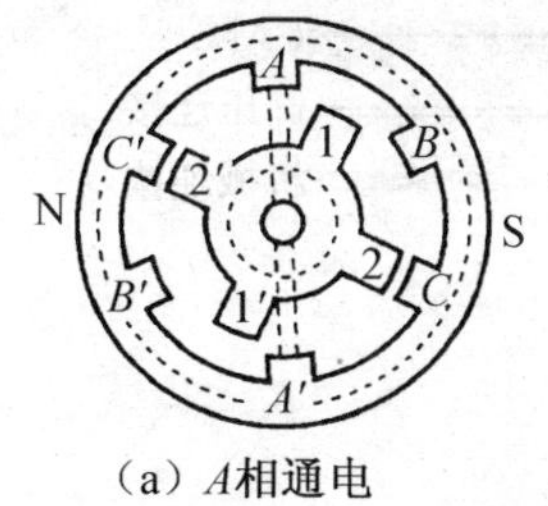

(a) A相通电

(b) B相通电

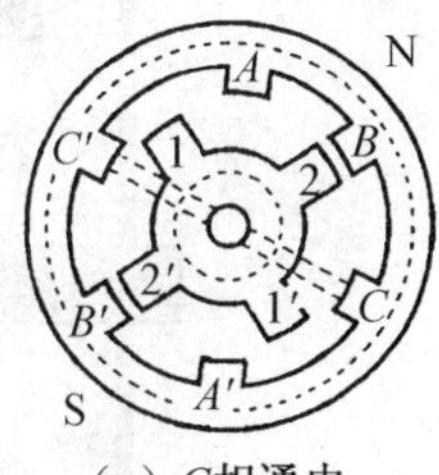

(c) C相通电

图 2-27　6/4 凸极开关磁阻电动机的工作原理

(2) 三相 8/6 凸极结构的开关磁阻电动机的工作原理。图 2-28 所示为 8/6 相凸极结构的开关磁阻电动机的截面图，有 8 个定子磁极，每相对的两个定子磁极的绕组互相串联成为一相绕组（$A—A'$绕组、$B—B'$绕组、$C—C'$绕组、$D—D'$绕组）。转子沿圆周有6个均匀分布的转子磁极（1—1′2—2′3—3′），转子磁极上没有线圈。三相8/6凸极开关磁阻电动机的工作原理与三相6/4凸极开关磁阻电动机的工作原理基本相同，只是转子与定子数量和转子与定子之间的“步进角”不同。

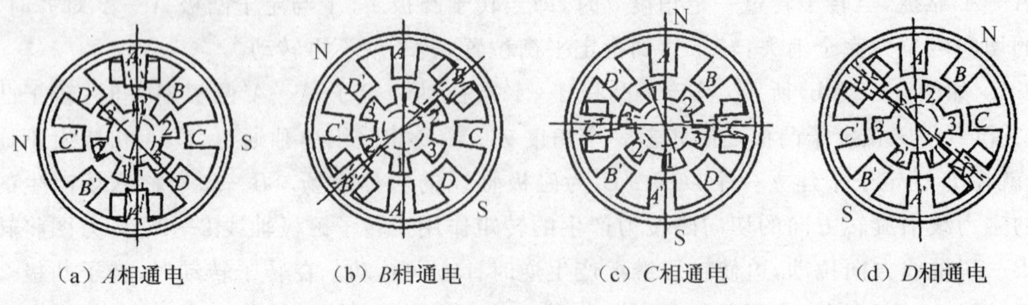

图2-28 8/6凸极开关磁阻电动机的工作原理

随着电子技术和计算机技术的飞速发展，新的电动机理论与控制方式层出不穷，正推动着新的电动机驱动技术迅猛发展。高密度、高效率、轻量化、低成本、宽调速牵引电动机驱动系统已成为各国研究和开发的主要热点，如永磁式开关磁阻电动机、转子磁极分割型混合励磁结构同步电动机、永磁无刷交流电动机等。

任务实施

一、众泰5008EV驱动系统结构认知

众泰5008EV驱动系统主要由驱动电动机、固定速比减速器、电动机驱动控制器以及半轴组成，其中固定速比减速器集成在驱动电动机上，如图2-29所示。

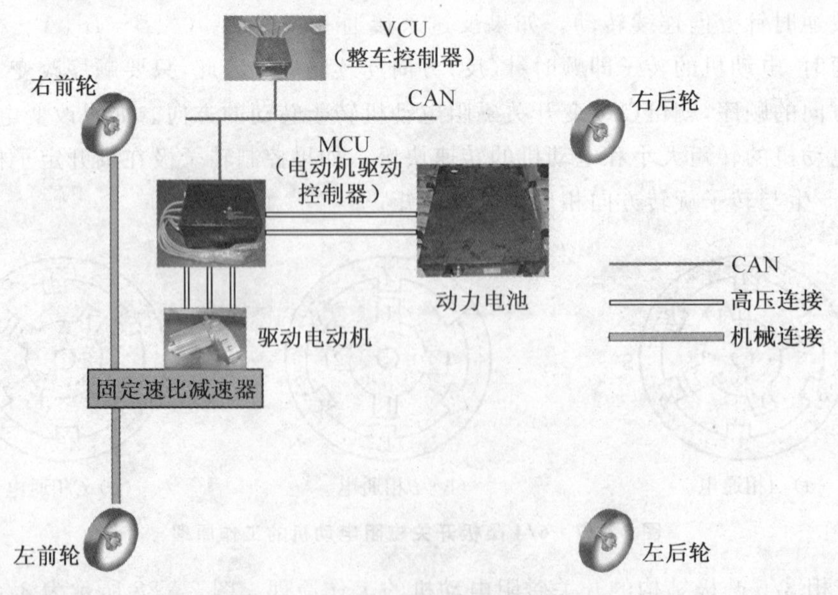

图2-29 众泰5008EV驱动系统框图

根据制动踏板和加速踏板的输入信号，由电动机的驱动控制器发出相应的控制命令来控制驱动电动机。驱动电动机将电源的电能转化为机械能，通过传动装置把动力传递给减速器，带动驱动半轴驱动车轮，以实现驱动。

该系统的核心部件是驱动电动机和驱动控制器。电动机的驱动控制器与电动机之间使用 25mm^2 的动力电缆将其三相输出接至电动机相应的三相输入，电动机转子位置信号及电动机温度信号通过总线至整车控制器及其他控制器。整车控制器集成于高压控制盒内。动力电池正、负极与高压控制盒总正、总负接触器连接，高压控制盒把两相直流输送给电动机的驱动控制器，电动机驱动控制器将两相直流电转换为三相直流电经 U、V、W 传输给驱动电动机。

众泰 5008EV 纯电动汽车驱动系统搭载的是永磁无刷直流电动机，无刷电动机有定子、转子两部分。当电流流入无刷电动机中，三个霍尔元件感应电动势。由于它由半导体制成，当电压和磁场成 90°直角时，转子绕组转动做切割磁力线运动，形成了电位差，再根据磁场的作用，促使霍尔感应不同的电位差使转子转动。

无刷直流电动机以霍尔传感器取代炭刷换向器，以钕、铁、硼作为转子的永磁材料。该电动机性能超越传统直流电动机的所有优点，同时又解决了直流电动机炭刷、滑环的缺点；数字式控制，具有高效率、高转矩、高精度的“三高”特点；体积小，重量轻，可制成各种体积形状，是当今最高效率的调速电动机。

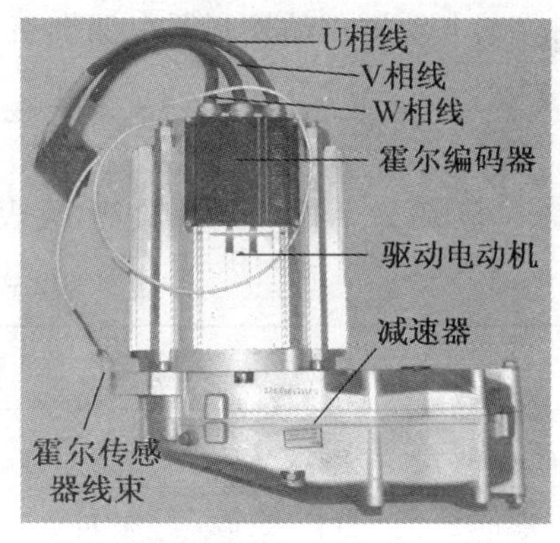

图 2-30　永磁无刷直流电动机—固定速比减速器总成

永磁无刷直流电动机外形结构如图 2-30 所示。该直流电动机上安装了霍尔传感器，用于检测电动机转子在运动过程中的位置以及电动机转速。霍尔传感器由传感头和信号轮以及接线组成，信号轮安装于电动机后端盖内侧，如图 2-31 所示。信号轮与电动机主转子一同旋转，三个霍尔传感头等间距地安装在传感器定子上，以检测电动机转子的位置。

永磁无刷直流电动机技术参数见表 2-14。

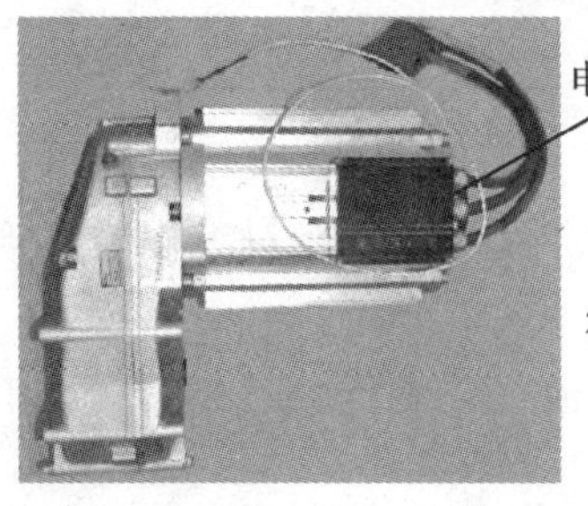

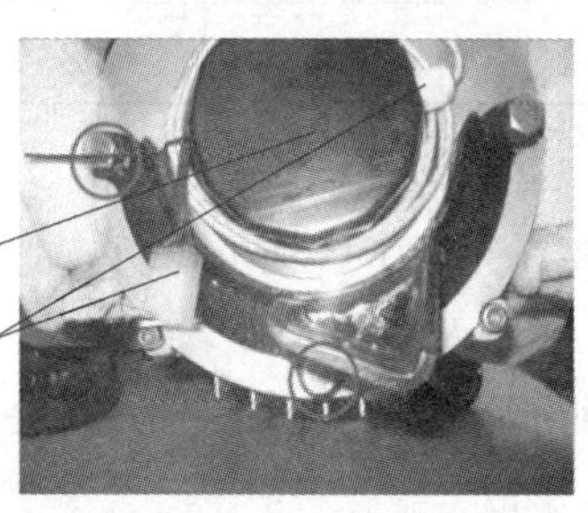

图 2-31　霍尔传感器及位置

表 2-14 永磁无刷直流电动机参数

项目 \ 车型		JNJ7000EVM
驱动电机	型号	WTGSDJ-30A
	形式	水冷变频感应电动机
	额定电压/V	200
	最大功率/kW	90
	最大扭矩/(N·m)	240
	冷却方式	水冷
	绝缘等级	F
	防护等级	IP54

其电动机驱动控制器由深圳纽贝尔电子有限公司生产,详细介绍参见任务 2-5。

二、众泰 5008EV 驱动系统拆装

(1) 备齐需用工具及设备,见表 2-15。

表 2-15 驱动系统拆装工具与设备

序号	名称	型号规格	数量
1	世达工具	120 件	1 套
2	波箱顶	—	1 台
3	扎带	—	若干
4	斜口钳	—	1 把
5	万用表	三位显示	1 只
6	摇表	500V	1 只

(2) 操作要求。

① 首先要在充分了解纯电动汽车原理及结构的情况下才能对纯电动汽车的电动机进行安装、拆卸、维护及检修工作。

② 操作前要将纯电动汽车的钥匙关闭、动力电池框前后连接线断开,并用黑胶带包裹,以免发生安全事故。

1. 驱动电动机拆卸。其拆卸步骤见表 2-16。

表 2-16　驱动电动机拆卸步骤

操作步骤	图　示
拆连接线	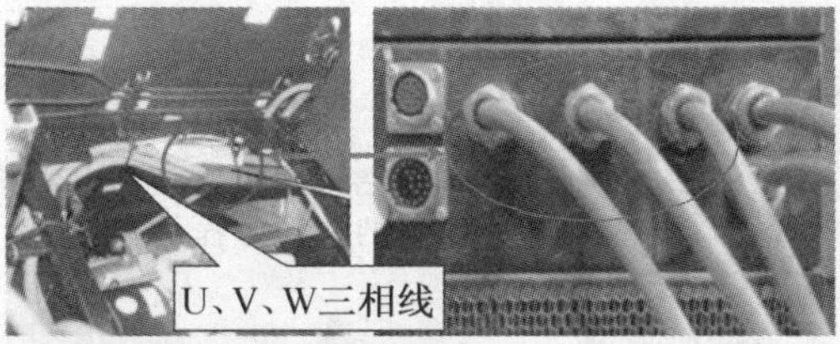 U、V、W三相线 关闭钥匙(过几分钟)，拔出驱动电动机与电动机驱动控制器 U、V、W 三相直流连接线
拆左右半轴	 卸下左右下摆臂插销，方便拔出左右半轴 右半轴 左半轴
拆卸电动机	卸下固定电动机右端盖的螺丝 卸下固定电动机下端支架的 7 个螺丝并取下支架，然后用波箱顶缓慢地放下电动机

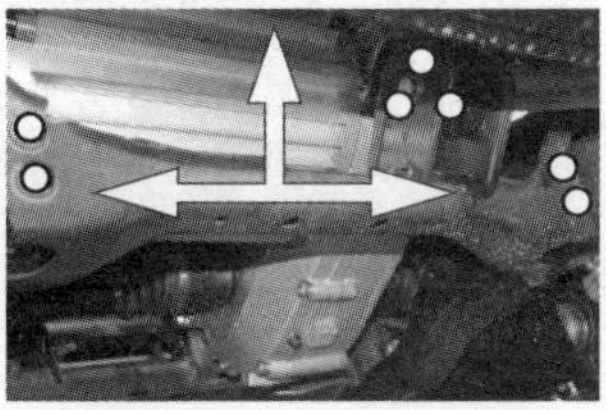

2. 驱动电动机安装。其安装步骤见表 2-17。

表 2-17　驱动电动机安装步骤

操作步骤	图　示
安装电动机前支架	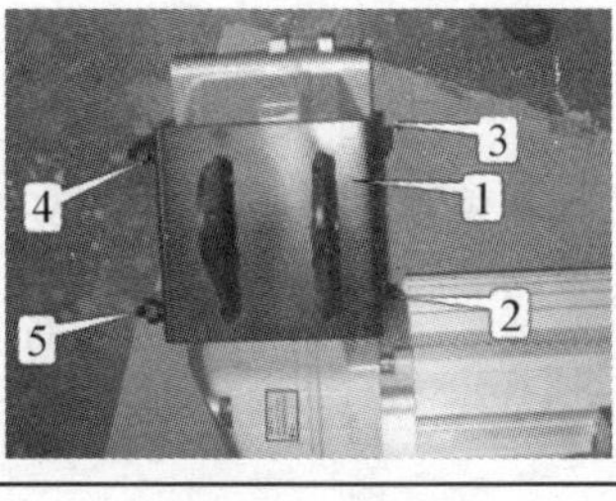 首先将前支架 1 安装至电动机减速器壳体上，固定前支架左右 2、3、4、5 四颗螺栓

续表

操作步骤	图　示
安装前悬置软垫	 将前悬置软垫安装到电动机上，固定前悬置软垫上的三颗螺栓
安装电动机右支架	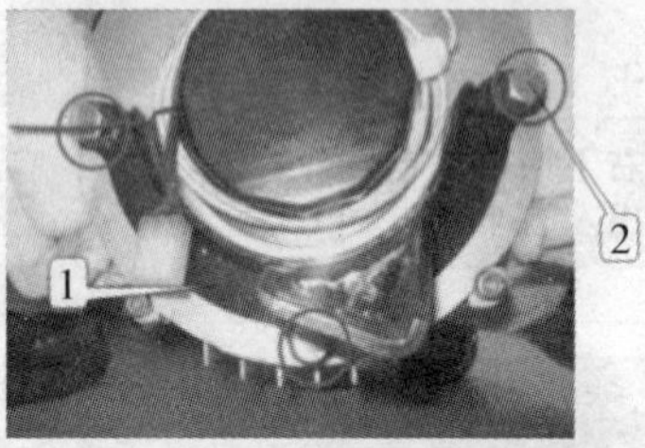 将电动机右支架1安装到电动机上，固定三个螺栓
安装电动机后支架	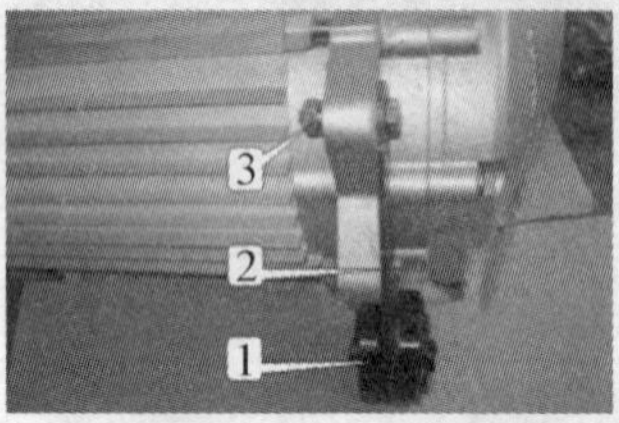 将后支架安装到电动机上，并固定螺栓。
安装时先安装好电动机的各个支架	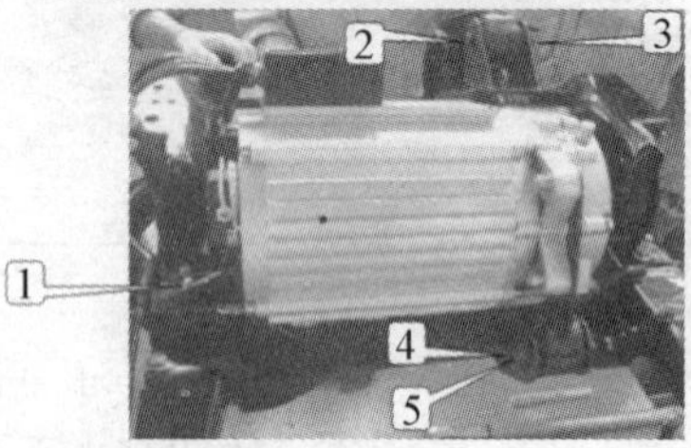 安装好电动机各支架后，将驱动电动机总成抬到波箱顶上面上升至车架，按以下顺序紧固螺栓。 第一步：根据图示先把1号处支架孔对准车架上面的螺丝并紧固 第二步：安装图示2、3号处螺栓并紧固 第三步：安装固定4、5号处螺栓并紧固
线路连接	按要求插接霍尔插头和电动机三相插接件，用扎带扎牢各线束

三、众泰5008EV驱动系统检修

1. 电动机性能检测。其性能检测步骤见表2-18。

表2-18　驱动电动机性能检测步骤

操作步骤	图　示
驱动电动机绝缘性能检测	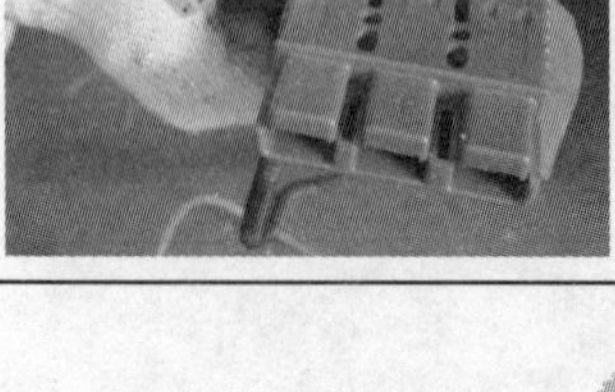 用摇表测量电动机的U、V、W三相对驱动电动机外壳的阻值，如果阻值大于100MΩ，则属正常；如果阻值小于1MΩ，则说明电动机存在绝缘不足问题

续表

操作步骤	图示
驱动电动机电枢绕组检测	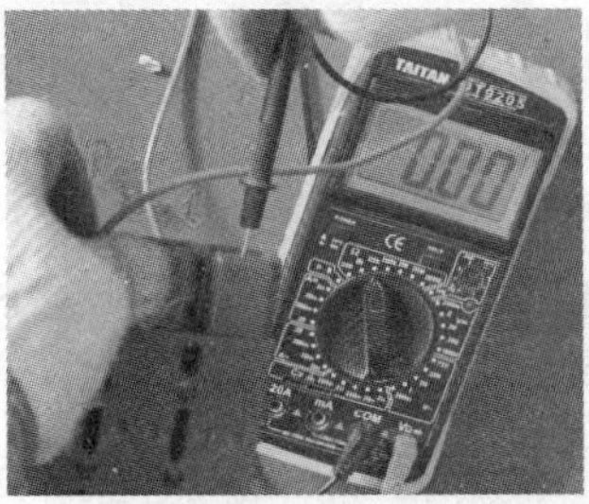 用万用表测量U、V、W之间的阻值，如果任意两相都相同，则说明电动机正常；如果存在两相阻值相差过大，则有可能为电枢绕组断路

2. 电动机高温报警故障检修。其高温报警故障检修步骤见表2-19。

表2-19 驱动电动机高温报警故障检修步骤

操作步骤	图示
检查连线	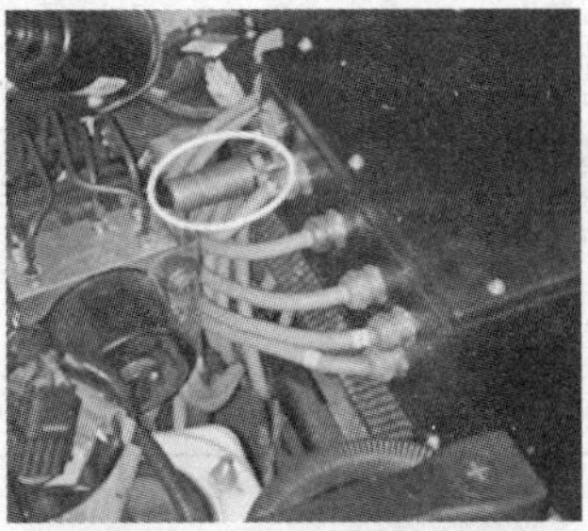 首先测量电动机温度线束到电动机驱动控制器26芯针脚S脚PT+与a脚PT-两根线是否连接正常
检查电动机控制器元件	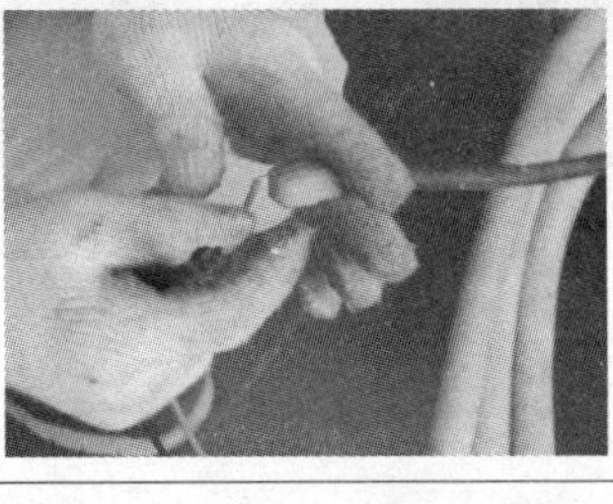 用万用表测量电动机驱动控制器温度传感器电阻的阻值，90～105Ω为正常，如不在此范围内说明温度传感器损坏，需更换驱动电动机
检查电动机温度传感器	当温度传感器正负极接反时，检测温度跳动厉害

3. 通电后电动机不工作，汽车无法行驶故障检修。其检修步骤见表2-20。

表2-20 通电后电动机不工作，汽车无法行驶故障检修步骤

操作步骤	图示
查看是否有总电压	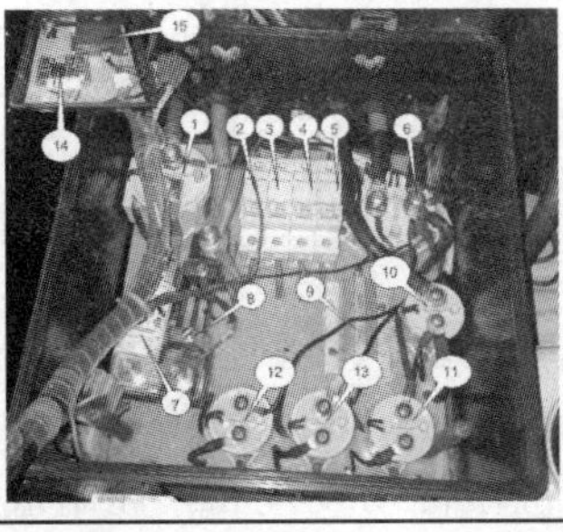 若无总电压，则要用万用表检测高压盒内动力电源是否有输出；若有输出电压，则检测总正及总负接触器是否正常；若接触器正常，则检测200A保险是否损坏

续表

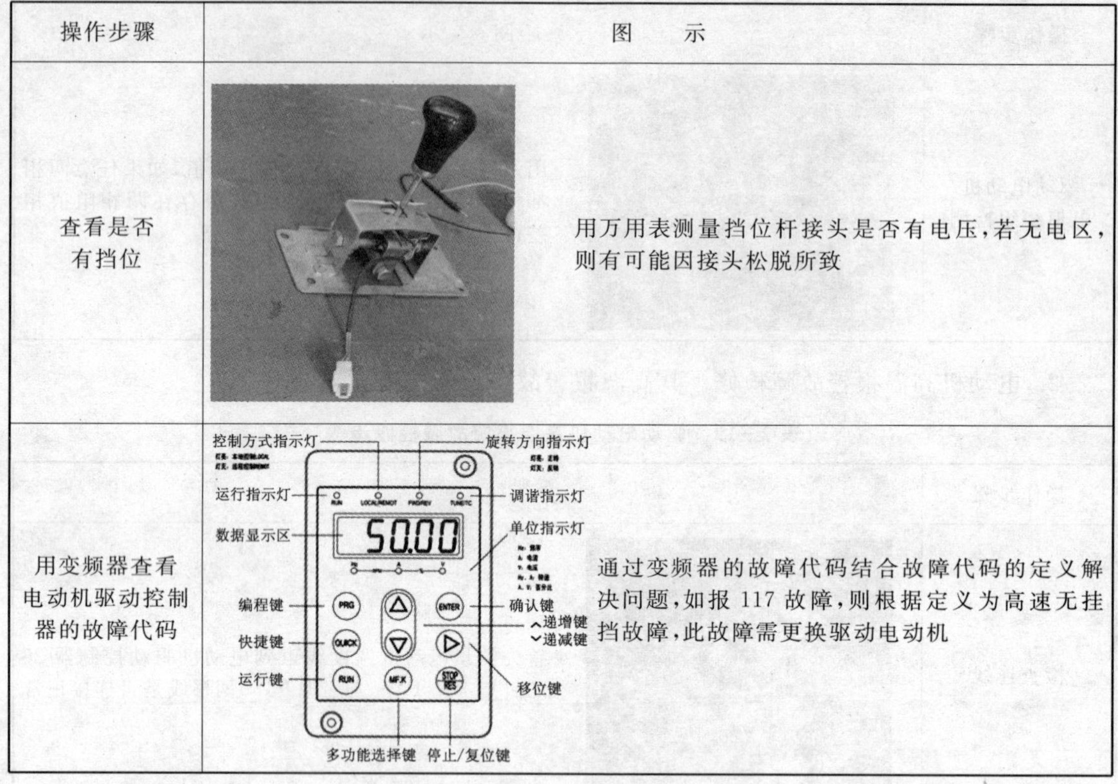

操作步骤	图示	
查看是否有挡位		用万用表测量挡位杆接头是否有电压，若无电区，则有可能因接头松脱所致
用变频器查看电动机驱动控制器的故障代码		通过变频器的故障代码结合故障代码的定义解决问题，如报 117 故障，则根据定义为高速无挂挡故障，此故障需更换驱动电动机

四、永磁无刷直流牵引电动机使用及维护

众泰 5008EV 所用的永磁无刷直流牵引电动机，是一款无需维护的新能源汽车专用电动机，但是过于频繁地启动和制动会对电动机的寿命造成影响。如果出现问题，如霍尔元件位置变化、电枢绕组断路等，则需要更换驱动电动机。

任务小结

纯电动汽车驱动系统是电动汽车动力牵引的核心部分，主要由电控单元、电动机及电动机驱动控制器、机械传动装置和车轮组成。电动机是驱动系统的主要部件，因此本任务着重介绍了四种类型纯电动汽车驱动电动机结构、原理及性能特点，并以众泰 5008EV 电动汽车为例，重点介绍了该车型驱动电动机的性能特点、技术参数以及线路连接，并对驱动系统的安装、常见故障检修等内容作了深入的分析。

习　题

一、填空题

1. 驱动系统的作用是将电源的电能转化成________，通过传动装置或直接驱动车轮和工作装置。

2. 驱动系统主要由电控单元、____________、机械传动装置和车轮组成。

3. 随着电动汽车技术的发展，电动汽车采用新型的集中驱动系统、__________、轮边电动机驱动系统和轮毂电动机驱动系统等。

4. 电动机按结构及工作原理可分为直流电动机、________和同步电动机。

5. 直流电动机分为绕组励磁式直流电动机和__________。

二、判断题

1. 当前电动汽车的驱动平台向多元化、传动简化方向发展。（　）

2. 电动机的动力输出特性表现为“基速”范围内保持恒转矩输出，“基速”以上为恒功率输出。（　）

3. 因为经常频繁地启动/停车、加速/减速等，电动汽车用电动机比一般工业用电动机要求性能更高。（　）

4. 直流电动机具有启动加速力大、结构简单、技术成熟、控制容易等特点，是电动汽车用主要电动机之一。（　）

5. 异步电动机采用变频调速时，可以取消机械变速器，实现无级变速。（　）

三、综合题

1. 纯电动汽车驱动电动机与工业电动机相比，有哪些特殊性能要求？

2. 纯电动汽车驱动电动机有哪几种类型？各有什么优缺点？

3. 永磁无刷直流电动机主要由哪几部分组成，其工作原理如何？

4. 在检查纯电动汽车电动机故障时，该注意哪些安全事项？

5. 在驱动系统接线拆装时，其安全使用注意事项有哪些？

6. 永磁无刷直流电动机为何可以免维护？

任务3　纯电动汽车动力源检修

学习目标

1. 知识目标

(1) 认识纯电动汽车动力源系统的结构及组成。

(2) 理解纯电动汽车动力源的工作原理。

(3) 熟悉动力电池基本性能参数及其含义。

(4) 掌握动力电池的充放电机理。

2. 能力目标

(1) 能正确分析动力源系统的高压、低压供电系统。

(2) 能正确地进行纯电动汽车动力电池的维护。

(3) 能规范地进行纯电动汽车动力源系统安装与检测。

(4) 能进行纯电动汽车动力源系统故障诊断与修复。

相关知识

一、纯电动汽车动力源系统结构

纯电动汽车动力源系统是指用来给动力电路提供能量的所有电气相连的蓄电池包和其他相关联辅助部件的总称，包括电池管理系统（BMS）、冷却系统、机械系统等部件。

（一）动力源系统基本组成

纯电动汽车动力源系统主要由电池包、管理系统、保护装置、通信线路等组成，其外围构成包括电池充电保护模块、显示器、辅助电源以及充电机（车载充电机或地面充电机）或充电站、充电桩等设施，如图 2－32 所示。根据整车设计及功能的不同，可以有不同的配置形式。

1. 电池包。电池包是电源系统组成的主要部分，主要为驱动电动机提供电能，是整车的动力来源。众泰 5008EV 电池包由 100 块单体电池串联组成动力电池组，用周期性的充电来补充电能。电池包内包括电池模块（电池单元）、电池管理系统（BMS）、温度传感器、散热装置等，散热装置的启动和关断由 BMS 控制，散热装置的动力由车上的辅助电源或电池包自身提供。

2. 电池管理系统（BMS）。电池管理系统（BMS）是整个电源系统的管理和控制中枢，其主要功能：

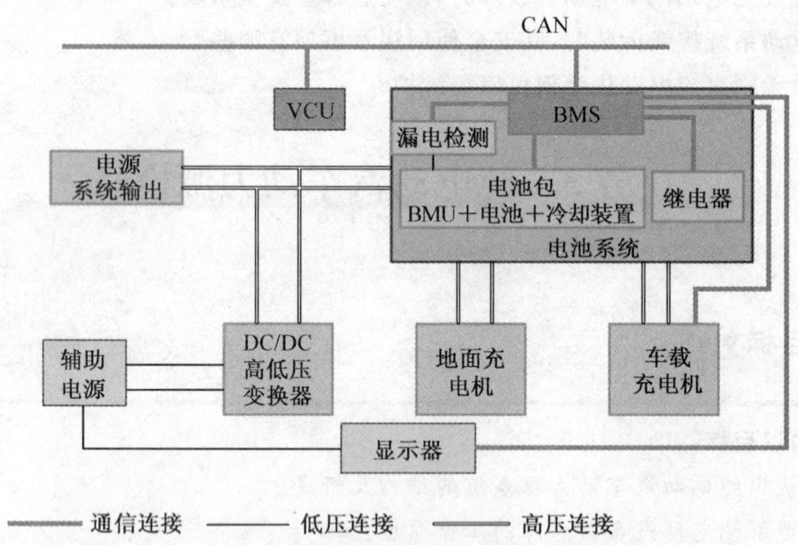

图 2－32　纯电动汽车动力电源系统构成框图

（1）SOC 控制。主要对动力电池组充电与放电时的电流、电压、放电深度、电池的自放电率、电池温度等进行控制。

（2）均衡管理。对动力电池组中的每一单体电池进行监控，以保持各个电池性能的一致性。

（3）充电控制。外接电源充电时，BMS 与充电机进行通信，对充电进行控制。

（4）总线通信。BMS 负责与整车控制单元（VCU）进行通信，以便 VCU 根据电池工况

进行整车工况的调整，并将工况参数通过仪表显示单元(ICU)实时显示。

3. 继电器。电流传感器和继电器是电源系统的重要组成部分。继电器主要对电源系统进行有效保护和漏电安全保护，继电器的通断由 BMS 和整车控制器 VCU 控制。车用动力系统主要为高压系统，最高电压可以达到 600V 以上，所以系统中必须安装继电器或熔断器，以便在出现故障或安全隐患时及时将电源系统断开，并形成较低电压的系统。继电器的控制指令由 BMS 下发，但最终控制应由整车控制系统来进行，因为在应用过程中，当 BMS 直接下发指令断开继电器时，车辆爬坡过程可能会出现溜坡现象，行驶过程会出现突然熄火，更容易导致事故发生。

4. 辅助电源。辅助电源一般为 12V 或 24V 的蓄电池，主要为 BMS 供电，某些情况下也为电池包的散热装置供电，或者通过 DC/DC 模块将动力电源系统的电压转换为所需的电压对 BMS 及车辆电子附件供电。

5. 漏电保护装置。漏电保护装置主要检测系统与车体之间的绝缘程度，一旦出现漏电现象，及时切断电源，以进行维护。某些漏电保护装置直接装在整车控制系统中，由整车直接控制(除了电源系统外，电动机等其他部件也会出现漏电现象)。

(二) 电源系统与整车的接口

电源系统与整车的接口是两者相互融洽的关键，主要包括以下几部分：

1. 机械接口。主要涉及电池包与整车的安装，包括安装的位置、安装空间、固定方式、电池组与整车之间的绝缘等。冷却系统的安装，包括冷却介质的种类与供应、冷却管路的走向。若采用风冷，涉及进气位置、出气位置以及防尘、防水措施等。

2. 电气接口。涉及线路的布置，包括高压线束、低压线束等；整车线束定义及技术规范；漏电保护装置的安装与控制、继电器的安装与控制、充电接口与防护。

3. 通信接口。包括通信线路的布置(尤其是抗干扰布置)、通信协议的制定等。在电源系统中，以 BMS 为中心，分内部通信和外部通信，内部通信主要是 BMS 与电池包管理单元之间的通信；外部通信包括 BMS 与整车、充电机、显示器之间的通信，外部通信通常为 CAN(控制器局域网络)通信。有些 BMS 还有与远程监控系统进行通信的功能。

二、动力源系统的特性参数

(一) 动力电池的性能指标

电池是车用动力电源系统组成的基本单元，是纯电动汽车的能量源，为汽车提供驱动的电能，相当于燃油汽车的汽油或柴油。蓄电池提供电能的实质是蓄电池将化学能转换为电能的过程。首先为充电过程，电能通过在蓄电池内活性物质的化学变化转变为化学能储存在蓄电池内；其次通过蓄电池内活性物质的化学变化逆转，将化学能转变为电能由蓄电池输出，即为蓄电池放电过程。利用蓄电池这种可逆变换过程，并能够反复使用，实现纯电动汽车的长期使用。

电池的性能指标是电源系统的主要性能特征，主要包括电池的容量、电压、功率性能、内阻、寿命等。

1. 电压。

(1) 端电压：电池正、负极之间的电位差。

(2) 开路电压：指电池在开路时的端电压，一般与电池的端电压近似相等。

注：铅酸 2.0V，镍—镉 1.0～1.3V，锂离子 3.7V 或 3.2V，钠—硫 2.08V。

(3) 额定电压：电池在标准规定条件下工作时应达到的电压。

(4) 工作电压(负荷电压、放电电压)：在电池两端接上负荷 R 后，在放电过程中显示出来的电压。

(5) 终止电压：电池在一定标准所规定的放电条件下放电时，电池的电压降逐渐降低，当电池再不宜继续放电时，电池的最低工作电压称为终止电压。

2. 电池容量。指电池在一定标准所规定的放电条件下所能给出的电量。常用符号 C 来表示，常用单位为安培·小时(A·h)。也有用质量比容量(A·h)/kg 或体积比容量(A·h)/L 来表示。电池容量直接影响纯电动汽车的行驶里程或者荷电状态(SOC)应用范围，也直接影响纯电动汽车的成本、寿命等。电池容量包括额定容量、标称容量、有效容量等。

(1) 额定容量：指电池可以提供的最低容量，即在标准条件下(20℃，101.325kPa)，以规定的充电制度或厂家指定的充电方法进行充电，充电后搁置 30～60min，按指定的放电电流放电至规定的终止电压，电池所放出的最低容量。

(2) 标称容量：指在标准条件下，测定系统的近似容量值。标称容量一般等于或大于额定容量。由于没有指定放电条件，因此只标明电池容量范围而没有确切值。

(3) 有效容量：指在实际运行工况条件下，电池的最大放电容量。有效容量会随着放电率的增大而减少。

3. 荷电状态(SOC)。荷电状态是指参加反应电池容量的变化状态。SOC＝0 即为空态，SOC＝1 即表示充满状态。随着蓄电池放电，蓄电池的电荷逐渐减少，可以用 SOC 的百分数的相对量来表示蓄电池中电荷的变化状态。对 SOC 精确的实时辨识，是电池管理系统的一个关键技术。

4. 能量。电池的能量确定纯电动汽车的行驶距离。

(1) 标称能量：指在标准条件下，按照规定的充电制度或充电方法对系统充满电后，以规定的放电功率或电流对系统进行放电，放电至系统规定的终止电压时所放出的能量。

(2) 实际能量：在一定条件下，电池放电时实际输出的能量，在数值上等于电池的实际容量与平均工作电压的乘积。

(3) 比能量(W·h)/kg：指动力电池组单位质量中所能输出的能量。

(4) 能量密度(W·h)/L：指动力电池组单位体积中所能输出的能量。

5. 功率和比功率。

(1) 功率是指在一定放电条件下，电池在单位时间内所输出的能量。

(2) 比功率 W/kg：指动力电池组单位质量中所具有电能的功率。比功率的大小表征电池所承受的工作电流的大小，是体现电池性能的一项重要指标。

6. 电池内阻。指电流通过电池内部时所受到的阻力，主要是由电极材料、电解质、装配结构件以及电化学反应等引起的电阻。由于电池的内阻作用使电池的电压降低，因此电池放电时的端电压低于开路电压，电池充电时的端电压高于开路电压。

电池的内阻会随着使用时间的延长逐渐增加，当内阻大到电池内部电量无法正常释放时，电池的寿命就此终止。

7. 寿命。电池的寿命是指电池的充放电循环次数。

(1) 循环次数：蓄电池的工作是一个不断充电—放电—充电—放电的循环过程。电池按照一定标准的规定放电，当电池的容量降到某一规定值前，就要停止继续放电，然后需要充电才可以继续使用。在每一个循环中，电池中的化学活性物质要发生一次可逆的化学反应。随着充电和放电次数的增加，电池中的化学活性物质会发生老化变质，逐渐削弱其化学功能，使得电池的充电和放电效率逐渐降低，最后导致电池损失全部功能而报废。因此，将电池按照一定标准的规定(常温条件下一般在80%DOD，"DOD"为放电深度)进行充放电连续循环，容量衰减到规定数值下所经历的循环次数，作为衡量电池使用寿命的长短。电池寿命的长短直接影响纯电动汽车的使用成本。纯电动汽车用单体电池一般要求能保证3 000次的使用寿命。电池的寿命长短与电池的充电和放电形式、电池的温度和放电深度等有关，充电速度慢，放电深度浅，都有利于延长电池的寿命。

应当注意的是，单体电池的寿命并不能代表电池组的寿命。电池成组后，由于纯电动汽车上的使用环境、温度、电池组中各个电池的均衡性、固定方式以及线路的安装等因素，其使用寿命比单体电池的循环寿命要低得多。

(2) 使用年限：电池除了以循环次数表示使用时间外，通常还要用电池的使用年限来表示电池的寿命，因为随着电池储存时间的增加，电池性能会发生衰减。

8. 放电速率。放电速率一般用电池在放电时的时间或放电电流与额定电流的比例来表示。相同规格电池的有效容量随着放电速率的增加而减少。

(1) 时率电池以某种电流强度放电直到电池的电压降到终止电压时，所经历的放电时间来衡量。

(2) 倍率电池以某种电流强度放电的数值为额定容量的倍数来衡量。

9. 自放电率。自放电率指电池在存放时间内，在没有负荷的条件下自身放电，使得电池容量损失的速度。自放电率用单位时间内电池容量下降的百分数来表示。

10. 成本。目前高比能量的电池，如锂离子电池等成本较高，电池的成本大约占整车的30%～75%(如众泰5008EV动力电池成本占整车成本的50%左右)，使得纯电动汽车的造价也较高。电池的成本与电池的技术含量、材料、制作方法和生产规模有关，开发和研制高效、低成本的电池是纯电动汽车发展的关键。

需要说明的是纯电动汽车用电池组是包含多个组件的系统，整车的设计、控制策略、部件的匹配、管理系统的功能等都会影响电池的实际应用状况，从而影响电池的性能，最终导致电池的寿命缩短、损坏甚至失效。所以，在电源系统进行匹配或选择时，应从整个系统的性能和特征进行选择，而不是单纯从电池方面考虑。

(二) 纯电动汽车对动力电池的要求

纯电动汽车的动力电源系统是纯电动汽车的重要系统，直接影响纯电动汽车的动力性、经济性和安全性等性能，因此纯电动汽车动力源系统要求具备以下几点：

1. 安全性。纯电动汽车电源系统应满足《电动汽车安全要求第1部分：车载储能装置》(GB/T18384.1—2001)的要求，电池的安全性要满足2006年实行的汽车行业的相关动力电池标准要求。

2. 高比能量。对于纯电动汽车来说，系统的比能量的高低关系到一次充电的续驶里程和车载可用能量。目前Ni/MH电池的比能量为60～80(W·h)/kg,锂离子电池的比能量为100～150(W·h)/kg。但组装成系统后,由于辅助部分的增加,系统的比能量比单体电池要降低20%～30%,而汽油的比能量可达到1 000(W·h)/kg。因此,开发高比能量的电池是纯电动汽车的关键技术之一。

3. 高比功率。比功率的高低直接关系到纯电动汽车的启动、爬坡、加速特性以及效率特性等。因此,纯电动汽车用动力电池要求有高的比功率。

4. 温度适应性。每一种动力电池都有最佳的使用温度范围和可以应用的温度范围,一般动力电池的最佳使用温度为15℃～25℃,超出此范围电池的综合性能会下降(在低温下电池的充放电能力会大幅度下降,高温情况下充电接受能力和放电能力大幅度提高,但使用寿命会大大下降)。汽车一般要求的工作温度范围为－30℃～60℃,目前还没有任何一种电池能完全满足此温度范围要求,所以要求电源系统具备在电池组温度高时进行散热,在电池组温度低时进行加热。

5. 长寿命。目前电池的寿命是影响纯电动汽车广泛推广的主要因素,因此开发比能量高、寿命长的电池是纯电动汽车亟须突破的关键技术。

6. 安装、维护性强。电源系统应当便于安装、快速更换、维护方便,否则会直接影响纯电动汽车生产和服务的产业化进程。

7. 综合成本低。电源成本过高,会增加纯电动汽车的生产和购置成本,使得纯电动汽车的价格远远高于传统内燃机汽车。因此,降低纯电动汽车的购置成本和使用成本,才更容易为广大消费者接受。

综上所述,纯电动汽车对电源系统的要求主要体现在电池高能量、体积小、充电快、寿命长、价格低等方面,具体要求如下:

(1) 电池组要有足够高的能量,一般电源连续放电电流不会超过1C(100A·h电池容量1h内放完,其放电电流为1C),正常在$\frac{1}{3}$～$\frac{1}{2}$C,典型的峰值电流也不会超过3C。

(2) 系统具有较高的输出功率,但对于电池来说,其相对输出功率能力要求并不高。如使用400 A·h的电池组,要求最大的输出电流为600A,也仅为1.5C的放电倍率。

(3) 需要能承受较大的制动回馈电流。

(4) 在深度放电情况下循环寿命长,必要时能实现满负荷功率和全放电。

(5) 电池组体积小、重量轻,便于整车空间合理布置以及电池箱的设计和安装。

(6) 能够实现快速充电和快速更换。

三、纯电动汽车铅酸动力电池

在纯电动汽车上,动力蓄电池是储存并为电动机提供电能的动力源,其容量决定了汽车的续航里程。按照电池的类型分类,车用动力电池可分为铅酸电池、镍氢电池、镍镉电池、锂离子电池、钠硫电池、燃料电池、超级电容和飞轮电池等。镍氢电池、镍镉电池单体电压低,是锂离子电池的1/3,适用于混合动力电动汽车;燃料电池、超级电容和飞轮电池是储能装置,只适用于复合动力汽车或混合动力汽车,可作为“油—电”混合或“电—电”耦合电力供应系统。目前纯电动汽车上应用较为广泛的动力电池主要是铅酸蓄电池和锂离子电池,由于

铅酸蓄电池比能量较低，充电速度较慢，寿命较短，因此逐渐被锂离子电池或其他电池所取代。锂离子电池是目前技术相对成熟的比能量最高的电池。在北京奥运会期间，纯电动汽车应用的均为锂离子电池。本单元主要介绍铅酸动力电池和锂离子电池，其他类型的电池在后续单元介绍。

(一) 铅酸动力电池结构及原理

以酸性水溶液为电解质，以铅及其氧化物为电极材料的蓄电池称为铅酸蓄电池或铅酸动力电池、铅酸电池。铅酸蓄电池的应用历史最长，技术最为成熟，是成本最低廉的蓄电池。铅酸蓄电池的优点为开路电压高、放电电压平稳、充电效率高、生产技术成熟、价格便宜、规格齐全，因此铅酸蓄电池广泛用于内燃机汽车的启动。但作为纯电动汽车牵引的动力蓄电池(简称铅酸动力电池)，其性能和要求是不同的。铅酸动力蓄电池要求有高的比能量和比功率、循环寿命长、快速充电性能好等。目前有多家专业公司，如浙江天能电池有限公司研制和开发的“天能牌”新型密封阀控式铅酸动力蓄电池，性能有了很大的改进，使得铅酸动力电池作为动力电池在纯电动汽车上得到了广泛的应用。

作为纯电动汽车的动力电池主要是密封阀控式铅酸动力蓄电池(VALA)。由于铅酸蓄电池比能量较低，续航时间短，自放电率高，循环寿命低，而且其原料中铅的重量大，生产和回收过程中都可能产生重金属污染，因此目前铅酸电池主要用于小型纯电动汽车、电动自行车或内燃机汽车启动电源。

铅酸蓄电池分为普通蓄电池、阀控铅酸蓄电池和铅布蓄电池等。下面以阀控式铅酸动力电池为例来说明其结构、工作原理及使用维护等。

1. 铅酸动力电池构造。阀控式铅酸动力电池(Lead - Acid - Battery)主要由正极板、负极板、隔板、蓄电池槽、蓄电池盖、电解液、引出端子线、限压阀等组成。其基本单元是单体电池，每个单体电池都是由正极板、负极板和装在正极板和负极板之间的隔板组成。每个单体电池的基本电压为2V，然后将不同数量的单体电池按使用要求串联组合，装置在不同的塑料外壳中来获得不同电压和容量的铅酸蓄电池，一般有12V、24V及48V等。铅酸蓄电池总成经过灌装电解液和充电后，就可以从铅酸蓄电池的接线柱上引出电流。阀控式铅酸动力电池模块的构造如图2-33(a)所示，总体构造如图2-33(b)所示。

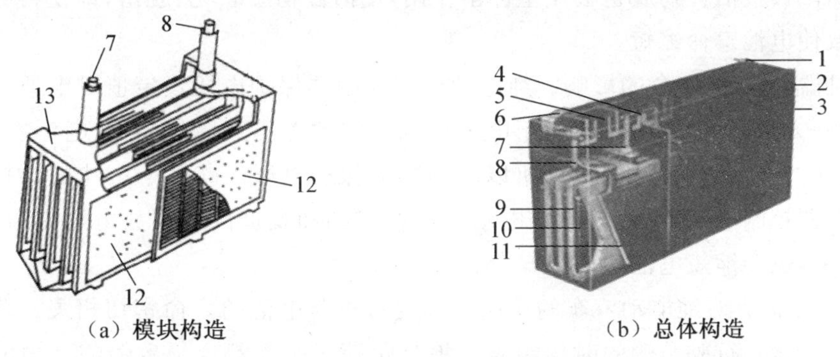

(a) 模块构造　　(b) 总体构造

图2-33　阀控式铅酸动力电池构造

1-正极端子；2-盖子；3-电槽；4-单元格间的跨桥；5-安全阀；6-负极端子；7-正极极柱；8-负极极柱；9-隔板；10-正极板；11-负极板；12-活性物质；13-极板连接板

2. 铅酸动力电池的工作原理。铅酸动力电池的充电和放电过程实质上是活性物质 Pb 和酸进行反应的可逆化学变化过程，可以用化学方程式表示：

$$PbO_2 + 2H_2SO_4 + Pb \Leftrightarrow PbSO_4 + 2H_2O + PbSO_4$$

正极　　负极　　　　正极　　　　负极

铅酸动力电池的正极板活性物质为 PbO_2，负极板活性物质为多孔状(海绵状)Pb，化学反应由左向右进行时铅酸动力电池为放电过程，PbO_2 和 Pb 都生成 $PbSO_4$，消耗 H_2SO_4，对外放出电量，把化学能转化成电能；化学反应逆过程为充电过程，正极上的 $PbSO_4$ 生成 PbO_2，负极上的 $PbSO_4$ 生成海绵状 Pb，同时生成 H_2SO_4，从而把电能转化成化学能储存起来。

由于铅酸动力电池放电过程中 H_2SO_4 的浓度会逐渐减少，如果 H_2SO_4 的密度下降到 $1.2g/cm^3$ 时，铅酸动力电池必须充电。单体蓄电池在使用或存放一定时间后，电池的电压可能由原来的 2V 下降到 1.8V 以下，此时铅酸动力电池必须及时充电，否则电压继续下降，铅酸动力电池将会损坏。

(二) 铅酸动力电池寿命的影响因素及注意事项

1. 铅酸动力电池寿命的影响因素。

(1) 电池本身的质量水平。影响电池的寿命因素，有电池制造技术水平高低及材料好坏、电池生产管理及工艺水平的高低等。应了解电池生产厂家的生产技术、设备及生产管理情况，选取性能稳定、质量可靠的电池。

(2) 纯电动汽车本身电气系统的匹配水平。纯电动汽车电气系统中与电池寿命关系密切的有充电器和控制器。

(3)充电不足。从电化学反应看，充电不足表现为阴阳两极板硫酸铅不能全转变为海绵状铅和二氧化铅，这使电池容量不足。如长期充不足电，则会造成硫酸铅颗粒增大，使极板硫酸盐化，容量下降，电池品质变劣。

(4) 过度充电。过度充电会使阳极产生的氧气量大于阴极的吸收能力，从而使电池内压增大，最终冲开安全阀。气体的外溢导致电池的失水量增大，电池的内阻增大。另外，过度充电，对阴阳极板活性物质也会产生冲击作用，使活性物质软化、脱落，即使再充电也不能恢复容量，致使电池寿命缩短。

(5) 控制器对电池寿命的影响。纯电动汽车控制器保护电压设定值对电池也会造成相应的影响。一方面，保护电压设定低于电池厂家规定的电压点，则会导致电池发生过放电，过放电对电池的寿命影响特别严重，所以控制器的保护电压应略大于电池的保护电压。另一方面，控制器控制电流太大，将导致电动汽车在启动和爬坡的时候放电电流增大，增大了电池的放电率，也会缩短电池的使用寿命。

(6) 使用习惯。对纯电动汽车的使用正确与否也与电池的寿命密切相关。若消费者没有良好的充电习惯、行驶车辆的时候经常性地超负荷运行等都会导致铅酸动力电池寿命的缩短。

2. 铅酸动力电池使用注意事项。

(1) 放电电流。铅酸动力电池在车辆上勿使用频繁的大电流启动，因为大电流放电会

导致电池内部正极板活性物质来不及参与化学反应，而加速收缩与膨胀，最终导致活性物质脱落、软化，电池容量降低和寿命终止。所以，在日常的使用过程中应尽量避免大电流放电，启动车辆的时候应缓踏加速踏板，直至车辆匀速行驶。建议：启动电流应控制小于1.5C；匀速行驶电流应控制小于0.4 C。

(2) 放电深度。铅酸动力电池单体设定的保护电压为1.8V，在车辆使用过程中电量表已提醒电压低或已经出现断电的时候，不能利用电池的回升电压继续行驶车辆，因此时的蓄电池电压为虚电压。若继续使用会导致电池组过放电，过度的深放电会导致蓄电池正极板活性物质的脱落、软化，同时也加剧正极板的腐蚀，最终导致电池容量降低和寿命终止。所以，车辆应在电量表低电压之前对铅酸动力电池进行充电或回充电站对电池进行更换，并对换下的电池及时进行充电，不能长时间地闲置。

(3) 充电电流、电压及充电量。铅酸动力电池的充电应依据相应的充电方法，若蓄电池在充电过程中长时间大电流、高电压地充电都会导致铅酸动力电池温度上升过快，造成蓄电池内部正极板活性物质松动、脱落。尤其在充电末期的浮充电阶段，若电流过大或者电压过高，电池内部气体析出量剧增，不仅导致铅酸动力电池内活性物质松动、脱离，还会导致电池失水，最终导致电池出现容量快速降低、电池被充鼓包等现象的发生。铅酸动力电池在每次使用完应及时对蓄电池进行补充电，若放完电后的铅酸动力电池没有及时地充电或者长期的充电量不足，将会使铅酸动力内部负极板发生不可逆的硫酸盐化，在充电过程中又难以恢复，这样会导致电池容量降低，影响续行里程。

(4) 防止短路。铅酸动力电池在短路状态下，其短路电流可达到上千安培，因此铅酸动力电池短路时所有连接部分都会产生大量的热量，会将连接处熔断，损坏周围的黏结剂，使其留下漏液等隐患。应绝对避免铅酸动力电池的短路产生，在安装或使用时应特别的小心，所用的工具采取绝缘措施，连接线应先将电池以外的电器连好，经检查无短路，最后连接上铅酸动力电池。铅酸动力电池端子螺丝应用匹配的绝缘皮帽盖好，做好绝缘措施。布线规范并绝缘良好，防止重叠受压而产生破裂。

(5) 防止连接松动、虚焊。若铅酸动力电池接触(焊接)不牢，程度轻者会发生导电不良，使其线路接触部位发热，线路损耗较大，输出电压偏低，影响电动机功率，使行驶里程减少或不能正常行驶；程度严重者，端子大量发热，影响端子与密封胶的结合，时间一长，就会引发端子漏液现象。在行驶过程或充电过程中若出现接触不牢、虚焊现象，可能会引起断路。断路时产生的火星，可能会点爆电源箱体内部的可爆气体。纯电动汽车在运行时还要承受较为强烈的振动，所以所有的连接应可靠，确保车辆行驶过程中不发生意外。

(6) 防止在阳光下暴晒。阳光下暴晒会使铅酸动力电池温度升高、内部压力增加而使限压阀打开，增大失水量，并降低电池的析气电位，从而影响铅酸动力电池使用寿命。

四、纯电动汽车锂离子动力电池

锂离子动力电池是一种以含锂盐的有机溶液为电解质，依靠锂离子在正极和负极两个电极之间往返嵌入和脱嵌移动来实现充放电的电池。相对于传统的蓄电池而言，虽然锂离子动力电池发展历程短，但锂离子电池比能量、比功率高，安全性好，循环寿命长，工作温度范围宽，大电流充放电性能满足了纯电动汽车用动力源的性能要求，是未来车用动力电池的发展方向。目前,国内中信国安盟固利、山东润峰、浙江微宏、天津力神、比克、北大先行、星恒、雷天、洛阳天空等企业均进行锂电池的研究和生产;国外著名的汽车制造商,如美国福特、克莱斯勒,日本丰田、本田、日产,韩国现代,法国 Courreges、Ventury 等都致力于开发以锂电池为动力的汽车;国内整车制造商,如比亚迪、众泰、吉利、奇瑞、力帆等车企也纷纷在各自的混合动力和纯电动汽车上应用锂电池。

1. 锂离子动力电池的构造。锂离子动力电池的形状主要有圆柱形和方形两种,此外还有扣式锂离子电池。无论是何种锂离子动力电池,其结构基本相同。下面以磷酸铁锂离子动力电池为例。如图 2-34 所示,圆柱形和软包装的锂离子动力电池主要由正极、负极、电解质、隔膜、正极引线、负极引线、中心端子、绝缘材料、安全阀、PTC(正温度控制端子)、电池壳等组成。$LiFePO_4$作为电池的正极,由铝箔与电池正极相连。中间是聚合物的隔膜,它把正极与负极隔开,锂离子(Li^+)可以通过而电子 e 不能通过。右边是由碳(石墨)组成的电池负极,由铜箔与电池的负极连接。电池的上下端之间有电解质,电池由金属外壳密闭封装。

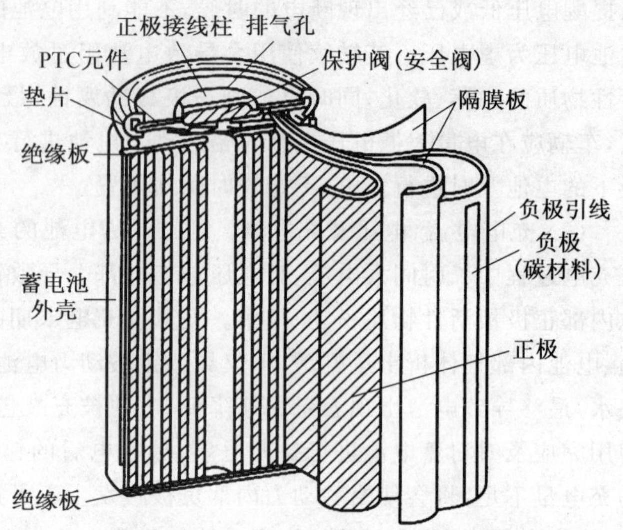

图 2-34 磷酸铁锂离子动力电池的结构示意图

锂离子动力电池的正极、负极及电解质材料的不同和工艺的差异,使其具有不同的性能,其中正极材料对电池的影响最大。

目前锂离子动力电池的正极材料主要是氧化钴锂($LiCoO_2$),另外还有少数采用氧化锰锂($LiMn_2O_4$)和氧化镍锂($LiNiO_2$)及三元材料($LiNiCO_2$)等。磷酸铁锂材料是最新研制的锂离子动力电池材料。正极材料对电池性能的影响见表 2-21。根据电池正极材料的不同,锂离子动力电池分为钴酸锂电池、锰酸锂电池、磷酸铁锂电池等。

表 2-21 锂离子动力电池正极材料的特性

项目	单位	$LiCoO_2$	$LiMnO_4$	$LiFePO_4$
能量密度	W·h/kg	一般	高	一般
比容量	mA·h/g	140～160	110～120	160～170
密度	g/cm³	5.01	4.28	3.6
电位	V	3.7	3.8	3.5
安全性		充电时在负极产生金属锂并放出氧气,可能引起失火或爆炸,高温时易短路,钴有毒性	充电时没有金属析出,也不产生氧气,较安全,锰无毒性	过充时没有金属锂析出,也不产生氧气,安全性较好,铁无毒性

续表

项目	单位	$LiCoO_2$	$LiMnO_4$	$LiFePO_4$
耐受温度		低于－20℃或高于55℃则迅速衰退，稳定性极差	超过50℃则迅速衰退，稳定性差，可掺杂Al改善耐温性能	耐受温度范围较宽，约为－20℃～80℃
使用寿命		一般，不适合大倍率放电，平均循环寿命约500次	一般，平均循环寿命约500次	好，平均循环寿命可达2 000次
成本比较		高	较低	最低

锂离子动力电池的负极是由一种将 Li^+ 嵌入碳中的化合物，该化合物对 Li^+ 的“嵌入”和“脱嵌”可逆存储量决定了锂电池负极的比容量和电池的整体比能量。

锂离子的电解质材料一般采用含有羧基键的环状脂类化合物或锂盐的有机溶液或聚合物。

从表2-21可知，磷酸铁锂动力电池的正极材料具有更好的、更安全的性能，具有良好的稳定性，不会发生起火或爆炸，且没有毒性。磷酸铁锂动力电池单体电池电压为3～4V，比能量可达100kW·h/kg，具有比功率高、高温性能好、安全环保、寿命长、充放电性能优良以及耐过充放电能力强等特点，可快速充电，快充时间15min达到80%DOD，工作温度在－20℃～65℃宽范围，80%DOD的循环寿命可达2 000次，且成本下降的空间比较大，是目前比较适用于电动汽车产业化生产的动力电池材料。但批量生产的磷酸铁锂动力电池存在单体电池之间的不一致性，导致磷酸铁锂动力电池组的性能不稳定，因此需要加强磷酸铁锂动力电池组的管理。

2. 锂离子动力电池的工作原理。电池充电时，在锂化合物正极材料的 Li^+ 通过隔板移到作为负极的碳精材料的层间，形成充电电流，同时电子的补偿电荷从外电路供给到碳负极，保持负极的平衡；在放电过程中，负极碳精材料层间的 Li^+ 通过隔板移动到锂化合物正极材料中，形成放电电流，如图2-35所示。因此，锂离子动力电池实际上是一种浓差电池，锂离子动力电池也因锂离子在充放电时来回迁移而命名。

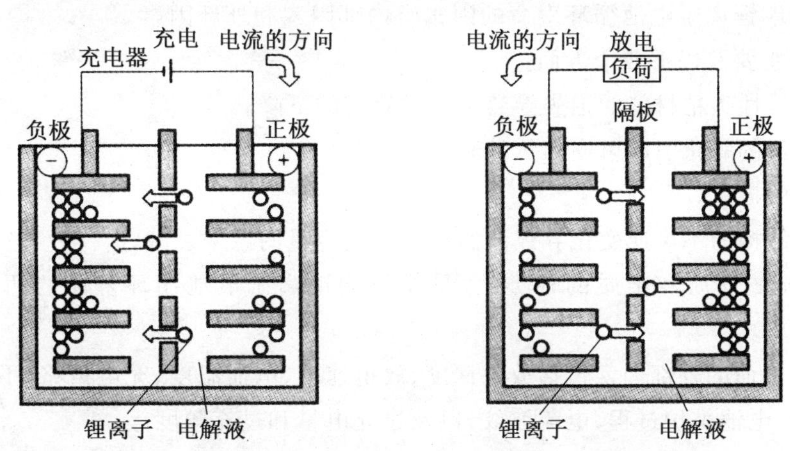

图2-35 锂离子动力电池工作原理示意图

目前应用较为广泛的电池主要为铅酸电池、镍镉电池、镍氢电池和锂离子电池。以1 200kg的微型纯电动汽车为例，不同电池的性能与主要参数的比较见表2－22。

表2－22　不同电池的性能与参数比较

项目	单位	铅酸电池	镍镉电池	镍氢电池	锂离子电池
整车质量	kg	1 200			
电池模块质量	kg	195			
电池组总质量	kg	250			
冷却系统质量	kg	50			
模块工作电压	V	2	1.2	1.2	3.6
电池能量	kW·h	6.4	8.8	13	20
电池比能量	W·h/kg	33	45	67	102
体积比能量	W·h/L	70	150	200	270
充放电寿命	次	300～500	500～1 000	500～1 000	600～1 200
自放电率	%/月	5	25～30	30～50	6～9
理论行驶里程	km	53	73	114	166
记忆效应		无	有	无	无
环境污染		污染	严重污染	无污染	无污染
成本	美元/(kW·h)	75～150	100～200	230～500	120～200

从上表可知，铅酸电池成本低，但其比能量低、循环寿命短、续驶里程短且有污染；镍镉电池有“记忆效应”，且镉(Cd)是一种有害的重金属，对环境有严重污染，在电池报废后必须进行有效回收；镍氢电池由于快速、大电流充电容易导致电池过热，发生热失控，甚至产生爆炸，因此不适合用于单一电力驱动的车辆，比较适合用于混合动力汽车；锂离子电池比能量高、比功率高、循环寿命长、续驶里程长，成本较低且无污染，是目前纯电动汽车比较适用的动力电池。

3. 锂离子动力电池寿命的影响因素。锂离子电池的使用寿命是目前电动汽车发展的瓶颈之一。影响锂离子电池循环寿命的因素有内部因素和外部因素。

内部因素主要有以下四个方面：

(1) 正极活性碳精材料的损失导致了可逆容量的下降。

(2) 电解液的氧化引起可逆容量的衰减。

(3) 电极的极化。

(4) 晶体结构的不可逆变化导致高温材料可逆容量的急剧衰减。

其中，活性物质的性质和杂质的种类、含量是影响锂离子电池循环寿命的两个最重要的因素。

影响电池寿命的外部因素包括放电深度、放电速率、电池温度、充电策略、不同荷电状态下的间歇时间、电池维护过程、电流波纹，以及过充电量和过充频度等。

(1) 放电深度。放电深度的高低和锂离子电池的循环寿命有很大关系，锂离子电池的放电深度越深，其循环寿命就越短。若电池只放电20%容量，循环次数为1 000次；若电池

放电深度至 80%，循环次数为 600 次；若放电深度至 110%，循环次数为 400 次。因此，在使用时尽量避免深度放电，在荷电低于 20%时，就需要及时充电。

(2) 放电速率。放电速率越大，则其使用寿命越短。电动汽车在启动和爬坡的时候放电电流增大，增大了电池的放电率，会缩短电池的使用寿命。

(3) 电池温度。锂离子电池与其他电池不一样，其容量会缓慢衰退，这与使用次数无关，与温度有关。随着锂离子电池储存环境温度提高，其容量永久损失速度加快。常温下，充电电量 40%～60%时，锂离子电池容量永久损失为 4%/年；充电电量 100%时，锂离子电池容量永久损失为 20%/年。在温度为 60℃时，充电电量 40%～60%，锂离子电池容量永久损失为 25%/年；充电电量 100%时，锂离子电池容量永久损失为 80%/年。

(4) 间歇时间。由于锂离子电池存在自放电现象，长时间保存会导致电池过放电而破坏电池内部结构，进而缩短电池寿命。因此，锂离子电池应当每 3～6 个月补充一次，即充电电压为3.8～3.9V，以 40%～60%的充电量为宜。如果长期不用，电量过低时，可能会因自放电导致过放。

4. 锂离子动力电池的发展及应用。车用锂离子电池是在一次性锂电池的基础上发展起来的，是目前汽车用电池的主要发展方向。虽然目前锂离子电池在电池管理系统、电池组应用技术、安全性能、高额成本等方面还存在一定局限(如目前锂离子电池占纯电动汽车的成本为 30%～75%)，但从各类车用动力电池性能比较，以及技术水平和其发展趋势来看，锂离子动力蓄电池应用前景更好。若其电池成本能解决，则锂离子电池将取代动力铅酸电池和镍氢电池，成为纯电动汽车和插电式混合动力汽车的首选。

车用动力蓄电池产业化发展方向如图 2-36 所示。“十二五”期间我国将大力发展新能源汽车，尤其是纯电动汽车，但电池技术的发展决定了新能源汽车的产业化步伐，因此锂离子动力蓄电池的产业化发展任重而道远。

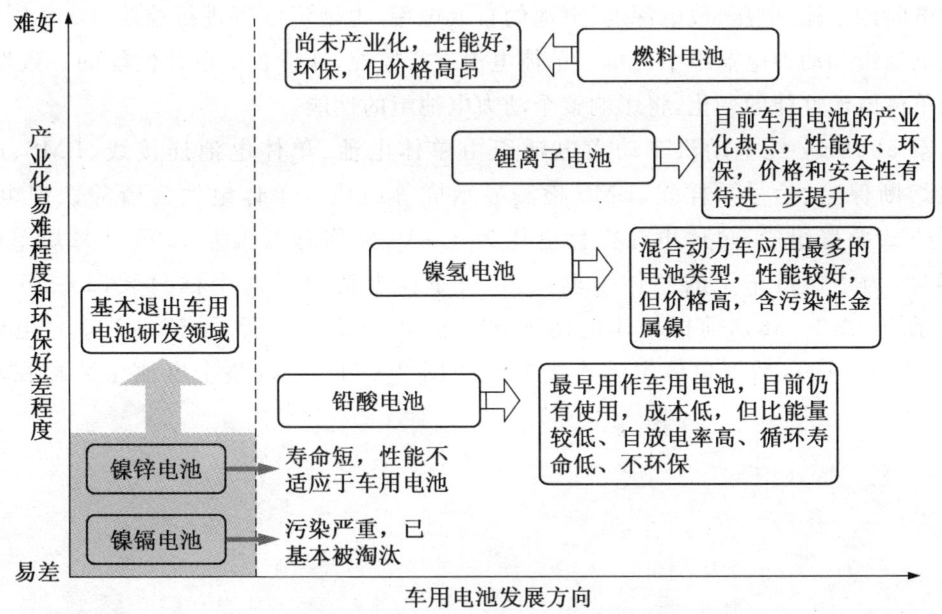

图 2-36　动力蓄电池产业化发展趋势

任务实施

一、众泰 5008EV 动力电源系统结构认知

众泰 5008EV 纯电动汽车动力电源系统如图 2－37 所示，主要包括电池包、电池管理系统（BMS）、充电机、高低压变换器（DC/DC）、辅助电源、仪表显示以及 CAN 通信等。

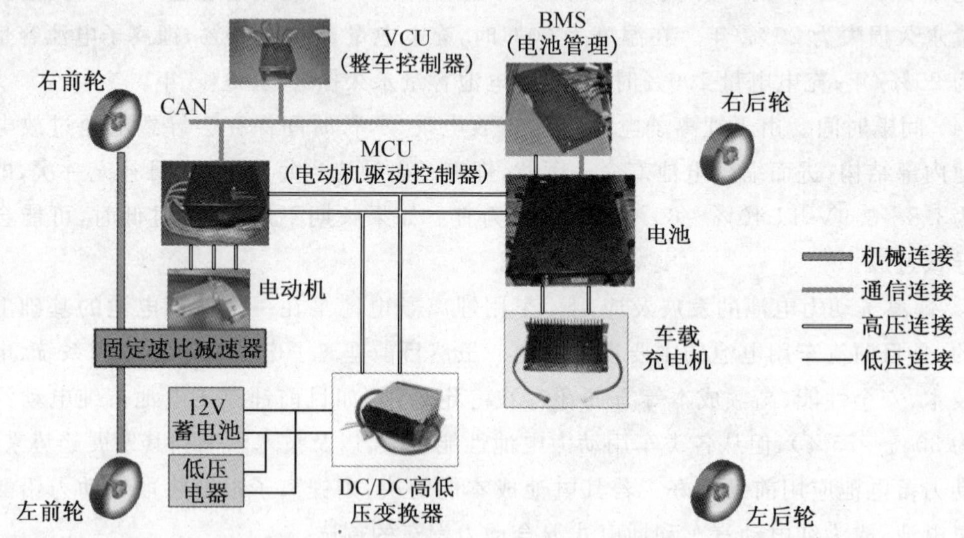

图 2－37 众泰 5008EV 动力电源系统结构框图

电源系统为驱动电动机提供电能，是整车的动力来源。动力电池由 100 块单体电池串联组成动力电池组，用周期性的充电来补充电能。电池管理系统（BMS）对动力电池组的充电与放电时的电流、电压、放电深度、电池的自放电率、电池温度等进行控制，BMS 同时对整个动力电池组和动力电池组中的每一单体电池进行监控，保持各个电池性能的一致性，因为个别的单体电池性能的变化，将影响整个动力电池组的性能。

众泰 5008EV 纯电动汽车动力电池组由单体电池、单体电池连接线、BMS、电池极耳连接熔断保险、信号采样线、BMS 检测显示屏等组成。单体电池为磷酸铁锂电池，通过串联方式叠置组成，单体电池标称电压为 3.2V，标称总电压为 320V。每块单体电池均有编号，为了保持车子的整体平衡，100 块单体电池分成两个框封装，1～55 号电池封装在前框（图2－38），前框单体电池连接方法如图 2－39 所示；56～100 号电池封装在后框（图 2－40），后框单体电池连接方法如图 2－41 所示，整个电池组装配在车辆底盘上。

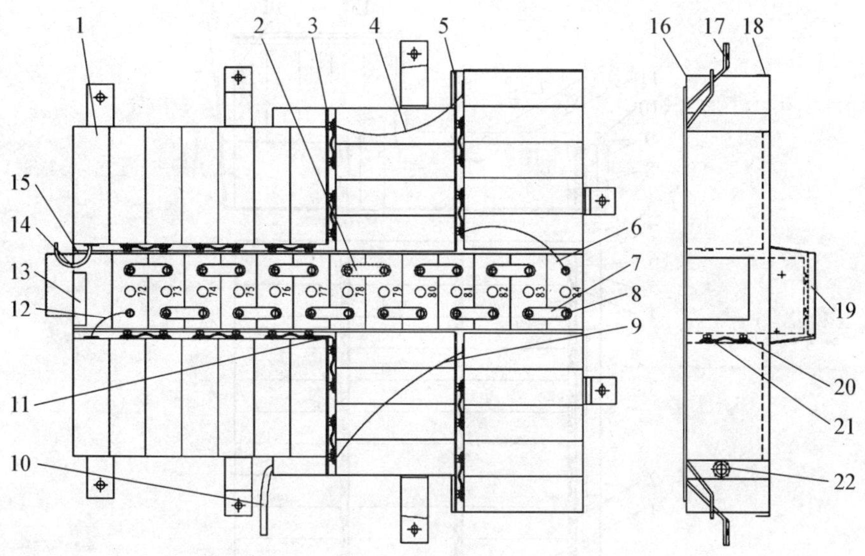

图 2-38　动力电池前框结构图

1-单体电池；2-保险片；3-环氧板1；4-连接线1；5-环氧板2；6-连接线2；7-铜接片1；8-固定螺母；9-连接线3；10-电池互联负引线；11-铜接片2；12-连接线3；13-信息采集模块；14-总正引线；15-环氧板3；16-前盒；17-前盒托架；18-前盖；19-环氧板4；20-航插公头；21-“8”的垫片；22-“8”的弹垫

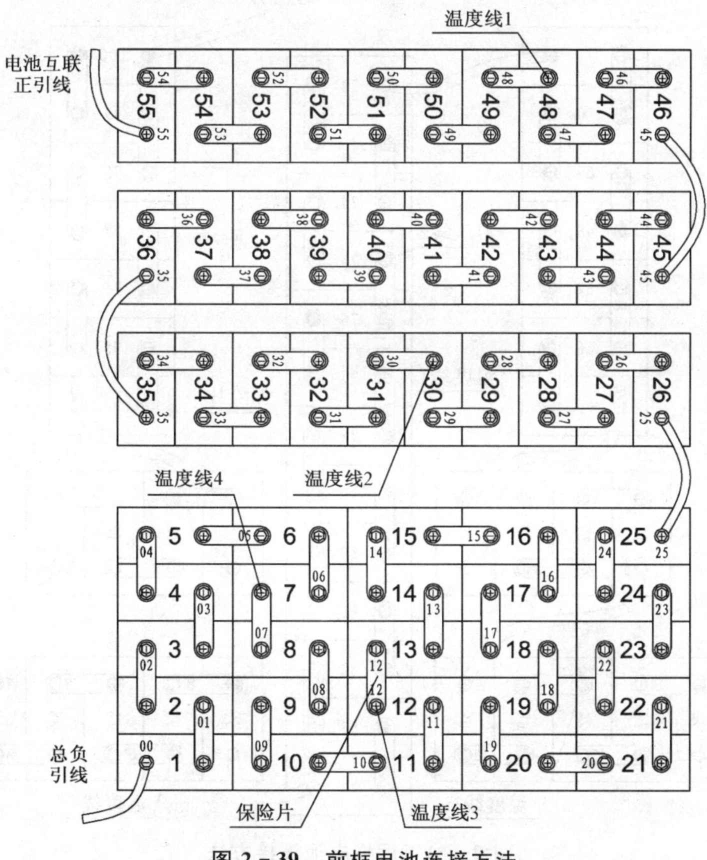

图 2-39　前框电池连接方法

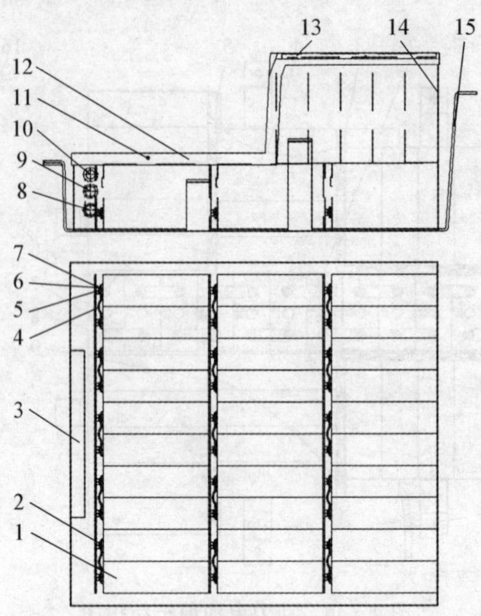

图 2－40　动力电池后框结构图

1－单体电池；2－环氧板；3－1 信息采集模块；4－铜接片；5－固定螺母；6－弹垫；7－垫片；8－航插公头；9－总负引线；10－电池互联正引线；11－十字槽盘头自攻螺钉；12－后盖；13－环氧板 2；14－后盒；15－后盒托架

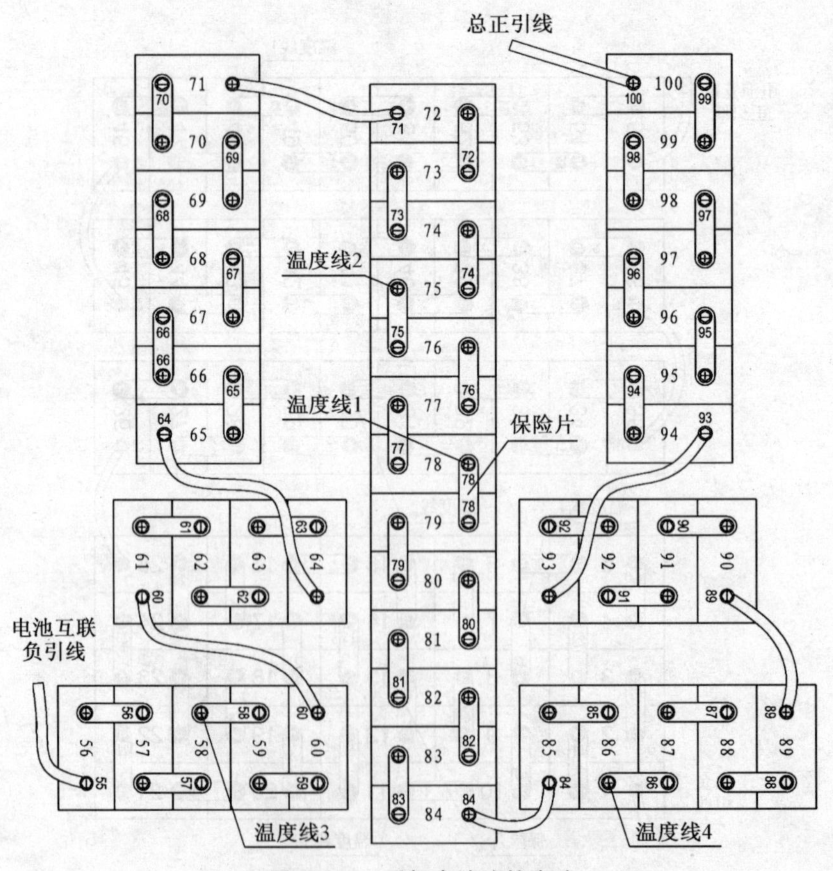

图 2－41　后框电池连接方法

众泰 5008EV 纯电动汽车动力电池的技术指标见表 2-23。

表 2-23　动力电池的技术指标

项目名称	SE100AHA
额定容量/(A·h)	100
额定电压/V	3.2
内阻/mΩ	≤0.9
充电截止电压/V	3.6
放电截止电压/V	2.5
标准充放电电流(0.3C)	30
最大放电电流/A	≥2C
循环寿命(0.3C 充/放电)	≥2 000
充电温度范围/℃	0～45
放电温度范围/℃	−20～55
储存温度范围/℃	−20～45
重量/kg	3.1
壳体材料	塑料壳

二、众泰 5008EV 动力电源系统拆装与检修

(一) 动力电池的拆装

动力电池的拆装见表 2-24。

表 2-24　动力电池的拆装

操作步骤	示意图
动力电池各个插接件拆卸	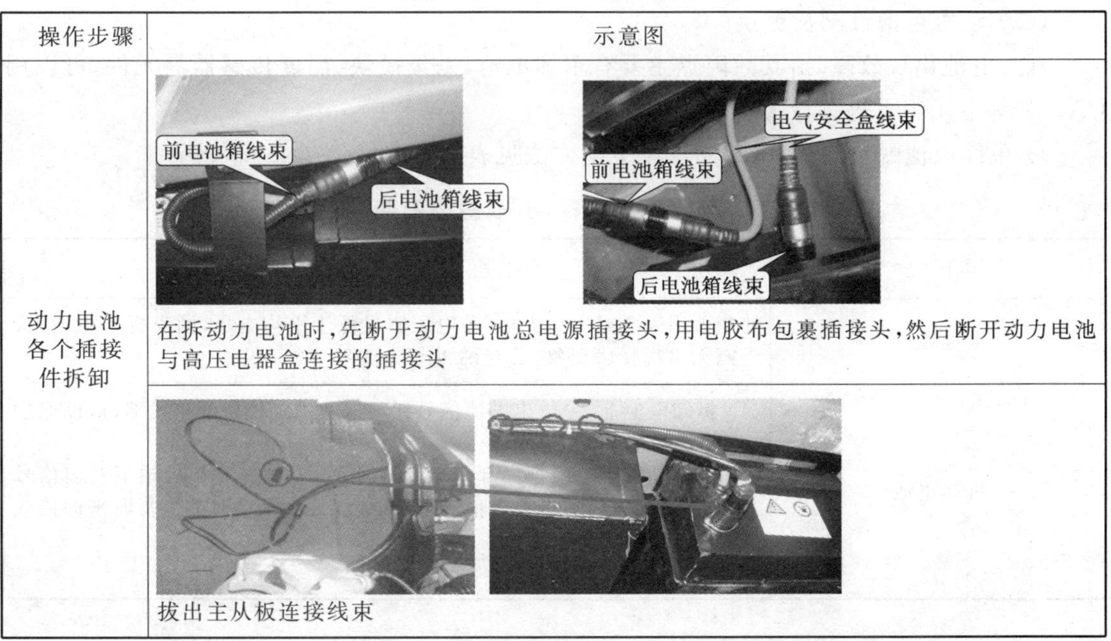 在拆动力电池时，先断开动力电池总电源插接头，用电胶布包裹插接头，然后断开动力电池与高压电器盒连接的插接头 拔出主从板连接线束

续表

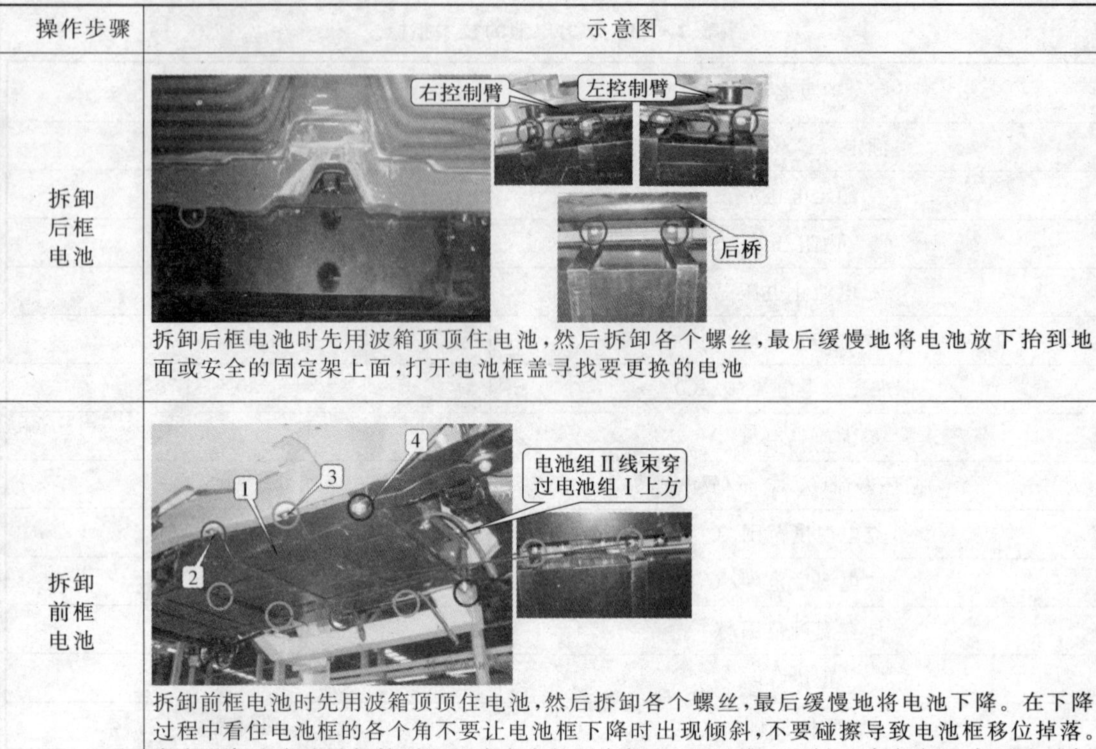

操作步骤	示意图
拆卸后框电池	拆卸后框电池时先用波箱顶顶住电池，然后拆卸各个螺丝，最后缓慢地将电池放下抬到地面或安全的固定架上面，打开电池框盖寻找要更换的电池
拆卸前框电池	拆卸前框电池时先用波箱顶顶住电池，然后拆卸各个螺丝，最后缓慢地将电池下降。在下降过程中看住电池框的各个角不要让电池框下降时出现倾斜，不要碰擦导致电池框移位掉落。完全下降后，把电池框抬到地面或安全的固定架上面，用美工刀割开玻璃胶后，打开电池框盖，寻找并拆卸某块单体电池时先断开电池总正极，根据采集模块寻找单体电池的序号标签

注意事项：

(1) 拆卸前框电池和后框电池过程中，必须有其他人员扶住电池，同时注意周围人员的安全。

(2) 为了防止拆卸电池时发生短路，所用的工具必须要用绝缘胶布包好。

(二) 动力电池检测及更换

动力电池出现故障时，其故障点主要有单体电池、采集模块、温度传感器等元件，可以用CAN卡等专用工具进行检测。

1. 单体电池的检测、故障诊断以及更换方法见表 2-25。

表 2-25　单体电池的检测、故障诊断与更换方法

操作步骤	检测、故障诊断与更换方法
电池检测	使用万用表测量电池电压，若电压明显低于平均电压，则需拆下电池，检查有无出现膨胀现象，若有说明电池损坏
拆卸电池	(1) 拆卸电池前，先拔出电池信号线与电池采集模块的接线端口，以保护电池采集模块 (2) 若拆除位于电池框底部的单体电池时，需要使用相机拍下众多信号线的排列位置，再拔出信号采集线，以便在安装时能恢复原来的接线顺序，避免接错 (3) 电池拆卸方法见表 2-24

续表

操作步骤	检测、故障诊断与更换方法
电池安装	安装电池前，要把整体电池充满电。新电池的电压要和整体电池的平均电压一致，低于平均电压需要补电，高于平均电压可用放电电阻放电。安装电池的时候，要对拆下来的连接电池的膜片用砂纸打磨(防止发生静电)，按照原来的安装线序安装电池和线路，并按规范拧紧每一个螺母
复查	安装完毕后，需要仔细检查电池的正负极及线束连接是否连接正确、螺母是否紧固，任何的失误都有可能引起重大的事故

注意：在拆除电池的过程中尽量一个人操作，以避免工具与电池之间发生短路现象。

2. 采集模块的检测与更换。用CAN卡系统检测电池的单体电压并截图，拆开电池框并用万用表测量对应号码的单体电池，若电压误差很大，则判断可能为采集模板故障。

3. 温度传感器的检测与更换。从CAN卡测量电池的温度，如果温度与实际温度相差过大，如显示“0℃”“100℃”，则判断可能为温度传感器损坏。

三、纯电动汽车动力源系统的维护

(一) 锂离子动力电池维护

电动汽车锂离子动力电池在使用过程中应定期检查维护。通过定期或不定期地对电动汽车锂离子动力电池进行充电、放电、暂停、停机等功能控制和检测维护，分析动力电池电压、温度、充放电电量等数据，可以检测出故障电池，及时消除缺陷，能够延长电池使用寿命。检查、检测电池组的机械连接性能，可以及时、有效地发现并处理松动等缺陷，确保各部件紧固状况良好。锂离子动力电池主要维护项目如下：

1. 电池均衡维护。由于电池个体之间本身存在着一定的差异，在使用过程中，随着充放电次数的不断增加，单体电池之间的电压差会逐渐增大，此时就会导致放电时有的单体电池已经达到下限，而其他电池还有一定的能量没有放出；充电时有的单体电池电压已经达到上限，而有的单体电池还没有充满。这种情况下，电池组的能量就得不到充分发挥。充电结束并搁置一定时间后，如果电池组中的单体电池之间的电压差超过规定值(毫伏级)，此时应进行电池均衡处理。

2. 机械连接维护。由于电池组在使用过程中不可避免会遇到颠簸、振动等情况，虽然在电池组组装过程中做了较好的防松动措施，但仍可能会发生螺栓、插头等连接件松动的现象。因此，在电池组长时间使用后应检查机械连接的紧固性，避免由于连接松动导致虚接或者连接中断等影响电池组正常工作的现象发生。

具体的维护内容主要包括：电池箱体正、负极螺栓的连接；电池箱体之间串、并联的接线；电池组总正、总负与设备的连接；数据采集接口的连接以及数据线与电池管理系统的连接等。

具体操作方法：首先检查上述连接部件的紧固件，然后用扳手或者其他工具将连接件紧固。对于数据线接口，只需保证插接件完全紧固就可以。

3. 除尘维护。由于电池是在非密闭的环境下工作，经过长时间使用，特别是在恶劣环

境下使用后，会堆积一定的灰尘，这可能会导致线路短路、连接不实、电池组体系散热受阻等情况发生，因此进行定期除尘维护十分重要。

可根据使用环境灰尘的情况确定除尘的时间。具体操作方法：打开电池组所安装的设备，使电池箱体完全暴露在外面，然后使用吸尘器或强力吹风机对着电池箱体上灰尘堆积的部位进行吸尘或吹风操作，以达到除尘的目的。重点关注的部位主要包括电池组机械连接处、数据线接口处以及电池箱体上端盖板处等。

（二）铅酸动力电池维护

铅酸动力电池的常规检查及维护内容、标准见表2-26。

表2-26　铅酸动力电池的常规检查及维护内容、标准

项　目	内　容	标　准	维护方式
电池组单体电压	电压表测量电池组单体电池电压	电池组单体电压差应小于0.4V	(1) 选出落后的单体电池 (2) 单独均衡充电
电池组外观	(1) 电池组壳体、上盖有无鼓胀、漏酸及损伤 (2) 检查电池组上有无灰尘 (3) 检查连接线、端子等有无生锈	(1) 外观正常 (2) 外观清洁 (3) 无锈迹	(1) 外观异常先确认原因，若影响使用且在协议三包内则予以更换 (2) 用干布清洁表面 (3) 除去锈迹后更换连接线、涂抹防锈剂
连接情况	检查接线螺母有无松动	连接牢固	拧紧松动的螺母

(1) 铅酸动力电池禁止亏电存放。若用完了闲置几天再充电，极板易出现硫酸盐化，容量下降。铅酸动力电池亏电存放会严重影响使用寿命，其闲置时间越长，损坏也越严重。

(2) 铅酸动力电池检验。新买车辆初始行驶里程若低于确定的续航里程，三月之内出现电池容量严重减少，一般充满电的单体电压达到13.1V(以6只串联计算)以上，若其中某一只电池电压明显低于其他电池，则落后电池可能内部短路，此时应请维修站检查处理，以免损坏其余电池。还应检查充电器充电参数。

(3) 电动汽车起步时应缓踏油门踏板，以小电流启动车辆直至车辆匀速行驶。若启动时就把油门踏板踩到底，此时电动机电流迅速地增大，使电池放电过快，电压快速下降。每次使用的放电深度越小，电池使用的寿命越长。所以，减少大电流的放电，可以延长电池的使用寿命，增加续行里程。

(4) 冬季电池容量随气温的降低而下降这是正常的现象，以20℃为标准，一般－10℃时容量为80%。

(5) 长期保持电池表面的清洁，车辆应停放在阴凉、通风、干燥的地方。

(6) 需要长时间放置车辆的时候必须先把车辆上电池充满电，且每一个月对电池进行一次补充电。

(7) 应选用与该型号电池相匹配的充电器，充电时应避免高温和潮湿，切勿让水进入充电器内，避免短路事故发生。

任务小结

动力电池是纯电动汽车的唯一能量来源，用于纯电动汽车的动力电池与混合动力汽车、燃料电池汽车等其他新能源汽车的动力电池有所不同，在性能要求方面与普通的电池也不一样。本任务首先介绍了纯电动汽车动力源系统的结构及特性参数，然后对纯电动汽车的动力铅酸电池和锂离子电池的结构、工作原理、使用寿命影响因素以及注意使用事项等内容进行了全面的介绍，并以众泰5008EV电动汽车动力源系统为例，重点介绍了动力电池组的安装、单体电池检测及故障检修等内容。

习 题

一、填空题

1. 纯电动汽车动力电源系统由电池包、________、保护装置、通信线路等组成。

2. 电池管理系统(BMS)的主要功能包括SOC控制、________、充电控制和总线通信等。

3. 电源系统与整车的接口是两者相互融洽的关键，主要包括机械接口、电气接口和________。

4. 电池的性能指标主要包括电池的________、________、功率性能、内阻和寿命等。

5. 一般蓄电池放电高效率区为________。

二、判断题

1. 电动汽车辅助电源一般为12V或24V的蓄电池，主要为BMS供电。 ( )

2. 电池在开路时的端电压称为开路电压，一般开路电压与电池的额定电压近似相等。 ( )

3. 电池不宜在终止电压以下工作。 ( )

4. 纯电动汽车对电池容量的要求比混合动力汽车要高。 ( )

5. 铅酸蓄电池比锂离子电池的比能量高。 ( )

三、综合题

1. 纯电动汽车用动力电池有哪些特殊性能要求？

2. 纯电动汽车用动力电池有哪几种类型？各有什么优缺点？

3. 铅酸动力电池主要由哪几部分组成，其工作原理如何？

4. 铅酸动力电池的寿命影响因素有哪些？使用时该注意哪些事项？

5. 锂离子动力电池的结构和原理如何？其正极材料有哪些？对电池的性能有什么影响？

6. 影响锂离子电池寿命的因素有哪些？锂离子电池如何正确维护？

7. 如何正确拆装电池框，拆装时要做好哪些安全保护措施？

8. 如何检测动力电池的单体电池？

任务4　纯电动汽车充电系统检修

学习目标

1. 知识目标

(1) 认识纯电动汽车充电系统的基本组成。

(2) 理解纯电动汽车各种充电方式及充电原理。

(3) 熟悉纯电动汽车充电注意事项。

(4) 掌握纯电动汽车充电设备的使用方法。

2. 能力目标

(1) 能进行纯电动汽车充电机的正确安装。

(2) 能正确使用纯电动汽车充电设备。

(3) 能进行纯电动汽车充电机故障诊断与修复。

相关知识

一、纯电动汽车充电系统

对于一辆纯电动汽车来讲,车载动力电池的充电设备是不可缺少的子系统之一。充电系统的功能是将电网的电能转化为电动汽车车载动力电池的电能,因此纯电动汽车的充电系统主要包括充电机和DC/DC电能变换器等。纯电动汽车动力电池的寿命与充电模式、充电方法等有密切关系,充电电压过高、充电电流过大,或充电时间过长,均会导致动力电池过热、寿命缩短;若充电长期不足,又会使动力电池容量降低,造成早期损坏。

纯电动汽车充电过程中,充电初期电流过大,对电池的寿命会造成很大影响,且容易使电池的极板弯曲,造成电池报废;而初始充电电流过小,后期又充电电流过大、充电时间长,析出的气体就多,对极板冲击就大,则能耗较高、效率较低。因此,要根据不同电池的充电特性,选择合理的充电模式。

1. 铅酸动力电池充电模式。充电方法(以额定电压12.0V为准)如下:

第一阶段:恒电流0.15～0.2C(A)充电至14.4V或者充电时间达到5h,再自动转换到第二阶段。

第二阶段:恒电流0.1～0.12C(A)充电至14.8V或者充电时间达到2h,再自动转换到第三阶段。

第三阶段:恒电压14.8V,限流0.05C(A)充电,充电至电流到1A或充电时间达到2h,再自动转换到第四阶段。

第四阶段：浮充电，浮充电电压为13.8V，充电时间2～4h。

2. 锂离子动力电池的充电模式。因锂离子动力电池的结构因素对充放电的电压要求非常严格，必须要求具备恒流恒压兼顾的充电器。根据锂离子动力电池的充电特性，其充电一般分为两个阶段。

(1)“恒流”充电阶段：充电开始阶段为“恒流”充电模式，使充电电流保持在限流值，避免因充电电流过大而损伤电池。

(2)“恒压”充电阶段：随着充电的延续，电池的电动势不断上升，充电电压也不断上升。为了避免充电电压过大，当电池充电电压上升到4.2V时，保持恒压充电。充电电流逐渐下降，减少至0.015C时，说明充电已满，可以停止充电。

因此，充电系统必须具备自动调节充电参数、自动控制和自动保护功能，防止电池过充电。

二、纯电动汽车动力电池充电方式

纯电动汽车充电系统的分类方式有很多，按照充电方式的不同，可分为常规充电、快速充电和机械充电(电池组快速更换)；按照充电装置不同，可分为车载充电装置和非车载充电装置；按照充电时的连接方式和能量转换方式不同，可以分为传导式充电和无线充电。

(一) 常规充电方式

常规充电方式是指以较低的恒定电流或恒定电压的方式对纯电动汽车进行充电，充电电流小，充电时间长，通常称为慢充方式。这种充电方式对电网没有特殊要求，三相四线制380V供电或家用照明单相220V供电都可以使用。充电设备是纯电动汽车车载充电机或便民小型充电站，如图2-42所示(设置在街边、办公楼、超市或停车场等处，计费充电)。

图2-42 便民小型充电站

常规充电方式充电成本较低，充电时间长短与电池容量的大小有关。如众泰纯电动汽车320V(串联110节3.2V 100A·h的单体电池)，由220V/15A的标准电网供电，充电持续时间约为8～10h(SOC达到95%以上)，按每度电0.5元计算，其充电成本为5.5元。

(二) 快速充电方式

快速充电方式是指在短时间内使动力电池达到或接近充满状态的一种方式。该充电方式以150～400A的大充电电流在短时间内充电，充电功率很大，一般大于30kW，甚至达到上百千瓦，因此对电网要求较高。通常采用三相四线制380V电网供电，一般在大型充电站或服务中心使用，充电成本较高。其充电设备包括充电机、充电机监护系统、充电桩、配电室以及安全防护设施等，如图2-43所示。

该充电方式由于短时间内接受大量的电量，会导致动力电池过热，所以对电池寿命有一定影响，一般用于迅速充电或应急充电。如众泰纯电动汽车320V动力电池组充满80%SOC的时间约10～30min。深圳比亚迪公司研发的高科技性能的碳酸铁锂电池具有比能量高(120W·h/kg)的优点，碳酸铁锂电池的正极材料温度范围宽，有大电流放电的特性，用大电流(500A)快速充电器充电时间约10min。

图2-43　直流充电桩

(三) 更换电池组充电方式

更换电池组充电是指在蓄电池电量耗尽时，用充满电的电池组更换已经耗尽的电池组，这种方式俗称机械“加油”或机械充电。用户只需将车开到特定的充电服务站，由服务站提供更换电池组服务，更换下来的电池组归服务站或电池厂家所有，由服务站集中充电(图2-44)，整个更换过程10min内完成。

图2-44　充电站及电池箱自动快速更换系统

该充电方式初始成本很高，需要配备昂贵的机械装置、大量的蓄电池以及存储电池的空间，同时需要对蓄电池的物理尺寸和电气参数制定统一的标准，所以这种充电方式只是一种过渡，最终会随着电池能量密度的提高而消失。

(四) 无线充电方式

无线充电方式为非接触充电方式，如图2-45所示。该充电方式有电磁感应式、磁场共振式、无线电波式三种，其中感应充电技术发展较快。感应充电器的充电原理是利用高频交流

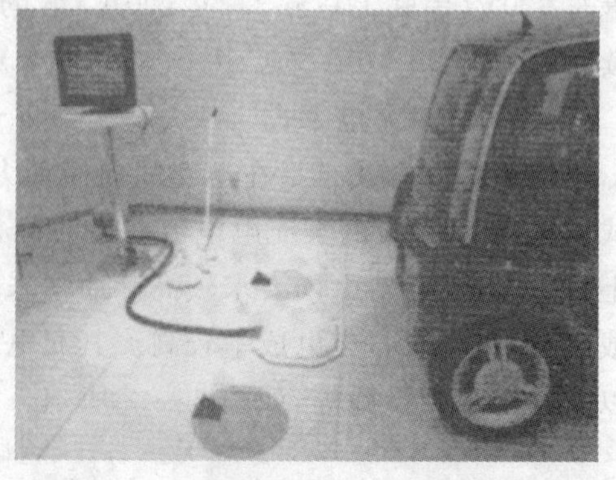
图2-45　无线充电方式电磁感应式充电

磁场的变压器原理，将一个受电线圈装置安装在汽车的底盘上，将另一个供电线圈装置安装在地面，当纯电动汽车驶到供电线圈装置上，受电线圈即可接收到供电线圈的电流，从而对电池进行充电。这种充电方式的成本较高，目前还处于实验室研发阶段。

常规充电、快速充电和更换电池的充电方式均属于接触式充电。接触式充电的最大问题在于它的安全性和通用性。为了使它满足严格的安全充电标准，必须在电路上采用许多措施，使充电设备能够在各种环境下安全充电。恒压限流充电和分阶段恒流充电模式均属于接触式充电技术。电磁感应式充电的最大优点是安全，这是因为充电器与纯电动汽车之间并无直接的点接触，即使在恶劣的天气条件下，如雨雪天进行充电，也无触电的危险。

三、纯电动汽车充电设备

纯电动汽车的充电设备包括车载充电装置和非车载充电装置。

车载充电装置是指安装在纯电动汽车上的采用地面交流电网和车载电源对电池组进行充电的装置，包括车载充电机、车载充电发电机组和运行能量回收充电装置。它将一根带插头的交流动力电缆线直接插到纯电动汽车的插座中给汽车充电。车载充电装置通常使用结构简单、控制方便的接触式充电器，也可以使用感应式充电器。

非车载充电装置，即地面充电装置，主要包括专用充电机、专用充电站、通用充电机、公共场所用充电站等。它可以满足各种电池的各种充电方式，其性质如同燃油汽车的加油站，主要以大功率、快速充电为主。通常非车载充电器的功率、体积和重量均比较大，以便能够适应各种充电方式。

(一) 车载充电机

车载充电机安装在车辆内部，如图 2-46 所示。一般采用传导方式将电网交流电能变换为直流电能，为纯电动汽车动力电池进行充电，并具备测控保护功能，可以在住宅、停车场、车库乃至路边等任何有电源供应的地方随时充电，但功率相对较小(一般小于 3kW)，充电时间长。

图 2-46　车载充电机

(二) 充电站

纯电动汽车充电站是指由三台及以上非车载充电机和(或)交流充电桩组成(至少有一台非车载充电机)，可以为纯电动汽车进行充电和(或)电池更换服务，并能够在充电过程中对充电机和动力电池进行状态监控的场所。充电站内的充电系统由充电机(或充电桩)、配电室、充电监控室、充电电缆线及相关附件组成，如图 2-47 所示。充电站电池

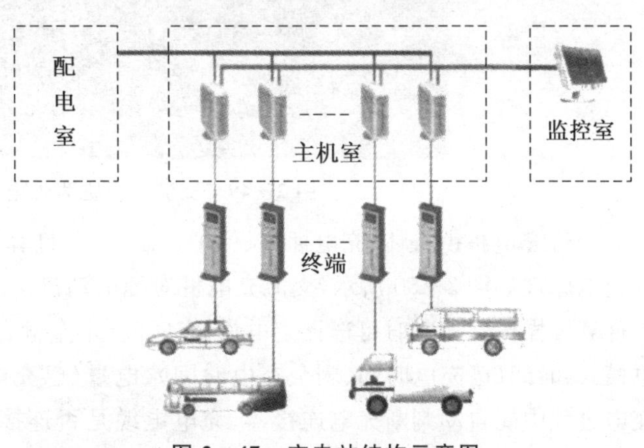

图 2-47　充电站结构示意图

更换设备包括拆卸、搬运和安装电池箱的自动或半自动设备。

电动汽车充电站的基本功能有充电、监控、电能计量，具有电池更换功能的充电站还包括电池的更换和储存。此外，充电站还具备电池的检测和日常维护等功能。充电站的功能区如图 2－48 所示。

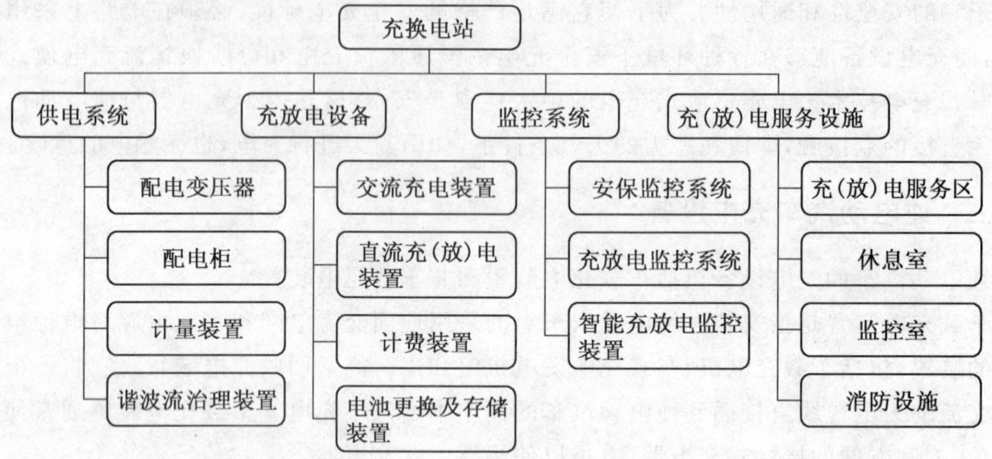

图 2－48　充电站功能区示意图

1. 非车载充电机。传导式非车载充电机是指采用传导方式将电网交流电能变换为直流电能，为纯电动汽车动力蓄电池充电，提供人机操作界面并具备相应测控保护功能的专用装置，一般分为交流充电桩和直流充电桩。

(1) 交流充电桩。交流充电桩是指固定安装在纯电动汽车外，并与交流电网连接，为纯电动汽车车载充电机提供交流电源的供电装置，如图 2－49 所示。交流充电桩适用于传导式充电方式的带有车载充电机的电动汽车，可分为单相和三相两种类型。

图 2－49　交流充电桩为纯电动汽车充电

交流充电桩由桩体、充电插座、保护控制装置、计算装置、读卡装置、人机交互界面等组成。其充电原理如图 2－50 所示，交流充电桩对纯电动汽车的充电进行控制，可进行充电开停机、插卡计算等操作。充电时可选择定电量、定时间、定金额、自动(充满为止)四种模式；显示当前充电模式、时间(已充电时间、剩余充电时间)、电量(已充电电量、待充电电量)及当前计费信息。充电过程中能自动判断充电连接器、充电电缆是否连接正确。当交流充电桩与纯电动汽车正确连接后，充电桩才能允许启动充电过程；当交流充电桩检测点与纯电动汽车连接不正确时，

充电不启动。交流充电桩适用于采用传导式充电并带有车载充电机的纯电动汽车。

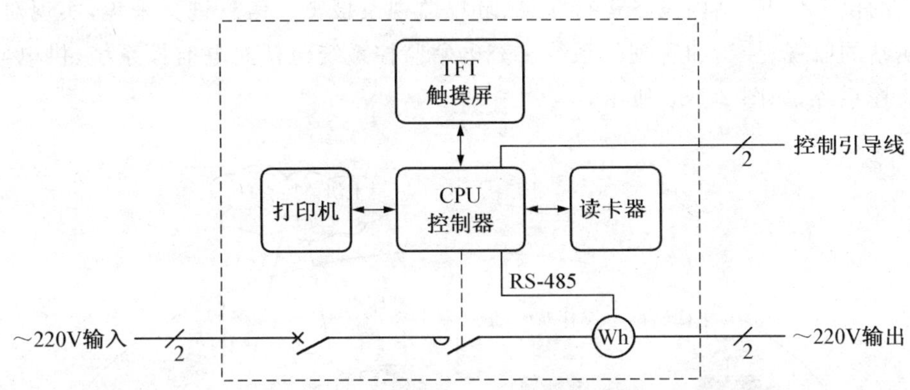

图 2-50　交流充电桩的原理框图

(2) 直流充电桩。直流充电桩是指不固定安装在电动汽车上，并与交流电网连接，如图 2-51 所示，采用传导方式将电网交流电能变换成直流电能，为电动汽车动力电池充电的装置。其充电原理如图 2-52 所示。

图 2-51　直流充电桩

直流充电桩具有人机交互功能，显示充电相关信息，包括电池类型、充电电压、充电电流。在手动设定过程中应显示人工输入信息，在出现故障时应有相应的提示信息，同时可以对充电参数进行人工设定和输入。充电桩应能够判断充电连接器、充电电缆是否连接正确。当充电桩与纯电动汽车的电池系统正确连接后，充电桩才能允许启动充电过程；当充电桩检测到与纯电动汽车的电池系统连接不正常时，必须立即停止充电。同时，充电桩应具有连锁功能，以保证与纯电动汽车分开以前车辆不能启动；在充电过程中，保证动力电池的温度、充电电流和充电电压不超过允许值。

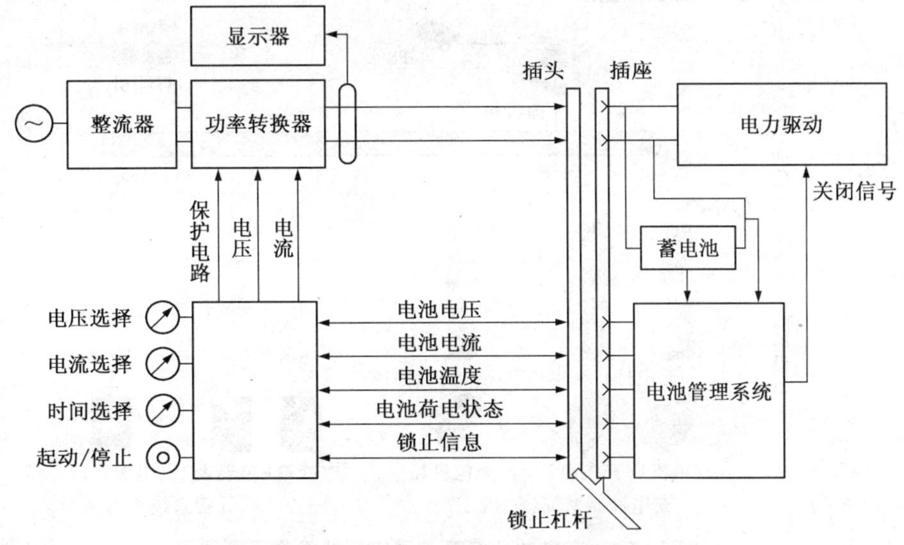

图 2-52　直流充电桩充电原理示意图

2. 充电站监控系统。充电站监控系统是指应用计算机及网络通信技术，对充电站/电池更换站的供电情况、站内设备运行状态、环境监视及报警等信息进行采集，实现对充电站/电池更换站的监视、控制和管理的系统。充电站监控系统包括充电监控系统、供电监控系统和安防监控系统，如图 2-53 所示。

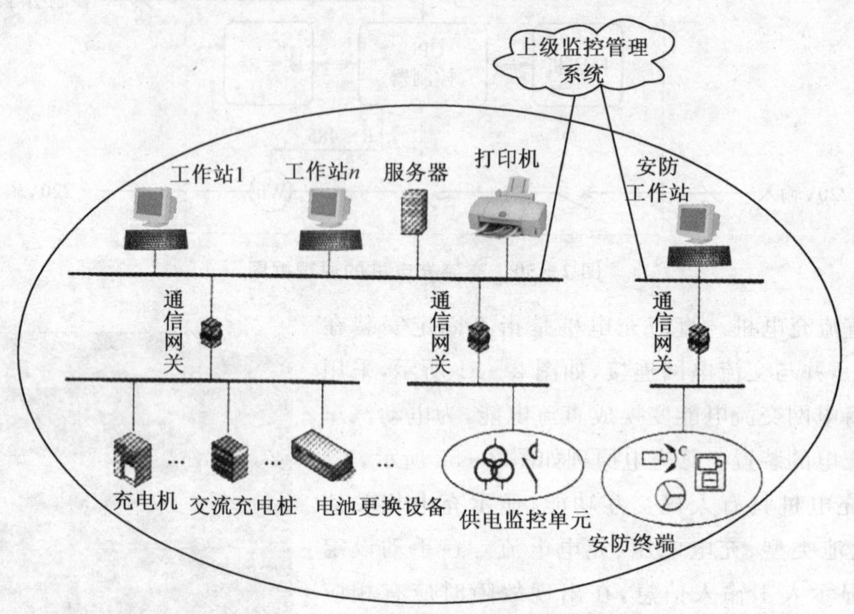

图 2-53 充电站监控系统

充电监控系统是充电站系统的核心，其网络拓扑结构如图 2-54 所示。监控系统具备通信、数据采集、充电模式控制、数据处理与存储、事件记录、人机操作、报表及报警等功能。

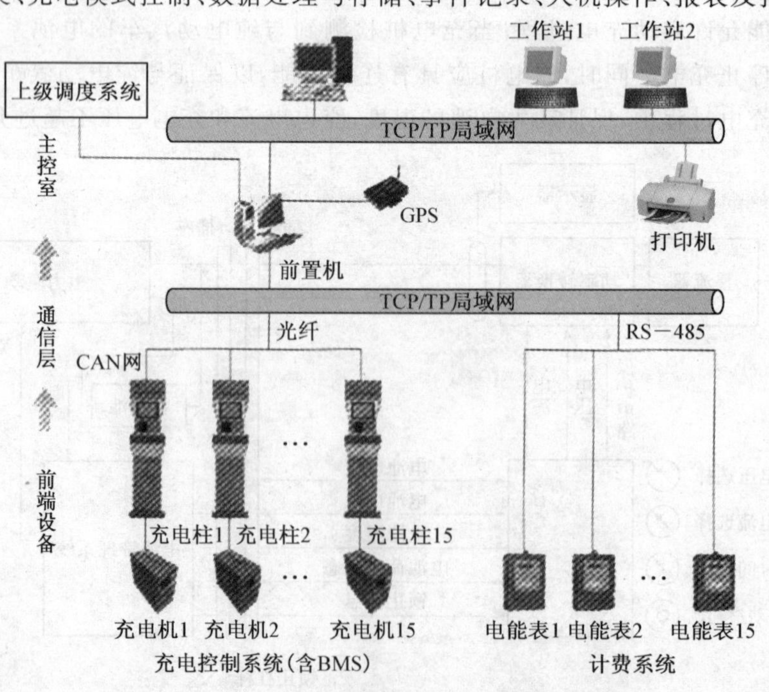

图 2-54 充电站监控系统网络拓扑结构示意图

3. 更换电池充电系统。更换电池充电系统采用分箱式充电，其充电电压一般为直流75V或交流120V。充电时，充电机与安装在电池箱内的电池管理系统通信，控制充电过程。电池更换站充电机柜及单箱电池充电结构如图2－55所示。

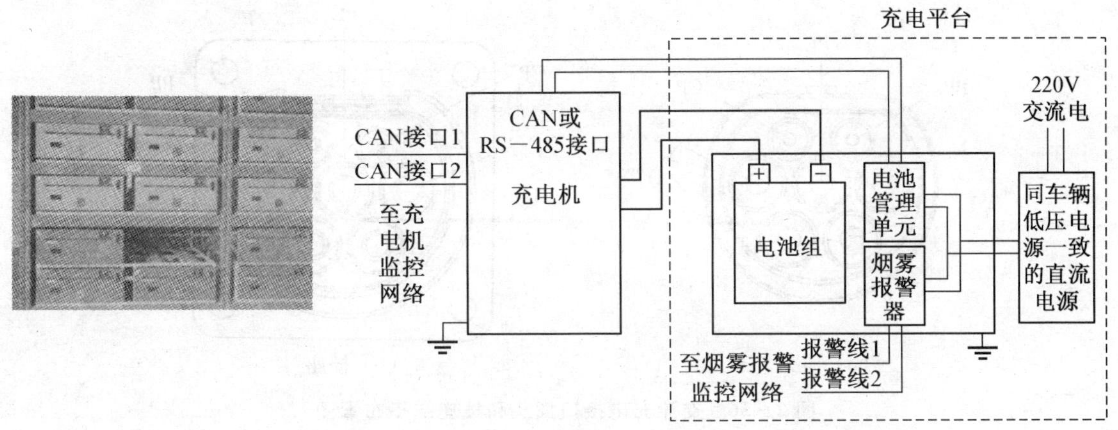

图2－55 更换电池充电机柜及单箱电池充电结构示意图

（三）电接口

纯电动汽车充电接口是指连接纯电动汽车和电缆部分的统称，由充电连接器和充电插座两部分组成。国标规定了两种充电接口，一种是将交流供电电网（额定电压最大值为380V）连接到车载充电机上进行充电的“交流充电”接口，另一种是利用非车载充电机（充电桩）对纯电动汽车进行直接加速充电的“直流充电”接口，直流额定电压最大值为600V。表2－27为不同国家采用的充电电流及充电接口的标准。

表2－27 各国充电标准

国 家	充电采用的标准电流
日本和美国	充电机采用单相230V AC供电，电流32A输出，针脚数量为5
意大利	单相230V AC供电，16A AC输出，针脚数量为4～5
德国	单相或三相500V AC，单相电流70A、三相电流63A输出，针脚数量为7
中国	标准单相220V AC，单相最大电流32A；三相380V AC，三相最大电流63A，针脚数量为7

统一的纯电动汽车国家标准插头对插头和充电接口的材质、接触电阻、工作时额定电流、额定电压、插拔力、电气性能、防水等级、断开状态、充电状态、防松设置、及时断开等都作了规定。

1. 交流充电接口。交流充电接口包含7个端子，交流充电接口插头和插座的各个端子布置方式如图2－56所示。

交流充电接口端子功能定义：L_1、L_2、L_3为三相交流电，N为中线，PE为保护接地，CP为控制确认1，PP为控制确认2，共7个端子。

电动汽车充电模式有三种，其中模式2又分为3种。

充电模式Ⅰ：使用车载充电机对纯电动汽车进行充电时，充电电缆通过符合GB2099.1

要求的额定电流为16A的插头、插座与交流电网进行连接，其额定电压和额定电流应符合要求，单相220V交流，电流为16A。作为家庭使用GB 2099.1中额定电流为16A的标准插座连接交流电网，交流充电接口端子连接方式为L_1＋N＋PE＋CP＋PP。

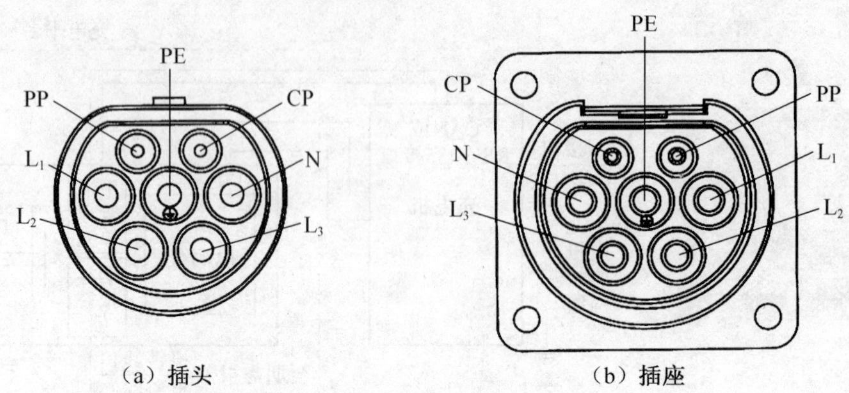

（a）插头　　（b）插座

图2－56　交流充电接口插头和插座端子布置图

充电模式2：包括3种模式，使用特定的供电设备为纯电动汽车提供交流电源。根据额定电压和额定电流的不同等级将充电模式具体分为：

模式2.1：采用单相220V交流，电流为32A，交流充电接口端子连接方式为L_1＋N＋PE＋CP＋PP。

模式2.2：三相380V交流，电流为32A，交流充电接口端子连接方式为L_1＋L_2＋L_3＋N＋PE＋CP＋PP。

模式2.3：三相380V交流，电流为63A，交流充电接口端子连接方式为L_1＋L_2＋L_3＋N＋PE＋CP＋PP。

充电模式2作为商场、停车场等通过特定的供电设备为纯电动汽车提供交流电源。

充电模式3：使用非车载充电机对纯电动汽车进行直流充电，其额定电压为600V、额定电流为300A，作为高速公路服务区、充电站等通过非车载充电机对纯电动汽车进行直流充电，交流充电接口端子连接方式为L_1＋L_2＋L_3＋N＋PE＋CP＋PP。

在充电插头的明显区域（如锁紧装置的控制按钮表面）应有不同颜色来表示不同的充电模式，见表2－28。

表2－28　不同颜色代表的充电模式

颜色	蓝色	黄色	橙色	红色	红色
充电模式	充电模式1	充电模式2.1	充电模式2.2	充电模式2.3	充电模式3

在供电装置一侧需安装漏电流保护装置，建议在供电装置一侧安装手动或自动断路器。出于安全的考虑，在充电接口连接过程中，首先连接保护搭铁端子，最后连接控制确认端子。在脱开的过程中，首先断开控制确认端子，最后断开保护搭铁端子。

交流充电接口界面如图2－57所示。其中，充电机的充电插头控制确认1(CP)6脚内置二极管为检测点，控制确认2(PP)7脚有一电阻，汽车充电口中6脚和7脚内部相通，同时应注意插头内芯子长短的不同。

2. 直流充电接口。直流充电接口包含 8 个端子，各个端子的布置方式如图 2－58 所示。直流充电接口端子功能定义如下：DC＋为直流电源正，DC－为直流电源负，PE 为保护搭铁端子在连接时最先连接和最后断开，S＋为充电通信 CAN－H，S－为充电通信 CAN－L，三角号为充电 CAN 屏蔽，A＋为低压辅助电源正，A－为低压辅助电源负，为非车载充电机向电动汽车软件提供低压电源。

出于安全考虑，在充电接口连接过程中，端子连接顺序为：保护搭铁→直流电源正与直流电源负→低压辅助电源正、低压辅助电源负→充电通信，脱开过程的顺序相反。

3. 确认充电接口的连接。纯电动汽车的车辆控制装置能够通过测量检测点的峰值电压判断充电插头与充电插座是否已充分连接。电流容量的判断是车辆控制装置通过测量检测点 2 的电压来确认充电电缆的额定电流，并通过判断该点的占空比确认当前供电设备能提供的最大电流，纯电动汽车的车辆控制装置对供电设备、充电电缆及车载充电机电流进行比较后，按照其中的最小电流对动力电池进行充电。

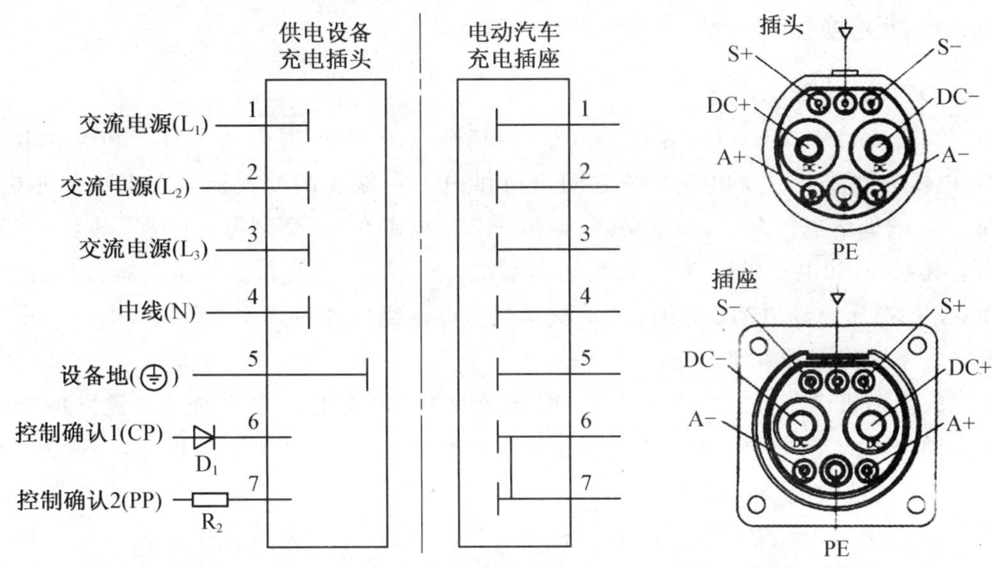

图 2－57　交流充电接口界面示意图

图 2－58　直流接口充电插头和充电插头座布置图

四、纯电动汽车充电注意事项

纯电动汽车充电过程中，应该注意以下安全事项：

（1）不同输出电压的充电设备和不同电池种类的充电设备严禁混用。

（2）开关电源式充电设备的正确操作：充电时先插电池，后加市电；充足后先切断市电，后拔电池插头。如果在充电时先拔电池插头，特别是充电电流大（红灯）时，非常容易损坏充电设备。

（3）充电设备内有 300V 以上的高电压，因此维修人员必须掌握相关的电子知识，能够正确识别和检测电子元器件，能够正确使用常用的检测仪器，能够正确拆卸和更换器件，切忌盲目操作而造成电击等人身事故。

（4）使用车载充电机给动力电池组充电时，应先将充电机的输出插头插入动力电池组的充电插座后，再将充电机的市电输入插头插入交流市电的电源插座；充电结束后，则应先拔下市电插头后，再取下充电机的输出插头。

(5) 安装和使用动力电池时，应特别小心，防止发生短路。动力电池在短路状态下，其短路电流可达到上千安培。短路时所有连接部分都会产生大量的热量，会将连接处熔断，损坏周围的黏结剂，并留下漏液等隐患。因此，在安装或使用时所用的工具必须采取绝缘措施，接线前应先将电池以外的电器连好，经检查无短路，最后连接上动力电池。动力电池端子螺丝应用匹配的绝缘皮帽盖好，做好绝缘措施；布线规范，应有良好绝缘，防止其重叠受压而产生破裂。

(6) 充电设备应工作在通风良好的环境中，不要在烈日或高温的环境下工作，避免因温度过高给动力电池组和充电设备造成危害。在充电过程中，如指示灯异常、出现异味或充电设备外壳过热，应立即停止充电，并对充电设备进行检修或更换。充电设备在使用和保管中，不要让异物进入内部，更不可使水或其他液体进入充电设备，以免造成充电设备内部短路损坏。

五、电能变换器

(一) DC/DC 电能变换器

DC 为(direct current)/DC 是电动汽车(包括纯电动汽车、混合动力汽车和燃料电池汽车)不同电压的储能器以及电气系统之间进行供电不可缺少的变换器。在电动汽车中，有 14V 和 28V 的低压电气系统，如空调器、喇叭、车灯、电动车窗、雨刮等；有 48V 甚至 120V 的次高压电气系统，如电动机控制器、动力转向系统、液压制动系统和空调除霜器(加热器)等，还有 400V 的高压驱动电动机，因此电动汽车动力电池需要通过多个 DC/DC 电能变换器转换成各电气系统所需的直流电压。

传统的内燃机汽车不需要配备 DC/DC 电能变换器，蓄电池主要通过交流发电机来充电。而电动汽车的铅酸蓄电池(低压)则由动力电池充电，动力电池电压较高，一般为 280～600V，铅酸蓄电池的电压一般为 12～28V，所以需要通过 DC/DC 电能变换器来降压或升压。铅酸蓄电池在电动汽车中一般作为辅助电源，为低压电气系统供电。在电动汽车上保留铅酸蓄电池作为辅助电源原因主要有两方面：一是保留铅酸蓄电池更能降低整个车辆的成本；二是确保电源的冗余度。铅酸蓄电池能在短时间内向空调、雨刮及车灯等释放大电流，如果省去铅酸蓄电池，通过 DC/DC 电能变换器将动力电池的电力用于空调、雨刮会导致 DC/DC 电能变换器的尺寸增大，从而使整体成本增加。另外，铅酸蓄电池还有确保向低压供电的冗余度的作用。当 DC/DC 电能变换器出现故障停止供电时，如果没有铅酸蓄电池，低压电就会立即停止运行，夜间车灯不亮、雨刮停止运行等，会影响驾驶。

因此，DC/DC 电能变换器的功用主要是将数百伏的车载电池电压降至车内使用的 14V 或 28V 的低压直流电压。若双向型 DC/DC 电能变换器，还可以将低压直流电，如 200V 升高为 600V 的高压直流电，当动力电池的电力不足时，可以将蓄电池的电力通过 DC/DC 电能转变器变换后输入动力电池，驱动电动机，以备紧急之需。

1. 电动汽车 DC/DC 电能变换器类型及用途。按电能变换器功率开关管数分为单管式、双管式。单管式有单管降压式、升压式、单管正激式和单管反激式。电动汽车上的电能变换器主要采用升压式、降压式和升降压式等。

在纯电动汽车上，DC/DC 电能变换器的主要用途如下：

(1) 高压直流电源向行车管理系统的蓄电池(低压系统)充电时，采用隔离式降压型 DC/DC 电能变换器降压。

(2) 在滑行或下坡制动时，车轮的惯性能量经过转换后产生电能，向储能电源充电时，采用双向升降压型 DC/DC 电能变换器。

(3) 在直流电动机的功率小于 5kW 的纯电动汽车，如游览车、高尔夫球车、清扫车等，动力电池直接通过 DC/DC 电能变换器为直流电动机提供直流电流。

2. 单向 DC/DC 电能变换器(图 2-59)。

(1) 升压型 DC/DC 电能变换器。升压型 DC/DC 电能变换器由主电路 A－B 与电路 O－O组成，在A－B电路上，串联了储能电感 L、续流二极管 D。在储能电感 L、续流二极管 D之间并联半导体栅极开关 S，在续流二极管 D 之后并联了输出滤波电容 C 和电阻 R，共同组成升压型 DC/DC 电能变换器的基本电路。

当栅极开关 S 导通时，电能从输入端流出，并储存于电感 L 中，电流由栅极开关 S 形成回路。由于二极管 D 的偏压作用，不能导通输出端，此时只有滤波电容 C 中储存的少量电能输出，输出的电压降低。

当栅极开关 S 截断时，电能通过储能电感 L，由于电压升高，续流二极管 D 导通，同时部分电流进入电容 C 中储存电能，大部分从 B 端输出，输出的电压升高。

栅极开关 S 间断地导通和截断周期为 T，栅极开关 S 导通的时间为 t_{on}，截断时间为 t_{off}，$t_{off}=T-t_{on}$。栅极开关 S 导通时，输出压降低；栅极开关 S 截断时，输出电压升高。Boost 升压型 DC/DC 电能变换器 B 端的输出电压 U_{out} 与 A 端的输入电压 U_{in} 的关系为：

$$U_{out}=U_{in}\cdot T/(T-t_{on})$$

由上式可见，栅极开关 S 的周期 T 不变，只需改变栅极开关 S 的导通时间 t_{on} 就可获得上升的电压。在升压型 DC/DC 电能变换器使用时，效率可达到 90%以上。其电路结构简单、器件少、重量轻。升压型 DC/DC 电能变换器还需要配置不同的控制装置，可使其特性得到改进与提高。图 2-59 所示的升压型 DC/DC 电能变换器适用于电动汽车。

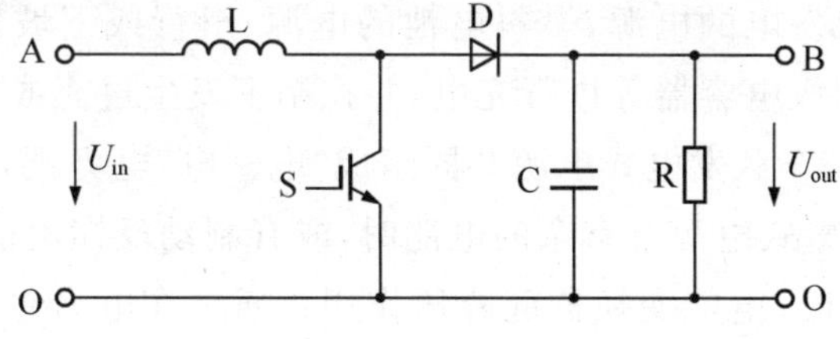

图 2-59　升压型 DC/DC 电能变换器

(2) 降压型 DC/DC 电能变换器。降压型 DC/DC 电能变换器一般作为主储能式电源(动力电池组)向辅助储能式电源(蓄电渣)输送直流电用。

降压型 DC/DC 电能变换器又称为“斩波器”式降压器，由主电路 A—B 与电路 O—O 组成，在 A—B 电路上，串联了栅极开关 S 和续流二极管 D_1，组成 Mosfet 功率开关和滤波电感 L；在 Mosfet 功率开关之后和滤波电感 L 之前并联了续流二极管 D_2；在滤波电感 L 之后并联输出滤波电容 C 和电阻 R_0。降压型 DC/DC 电能变换器如图 2-60 所示。

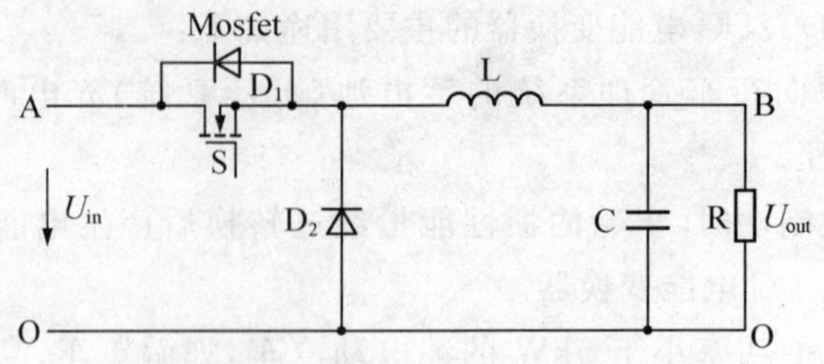

图 2-60　降压型 DC/DC 电能变换器

当 Mosfet 栅极开关 S 导通时，输出的电压 U_{out} 等于输入电压 U_{in}。

当 Mosfet 栅极开关 S 截止时，输出的电压 U_{out} 等于 0。

Mosfet 功率开关 S 间断地导通和截止的周期为 T，栅极开关 S 的导通的时间为 t_{on}，占空比 $D=t_{on}/T$，$0<D<1$，而产生占空比的可调的脉冲电压为：

$$U_{out}=D\cdot U_{in}\qquad U_{out}\leqslant U_{in}$$

式中，D 为占空比；t_{on} 为栅极开关 S 的导通的时间；T 为功率开关 S 间断地导通和截止的周期。

由上式可见，栅极开关 S 间断地导通和截止的周期 T 不变，只需改变 Mosfet 中的栅极开关 S 的导通时间 t_{on} 就可获得下降的电压。由于其输出端（辅助蓄电池）接地，电能变换器本身不接地，故又称为非绝缘型 DC/DC 电能变换器。

3. 双向升降压型 DC/DC 电能变换器。在"电—电"电力混合汽车（自行发电电动汽车、Plug－in 电动汽车、燃料电池汽车）中，车载发电式电源（发动机—发电机组、燃料电池组等）和车载储能式电源（动力电池组和超级电容器等）在电动汽车需要加速或爬坡时，共同通过组成"电—电"电力耦合驱动电源，为电动车辆提供最大电能，一般采用双向升降压型 DC/DC 电能变换器。双向升降压型 DC/DC 电能变换器是不同的电源与动力总线之间的电能流通和组合的重要环节，要求有良好的升降压的功能和动态特性，一方面要控制电源（包括动力电池组、超级电容器、燃料电池等）放电时，彼此之间的"电—电"电力耦合系统的电力匹配，以满足电动机在不同行驶工况时的电能需求；另一方面能够利用不同发电电源和回馈电源（包括发动机—发电机发电的电源、燃料电池的电源、滑行或下坡转换的电源等的电能），高效地为动力电池组、超级电容器等进行充电，并控制不发生过充或过放。

当车载储能式电源与车载发电式电源共同组成"电—电"电力耦合模式工作时，电能变换器起升压作用；当车载发电式电源有富余的电能时，或有制动反馈电能向车载储能式（动力电池组或超级电容器）充电时，电能变换器起降压作用。通常在电力总线与车载储能式电源之间，用双向升降压型 DC/DC 电能变换器，双向控制和调配车载电能输入的电流和输出的电流。

最简单的双向升降压 DC/DC 电能变换器的原边（输入边）为电容器 C，电容器 C 后面串联两个栅极开关 S_1、S_2 和两个整流器 D_1、D_2 组成的两个 Mosfet 功率开关，在原边电路上串联电感器 L_1，副边（输出边）电路上装有电感器 L_2。双向升降压 DC/DC 电能变换器结构如图 2-61 所示。

栅极开关 S_1 导通、S_2 截断，原边（输入边）的电容器处于放电状态，电流经 S_1 通向电力总线，双向升降压型 DC/DC 电能变换器处于升压状态。在副边（输出边）一侧装置电感 L_2，可以减少

进入动力总线的电流脉冲。升压时原边电容器的电压 U_{BUS} 与副边的动力总线的电压 U_{SCAP} 的关系为：

$$U_{BUS}=[1/(1-n_1)]U_{SCAP} \qquad U_{BUS}\geqslant U_{SCAP}$$

式中，U_{BUS} 为车载储能器端的电压(V)；n_1 为导通开关 S_1 的占空比，$n_1=t_1/T_1$，t_1 为导通开关 S_1 的导通时间(s)，T_1 为导通开关 S_1 的导通周期(s)；U_{SCAP} 为总线端的电压(V)。

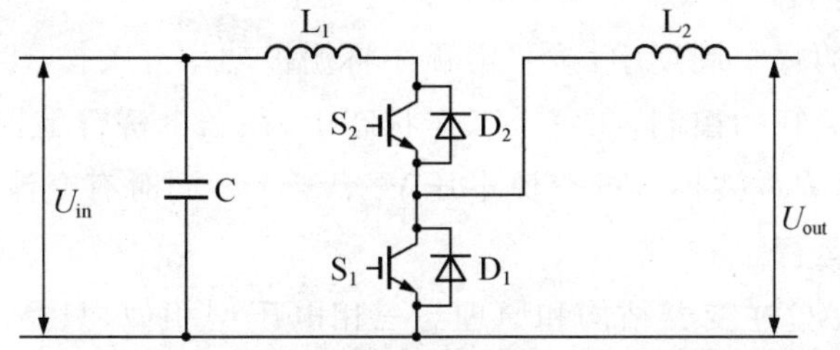

图 2-61 双向升降压型 DC/DC 电能变换器

栅极开关 S_2 导通，S_1 截断，副边(输出边)的动力总线的电流脉冲经 S_2 输入原边(输入边)的电容器中，电容器处于充电状态，双向升降压型 DC/DC 电能变换器处于降压状态。在原边(输入边)一侧装置电感 L_1，可以减少进入电容器的电流脉冲。降压时原边电容器的电压 U_{BUS} 与副边的动力总线的电压 U_{SCAP} 的关系为：

$$U_{BUS}=n_2\cdot U_{SCAP}$$

式中，U_{BUS} 为车载储能器端的电压(V)；n_2 为导通开关 S_2 的占空比，$n_2=t_2/T_2$，t_2 为导通开关 S_2 的导通时间(s)，T_2 为导通开关 S_2 的导通周期(s)；U_{SCAP} 为总线端的电压(V)。

双向升降压型 DC/DC 电能变换器的效率受栅极开关导通和截断的时间，以及各种辅助电器(包括电阻、电容和电感等)功率损耗的影响。因此，选用高质量、低电耗的元器件，能够有效地提高双向升降压型 DC/DC 电能变换器的效率。

(二) DC/AC 电能变换器

DC/AC 电能变换器又称为逆变器。在电动汽车上，装置了多种交流电动机驱动的辅助设备，包括空调系统的压缩机、转向助力器等，这些交流电动机的电力来自于动力电池，需要用小型的 DC/AC 逆变器将直流电源的电能转换成交流电后，方可驱动交流电动机的运转。因此，DC/AC 逆变器的功用是将直流电源(车载储能式电源)变换为电动汽车所采用的交流电动机的驱动电源，并检测辅助装备的运转参数的变化，控制三相感应电动机的启动、运转和停止。

DC/AC 逆变器有三相电压型和三相电流型，三相电压型 DC/AC 逆变器如图 2-62 所示。

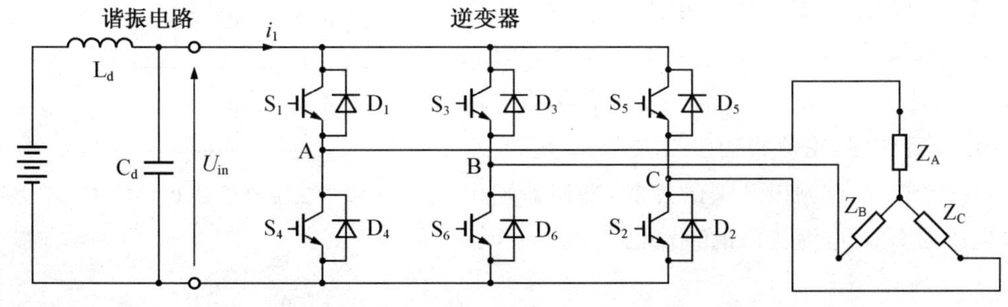

图 2-62 三相电压型 DC/AC 逆变器

三相电压型 DC/AC 逆变器，在直流电源 U_{in} 电路上串联回路电感 L_d，并联电容器 C_d。逆变器采用 6 个栅极开关 S_1、S_2、S_3、S_4、S_5、S_6 和 6 个各自与栅极开关并联的续流二极管 D_1、D_2、D_3、D_4、D_5、D_6 共同组成 6 个 ICBT 半导体栅极功率开关。栅极开关 S_1、S_3、S_5 和续流二极管 D_1、D_3、D_5 的负极连接在一起，栅极开关 S_2、S_4、S_6 和续流二极管 D_2、D_4、D_6 的正极连接在一起。在 S_1、S_4 的中点 A，S_3、S_6 的中点 B，以及 S_5、S_2 的中点 C 的三个节点与三相负荷 Z_A、Z_B、Z_C 相连接。

在输入直流电流的每个周期中，按一定顺序将栅极功率开关按 180°间隔的规律导通，经过栅极开关和续流二极管的控制，在每个工作状态中，在三个桥臂上同时各有一个栅极开关导通，按一定顺序输出为方波模式的交流电压 V_A、V_B、V_C，同时有交流电流 i_A、i_B、i_C 通过，来驱动三相交流电动机运行。

三相电流型 DC/AC 逆变器结构和原理与三相电压型相似，只是直流电源 U_{in} 电路上串联回路电感 L_d，没有联电容器 C_d，在此不作介绍。

(三) AC/DC 电能变换器

AC/DC 电能变换器又称“整流器”。电动汽车的动力电池（储能式电源）的充电电源一般是电网电源或车载发动机或交流发动机—发电机电源，需要通过 AC/DC 电能变换器将充电电源的交流电变换成直流电方可充电。因此，AC/DC 电能变换器的功用就是将交流电源的交流电经过二极管全波整流转换成直流电。AC/DC 电能变换器应用于各种充电设备上，以及有发动机、发电机组的自行发电（串联式）的电动汽车和充电式（Plug－in）电动汽车上。其基本形式有三相桥式 AC/DC 整流器、三相电压源 PWM AC/DC 整流器、三相电流源 PWM AC/DC 整流器。本节以电压源 PWM AC/DC 整流器为例介绍其结构和工作原理。

图 2－63 所示为三相电压源 PWM AC/DC 整流器，在三相电源 i_A、i_B、i_C 上分别串联 3 个电抗器 L_A、L_B、L_C，在三相电源之间分别并联 3 个电容器 C，组成三相电源的滤波器（软开关）。整流器采用 6 个栅极开关 S_1、S_2、S_3、S_4、S_5、S_6 共同构成 PWM AC/DC 整流器。栅极开关 S_1、S_3、S_5 的负极连接在一起，栅极开关 S_2、S_4、S_6 的正极连接在一起。在整流器的输出电路上串联电感 L_o，由于电感 L_o 的作用，可以输出平滑的电流。

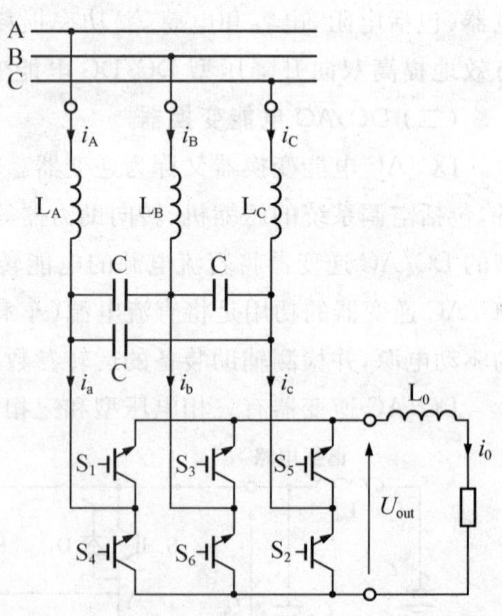

图 2－63　三相电压源 PWM AC/DC 整流器

在输入三相电源的每个周期中，如 S_1 与 S_2 在周期中某个瞬间导通时，A 相电流由 i_A 经过 S_1、L_o、负荷和 S_2 到达 C 相，形成回路。在三相电源周期中，按一定规定顺序，轮流将栅极开关（S_1—S_2、S_3—S_4、S_5—S_6）导通，经过栅极开关的控制，整流器输出端输出电压为 U_{out}、电流为 i_0 的直流电。

任务实施

一、众泰 5008EV 充电系统结构认知

(一) 众泰 5008EV 充电系统结构

众泰 5008EV 充电系统结构如图 2－64 所示，主要由高压电气控制盒、DC/DC 变换器、车载充电机、充电插头(插座)等组成。主要部件如图 2－65、图 2－66、图 2－67、图 2－68 所示。

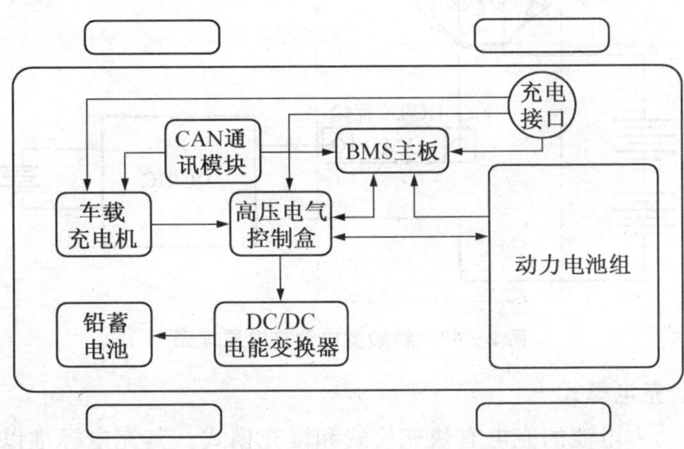

图 2－64　众泰 5008EV 充电系统结构示意图

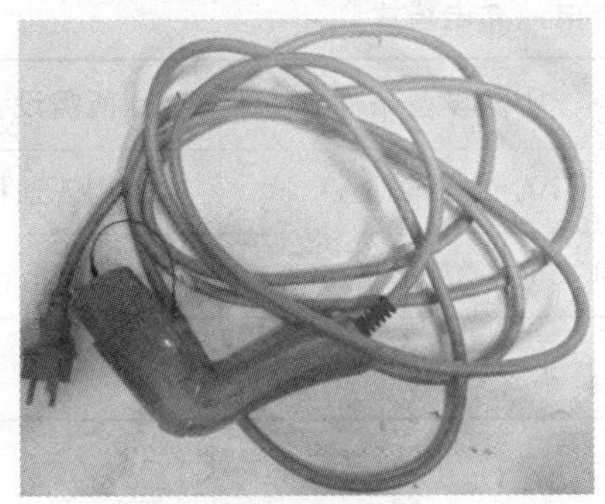

图 2－65　充电插头

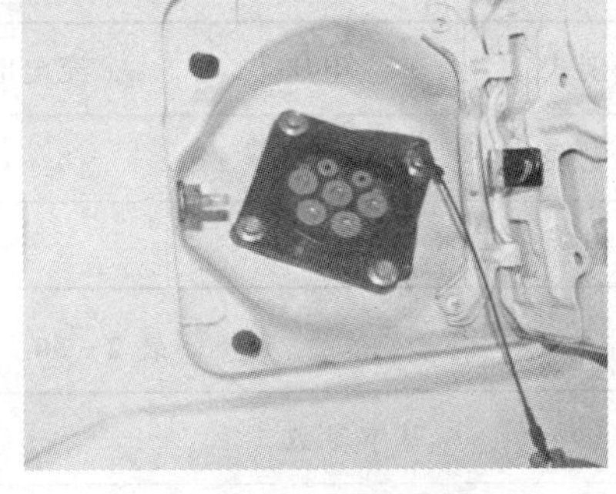

图 2－66　充电插座

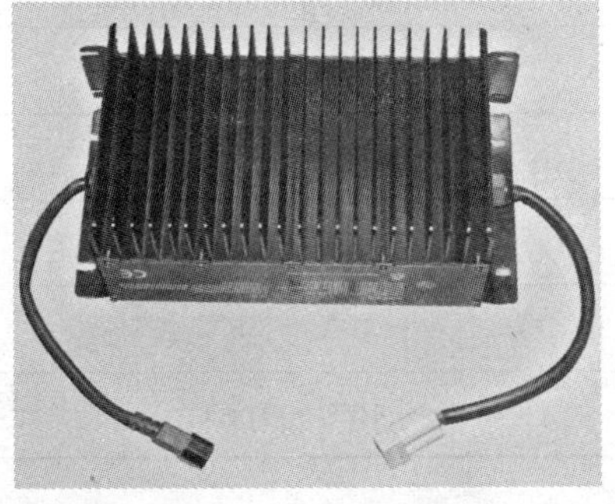

图 2－67　车载充电机

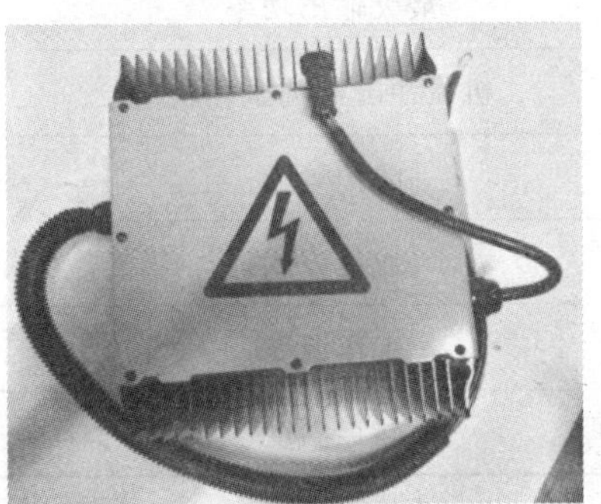

图 2－68　DC/DC 变换器

众泰 5008EV 搭载的 DC/DC 电能变换器主要是将 330V 直流电转变成 13.8±0.1V 低压直流电，给 12V 铅酸蓄电池充电，其充电原理如图 2-69 所示。将钥匙打到 ACC 挡，高压控制盒内的总正接触器吸合，动力电池通过 32A 保险接通 DC/DC 电能变换器，DC/DC 电能变换器将 330V 直流电转变成 13.8±0.1V 低压直流电给 12V 铅酸蓄电池充电。

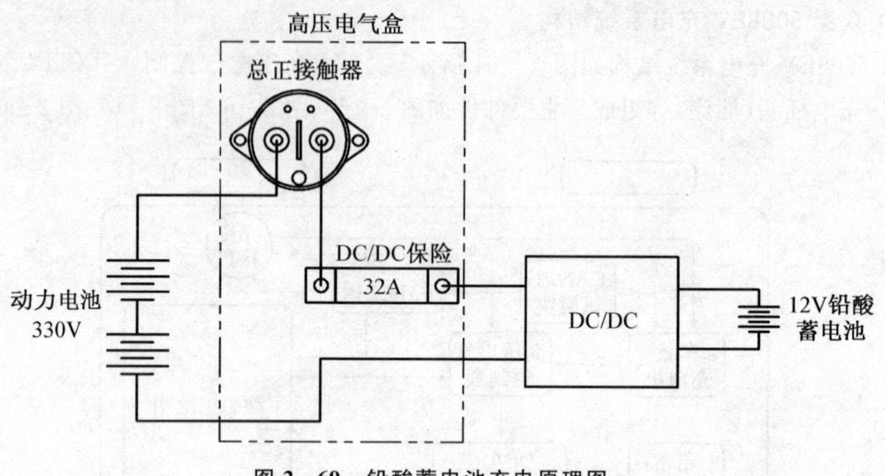

图 2-69 铅酸蓄电池充电原理图

(二) 动力电池充电模式

众泰 5008EV 动力电池的充电有快充模式和慢充模式。其充电标准以及所需设备见表 2-29。充电系统基本参数见表 2-30、表 2-31。

表 2-29 众泰 5008EV 动力电池充电模式

充电模式	电压	充电时间	所需设备条件	所需设备
家用充电模式	AC 220V	8～13h	AC 220V(16A)	家用普通插座
快速充电模式	AC 380V	0.7～2h	DC 360～380V(≤50A)	专用快速充电机

表 2-30 车载充电机基本参数

基本参数	参数技术要求
额定输入电压	AC 85～AC 265V
最大输出功率	2kW
机械冲击及抗振等级	符合 SAEJ1378 要求
防护等级	IP46
通信方式	外置 CAN 通信模块
工作温度	−40℃～55℃
储存温度	−40℃～100℃

表 2-31 DC/DC 电能变换器基本参数

基本参数	参数技术要求
功率标准值	700W
最大输出功率	800W
电流输出标准值@12V	50A
输出短路保护	有
过热保护	内部温度超过 85℃时关闭输出，低于 80℃时自动恢复工作
通信方式	内置 CAN 通信模块
工作温度范围	-40℃～60℃
防护等级	IP56

(三) 充电过程注意事项

(1) 关闭点火钥匙。

(2) 充电插头先插入车载充电插座，再连接 220V 交流电源。

(3) 充满电时，先断开 220V 交流电源，再取下充电插头。

二、充电机安装及故障检测诊断

(一) 充电机安装及注意事项

(1) 充电机应竖直安装(图 2-70)，并将散热器保持垂直。充电机散热器与周围应空出 10cm 以上的空间，以确保充电时气流的通畅，否则容易引起内部电机的温度过高，影响充电过程。

(2) 确保所有通风口都不被堵塞，防止过热。请勿将充电机靠近热源。充电机旁需留有足够的空间以保证通风和接头插拔方便。

(3) 确保交流供电电压和电流与电机的输入电压和电流一致。

(4) 如果交流供电使用延长线时，需确保延长线能承受充电机的最大输入电流，并使得延长线长度在一定的限度之内。

(5) 不要自行拆卸车载充电机，随意揭开机盖可能导致触电的伤害。

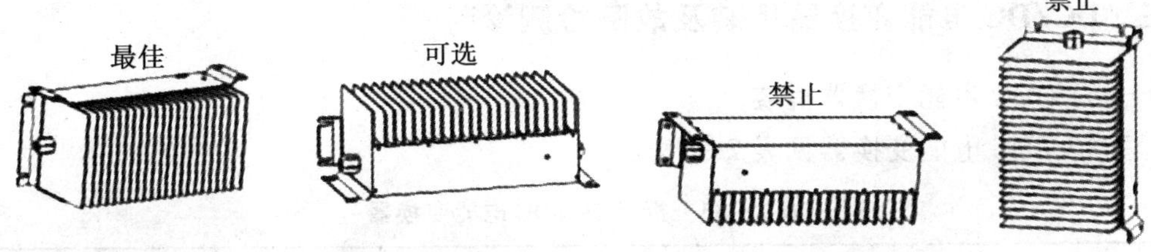

图 2-70 充电机安装方向

(二) 充电机故障的判断及排除方法

高频/PFC 车载充电机 LED 指示灯如图 2-71 所示，它是判断充电机是否正常工作的一个重要标志。充电机上电后会出现以下提示：

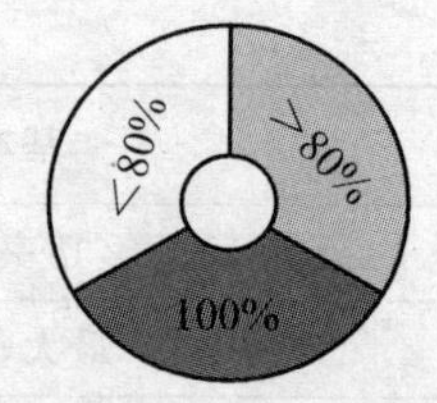

图 2－71 LED 指示灯

(1) LED 红色和绿色交替闪烁(间隔 1s)：电池没有连接。

(2) 红灯闪烁(间隔 3s)：对严重欠压的电池进行修复。

(3) 红灯闪烁(间隔 1s)：正常充电，电池容量小于 80%。

(4) 黄灯闪烁(间隔 1s)：电池容量已经达到 80%以上。

(5) 绿灯闪烁(间隔 1s)：电池容量达到 100%。

如果充电机出现充电故障，需仔细检查充电机所有外部线路是否正确连接；如果已排除线路故障，可以查看充电指示灯的故障代码，对照表 2－32 进行处理。

表 2－32 充电机故障判断及排除方法

指示灯状态	故障指示	故障排除方法
红 绿 — 红 绿 — 红 绿 —	电池错误	检查电池电压等级是否与充电机相匹配或电池是否有损坏
红 绿 红 — 红 绿 红 —	充电超时错误	检查电池容量和所选的充电电线是否匹配或是否有故障
红 绿 红 绿 — 红 绿 红 绿 —	电池过热	检查外接温度传感器的温度是否过高，如过高，充电机会处于电池保护状态
红 绿 红 绿 红 — 红 绿 红 绿 红 —	交流输出电压错误	检查输入电压是否符合要求
红 绿 红 绿 红 绿 — 红 绿 红 绿 红 绿 —	外部温度传感器错误	温度传感器是否正确连接
红 绿 红 绿 红 绿 红 — 红 绿 红 绿 红 绿 红 —	通信错误	检查通信是否连接好或是否损坏
绿 红 — 绿 红 — 绿 红 —	充电机过热	检查充电机环境温度是否过高以及周围是否通风顺畅
绿 红 绿 —绿 红 绿 —	继电器故障	返修
绿 红 绿 红 — 绿 红 绿 红 —	充电机自身故障	返修

注：“—”表示 1s 停顿。以上为指示灯的 1 次闪烁，如果故障未解决，指示灯将循环闪烁。

三、DC/DC 电能变换器拆装及故障检测诊断

(一) DC/DC 电能变换器拆装

拆下 DC/DC 电能变换器见表 2－33。

表 2－33 拆下 DC/DC 电能变换器

操作步骤	示意图
剪开 DC/DC 线束固定扎带	

续表

操作步骤	示意图
拆下 DC/DC 的 4 个固定螺栓(用 $S=10$mm 套筒)	
拔下 DC/DC 输入端	
拆下连接蓄电池的输出端线束(用 $S=10$mm 套筒)	

DC/DC 电能变换器安装的顺序与拆下顺序相反。

(二) 12V 蓄电池不能正常充电原因及判断方法

将钥匙打到 ACC 挡，总正极吸合，DC/DC 电能变换器开始工作。DC/DC 电能变换器两个指示灯的一个常亮，work 灯闪烁，即正在给 12V 铅酸蓄电池充电，如图 2 - 72 所示。

若指示灯不亮，即表明不能正常充电，此时应按以下步骤检查：

(1) 检查 DC/DC 电能变换器是否工作。

(2) 检查线束及线束插头是否连接可靠。

(3) 检查 12V 铅酸蓄电池是否正常。

(4) 检查充电保险及接触器、保险是否烧掉。

(5) 检查高压电气盒各接触器、整车控制板是否正常。

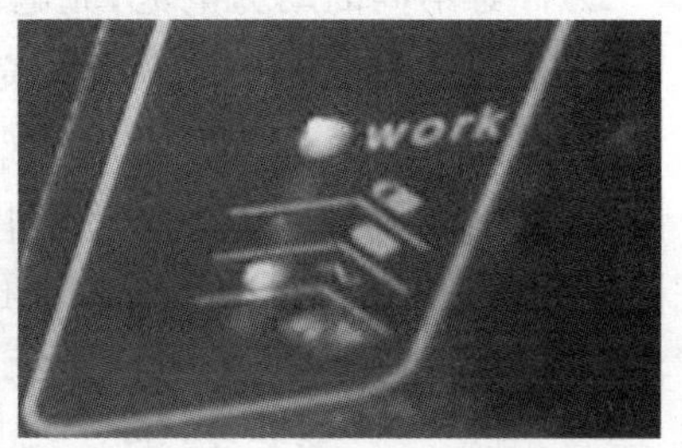

图 2 - 72　充电指示灯

任务小结

纯电动汽车充电系统是一个比较复杂的系统，充电系统能否正常工作与动力电源系统和电控系统直接相关，采用不同的充电模式和充电方法，将直接影响动力电池的使用寿命、电动汽车的续航里程以及电动汽车的安全使用等。因此，本任务对纯电动汽车充电系统的结构及工作原理作了详细的介绍，比较了不同充电方式的优缺点以及使用场合；简要介绍了纯电动汽车 DC/DC、DC/AC、AC/DC 的结构、原理及功用；最后以众泰 5008EV 纯电动汽车充电系统为例，重点介绍了充电机、DC/DC 的拆装以及充电故障的分析方法。

习　题

一、填空题

1. 电动汽车的充电系统主要包括充电机和__________等。

2. 电动汽车充电系统按照充电方式的不同，可分为常规充电、__________和机械充电（电池组快速更换）。

3. 按充电装置分，电动汽车的充电设备包括车载充电装置和__________。

4. 电动汽车上的电能变换器主要采用升压式、降压式、__________等。

5. 直流/交流（DC/AC）电能变换器又称为__________，交流/直流（AC/DC）电能变换器又称为__________。

二、判断题

1. 电动汽车动力电池的寿命主要取决于放电情况，与充电模式、充电方法等无关。（　　）

2. 充电长期不足会使蓄电池容量降低，造成早期损坏。（　　）

3. 常规充电方式充电电流小，充电时间长，对电网没有特殊要求。（　　）

4. DC/DC 电能变换器的功用主要是将数百伏的车载电池电压降至车内使用的 12V 或 24V 的低压直流电压。（　　）

5. 双向 DC/DC 电能变换器既能将低电压转换成高电压，也能将高电压转换成低电压。（　　）

三、综合题

1. 纯电动汽车动力电池充电模式有哪几种？不同动力电池类型可否采用相同的充电模式？

2. 针对不同的动力电池，充电器是否可以通用？

3. 铅酸动力电池如何充电？充电时要注意哪些事项？

4. 锂离子动力电池如何充电？充电时应注意哪些事项？

5. 电能变换器有哪些用途？电能变换器有哪几种类型，分别适用于哪些场合？

6. 当 12V 铅酸电池充电指示灯不亮时，如何进行检修？

任务 5　纯电动汽车电控系统检修

学习目标

1. 知识目标

(1) 认识纯电动汽车电控系统基本构成。

(2) 理解纯电动汽车电控系统各子系统功能。

(3) 熟悉纯电动汽车仪表的显示信息及含义。

(4) 掌握纯电动汽车电控系统的控制过程及工作方式。

2. 能力目标

(1) 能安全、规范地进行电控系统各部件的接线安装。

(2) 能根据仪表和指示灯显示信息分析工作情况。

(3) 能进行纯电动汽车控制系统的典型故障诊断与修复。

相关知识

纯电动汽车的基本功能结构框图如图 2-73 所示。

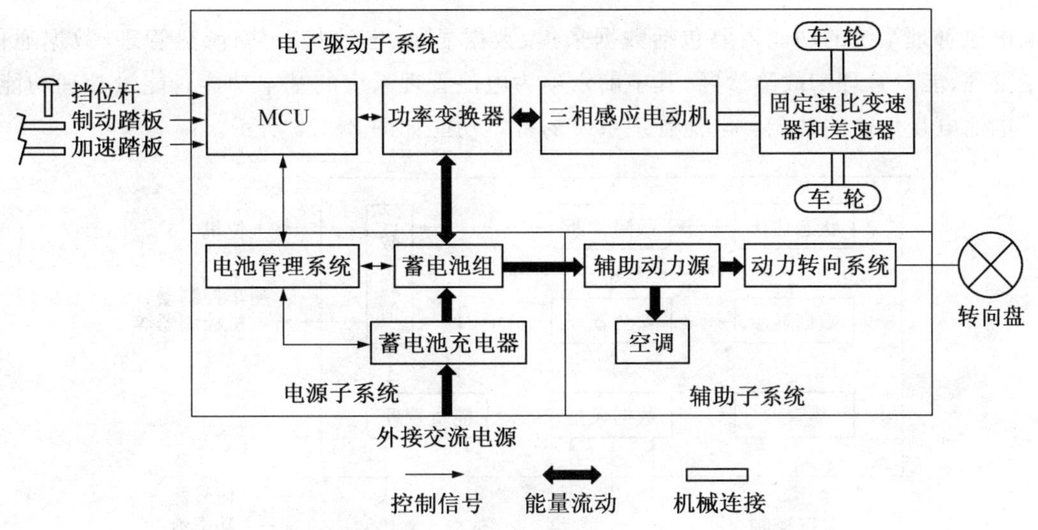

图 2-73 典型的纯电动汽车基本功能结构框图

对于纯电动汽车来说,电控系统就像是人的大脑,综合各个系统的功能来控制整车。其电控系统主要包括电池管理系统、电动机驱动控制单元、整车控制单元等三个部分。它们是纯电动汽车的重要电动部分,决定了整车的结构和性能。

一、纯电动汽车的电池管理系统

在使用纯电动汽车动力电池时,必须使电池工作在合理的电压、电流、温度范围内,否则会影响电池的使用寿命、热失控甚至引起起火等危险。因此,纯电动汽车上的动力电池需要进行有效管理。电池管理系统 BMS(Battery Management System)是纯电动汽车上对动力电池实施管理的具体设备,由能量管理 ECU、传感器及执行单元组成,通过软件对传感器采集到的数据进行算法处理后,发出指令控制执行单元,从而实现优化纯电动汽车的能量分配。其核心数据处理和计算功能一般是由单片机来完成,其构成原理如图 2-74 所示。

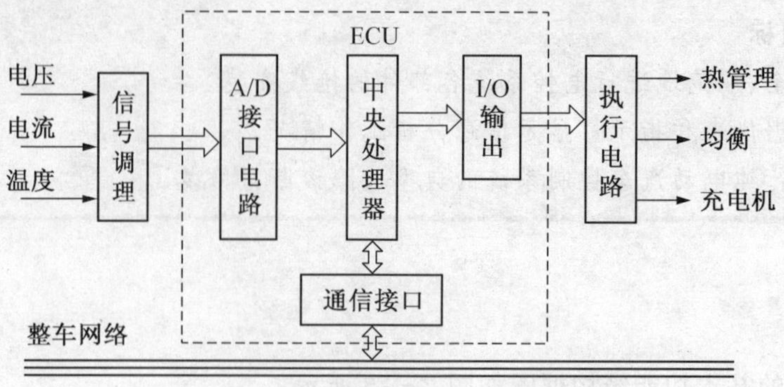

图 2-74 电池管理系统构成原理

电池管理系统的功能主要包括数据采集、数据显示、电池状态估计、热管理、数据通信、安全管理、能量管理和故障诊断，其中前六项为电池管理系统的基本功能。能量管理功能包括了电池电量均衡的功能。电池管理系统的基本功能如图 2-75 所示。

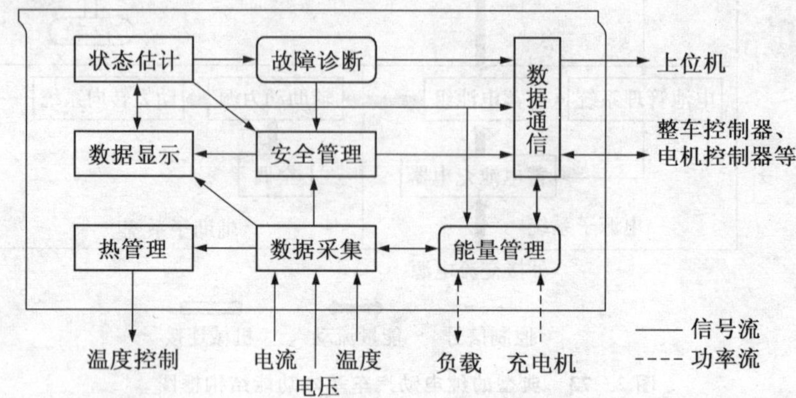

图 2-75 电池管理系统的基本功能

(一) 数据采集

数据采集是电池管理系统所有功能的基础，需要采集的信息有电池组的总电压、电流、单体电池电压和温度。

(二) 电池状态估计

电池状态估计包括电池剩余容量(SOC)估计和 SOH(State of Health)估计。在纯电动汽车行驶中，为了使驾驶员能及时了解汽车可行驶的极限里程和充电所需的时间等，BMS 不断进行 SOC 的检测，显示当前 SOC 状态、工作电流、工作电压等有关信息，并对车上用电进行管理，达到电能的合理分配使用，实现节能、增加续驶里程的目的。SOC 在线实时监测估算是电池管理的关键问题，也是难度最大的，这主要是因为电池组的 SOC 影响因素多，具有很强的非线性，给电池组的 SOC 估算带来难度。

(三) 热管理

热管理是根据热管理控制策略控制电池组热管理系统的工作，以使电池组工作于最优工作温度范围。电池组在不同的工作温度下会有不同的工作性能，温度的变化会使电池的 SOC、开路电压、内阻和容量发生变化，电池组的各项性能下降。动力电池组工作温度低，则

充电速度和放电速度均会减慢；若工作温度过高，会导致电池组内部短路、热失控等不安全现象。所以，BMS 控制电池组工作在最佳工作温度范围，当温度过高时，产生报警信息。

（四）安全管理

安全管理是指电池管理能在电池电压、电流、温度、SOC 等出现不安全状态时给予及时报警并进行断路等紧急处理。因为纯电动汽车动力电池组模块之间采用高压电缆连接，动力电池组的总电压可以达到 90～400V，如果电池组高压电路发生短路，会造成严重的触电事故，甚至引发电池起火。所以，BMS 检测到电池组的电压、电流、容量等信息异常时，自动切断电源并报警。

（五）能量管理

能量管理是指对电池组充放电过程的控制，对电池组进行合理的有效的均衡管理，确保电池组的整体性能，延长电池组的使用寿命。电动汽车动力电池组一般采用多节单体电池通过串联、并联或混联的连接方式组成。由于现有材料和电池制造工艺的局限性，单体电池之间很难保证性能完全一致，在使用过程中，各单体电池会出现放电/充电不均衡现象。部分单体电池可能比其他电池先充满电，此时若继续充电，就会导致电池组中的某些单体电池过充、电池内温度上升，甚至引起热失控。而放电时，会导致单体电池过放，引起电池组容量下降，缩短使用寿命。因此，要求电池管理系统 BMS 在电池充电过程中连续测量电池组的各电池的电压和温度参数，并能根据检测得到的充电状态、电池的电压、温度等参数，调整充电电压，控制充电器，以使所有电池的状态保持一致，在充电过程结束时自动切断充电，防止电池过充。在放电过程中，BMS 监控电池的放电状态，并控制电池组的放电过程，在每个蓄电池深度放电之前停止放电过程，避免电池的过放电，使电能达到最佳利用。在放电结束时，BMS 给出电机控制器的最大放电电流的参考值，使蓄电池的电压保持在正常的范围内。

（六）故障诊断

故障诊断是指在使用过程中若某个单体电池的温度不正常，电池剩余电量（SOC）显示也不正常时，即刻向动力电池组管理系统反馈某个电池在线信息，并由故障诊断系统预报电池组的故障，以便及时检查“坏”的电池并更换。

电池管理系统是根据实际应用的场合来设计的，在不同的场合，其功能也不相同。但是，不同电池管理系统的很多基本功能却是大致相同的。

二、纯电动汽车电动机驱动控制单元

电动机驱动系统是纯电动汽车的心脏，它的主要任务是在驾驶员的控制下，高效率地将动力电池的能量转化为车轮的能量来驱动车辆，或者将车辆传递至车轮上的动能反馈到动力电池以实现车辆的制动能量回收。电动机驱动控制单元主要分为 3 个功能部分：传感器、中间连接电路与处理器。传感器采集电压、电流、温度、速度及扭矩等物理量，然后把这些数据传送到整车控制单元，整车控制单元把参数经过算法处理后，然后传递给电动机驱动控制单元，控制电动机的运转，最终电动机通过机械传动装置驱动车轮转动。

目前，电动机主要采用直流电动机、三相感应电动机、开关磁阻电动机及永磁同步电动机。对于电动机的传统控制方法，最近几年出现了自适应控制、鲁棒控制及专家系统等许多先进的控制方法。电动汽车采用的电动机类型不同，其电动机控制算法也不一样。

(1) 直流电动机驱动系统,其电动机控制一般采用脉宽(PWM)斩波控制方式。

(2) 交流感应电动机驱动系统,其电动机控制采用 PWN 方式实现高压直流到三相交流的电源变换,采用变频调速方式实现电动机调速,采用矢量控制或直流转矩控制策略实现电动机转矩控制的快速响应。

(3) 交流永磁电动机驱动系统,包括正弦波永磁同步电动机驱动系统和梯形波无刷直流电动机驱动系统。其中,正弦波永磁同步电动机控制采用 PWN 方式实现高压直流到三相交流的电源变换,采用变频调速方式实现电动机调速;梯形波无刷直流电动机控制器通常采用"弱磁调速"方式实现电动机的控制。由于正弦波永磁同步电动机驱动系统低速转矩脉动小且高速恒功率区调速更稳定,因此比梯形波无刷直流电动机驱动系统具有更好的应用前景。

(4) 开关磁阻电动机驱动系统,其电动机控制一般采用模糊控制方法。

三、纯电动汽车的整车控制单元

整车控制单元是一个多输入、多输出、数模电路共存的复杂系统,主要由汽车电子 ECU、ECU 外围电路模块组成。对于不同汽车的生产厂家来说,外围电路模块可能不相同,但基本电路模块均包括电源模块、模拟量输入输出模块、开关量输入输出模块及通信模块等,如图 2-76 所示。微控制器一般采用 16 位 DSP 控制内核,控制精度高,运算速度快。整车控制单元主要功能是完成对汽车的行驶控制、制动能量的回馈控制、整车的 CAN 网络化管理、车辆状态的监控显示及车辆的故障诊断处理。

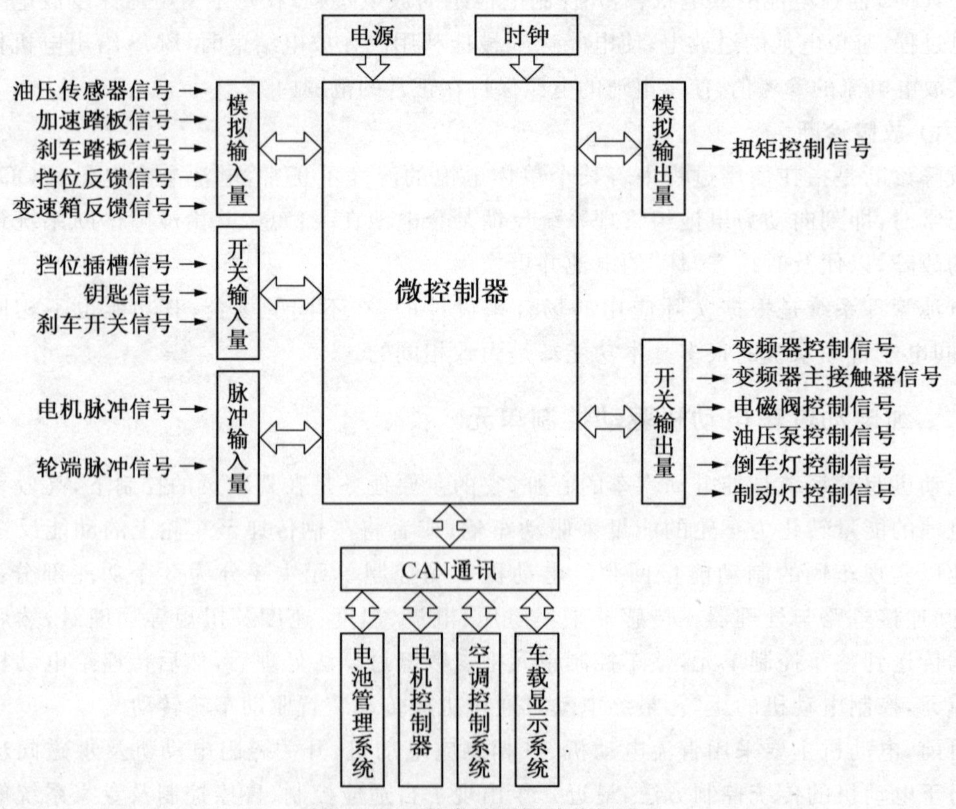

图 2-76 整车控制器功能框图

(一) 汽车的行驶控制

驾驶员的所有与驾驶操作有关的操作信号都直接进入整车控制单元，整车控制单元对采集的信息进行处理分析，计算出驱动系统的目标转矩和车辆行驶时的需求功率来实现驾驶员的驾驶意图，并向各个部件控制单元发送控制指令，使车辆按驾驶期望行驶。同时，根据电池管理系统提供的能量信息，保证车辆在正常模式行驶、安全模式(能量低时提前报警)和强制停车。

(二) 整车的 CAN 网络化管理

整车控制单元与电动机、DC/DC、电池组等进行可靠通信，通过 CAN 总线进行状态的采集输入及控制指令输出。

(三) 车辆状态的监控显示

采集驱动踏板有效信号、驱动踏板行程信号、制动踏板有效信号、制动踏板行程信号，采集“D”挡信号、“N”挡信号、“R”挡信号，采集高压接触器闭合命令信号、空气断路器闭合命令信号、空气断路器断开命令信号等等，整车控制器根据采集的信息，对整车各个系统进行监控，显示当前信息，对异常情况进行报警，结合 BMS 单元提供当前的能源状况信息，评估续驶里程、平均等效油耗和成本等。

(四) 车辆的故障诊断处理

对系统故障作出判断和进行存储，动态检测系统信息，记录出现的故障。对整车具有保护功能，视故障的类别对整车进行分级保护，紧急情况下可以关掉发电机及切断母线高压系统。

目前在国外，整车控制单元已可以通过数字开关的方式来控制电动机的工作电流，以调整整车的状态。在国内，天津一汽夏利股份有限公司、柳州五菱汽车有限公司等已经研制出了相关车辆的整车控制单元。

四、制动能量回收

制动能量回收是电动汽车(包括纯电动汽车与混合动力汽车)的重要技术之一，也是它们的重要特点。在一般内燃机上，当车辆减速、制动时，车辆的动能通过制动系统转变为热能消耗。在电动汽车上，这种减速、制动产生的动能可以通过制动能量回馈技术转变为电能，存储于动力电池中，并进一步转化为驱动能量。新能源汽车的能量再生制动简称再生制动，是指车辆在减速或制动时，使驱动电动机工作于发电机工况，将车辆的一部分动能转化为电能并回馈至电源的过程。目前电动汽车产业化最大的障碍是续驶里程短，而再生制动系统能发挥电动汽车的优点，将汽车制动时的部分动能转化为电能回馈到动力电池，从而有效利用电池电能，提高电动汽车的续驶里程。美国对电动汽车的实际运行测试结果表明，再生制动给作为储能动力源的动力电池补充能量，可使电动汽车一次充电后的行驶里程增加10％～25％。丰田普锐斯可以实现回收约30％的能量。

电动汽车能量回收原理：电动汽车正常行驶时，电动机是一个将电能转化为机械能的装置，而这个转化过程常见的是通过电磁场的能量变化来传递能量和转化能量的，从更直观的力学角度来讲，主要体现为磁场大小的变化。电动机接通电源、产生电流，构建了磁场。交变的电流产生了交变的磁场，当各绕组在物理空间上呈一定角度布置时，将产生圆形旋转磁场。运动是相对的，等于该磁场被其空间作用范围内的导体进行了切割，于是导体两端建立了感应电动势，通过导体本身和连接部件构成了回路，产生了电流，形成了一个载流导体，该载流导体在旋转磁场中将受到力的作用，这个力最终成为电动机输出扭矩中的力。当电动汽车减速或制动时，即切除电源时，电动机惯性转动，此时通过电路切换，往转子中提供相比而言功率较小的励磁电源，产生磁场。该磁场通过转子的物理旋转，切割定子的绕组，于是感应出电动势，也称逆电动势，此时电动机反转，功能与发电机相同，是一个将机械能转化为电能的装置，所产生的电流通过功率变换器接入动力电池，即为能量回馈，至此制动能量回收过程完成。与此同时，转子受力减速，形成制动力，这个过程称为再生制动。

再生制动是电动机的固有特性，可以同时实现节能与电气制动两个目的。电动机制动的方法可分为机械制动和电气制动两大类。电气制动又可分为反接制动、能耗制动或回馈发电制动三种形式。电动汽车的制动应考虑机械制动和电气制动两种类型的组合，尽可能多地用回馈发电方式取代机械式制动。制动能量回收要满足以下要求：

(1) 满足制动的安全要求，符合驾驶时的制动习惯。需要找到电气制动和机械制动的最佳结合点，在确保安全的前提下，尽可能多地回收能量，同时应充分考虑驾驶员和乘客的感受，具有能量回收系统的电动汽车的制动过程尽可能与传统汽车的制动过程近似。

(2) 确保电池组充电过程的安全。电动汽车常用的动力电池，如铅酸电池、锂离子电池等，具有不同的充电特性。若自动能量回收过程中充电电流过大或充电时间过长会影响电池组的寿命，所以自动能量回收过程尽可能符合电池组的充电特性。

任务实施

一、众泰 5008EV 电控系统结构认知

众泰 5008EV 电控系统主要由驱动电动机控制单元(MCU)、电池管理系统(BMS)、仪表显示单元(ICU)、整车控制单元(VCU)以及 CAN 总线等组成。各个单元之间的通信关系如图 2-77 所示。

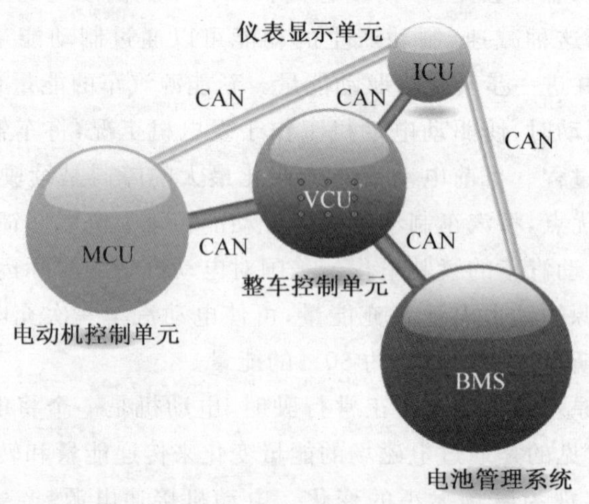

图 2-77 众泰 5008EV 电控系统

众泰 5008EV 纯电动汽车整个动力驱动平台由电动机控制单元及电池管理系统通过整车控制单元协调控制，整车系统各网络节点间通过 CAN 总线通信，数据通信实时性强。

（一）电池管理系统(BMS)

电池管理系统（BMS）对动力电池组的充电与放电时的电流、电压、放电深度、电池的自放电率、电池温度等进行控制。因为个别的单体电池性能变化后，影响整个动力电池组的性能，用电池管理系统（BMS）来对整个动力电池组和动力电池组中的每一单体电池进行监控，保持各个电池性能的一致性。还要建立动力电池组的维护，来保证电动汽车的正常运行。众泰 5008EV 电池管理系统（BMS）线路连接如图 2－78 所示。

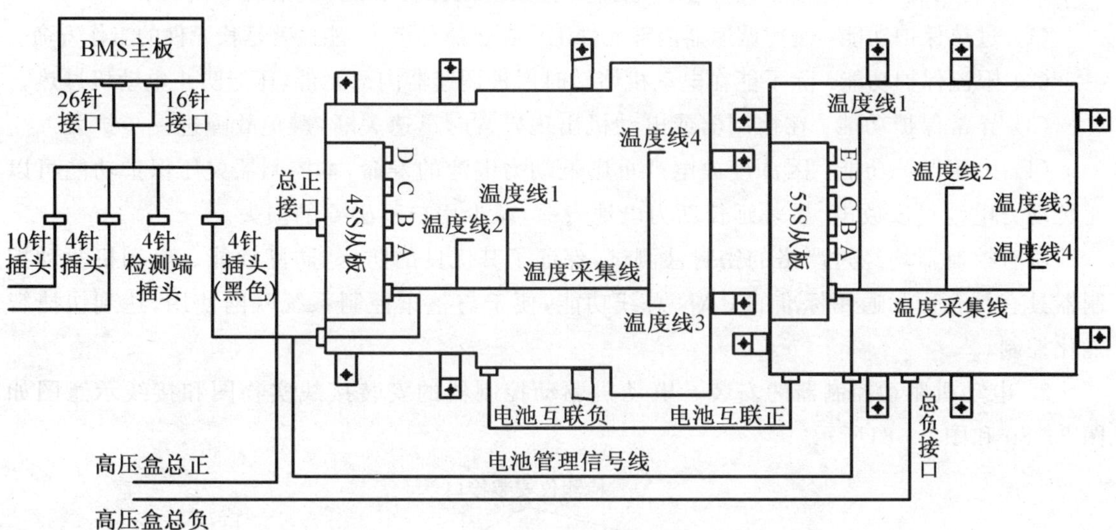

图 2－78 电池管理系统接线图

（二）电动机控制器

电动机驱动控制单元俗称电动机控制器，众泰 500EV 采用的电动机控制器由深圳纽贝耳电子有限公司生产，其实物如图 2－79 所示，电动机控制器的参数见表 2－34。

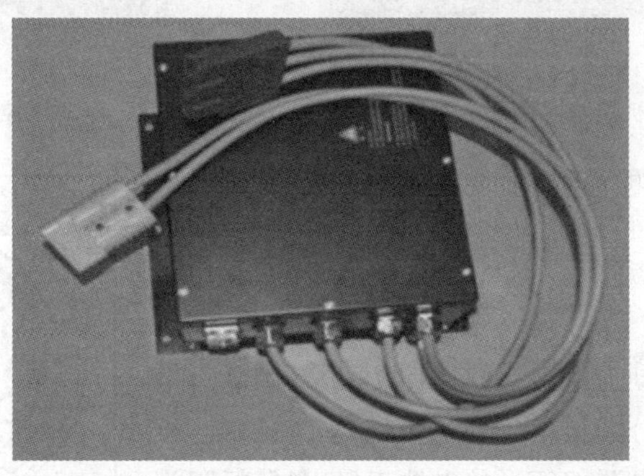

图 2－79 电动机控制器

表 2-34　电动机控制器参数

项目 \ 车型		JNJ6401EVL
电动机控制器	型号	BLTC—500/312
	工作电压范围(V)	250～360
	冷却方式	风冷
	防护等级	IP54

1. 电动机驱动控制器性能特点。电路具有完善的保护功能,包括以下内容:

(1) 过热保护功能:避免调速器内部元件工作在过热环境中,能显著延长元件的工作寿命。

(2) 限流保护功能:除了能在电动机堵转时保护调速器内部元件,还能防止电动机过热。

(3) 异常保护功能:在控制器或电动机出现异常时迅速关断,避免故障进一步扩大。

(4) 欠压保护功能:因深度放电严重影响动力电池的寿命,本控制器欠压保护功能可以避免动力电池过度放电,显著延长动力电池寿命,减少用户不必要的损失。

所有控制器均经过严格的密封性测试,保证了其优良的防水、防潮性能。电动机驱动控制器具有符合国际通用标准的 CAN 总线功能,便于与整车控制系统联网使用,达到快捷智能化控制。

2. 电动机驱动控制器的安装。电动机驱动控制器的安装接线实物图和接线示意图如图 2-80 和图 2-81所示。

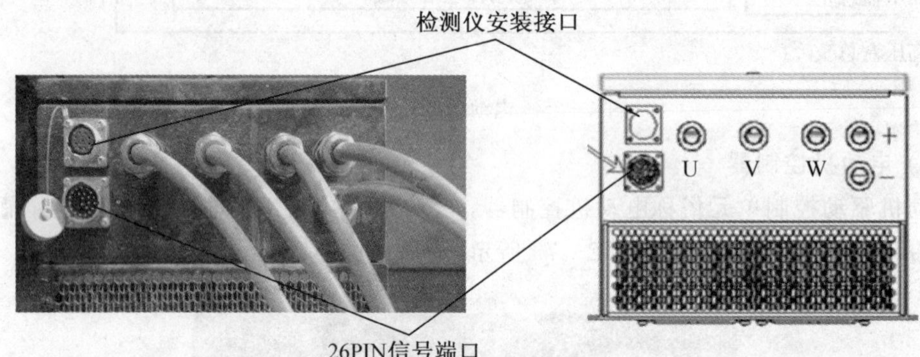

图 2-80　电动机控制器接线实物图　　图 2-81　电动机控制器接线示意图

电动机控制器与电动机之间使用 25mm² 的动力电缆,将控制器的相序颜色标记为 U(黄)、V(蓝)、W(绿)三相输出接至电动机相应的 U、V、W 三相,相序颜色标记为 U(黄)、V(蓝)、W(绿)。

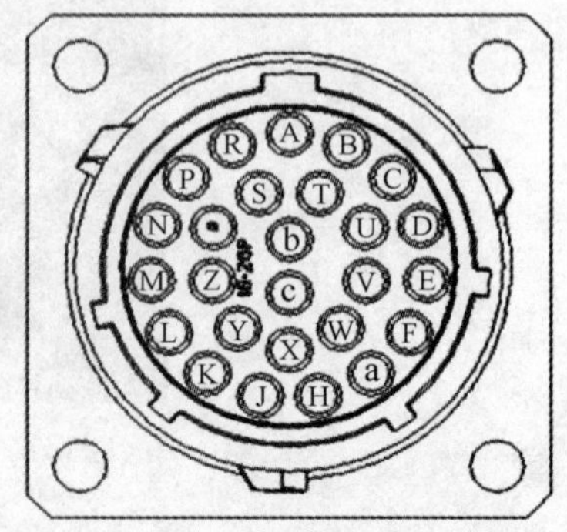

图 2-82　航空插头针脚外形

电动机控制器与动力电源之间使用 16mm² 的动力电缆,将电池的正、负极分别接至电动机控制器 P、N 端。控制器上红色标记线为电源正(P),接电池正极;黑色标记为电源负(N),接电池负极。

电动机转子位置信号及电动机温度信号通过航空插

头(26PIN信号端口)送至控制器。航空插头针脚外形如图 2-82 所示,电动机控制器针脚定义见表 2-35。

检测仪安装端口连接检测变频器俗称检测仪,可以对控制器软件运行检测,比如刷程序、修改参数、消除故障码等。

表 2-35 电动机控制器针脚定义

针 脚	信号端	含 义	备 注
PIN A	+5V	模拟量输入 5V 供电	电子踏板信号
PIN B	AI1	模拟量输入 0～10V 或 4～20mA	电子踏板信号
PIN C	GND	模拟量输入地	电子踏板信号
PIN D	24V	—	—
PIN E	DI1	运行信号	—
PIN F	DI2	复位信号	—
PIN G	DI3	正转(CCW)	—
PIN H	DI4	反转(CW)	—
PIN J	HDO	转速信号输出(集电极)	—
PIN K	CME	转速信号输出(发射极)	—
PIN L	A+	转子位置信号 U	HALL 信号
PIN M	B+	转子位置信号 V	HALL 信号
PIN N	Z+	转子位置信号 W	HALL 信号
PIN P	PG5V	Hall 电源 5V	HALL 信号
PIN R	COM	Hall 电源 0V	HALL 信号
PIN S	DI5	刹车断运行信号	—
PIN T	—	电动机温度信号	—
PIN U	—	—	—
PIN V	PT+	—	—
PIN W	PT−	24V−	—
PIN X	—	—	—
PIN Y	—	—	—
PIN Z	—	—	—
PIN a	—	—	—
PIN b	CAN-L	CAN 通信	CAN
PIN c	CAN-H	CAN 通信	CAN

(三) 高压控制盒

众泰 5008EV 整车控制单元集成于高压控制盒内，包括电动机电源控制系统、空调电源控制系统、充电机电源控制系统、直流转化装置电源控制系统等。

如图 2-83 所示，电动机控制器母线正极通过串联的总正开关、第一直流 200A 保险、分流器实现与动力电池正极连接，电动机控制器母线负极通过总负开关与动力电池的负极连接；总负开关的两端之间串联预充电阻和充电开关，充电开关由时间继电器的常闭触点端来控制；时间继电器的常开触点端控制总负开关的控制端。启动状态：ACC 打开，总正开关闭合至“ON”，处于预充电状态，预充电完成后闭合总负开关。充电状态：充电信号(充电枪插入)，总正开关闭合(充电继电器闭合)，DC/DC 电能变换器工作的同时给 12V 蓄电池充电。

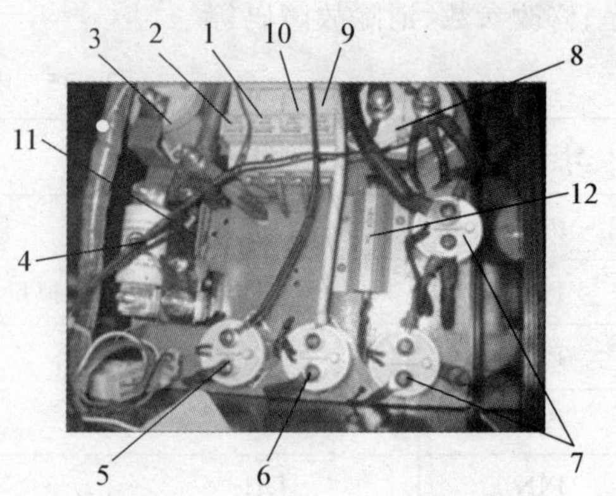

图 2-83　高压控制盒实物图

1-冷风保险；2-充电保险；3-总正开关；4-200A保险；5-冷风开关；6-暖风开关；7-充电开关；8-总负开关；9-DC/DC 逆变器保险；10-暖风保险；11-分流器；12-预充电阻

工作原理：打开点火钥匙后，蓄电池通过高压控制盒内继电器控制板启动高压控制盒内总正、总负接触器，使高压通路，给 DC/DC 电能变换器输送高压电后，转换为 13V 低压，为蓄电池充电；动力电池通过高压控制盒内总正、总负输入到驱动电动机控制器，由驱动电动机控制器将两相高压直流电转换为三相高压直流电，输送至驱动电动机，使驱动电动机工作。同时，电池管理系统(BMS)监控电池组的实时信息，高压控制盒根据 BMS 监控的实时信息来控制整车的系统。

高压控制盒 30 芯引脚如图 2-84 所示，其引脚定义见表 2-36。

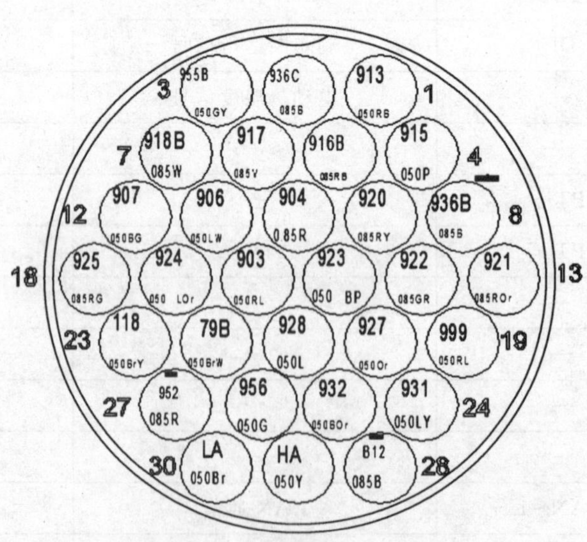

图 2-84　高压控制盒 30 芯引脚

表 2-36　高压控制盒 30 芯引脚定义

序　号	定　义	图纸标号	控制板	序号	定　义	图纸标号	控制板
1	ON 到压力开关	913	24—2	16	仪表 D 挡显示	903	24—11
2	GND 到压力开关	936	24—24	17	AC 输入 (来自压力开关)	924	24—19
3	刹车信号	914/955	24—3	18	暖风输入	925	24—22
4	压力开关输出	915	24—1	19	空		
5	充电线信号	916	24—5	20	过充保护	927	24—18
6	ACC	917	24—6	21	BMS 电源	928	24—9
7	ON	918	24—2	22	空调温控开关	79	6—1
8	GND	919	24—24	23	空调温控开关	118	6—2
9	真空泵控制继电器	920	24—4	24	空调控制负 (风扇/压缩机)	931	6—3
10	挡位电源(+24V)	904	24—14	25	风机地输入(GND1)	932	6—5
11	控制器 R 信号	906	24—15	26	空调控制正 (风扇/压缩机)	956	
12	控制器 D 信号	907	24—13	27	运行	952	6—4
13	挡位 R 信号	921	24—16	28	空		
14	挡位 D 信号	922	24—12	29	空		
15	倒车控制	923	24—17	30	空		

(四) DVD 和组合仪表

众泰 5008EV 纯电动汽车可以通过组合仪表和 DVD 显示电动汽车的运行参数，如车速、时速、电池的当前电压、电流和电量等信息。DVD 的人机界面如图 2-85 所示。DVD 可以显示车载信息，如整车监控信息、资源管理、GPS 导航等，还具有 KTV 点歌、CMMB 电视、蓝牙电话、万年历、计算器、记事本、游戏、收音机、音乐、电影、照片、电子书、股票、DVD 等功能。

图 2-85　DVD 人机界面

组合仪表显示的信息如图 2-86 所示，包括显示仪表和指示灯。组合仪表显示的信息：① 电压：显示当前电压值；②电流：显示当前电流值；③ 电量：显示当前所剩电量；④ 车速：显示车辆运行速度；⑤ 挡位指示灯：显示车辆当前挡位；⑥ 时钟：显示当时时间；⑦ 里程：显示车辆累计运行里程。

组合仪表上有各类指示灯，当钥匙打到"ON"的时候，相关报警灯会进行自检，自检完成以后，如果系统正常，故障灯呈熄灭状态。各类指示灯的图标及含义见表 2-37。

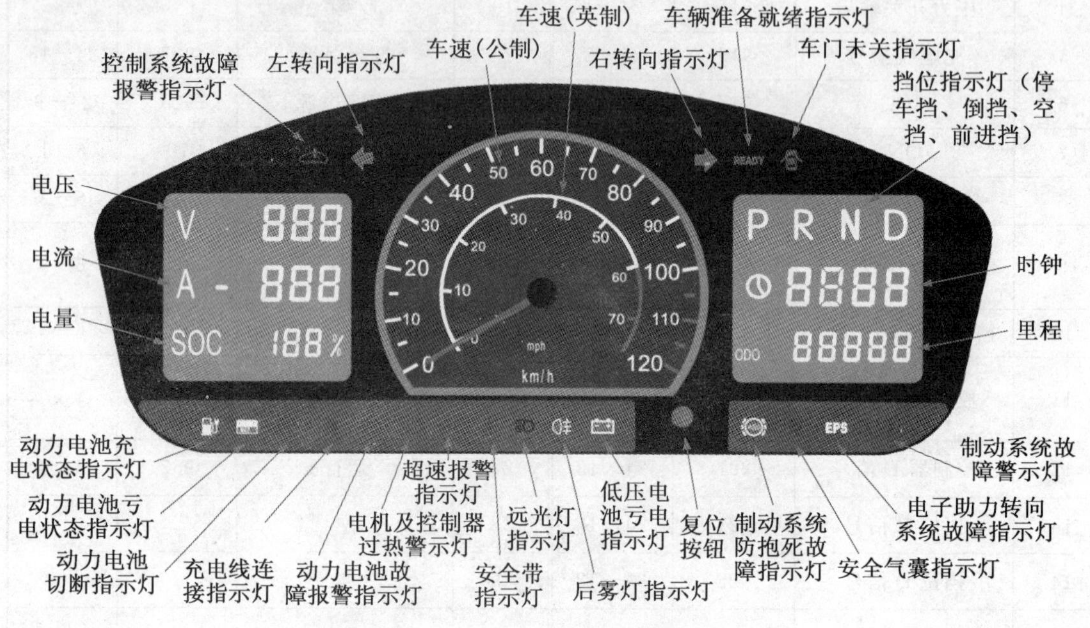

图 2-86　组合仪表显示的信息

表 2-37　各类指示灯的图标及含义

指示灯或仪表	图　标	工作方式
制动系统故障指示灯		当刹车油位降至"MIN"位置时，刹车警告灯会亮起，此时需要添加刹车油或检查泄漏位置。当此灯亮起，需要用更大力量去踩刹车踏板，且刹车距离会增大。手制动拉起时，此灯也会亮起
动力电池故障警告灯		当启动开关转至"ACC"，系统检测到动力电池故障时，该警告灯点亮
ABS 防抱死制动警告灯	ABS	在 ABS 防抱死制动系统警告灯和制动系统的警告灯一直亮着，有可能制动能力已显著降低，要立刻将车停在安全的地方并进行检查维修
12V 蓄电池亏电警告灯		DC/DC 电能变换器发生故障时，此灯会亮起，此时请关闭钥匙及车上所有电器，检查 DC/DC 工作是否正常。如有故障，即刻请专业技术人员进行检查维修
EPS 故障警告灯	EPS	该警告灯点亮，提示电动助力转向系统工作不正常，要立刻将车停在安全的地方并进行检查维修
电动机及控制器过热警告灯		当系统监测到电动机及控制器过热超过限制值时，此警告灯会亮起

续表

指示灯或仪表	图 标	工作方式
驱动电动机控制系统故障警告灯		当启动开关转至“ACC”，系统检测到驱动电动机控制器系统故障时，该指示灯点亮
左、右转向指示灯		当左转向灯打开时，左转向指示灯点亮；当右转向灯打开时，右转向指示灯点亮
后雾灯指示灯		当后雾灯打开时，此指示灯会亮起
安全带指示灯		此灯会提醒驾驶员将驾驶座安全带系上。当点火开关转至“ON”时，如果驾驶座安全带未系上，则此灯会一直亮着，直到驾驶者系上安全带，此灯才会熄灭
安全气囊指示灯		当点火开关钥匙在“ON”的位置，此灯会亮起6s后熄灭，此情况表示气囊系统作用正常。如有下列情况发生，表示由指示灯系统监控的某部分发生故障，需进行检查：当点火开关转到“ON”位置时，指示灯没有亮起，或一直亮着；当行驶时，此灯亮着或闪烁
运行准备就绪指示灯	READY	当点火开关转至“ACC”，系统检测到无系统故障，该指示灯点亮
动力电池充电指示灯		当插上充电线时，充电系统形成回路，BMS监测到充电电压时，该指示灯点亮，表示动力电池充电正常
动力电池亏电指示灯	BAT	当电量表显示值<30%时，声光同步报警，该指示灯点亮，开始报警，20s内信号未变，声音报警解除；该灯长闪，提醒及时为动力电池充电；当电量表显示值>30%时，2s内解除报警
远光灯指示灯		当远光灯打开或远光灯闪烁时，此指示灯会亮起
动力电池切断指示灯		当动力电池切断时，该指示灯点亮
电压表、电流表和电量表	V 8888 A -888 SOC 1888 %	电压表显示动力电池的电压 电流表显示动力电池充、放电的电流 电量表显示动力电池的电量
车速表		车速表指示车辆行驶的速度。其中，外圈显示km/h，内圈显示mp/h(每小时英里数)
挡位指示灯、时钟、里程表和旅程表	R N D 88:88 888888	挡位指示灯：显示“R”挡、“N”挡和“D”挡 时钟：时间显示，00:00～23:59 里程表：指示汽车累计行驶里程，外圈单位为km，内圈单位为mp 旅程表：可以从零开始记录行驶距离，若想知道某一时间段里所行驶的距离时，就可以从零开始记录

二、众泰 5008EV 控制系统故障检修

众泰 5008EV 控制系统故障检修见表 2－38。

表 2－38　众泰 5008EV 控制系统故障检修

故障现象	故障原因分析	排除方法
耗电快，行驶里程短	将车辆在充满电的情况下，把分段仪表里程计算归 0 后试车。发现车辆 SOC 耗电为每公里消耗 SOC1%，查看车辆 DV 中工具—检测系统—充电机，正常情况下显示充电电压为 360V，充电电流为 60A。若不是，则说明 BMS 型号错误	更换 BMS 主控板（100A）
车辆静态时 12V 电池自动断电，车辆启动时仪表灯不亮	打开车辆前舱盖： (1) 检查车辆 12V 辅助蓄电池是否存在亏电（绿色良好、黑色需充电、白色亏电） (2) 经检查 12V 辅助蓄电池若需要充电，则使用其他 12V 蓄电池，使车辆启动，查看 DC/DC 电能变换器是否正常工作（work 灯是否闪烁），发现 work 灯没有亮，则DC/DC电能变换器没有工作 (3) 检查高压控制盒内 32ADC/DC 电能变换器保险熔断	更换高压控制盒内 32A DC/DC 电能变换器保险
起步加速慢，无力	(1) 控制器参数异常 (2) 加速踏板信号异常	检查控制器和加速踏板各参数，有异常则更换控制器
启动后无法行驶，电动机也没有工作	起启动车辆后，车辆挡位能够挂上，检查挡位信号全部正常。检查电子加速踏板发现电子加速踏板没有输出控制电压，判断电子加速踏板损坏	更换电子加速踏板
电动机控制故障灯亮	控制器参数异常	检查控制器各参数，有异常则更换控制器
上电无显示或乱码	(1) 驱动器输入电源异常 (2) 驱动板与控制板连接的 30 芯和排线接触不良 (3) 驱动器内部器件损坏	(1) 检查输入电源 (2) 重新拔插 30 芯排线 (3) 更换驱动器损坏部件
上电驱动器显示正常，运行后显示 HC 并马上停机	风扇损坏或者堵转	更换风扇
频繁报 Err14（模块过热）故障	(1) 载频设置太高 (2) 风扇损坏或者风道堵塞 (3) 驱动器内部器件损坏（热电偶或其他）	(1) 降低载频 (2) 更换风扇、清理风道 (3) 更换驱动器损坏部件
驱动器运行后电动机不转动	电动机损坏或者堵转	更换电动机或者清除机械故障
行驶中加速无反应	控制器参数异常	检查控制器各参数，有异常则更换控制器
驱动器频繁报过流和过压	(1) 加减速时间不合适 (2) 电动机参数设置不对	(1) 设置合适的加减速时间 (2) 重新设置电动机参数

任务小结

纯电动汽车电控系统是一个多输入、多输出的复杂系统，是纯电动汽车的重要组成部分，决定了整个电动汽车的结构和性能。它主要包括电池管理系统、电动机控制单元、整车控制单元三大子系统组成，各子系统相互独立，又相互关联，由整车控制单元协调控制。本任务首先简单介绍了纯电动电控各子系统的功能，并以众泰 5008EV 电动汽车电控系统为例，重点介绍了电池管理系统、电动机控制器以及整车控制器的线路连接及安装，介绍了仪表及 DVD 的显示信息以及指示灯工作方式，最后对纯电动汽车典型的故障原因及检修方法作了深入的分析。

习 题

一、填空题

1. 纯电动汽车电控系统主要包括电池管理系统、电动机驱动系统、________等三个部分。

2. 电动机的传统控制方法，最近几年出现了自适应控制、________及专家系统等许多先进的控制方法。

3. 电动汽车动力电池组的总电压可以达到________V。

4. 电动机驱动系统是由________、传感器和电动机组成。

5. 整车控制器总体硬件分为核心控制器、电源模块、开关量输入输出模块、模拟量输入输出模块和________。

二、判断题

1. 电池管理系统的作用是使能量在蓄电池、电动机、功率变换模块等能量转换装置之间分配，提高蓄电池的效率。 (   )

2. 制动能量回收由整车控制器负责，电动机控制器在此不起作用。 (   )

3. 均衡管理是电池管理系统的重要任务之一，对提高电池组寿命起很大作用。 (   )

4. 整车控制器与电动机控制器及电池管理系统之间通过 CAN 进行通信。 (   )

5. 电机驱动控制采用闭环控制方法。 (   )

三、综合题

1. 纯电动汽车电控系统主要由哪几个子系统组成？各子系统间相互关系如何？

2. 电池管理系统主要由哪几部分组成？其功能有哪些？

3. 整车控制器主要由哪几部分组成，与电池管理系统、电动机控制器如何进行通信？

4. 制动能量回收对纯电动汽车有何意义？纯电动汽车是如何实现制动能量回收的？

5. 如何正确安装众泰 5008EV 电动机控制器，安装时应注意哪些事项？

6. 众泰 5008EV 纯电动汽车的仪表指示灯显示信息有哪些？其工作方式如何？

7. 众泰 5008EV 纯电动汽车启动后无法行驶，电动机也没有工作，其故障原因有哪些？如何进行检修？

项目三　混合动力汽车结构及检修

本项目简要介绍了混合动力汽车的定义、分类、系统组成及工作原理，并结合具体车型（丰田普锐斯第二代）对其系统的组成、部件作用、系统电路进行了详细介绍，重点围绕电源系统、动力系统、电控系统三个层面对丰田普锐斯的维护、检测、诊断操作进行了深入探析。

通过本项目的实施，使学生了解混合动力汽车的分类、组成及工作原理，熟悉混合动力汽车的动力传递过程，掌握混合动力汽车系统维护、拆装、检测、诊断的安全规范操作流程与故障检修思路、方法。

任务1　混合动力汽车结构认知

学习目标

1. 知识目标

(1) 认识“串、并、混”联式混合动力汽车的组成结构及工作原理。

(2) 熟悉混合动力汽车的工作模式。

(3) 掌握混合动力汽车动力传递过程。

2. 能力目标

(1) 能区分混合动力系统的高、低压电线。

(2) 能“安全、规范”地拆检、组装混合动力系统。

(3) 正确辨认、识别混合动力系统的部件名称。

(4) 掌握混合动力系统高、低压电的检测方法。

相关知识

混合动力汽车概述

(一) 定义

由两种和两种以上的储能器、能源或变换器作为驱动能源，其中至少有一种能提供电能的车辆称为混合动力汽车(hybrid electric vehicle，HEV)。该定义称为广义的定义方式。按

照该定义方式，混合动力汽车有图 3-1 所示的组合形式。本书根据市场上拥有的车辆多少和使用维修的需要，从狭义的角度研究分析内燃机+电能的汽车，即发动机和电动机作为驱动系统的汽车。

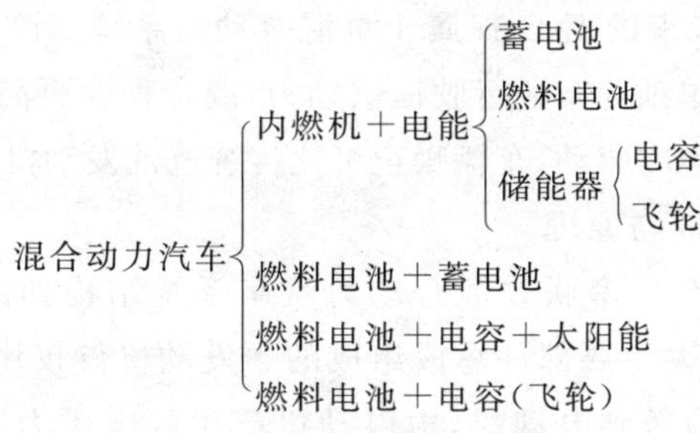

图 3-1　混合动力组合形式

(二) HEV 分类

1. 按动力传动系统的布置方式分类。按照动力传动系统的布置方式可以分为以下 3 类：

(1) 串联式混合动力汽车(Series Hybrid Electric Vehicle→SHEV)。

(2) 并联式混合动力汽车(Parallel Hybrid Electric Vehicle→PHEV)。

(3) 混联式(串、并联)混合动力汽车(PSHEV)。

2. 按混合强度分类。

(1) 微混合动力汽车。按照我国汽车行业标准中对混合动力汽车的分类和定义，一般情况下电动机的峰值功率和发动机的额定功率比小于等于 5%的为微混合动力，代表的车型是 PSA 的混合动力版 C3 和丰田的混合动力版 Vitz。这种混合动力系统在传统内燃机的启动电机(一般为 12V)上加装了皮带驱动启动电机(即 belt-alternator starter generator, BSG)系统。该电机为发电启动(stop-start)一体式电动机，用来控制发动机的启动和停止，从而取消了发动机的怠速，降低了油耗和排放。

从严格意义上来讲，这种微混合动力系统的汽车不属于真正的混合动力汽车，因为它的电动机并没有为汽车行驶提供持续的动力，不具备驱动车辆的功能，一般是用作迅速启动发动机，实现 Start/Stop 功能。在微混合动力系统里，电动机的电压通常有 2 种：12V 和 42V，其中 42V 主要用于柴油混合动力系统。

(2) 轻混合动力汽车。电动机的峰值功率和发动机的额定功率比在 5%～15%的为轻度混合动力，代表车型是通用的混合动力皮卡车。该混合动力系统采用了集成启动电动机(integrated starter generator, ISG)系统。在这种类型中，内燃机依然是主要动力，电动机不能单独驱动汽车，只是在爬坡或加速时辅助驱动。

与微混合动力系统相比，轻混合动力系统除了能够实现用发电机控制发动机的启动和停止，还能够实现：① 在减速和制动工况下，对部分能量进行吸收；② 在行驶过程中，发动机等速运转，发动机产生的能量可以在车轮的驱动需求和发电机的充电需求之间进行调节。

(3) 中混合动力汽车。电动机的峰值功率和发动机的额定功率比在 15%～40%的为中混合动力汽车，本田旗下混合动力 Insight、Accord 和 Civic 都属于这种系统。该混合动力系统同样采用了 ISG 系统。与轻度混合动力系统不同，中混合动力系统采用的是高压电动机，可由电动机或发动机单独驱动。另外，中混合动力系统还增加了一个功能：在汽车处于加

速或者大负荷工况时，电动机能够辅助驱动车轮，从而补充发动机本身动力输出的不足，从而更好地提高整车的性能。

(4) 重混合动力汽车。电动机的峰值功率和发动机的额定功率比在40%以上的为重混合动力汽车，丰田的Prius和未来的Estima属于重混合动力系统。该系统采用了272～650V的高压启动电动机，电动机可单独为车辆行驶提供动力，混合程度更高。重混合动力车型在启动时或低速行驶时，车辆只以电力驱动，车辆噪声可比传统汽油发动机车辆大幅降低。

(三) 混合动力汽车组成与原理

1. 串联式混合动力汽车。串联式混合动力汽车系统结构如图3-2所示，它是由发动机、发电机和驱动电动机三大主要部件总成组成的。发动机仅仅用于发电，发电机发出的电能通过电动机控制器直接输送到电动机，由电动机产生的电磁力矩驱动汽车行走。发电机发出的部分电能向电池充电，来延长混合动力汽车的行驶里程。另外，电池组还可以单独向电动机提供电能来驱动电动汽车，使混合动力汽车在零污染状态下行驶。

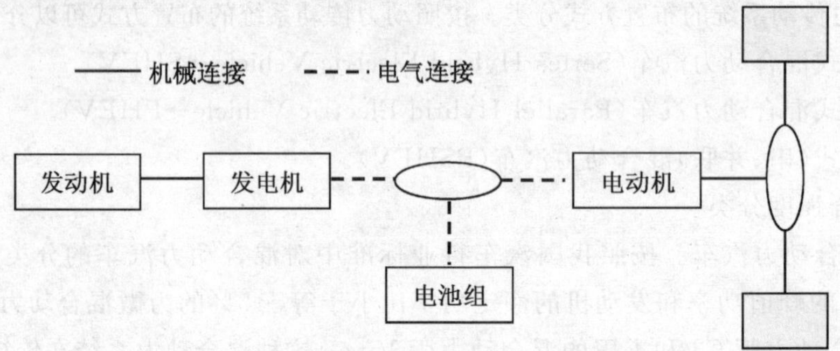

图3-2 串联式混合动力汽车结构示意图

在串联式混合动力汽车上，由发动机带动发电机所产生的电能和电池组输出的电能共同输送给电动机来驱动汽车行驶，电力驱动是唯一的驱动模式，其动力流程如图3-3所示。电动机直接与驱动桥相连，发动机与发电机直接连接产生电能，来驱动电动机或者给蓄电池充电，汽车行驶时的驱动力由电动机输出，将存储在蓄电池中的电能转化为车轮上的机械能。当蓄电池的荷电状态SOC降到一个预定值时，发动机即开始对蓄电池充电。发动机与驱动系统并没有机械地连接在一起，这种方式可以很大限度地减少发动机所受到车辆的瞬态响应。瞬态响应的减少可以使发动机进行最优的喷油机点火控制，使其在最佳工况点附近工作。

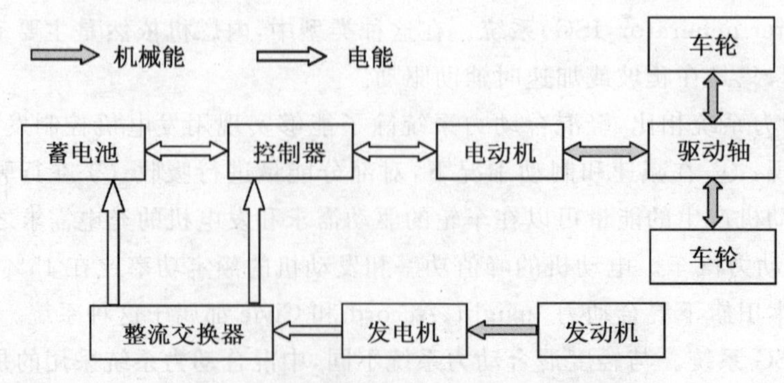

图3-3 串联式混合动力汽车动力流程图

串联式混合动力汽车的发动机能够经常保持在稳定、高效、低污染的运转状态，使有害气体的排放被控制在最低范围。串联式混合动力汽车从总体结构上看比较简单，易于控制，只有电动机的电力驱动系统，其特点更加趋近于纯电动汽车。三大部件总成在电动汽车上布置起来有较大的自由度，但各自的功率较大，外形较大，质量也较大，因此在中小型电动汽车上布置有一定的困难。另外，在发动机—发电机—电动机驱动系统中的热能以及电能—机械能的能量转换过程中，能量损失较大。从发动机发出的能量以机械能的形式从曲轴输出，并立即被发电机转换为电能，由于发电机的内阻和涡流，将会产生能量损失(效率为90%～95%)。电能随后又被电动机转换为机械能，在电动机和控制器中能量又进一步损失，平均效率为80%～85%。能量转换的效率要比内燃机汽车低，故串联式混合动力驱动系统较适合在大型客车上使用。

2. 并联式混合动力汽车。并联式混合动力汽车结构如图3-4所示，该结构主要由发动机、电动机/发电机两大部件总成组成，有多种组合形式，可以根据使用要求选用。两大动力总成的功率可以互相叠加，发动机功率和电动机/发电机功率约为电动汽车所需最大驱动功率的0.5～1倍。因此，可以采用小功率的发动机与电动机/发电机，使得整个动力系统的装配尺寸、质量都较小，造价也更低，行程也比串联式混合动力汽车长一些。其特点更加趋近于内燃机汽车，故并联式混合动力驱动系统通常被应用在小型混合动力汽车上。

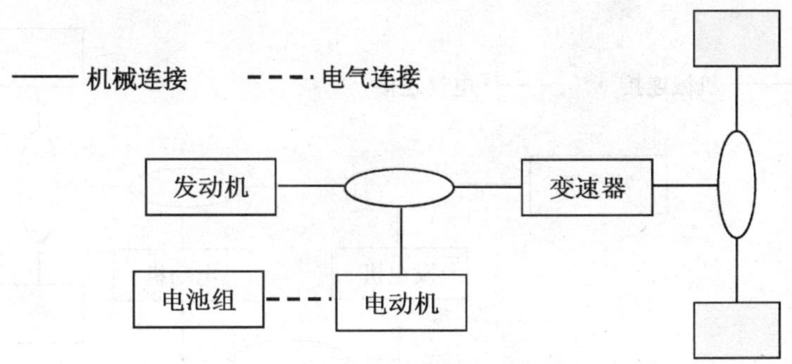

图3-4　并联式混合动力汽车结构示意图

并联式驱动系统的典型动力流程如图3-5所示，发动机和电动机通过某种变速装置同时与驱动桥直接相连接。电动机可以用来平衡发动机所受的负荷，使其能在高效率区域工作，因为通常发动机工作在满负荷(中等转速)下，燃油经济性最好。当车辆在较小的路面负荷下工作时，内燃机汽车的发动机燃油经济性比较差，而并联式混合动力汽车的发动机此时可以被关闭掉而只用电动机来驱动汽车，或者增加发动机的负荷而使电动机作为发电机，给

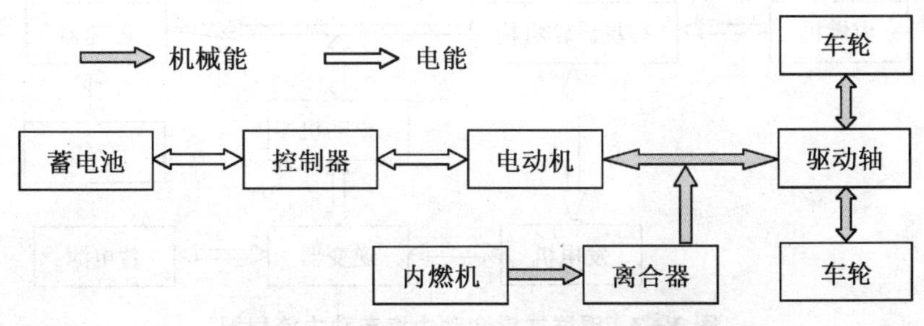

图3-5　并联式混合动力汽车动力流程图

蓄电池充电以备后用(即一边驱动汽车,一边充电)。

并联式驱动系统有两条能量传输路线,可以同时使用电动机和发动机作为动力源驱动汽车,这种设计方式可以使其以纯电动汽车或低排放汽车的状态运行,但此时不能提供全部的动力能源。并联式驱动系统的主要元件为动力合成装置。由于动力合成的实现方法具有多样性,相应的动力传动系统结构也多种多样,通常可将其分为驱动力合成式、转矩合成式和转速合成式三类。

3. 混联式混合动力汽车。混联式驱动系统是串联式与并联式的综合,其结构如图 3-6 所示。发动机发出的功率一部分通过机械传动输送给驱动桥,另一部分则驱动发电机发电。发电机发出的电能输送给电动机或蓄电池,电动机产生的驱动力矩通过动力复合装置传送给驱动桥。混联式驱动系统的控制策略是:在汽车低速行驶时,驱动系统主要以串联方式工作;当汽车高速稳定行驶时,驱动系统则以并联工作方式为主。目前,混联式混合动力结构一般采用行星齿轮机构作为动力分配装置。有一种最佳的混联式结构是将发动机、发电机和电动机通过一个行星齿轮装置连接起来,动力从发动机输出到与其相连的行星架,行星架将一部分转矩传送到发电机,另一部分传送到传动轴,同时发电机也可以驱动电动机来驱动传动轴。这种机构有两个自由度,可以自由地控制两个不同的速度。此时车辆并不是串联式或并联式,而是两种驱动形式同时存在,其动力流程图如图 3-7 所示。

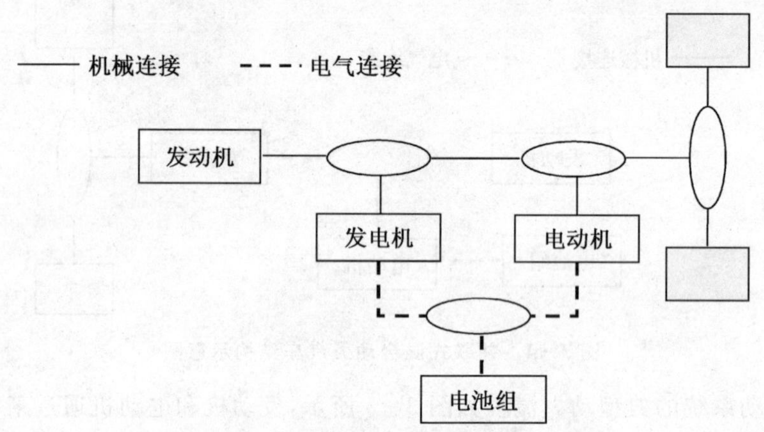

图 3-6 混联式混合动力汽车结构示意图

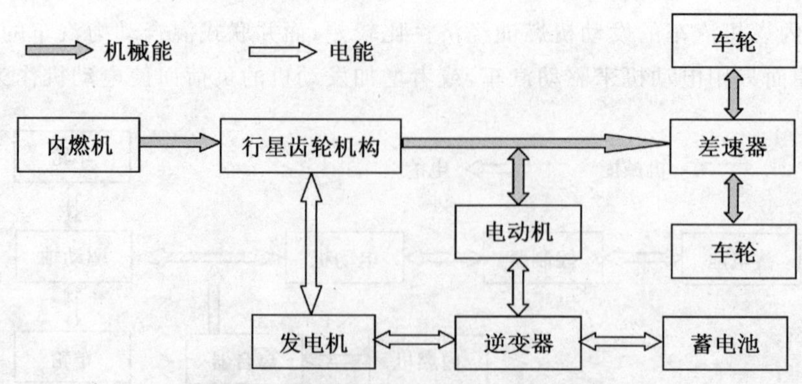

图 3-7 混联式混合动力汽车动力流程图

混联式驱动系统充分发挥了串联式和并联式的优点，能够使发动机、发电机、电动机等部件进行更多的优化匹配，从而在结构上保证了在更复杂的工况下使系统工作在最优状态，更容易实现排放和油耗的控制目标，因此是最具影响力的混合动力汽车。与并联式相比，混联式的动力复合形式更复杂，因此对动力复合装置的要求更高。目前的混联式结构一般以行星齿轮机构作为动力复合装置的基本构架。

（四）混合动力汽车特点

混合动力汽车是将内燃机、电动机、能量存储装置（蓄电池）等组合在一起，它们之间的良好匹配和优化控制，可以充分发挥内燃机汽车和电动汽车的优点，避免各自的不足，是当今最具实际开发意义的低排放和低油耗汽车。较之纯电动汽车，混合动力汽车具有如下的优点。

（1）由于有原动机作为辅助动力，蓄电池的数量和质量可减少，因此汽车自身重量可以减小。

（2）汽车的续驶里程和动力性可达到内燃机的水平。

（3）借助原动机的动力，可带动空调、真空助力、转向助力及其他辅助电器，无需消耗电池组有限的电能，从而保证了驾车和乘坐的舒适性。

较之内燃机汽车，混合动力汽车具有如下的优点：

（1）可使原动机在最佳的工况区域稳定运行，避免或减少了发动机变工况下的不良运行，使得发动机的排污和油耗大为降低。

（2）在人口密集的商业区、居民区等地可用纯电动方式驱动车辆，实现零排放。

（3）可通过电动机提供动力，因此可配备功率较小的发动机，并可通过电动机回收汽车减速和制动时的能量，进一步降低汽车的能量消耗和排污。

表3－1对不同类型混合动力汽车在燃油经济性、尾气排放和控制难易程度等方面作了比较，表3－2对不同类型混合动力汽车在驱动模式、传动效率、整车布置、适用条件等方面进行了比较。

表3－1　混合动力汽车类型的比较

项　目	串联式	并联式	混联式
公路行驶燃油经济性	较优	优	优
城市行驶燃油经济性	优	较优	优
无路行驶燃油经济性	较优	优	优
低排放性能	优	较优	较优
成本	低	较低	较低
复杂程度	简单	较复杂	复杂
控制难易程度	简单	较复杂	复杂

表3－2　不同类型混合动力汽车的特点

结构模型	串联式	并联式	混联式
动力总成	发动机、发电机、驱动电动机三大动力总成	发动机、电动机/发电机或电动机两大动力总成	发动机、电动机/发电机、电动机三大动力总成

续表

结构模型	串联式	并联式	混联式
驱动模式	电动机是唯一的驱动模式	发动机驱动模式、电动机驱动模式、发动机—电动机混合驱动模式	发动机驱动模式、电动机驱动模式、发动机—电动机混合驱动模式、电动机—电动机混合驱动模式
传动效率	转换效率较低	传动效率较高	传动效率较高
制动能量回收	能够回收制动能量	能够回收制动能量	能够回收制动能量
整车总布置	三大动力总成之间没有机械式连接装置,机构布置的自由度较大,但三大动力总成的质量、尺寸都较大,一般在大型车辆上采用	发动机驱动系统保持机械式传动系统,发动机与电动机两大动力总成之间被不同的机械装置连接起来,结构复杂,使布置受到一定限制	三大动力总成之间采用机械装置连接,三大动力总成的质量、尺寸都较小,能够在小型车辆布置,结构更加紧凑
适用条件	适用于大型客车或货车,适应在路况较复杂的城市道路和普通公路上行驶,更加接近电动汽车性能	适用于中小型汽车,适应在城市道路和高速公路上行驶,接近普通的内燃机汽车性能	适用于各种类型的汽车,适应在各种道路上行驶,更加接近普通的内燃机汽车性能

任务实施

按照混合程度区分,混合动力汽车可分为微混、轻混、中混、重混。根据市场车辆的保有量、车辆信息技术的融合程度,本项目的任务单元中均以重混车型丰田普锐斯第二代为例,以此来了解混合动力系统的组成、部件结构、系统工作过程、系统的维护检测与诊断,从而系统掌握一种针对混合动力汽车的故障诊断方法与思路,达到触类旁通的目的。

一、丰田混合动力汽车结构认知

丰田混合动力汽车的动力中枢是丰田混合动力系统(toyota hybrid system,THS),它使用汽油机和电动机两种动力,通过串联与并联相结合的方式进行工作,达到了低排放的效果。2003年,丰田公司又推出了采用THS-Ⅱ(第二代丰田混合动力系统)的新一代普锐斯汽车,使混合动力汽车的发展向前迈进了一大步。

丰田混合动力系统的主要部件在车上的位置如图3-8、图3-9所示。

1. 混合动力汽车(HV)变速驱动桥。HV变速驱动桥由发电机(MG1)、电动机(MG2)和行星齿轮组成。

(1) 发电机(MG1)。MG1由发动机带动旋转产生高压电,以操作MG2或为HV蓄电池充电。同时,它还可以作为启动机启动发动机。

(2) 电动机(MG2)。由MG1或HV蓄电池的电能驱动,产生车辆动力。制动期间或制动踏板未被踩下时,它产生电能为HV蓄电池再次充电(再生制动控制)。

(3) 行星齿轮组。以适当的比例分配发动机驱动力来直接驱动车辆和发电机。

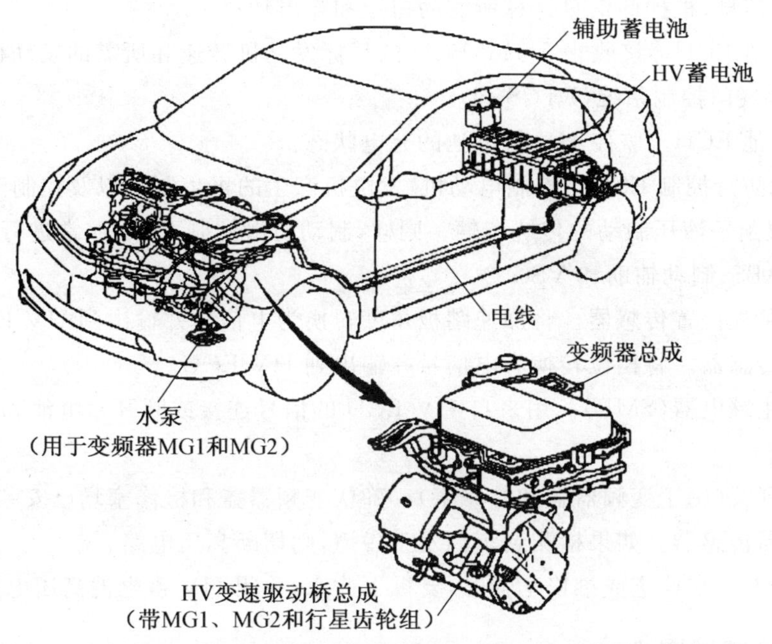

图 3－8　丰田混合动力系统主要部件位置(一)

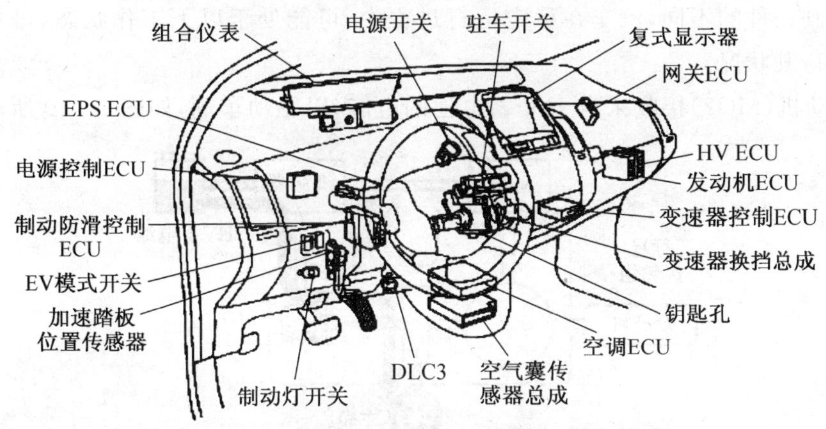

图 3－9　丰田混合动力系统主要部件位置(二)

2. HV 蓄电池。在起步、加速和上坡时，将制动时或制动踏板未被踩下时再次充入的电能提供给电动机/发电机。

3. 变频器总成。此设备用于将高压 DC(HV 蓄电池)转换为 AC[发电机(MG1)和电动机(MG2)]，反之亦然(AC 转为 DC)，包括增压变换器、DC/DC 电能变换器和空调变频器。

(1) 增压变换器。将 HV 蓄电池的最高电压从直流 201.6V 增加到直流 500V，反之亦然(从直流 500V 降到直流 201.6V)。

(2) DC/DC 电能变换器。将直流电压从直流 201.6V 变到直流 500V，并为车身电气组件供电以及为备用蓄电池再次充电(DC 12V)。

(3) 空调变频器。将 HV 蓄电池的额定直流电压 201.6V 转换为交流电压 201.6V，为空调系统中电动变频压缩机供电。

4. HV ECU。接收每个传感器及 ECU(发动机 ECU、蓄电池 ECU、制动防滑 ECU 和

EPS ECU)的信息,根据此信息计算所需的扭矩和输出功率。

(1) 发动机 ECU。接收来自 HV ECU 的目标发动机转速和所需的发动机动力,进而启动智能电子节气门控制系统(ETCS－i)。

(2) 蓄电池 ECU。监控 HV 蓄电池的充电状态。

(3) 制动防滑控制 ECU。控制电动机/发电机产生的再生制动以及控制液压制动,使总制动力等于仅配备液压制动的传统车辆。同样,制动防滑控制 ECU 照常进行制动系统控制(带 EBD 的 ABS、制动辅助和 VSC⁺)。

5. 加速踏板位置传感器。将加速踏板角度转换为电信号并输出到 HV ECU。

6. 挡位传感器。将挡位转换为电信号并输出到 HV ECU。

7. 系统主继电器(SMR)。用来自 HV ECU 的信号连接或断开蓄电池和变频器总成间的高压电路。

8. 互锁开关(用于变频器盖和检修塞)。确认变频器盖和检修塞均已安装完毕。

9. 断路器传感器。如果检测到车辆发生碰撞,则切断高压电路。

10. 检修塞。在检查或维修车辆时,要拆下此塞,关闭 HV 蓄电池高压电路。

二、系统工作模式

根据行驶条件的不同,汽车在稳定运行过程中,可能处于以下工作状态,可最大限度地适应车辆的行驶状况。

(1) 电动机(MG2)接收来自 HV 蓄电池的电能,以驱动车辆,如图 3－10 所示。

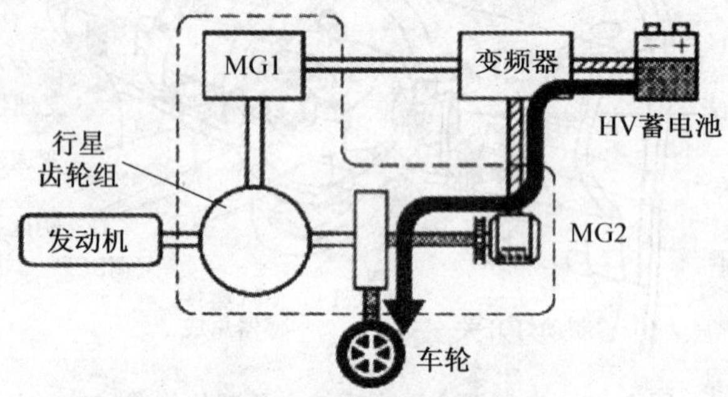

图 3－10 蓄电池供电

(2) 发动机通过行星齿轮驱动车辆时,发电机(MG1)由发动机通过行星齿轮带动旋转,为电动机(MG2)提供所产生的电能,如图 3－11 所示。

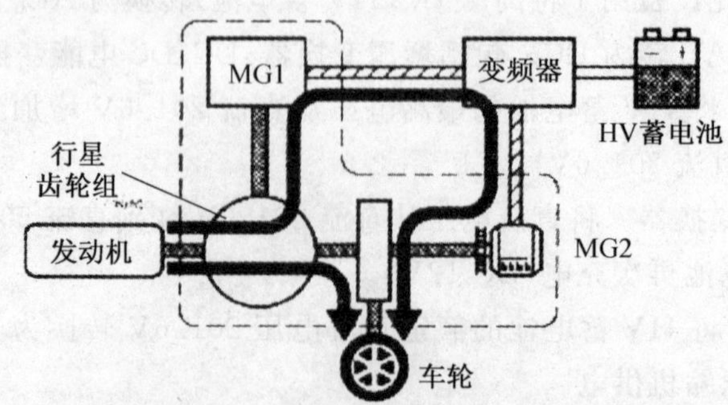

图 3－11 发动机驱动车轮

(3) 发电机(MG1)由发动机通过行星齿轮带动旋转，为 HV 蓄电池充电，如图 3-12 所示。

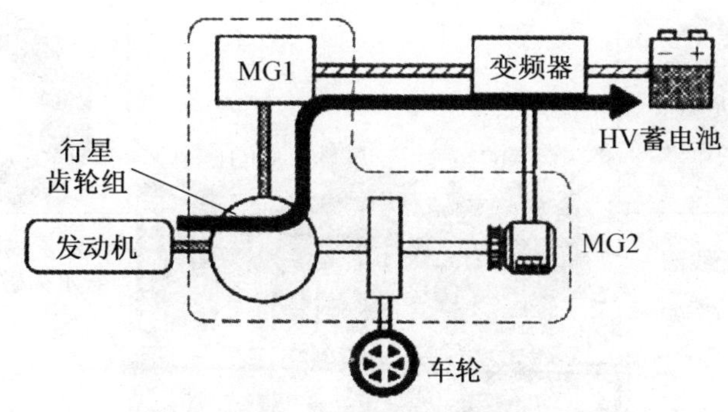

图 3-12　发电机发电

(4) 车辆减速时，车轮的动能被回收并转化为电能，并通过电动机(MG2)为 HV 蓄电池再次充电，如图 3-13 所示。

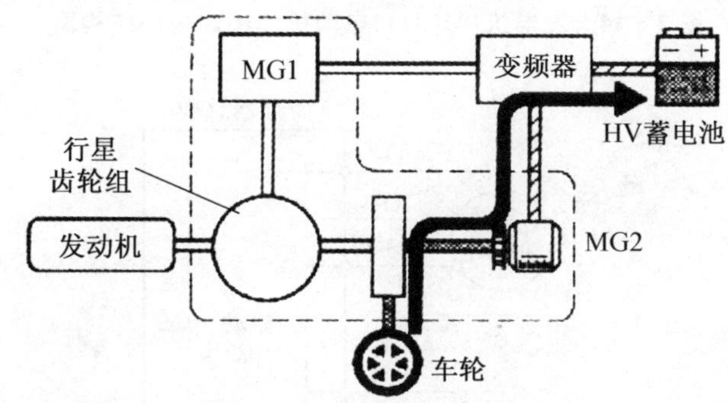

图 3-13　车轮的动能回收

HV ECU 根据车辆行驶状况，在上述工作状态(1)、(2)、(3)、(1)+(2)+(3)或(4)之间转换。但是，当 HV 蓄电池的 SOC(充电状态)较低时，则发动机带动发电机(MG1)为 HV 蓄电池充电。

三、系统主要部件介绍

(一) 发电机(MG1)和电动机(MG2)

发电机(MG1)和电动机(MG2)结构紧凑、重量轻、高效，为交流永磁铁同步型电动机/发电机，内部结构如图 3-14 所示。

发电机(MG1)可以作为启动机启动发动机，也可作为辅助动力源为发动机提供辅助动力。通过调节发电量(改变发电机的转速)，发电机(MG1)有效地控制变速驱动桥的连续可变变速器，使车辆达到优良的动态性能。启动再生制动后，电动机(MG2)将车辆的动能转换为电能并储存在 HV 蓄电池中，发电机(MG1)和电动机(MG2)的电路如图 3-15 所示。

发电机(MG1)和电动机(MG2)为永磁电动机(图 3-16)，其三相交流电经过定子线圈的三相绕组时，在电动机内产生旋转磁场。通过转子的旋转位置和转速控制旋转磁场，从而使转子的永磁铁受到旋转磁场的吸引产生扭矩。该扭矩可用于与电流相匹配的所有用途，而转速由交流电的频率控制。此外，通过对旋转磁场和转子磁铁的角度作适当的调整，可以产生较大的扭矩和较高的转速。

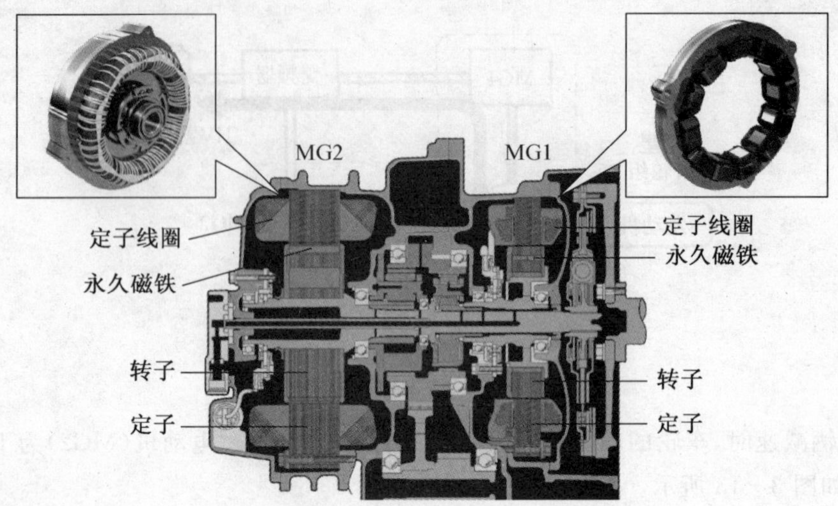

图 3－14　发电机（MGl）和电动机（MG2）内部结构图

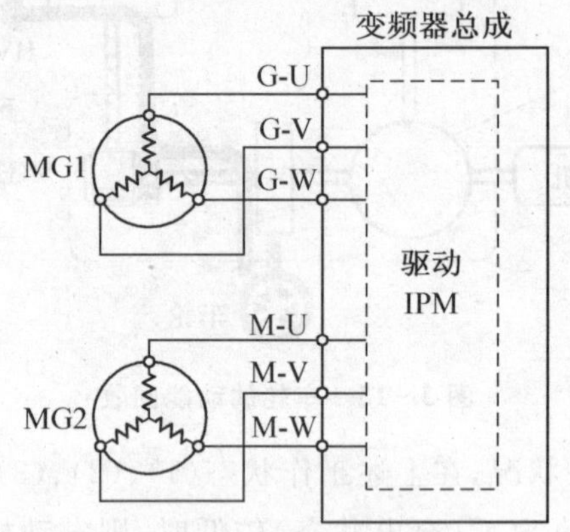

图 3－15　发电机（MG1）和电动机（MG2）电路

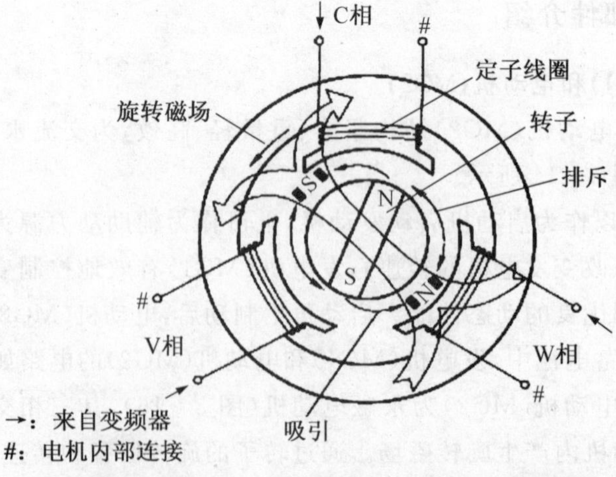

图 3－16　发电机（MG1）和电动机（MG2）工作原理

(二) 变频器总成

变频器(图 3-17)将 HV 蓄电池的高压直流电转换为三相交流电来驱动发电机(MG1)和电动机(MG2)。功率晶体管的启动由 HV ECU 控制。此外,变频器将用于电流控制(如输出电流或电压)的信息传输到 HV ECU。变频器和发电机(MG1)、电动机(MG2)一起,由发动机冷却系统分离的专用散热器冷却。如果车辆发生碰撞,则安装在变速器内部的断路器传感器会检测到碰撞信号从而关停系统。

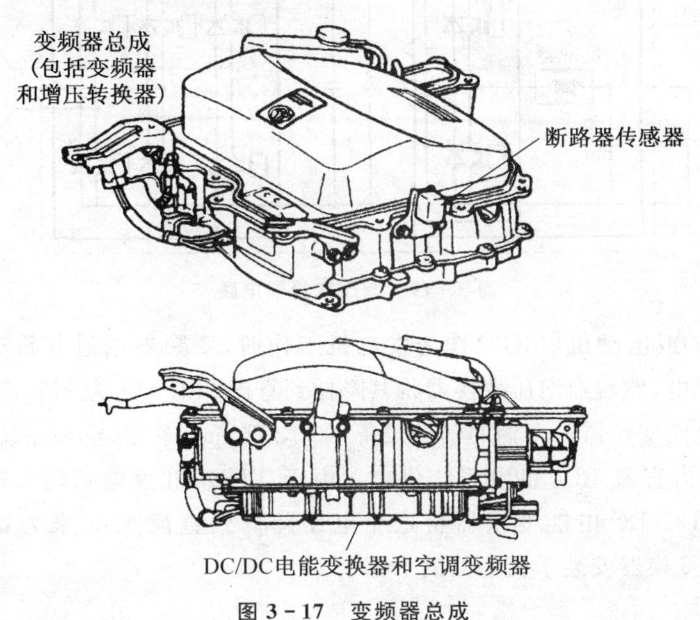

图 3-17　变频器总成

变频器总成中的增压变换器将 HV 蓄电池直流 201.6V 的额定电压提升到直流 500V,提升电压后,变频器将直流电转换为交流电。

发电机(MG1)、电动机(MG2)电路和信号处理/保护功能处理器已集成在 IPM(智能功率模块)中,以提高车辆性能(图 3-18)。变频器总成中的空调变频器为空调系统中的电动变频压缩机供电,将变频器散热器和发动机散热器集成为一体,更加合理地利用了发动机室内的空间。

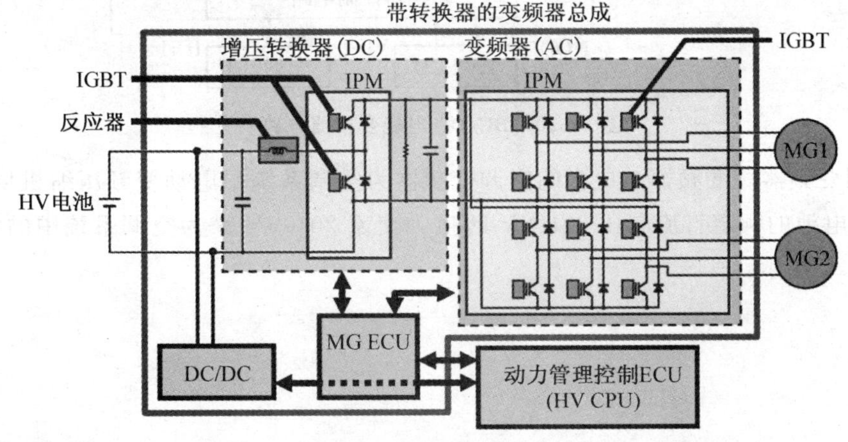

图 3-18　变频器电路

1. 增压变换器。增压变换器将 HV 蓄电池输出的额定直流电压 201.6V 增压到直流 500V 的最高电压，如图 3－19 所示。变换器包括增压 IPM(智能功率模块)、IGBT(绝缘栅双极晶体管)。通过这些组件，变换器将电压升高。

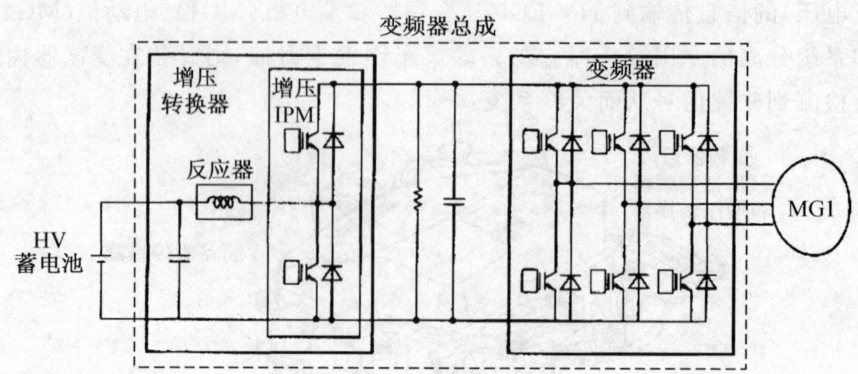

图 3－19　增压变换器电路

发电机(MG1)或电动机(MG2)作为发电机工作时，变频器通过其将交流电(201.6～500V)转换为直流电，然后经增压变换器将其降低到直流 201.6V，为 HV 蓄电池充电。

2. DC/DC 电能变换器。车辆的辅助设备，如车灯、音响系统、空调系统(空调压缩机除外)和 ECU，它们由直流 12V 供电系统供电。由于 THS－Ⅱ 发电机输出额定电压为直流 201.6 V，因此需 DC/DC 电能变换器将这个电压降低到直流 12V 来为备用蓄电池充电(图 3-20)。这个变换器安装于变频器的下部。

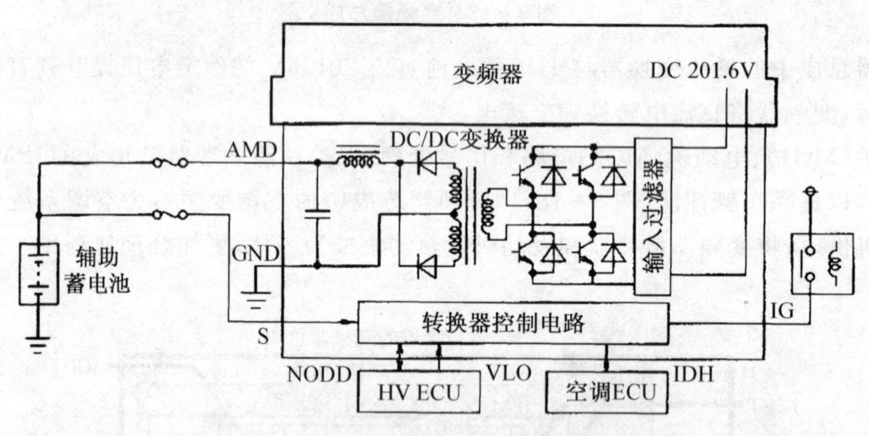

图 3－20　DC/DC 电能变换器电路

3. 空调变频器。变频器总成中的空调变频器为空调系统中电动变频压缩机供电，变频器将 HV 蓄电池的额定直流电压 201.6V 转换为交流 201.6V 来为空调系统中的压缩机供电，如图 3－21 所示。

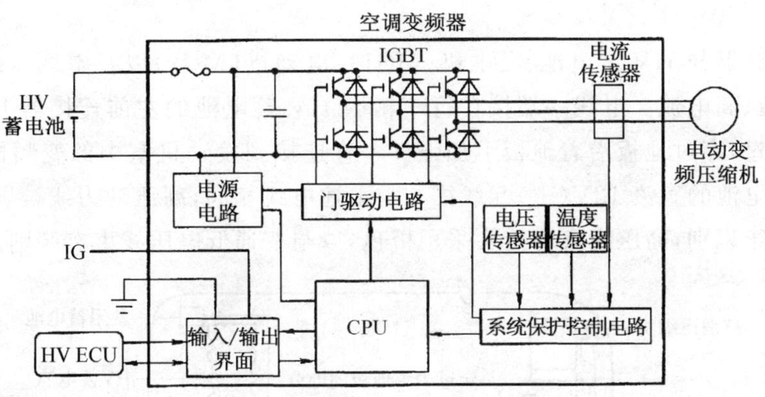

图 3-21　空调变频器电路

(三) 普锐斯电池组件

普锐斯采用密封镍—氢(Ni-MH)蓄电池作为 HV 蓄电池(图 3-22),这种 HV 蓄电池具有高能、重量轻、配合 THS-Ⅱ系统特性使用时间较长等特点。车辆正常工作时,由于 THS-Ⅱ系统通过充电/放电来保持 HV 蓄电池 SOC(充电状态)为恒定数值,因此车辆不依赖外部设备来充电。

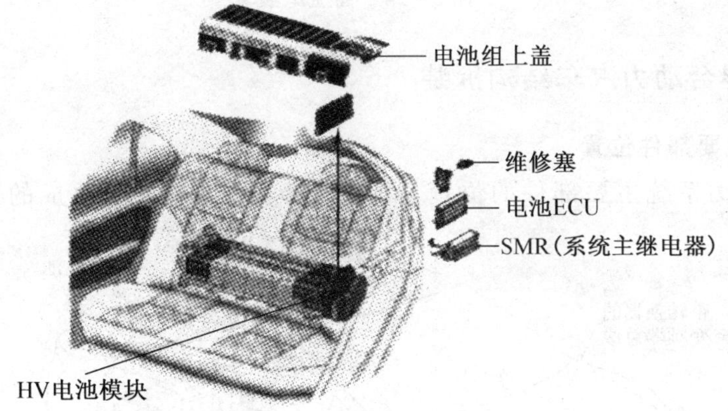

图 3-22　蓄电池的安装位置

(四) 加速踏板位置传感器

加速踏板受到大小不一的力时,安装在加速踏板臂基部的磁轭以不同的速度围绕霍尔 IC 旋转,这时磁通的变化量由霍尔 IC 转换为电信号并输出给 HV ECU,显示加速踏板受力的大小,其电路如图 3-23 所示。

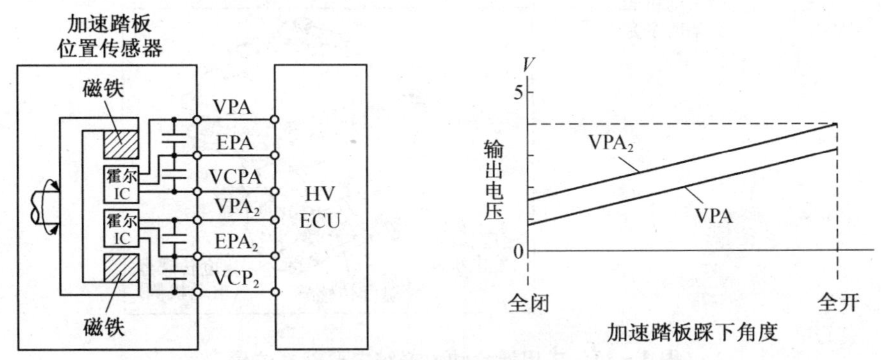

图 3-23　加速踏板位置传感器电路

(五) 电线

电线将变频器与HV蓄电池、发电机(MG1)、电动机(MG2)以及空调压缩机等部件相连,传输高电压、高电流。电线一端接在行李箱中HV蓄电池的左前连接器上,而另一端从后排座椅下经过,穿过地板沿着地板下加强件一直连接到发动机室中的变频器,如图3-24所示。辅助蓄电池的直流12V(+)配线排布与上述电线相同,高压动力线被屏蔽,以减小电磁干扰。为便于识别,高压线束和接头采用橙色,以与普通低电压线束有区别。

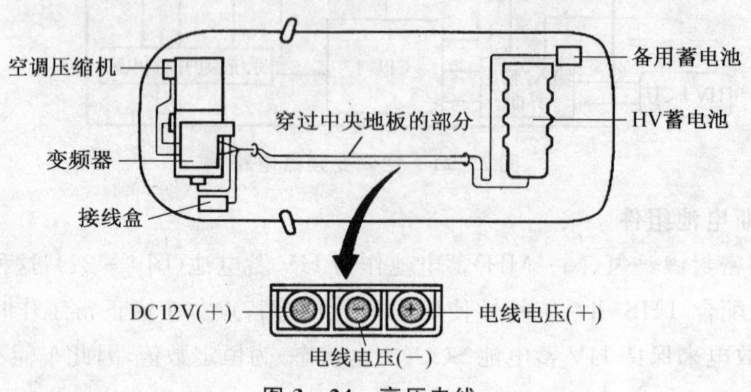

图3-24 高压电线

四、丰田混合动力汽车结构拆装

(一) 系统主要部件位置

丰田混合动力系统主要部件的位置如图3-25所示,变频器总成的位置如图3-26所示。

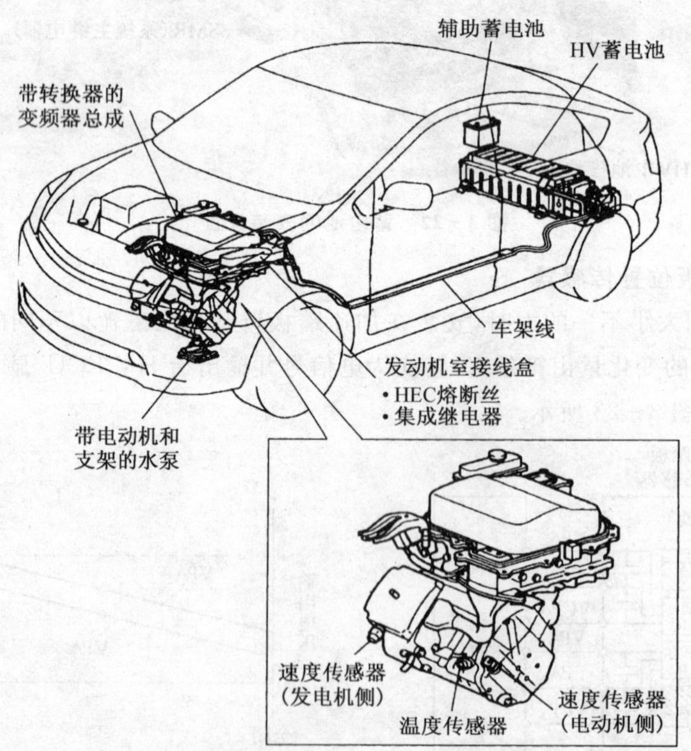

图3-25 丰田混合动力系统主要部件位置

对高压系统进行操作时，一定要戴上绝缘手套。拆下检修塞后，不要操作电源开关，否则可能损坏混合动力车辆控制 ECU。检修车辆时，请将拆下来的检修塞放到口袋内，以防其他技师重新连接检修塞。拆下检修塞后 5min 内，不可触摸高压连接器或端子。

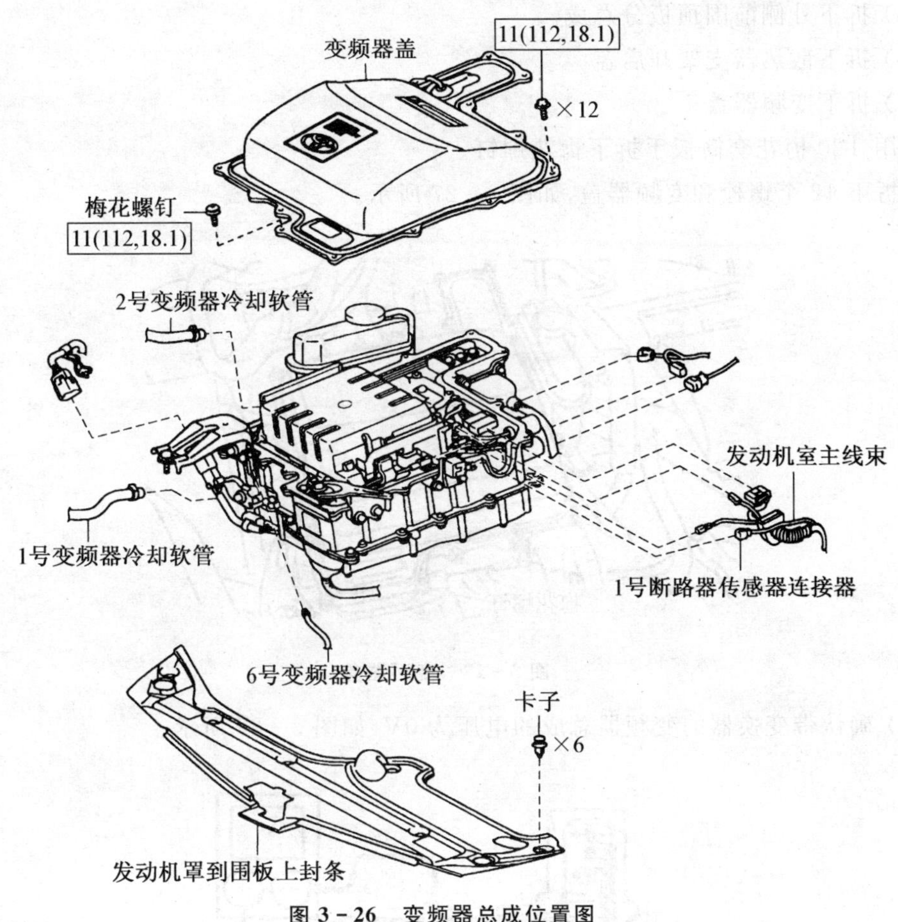

图 3-26 变频器总成位置图

(二) 系统拆装步骤

1. 系统的拆卸。

(1) 拆下发动机左下盖。

(2) 拆下发动机右下盖。

(3) 排放 HV 冷却液。

(4) 拆下 2 号后地板。

(5) 拆下后地板盒。

(6) 拆下 3 号后地板。

(7) 断开蓄电池负极端子。

(8) 拆下检修塞。

(9) 拆下前刮水器臂帽盖。

(10) 拆下前刮水器臂。

(11) 拆下发动机罩到围板上封条。

(12) 拆下左上前围板通风口。

(13) 拆下右上前围板通风口。

(14) 拆下风挡玻璃刮水器电动机和连杆总成。

(15) 拆下外侧前围顶板分总成。

(16) 拆下散热器支架开启盖。

(17) 拆下变频器盖。

① 用 T30 梅花套筒扳手拆下梅花螺钉。

② 拆下 12 个螺栓和变频器盖,如图 3-27 所示。

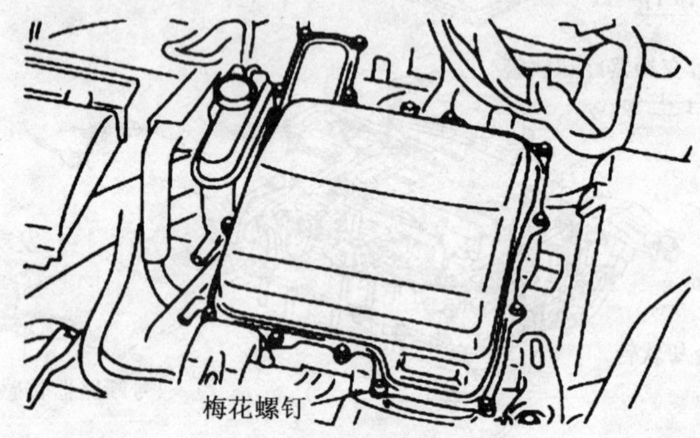

图 3-27　变频器盖

(18) 确认带变换器的变频器总成的电压为 0V,如图 3-28 所示。

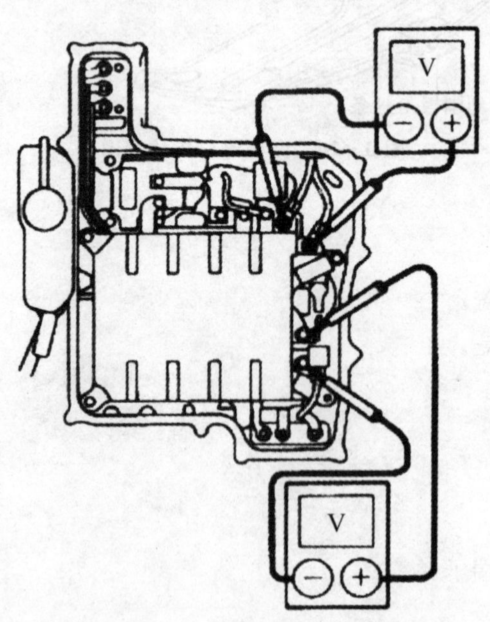

图 3-28　变频器总成的电压

① 用电压表测量高压直流线路的电压,标准为0V。

② 使用量程为直流400V或更高的电压表测量三相连接器的各端子(U—V、V—W、U—W)间的电压(图3-29),标准为0V。

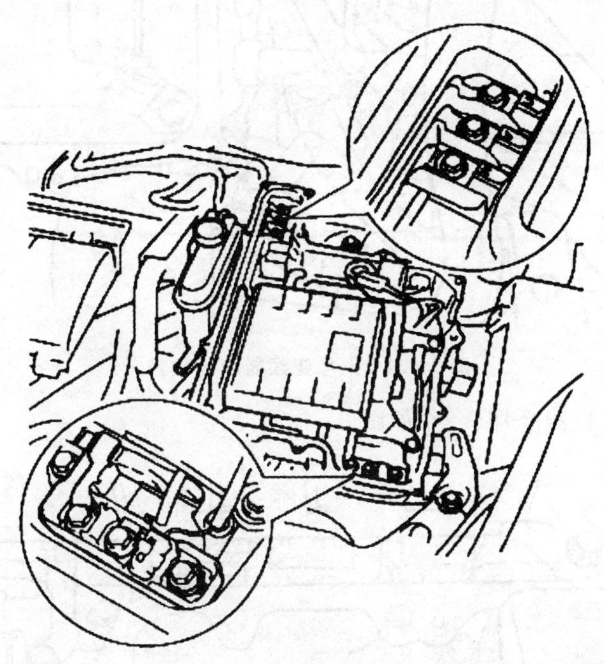

图3-29 三相连接器的端子

(19) 断开2号变频器冷却软管,如图3-30所示。

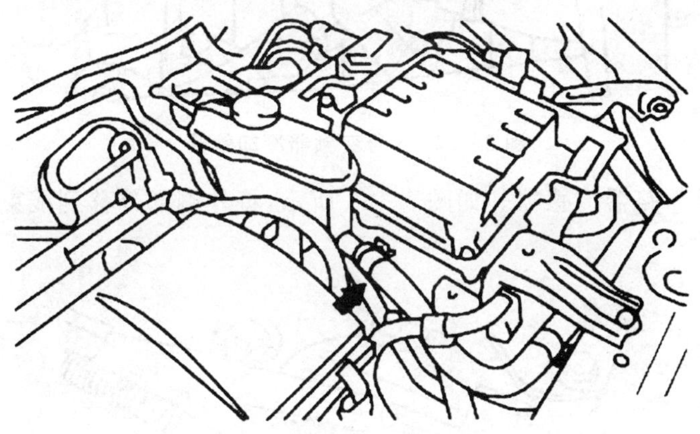

图3-30 2号变频器冷却软管

(20) 断开 1 号变频器冷却软管,如图 3 - 31 所示。

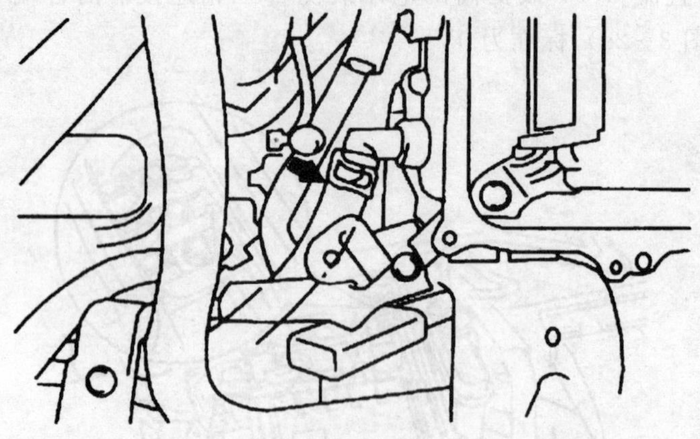

图 3 - 31　1 号变频器冷却软管

(21) 断开 6 号变频器冷却软管,如图 3 - 32 所示。

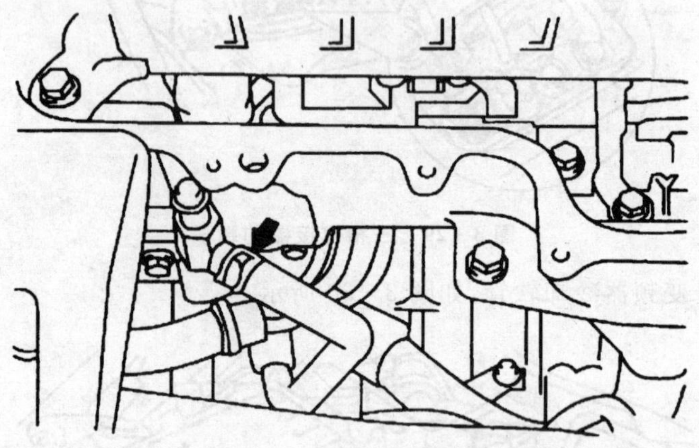

图 3 - 32　6 号变频器冷却软管

(22) 分离 1 号断路器传感器。如图 3 - 33 所示,将外侧部分移到线束侧,然后断开 1 号断路传感器。

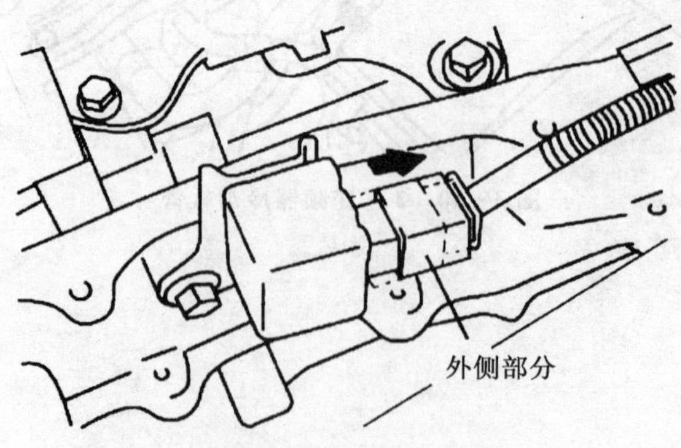

图 3 - 33　1 号断路传感器

(23) 断开车架线。操作提示：

① 戴绝缘手套。

② 拆下检修塞后，确保在进行任何工作前等待至少 5min。

③ 用绝缘胶带包上电极和连接器零件，使之绝缘，从带变换器的变频器总成上拆下 2 个车架线连接器，如图 3-34 所示。

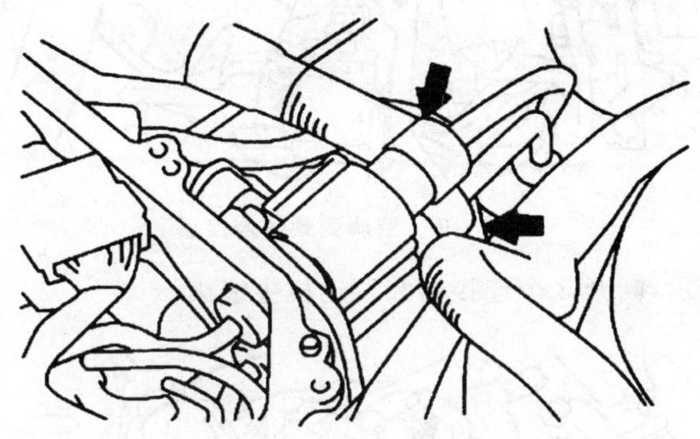

图 3-34　车架线连接器

(24) 拆下带变换器的变频器总成。

① 如图 3-35 所示，用小螺丝刀撬起锁销（绿色）。操作提示：戴绝缘手套。

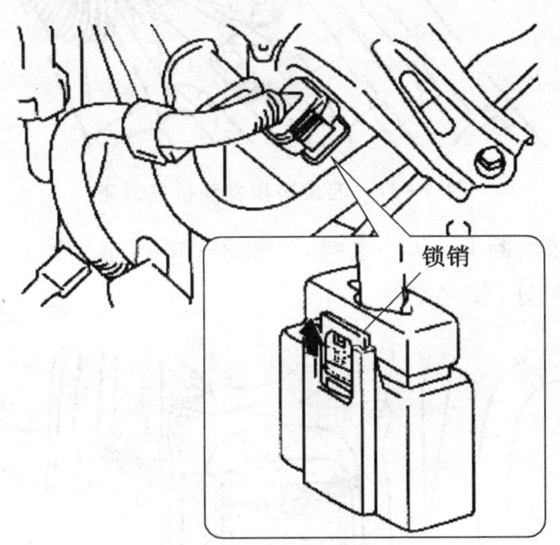

图 3-35　锁销

② 断开空调变频器连接器。操作提示：戴绝缘手套。

③ 如图 3-36 所示，断开空调变频器的 3 个连接器。

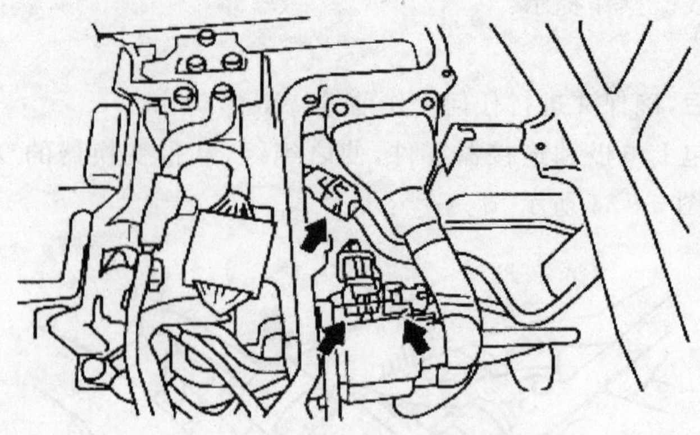

图 3-36　空调变频器连接器

④ 如图 3-37 所示，断开 3 个连接器和发动机主线束。

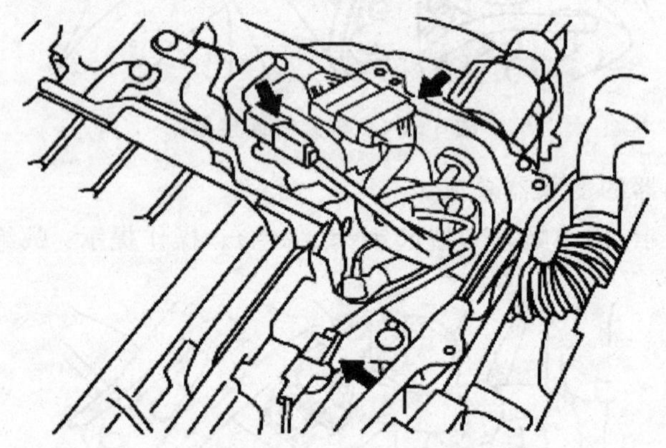

图 3-37　连接器和发动机主线束

⑤ 拆下 5 个螺栓，然后断开 MG2 电线，如图 3-38 所示。操作提示：戴绝缘手套，并用绝缘胶带把连接器零件包好，使之绝缘。

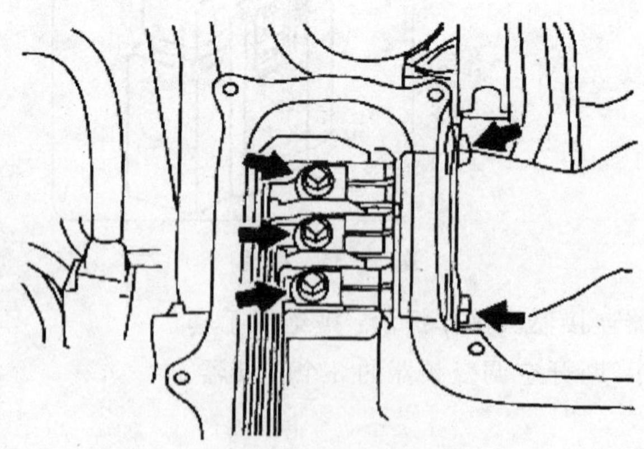

图 3-38　MG2 电线

⑥ 拆下 5 个螺栓，然后断开 MG1 电线，如图 3－39 所示。

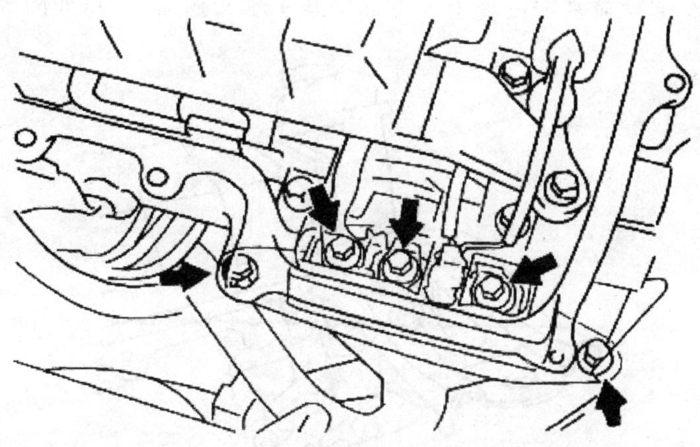

图 3－39　MG1 电线

操作提示：戴绝缘手套，并用绝缘胶带把连接器零件包好，使之绝缘。

⑦ 拆下 3 个螺栓和带变换器的变频器总成，如图 3－40 所示。

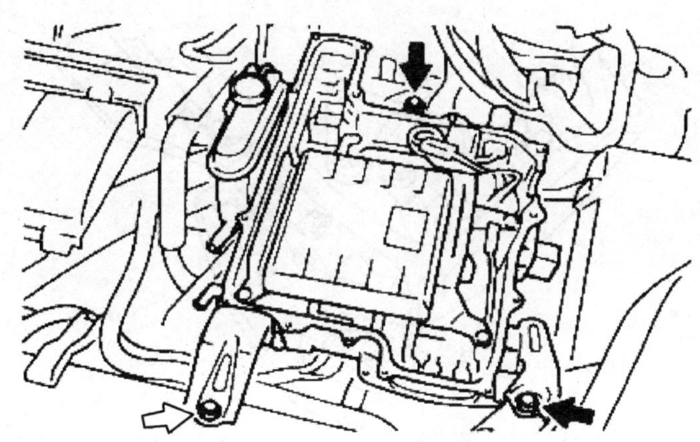

图 3－40　变频器总成

⑧ 从支架上断开空调变频器的连接器，如图 3－41 所示。

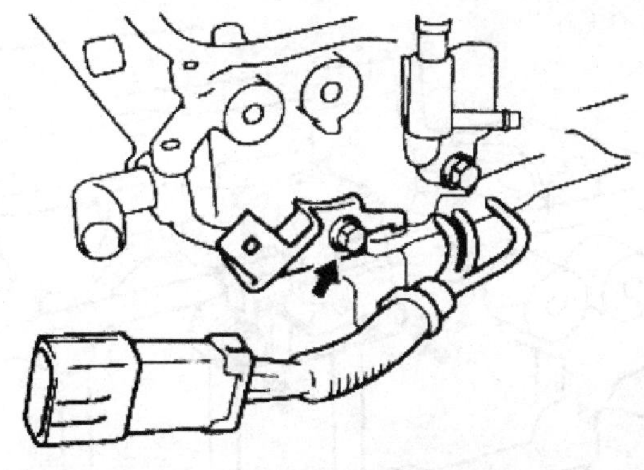

图 3－41　空调变频器的连接器

⑨ 拆下螺栓和空调变频器的连接器支架。

(25) 拆下 1 号变频器支架。拆下 2 个螺栓和 1 号变频器支架,如图 3-42 所示。

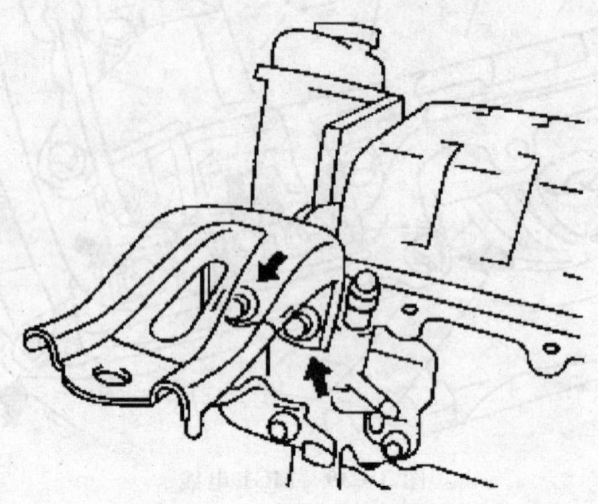

图 3-42　1 号变频器支架

(26) 拆下 2 号变频器支架。拆下 2 个螺栓和 2 号变频器支架,如图 3-43 所示。

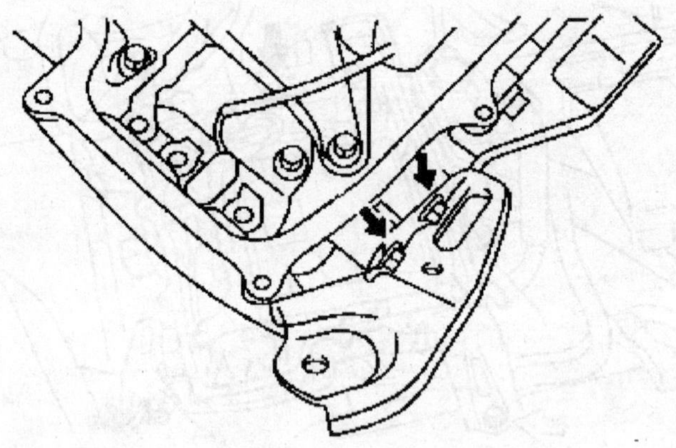

图 3-43　2 号变频器支架

(27) 拆下 1 号断路器传感器。拆下 2 个螺栓和 1 号断路器传感器,如图 3-44 所示。

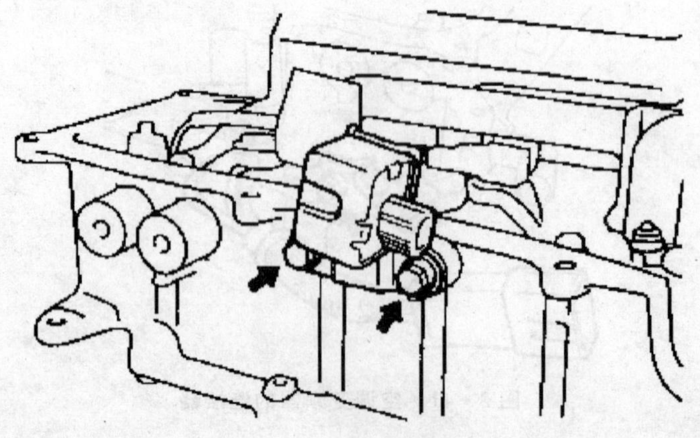

图 3-44　1 号断路器传感器

2. 系统的装配。

(1) 安装1号断路器传感器。用2个螺栓安装1号断路器传感器,扭矩为8.0N·m,如图3-44所示。

(2) 安装2号变频器支架。用2个螺栓安装2号变频器支架,扭矩为25N·m,如图3-43所示。

(3) 安装1号变频器支架。用2个螺栓安装1号变频器支架,扭矩为25N·m,如图3-42所示。

(4) 安装带变换器的变频器总成。

① 用螺栓安装空调变频器的连接器支架,扭矩为8.0N·m。

② 在支架上安装空调变频器的连接器,如图3-41所示。

③ 用3个螺栓安装带变换器的变频器总成,扭矩为21N·m,如图3-40所示。操作提示:戴绝缘手套。

④ 用5个螺栓将MG1电线安装到MG1电线端子上,扭矩为8.0N·m,如图3-39所示。操作提示:戴绝缘手套。

⑤ 用3个螺栓将MG2电线安装到MG2电线端子上,扭矩为8.0N·m,如图3-38所示。操作提示:戴绝缘手套。

⑥ 如图3-45所示,连接3个连接器。操作提示:戴绝缘手套。

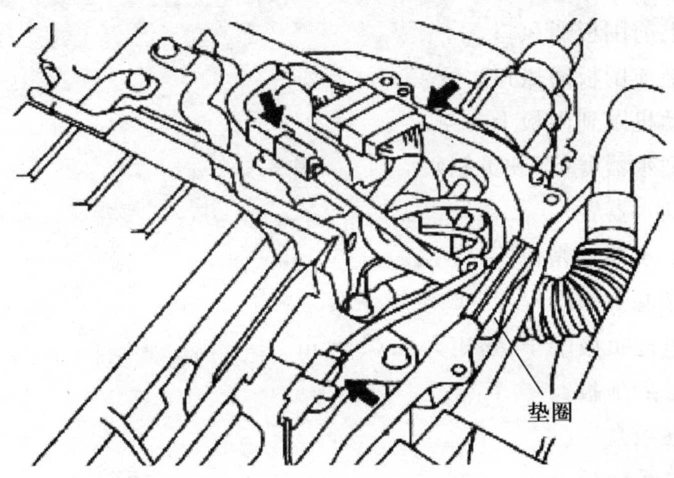

图3-45　连接3个连接器

⑦ 将发动机主线束的垫圈插入变频器壳的U形槽中。操作提示:戴绝缘手套。

⑧ 连接3个空调变频器的连接器,然后用锁销锁止连接器。操作提示:戴绝缘手套。

(5) 连接车架线。操作提示:戴绝缘手套。

(6) 连接1号断路传感器。操作提示:戴绝缘手套。

(7) 连接6号变频器冷却软管。

(8) 连接1号变频器冷却软管。

(9) 连接2号变频器冷却软管。

(10) 安装变频器盖。

① 用12个螺栓和梅花螺钉暂时固定变频器盖,如图3-46所示。

② 拧紧12个螺栓，扭矩为11N·m。

③ 用T30梅花套筒扳手拧紧梅花螺钉，扭矩为11N·m。

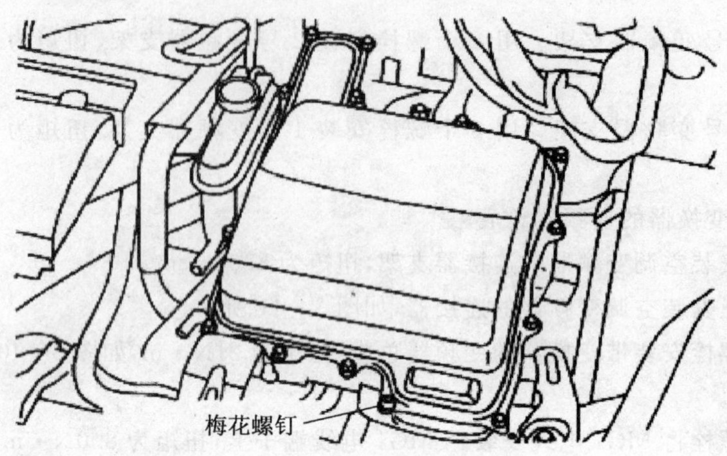

图3-46　变频器盖

(11) 安装散热器支架开启盖。

(12) 安装外侧前围顶板分总成。

(13) 安装风挡玻璃刮水器电动机和连杆总成。

(14) 安装右上前围板通风口。

(15) 安装左上前围板通风口。

(16) 安装发动机罩到围板上封条。

(17) 安装前刮水器臂(驾驶员侧)。

(18) 安装前刮水器臂。

(19) 安装前刮水器臂帽盖。

(20) 安装检修塞。操作提示：戴绝缘手套。

(21) 连接蓄电池负极端子，扭矩为6.0N·m。

(22) 安装3号后地板。

(23) 安装后地板盒。

(24) 安装2号后地板。

(25) 添加HV冷却液。

(26) 检查发动机冷却液是否泄漏。

(27) 安装发动机右下盖。

(28) 安装发动机左下盖。

(29) 电动窗控制系统初始化。

任务小结

混合动力汽车是电动汽车领域发展的一种过渡性产品，因为沿袭、承接了燃油汽车的控制方式及工作过程，所以其技术相对较成熟。因此，本任务单元首先从定义、分类上来认识、

区分、理解混合动力汽车；然后对“串、并、混”联式混合动力汽车组成结构、工作原理、系统特点进行了介绍与系统的归纳，并对混合动力的电能储存、传输、转化及动力控制进行了总体介绍；最后以丰田第二代普锐斯为例，系统地介绍了其主要部件组成及作用、系统主要部件的位置及名称识别、变频系统拆装流程及方法，这为进一步认识、了解混合动力汽车奠定基础，并为后续任务单元对其系统进行检修、诊断作了铺垫。

习　题

一、填空题

1. “燃料电池＋电容”属于________混合动力电动汽车。

2. 并联式混合动力汽车有________大动力总成，其分别为__________、________。

3. 丰田第二代普锐斯属于________混合动力汽车，奔驰 S400 属于________混合动力汽车，本田 Accord 属于________混合动力汽车。

4. 混合动力的英文缩写为________。

5. 对于重混合动力汽车，其驱动电动机________独立驱动汽车。

二、判断题

1. 微混合动力的电动机采用低压电动机，不具备驱动车辆的功能。（　　）

2. 丰田普锐斯属于重混合动力汽车。（　　）

3. 串联式混合动力可以使发动机一直工作在高效、低污染的状态，所以能量的转换效率比较高。（　　）

4. 混联式混合动力在低速时采用串联工作方式，高速时采用并联工作方式。（　　）

5. 混联式混合动力的结构更为复杂，对控制技术的要求更高，所以应用较少。（　　）

三、综合题

1. 根据结构的不同，混合动力汽车可以分为哪几种类型？各自有何特点？

2. 试述混联式混合动力汽车的结构及工作原理。

3. 混合动力汽车的特点是什么？

任务 2　混合动力汽车驱动系统检修

学习目标

1. 知识目标

(1) 认识普锐斯发动机系统的组成部件。

(2) 了解普锐斯混合动力驱动桥的组成结构。

(3) 熟悉普锐斯动力驱动桥动力传输过程。

(4) 掌握普锐斯发动机电路控制机理。

2. 能力目标

(1) 能看懂普锐斯发动机系统、电机驱动系统的电路图。

(2) 能"安全、规范"地对混合动力高压、低压电路进行检修。

(3) 会对普锐斯发动机系统零部件功能进行检查。

(4) 会使用智能测试仪Ⅱ对普锐斯发动机系统、电机驱动系统进行诊断。

一、混合动力汽车变速驱动桥

(一) 组成

普锐斯采用新开发的P112型混合动力变速驱动桥(图3-47、图3-48、表3-3),该驱动桥使用带行星齿轮组的无级变速机构来达到平稳运行的目的。

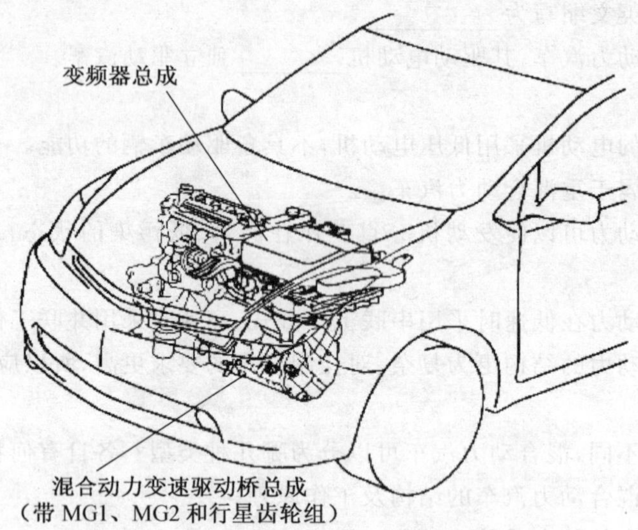

图3-47 混合动力变速驱动桥位置

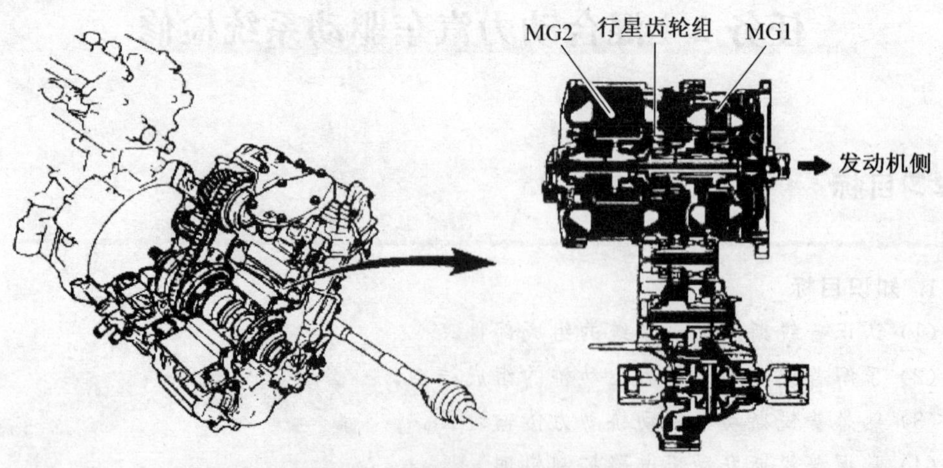

图3-48 普锐斯汽车的变速驱动桥

表 3-3　普锐斯汽车变速驱动桥技术参数

车型		新	旧
变速驱动桥类型		P112	P111
行星齿轮	环齿轮数	78	78
	小齿轮数	23	23
	太阳轮齿数	30	30
差速器	速比	4.113	3.905
链	链节数	72	74
	主动齿轮齿数	36	39
	从动齿轮齿数	35	36
中间轴齿轮	主动齿轮齿数	30	30
	从动齿轮齿数	44	44
主减速器齿轮	主动齿轮齿数	26	26
	从动齿轮齿数	75	75
变速驱动桥容量/L		3.8	4.6
变速驱动桥油类型		ATF WS 或同等品	ATF 或 T-IV 或同等品

变速驱动桥主要包括变速驱动桥减振器、MG1、MG2 和减速装置(包括链、中间轴主动齿轮、中间轴从动齿轮、主减速器小齿轮和主减速器环齿轮),如图 3-49、图 3-50 所示。行星齿轮组、MG1、MG2、变速驱动桥阻尼器和主动链轮都安装在同心轴上,动力从主动链轮传输到减速装置。

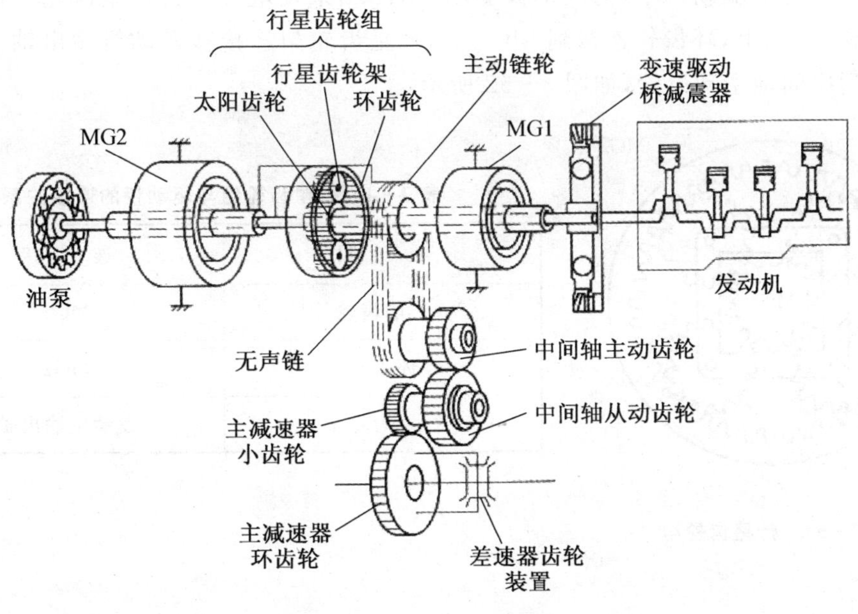

图 3-49　变速驱动桥组成

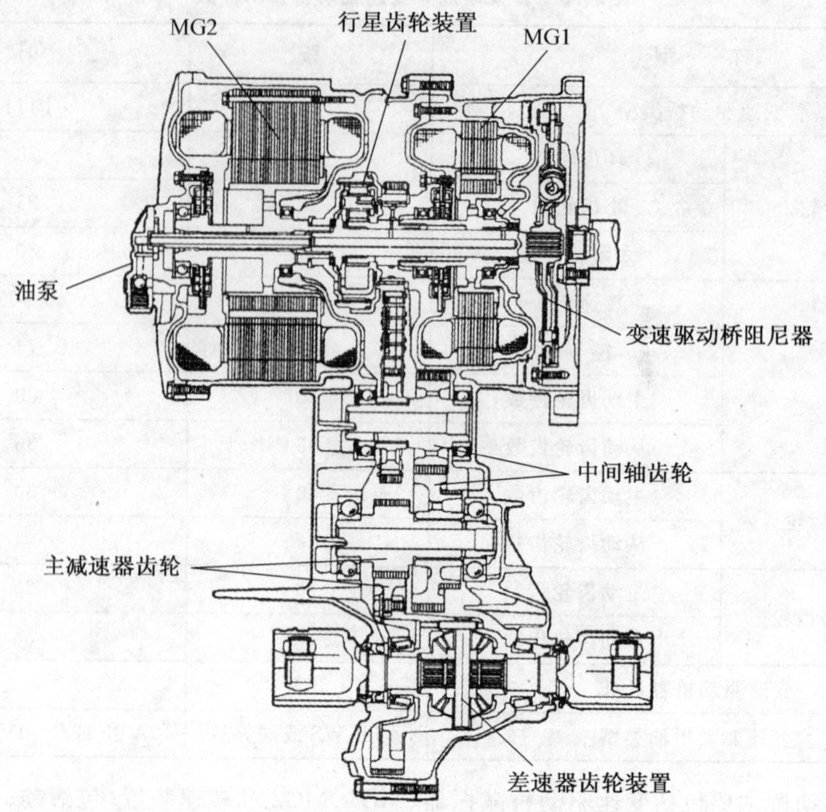

图 3－50　变速驱动桥总成

(二) 主要部件

1. 行星齿轮组。通过行星齿轮组传输的发动机输出功率分为两部分(表 3－4、图 3－51):一部分驱动汽车,另一部分驱动 MG1 用来发电。作为行星齿轮一部分,太阳齿轮连接到 MG1 上,环齿轮连接到 MG2 上,行星齿轮架连接在发动机输出轴上,动力通过链传送到中间轴主动齿轮,如图 3－52 所示。

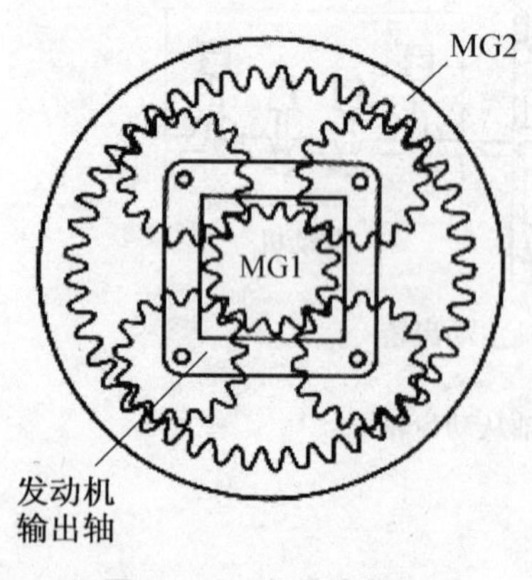

图 3－51　行星齿轮组

表 3－4　行星齿轮组与驱动桥的连接关系

项　目	连　接
太阳齿轮	MG1
环齿轮	MG2
行星齿轮架	发动机输出轴

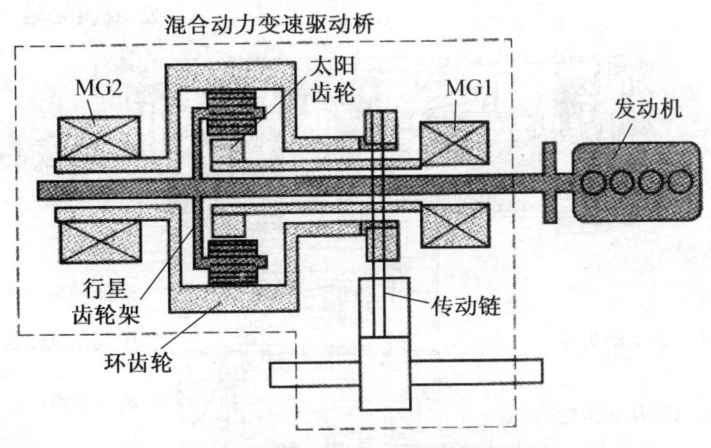

图 3-52　变速驱动桥工作原理

2. 变速驱动桥的减振器。普锐斯变速驱动桥的减振器采用具有低扭转特性的螺旋弹簧，螺旋弹簧的刚度较小，提高了弹簧的减振性能。飞轮的形状得到优化，重量减轻。变速驱动桥减振器传递发动机的驱动力，它包括用干式、单片摩擦材料制成的扭矩波动吸收机构，如图 3-53 所示。

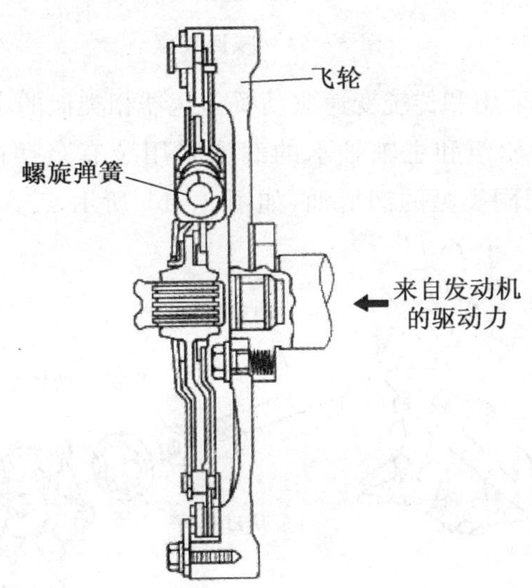

图 3-53　变速驱动桥减振器

3. MG1 和 MG2。MG1 连接在行星齿轮组的太阳齿轮上，MG2 连接在环齿轮上。不要分解 MG1 和 MG2，因为它们都是精密组件。如果这些组件出现故障，则整体更换混合动力变速驱动桥总成。

4. 减速装置。MG1 盖上的链轮支架采用铝材料，并用滚珠轴承承载中间轴从动齿轮轴。减速装置包括无声链、中间轴齿轮和主减速器齿轮，如图 3-54 所示。采用小链距的无声链保证了安静运行，并且和齿轮传动机构相比较，机构的总长度缩短了。中间轴齿轮和主减速器齿轮的齿都经过高精密研磨，其齿腹得到了优化，以保证运行的高度安静。主减速器齿轮经过最佳配置，减小发动机中心轴和差速器轴间的距离，使差速器的结构更加紧凑。

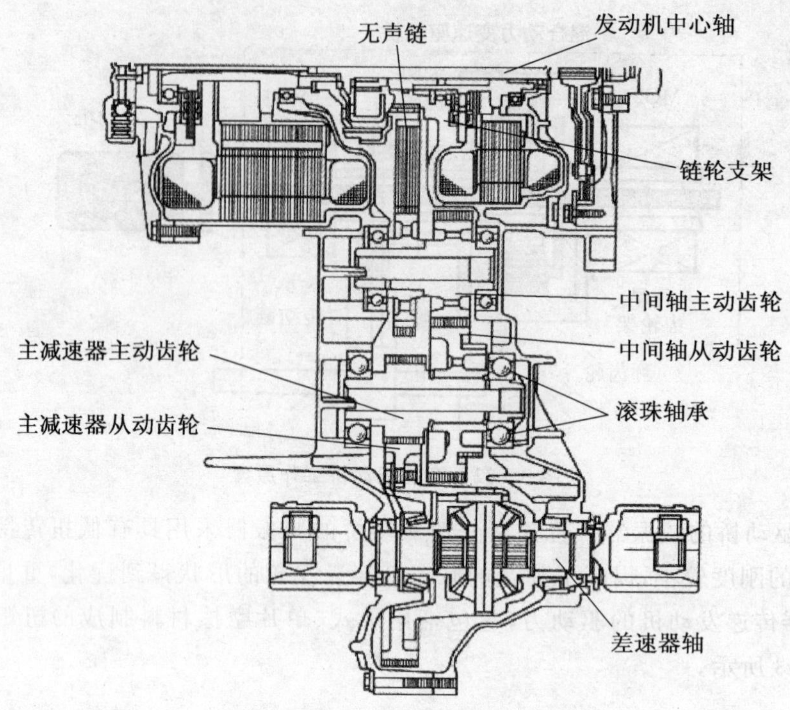

图 3－54 减速装置

5. 差速器齿轮装置。采用和传统变速驱动桥差速器相类似的小齿轮型差速器齿轮装置。

6. 润滑装置。行星齿轮组和主轴轴承的润滑采用装有余摆曲线式油泵的强制润滑系统，减速装置和差速器使用同类型的润滑油，如图 3－55 所示。

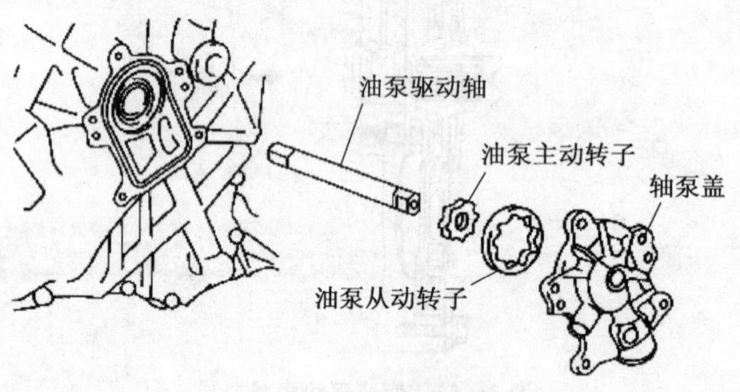

图 3－55 润滑装置

（三）换挡控制系统

紧凑型换挡杆（变速器换挡总成）安装在仪表盘上，换挡后，当驾驶员的手离开换挡杆手柄时，手柄会回到原位，甚至可以用指尖操作手柄，给操作者带来极大的便利。

采用电子通信变速系统，变速器换挡总成内的挡位传感器能检测挡位（“R”“N”“D”或“B”）并发送信号到 HV ECU。HV ECU 控制发动机、MG1 和 MG2 的转速，从而产生最佳齿轮速比。

普锐斯汽车采用和换挡控制类似的电控装置，当驾驶员按下变速器换挡总成顶部的驻车开关时，“P”挡控制系统就会激活混合动力变速驱动桥上的换挡控制执行器，机械地锁止

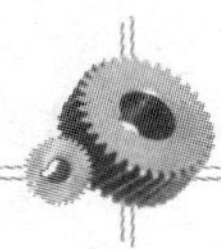

中间轴从动轮，该齿轮与驻车锁齿轮连接，从而锁止驻车锁。

1. 换挡控制系统原理。换挡控制系统原理如图 3－56 所示。

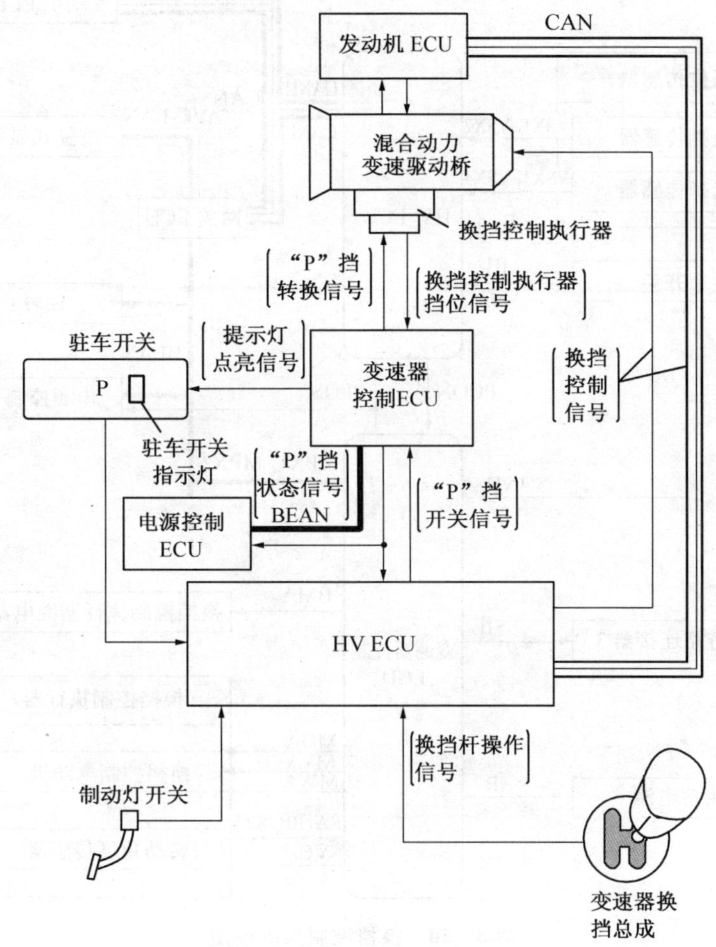

图 3－56　换挡控制系统原理简图

2. 换挡控制系统组成。换挡控制系统组成和框图如图 3－57、图 3－58 所示。

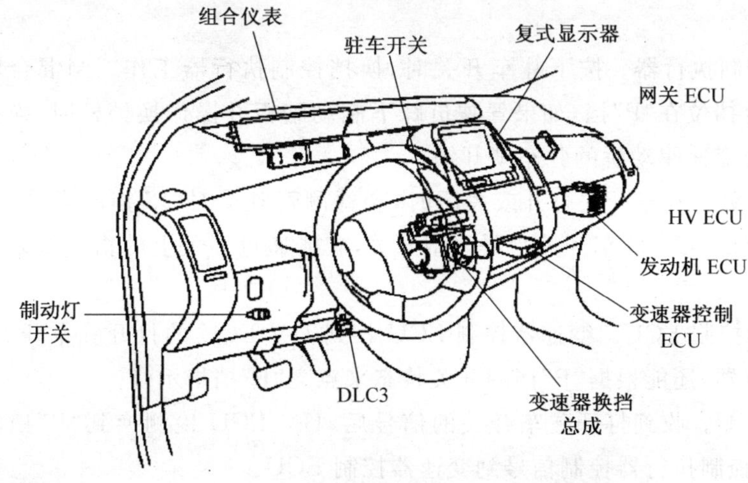

图 3－57　换挡控制系统组成(左侧驾驶型)

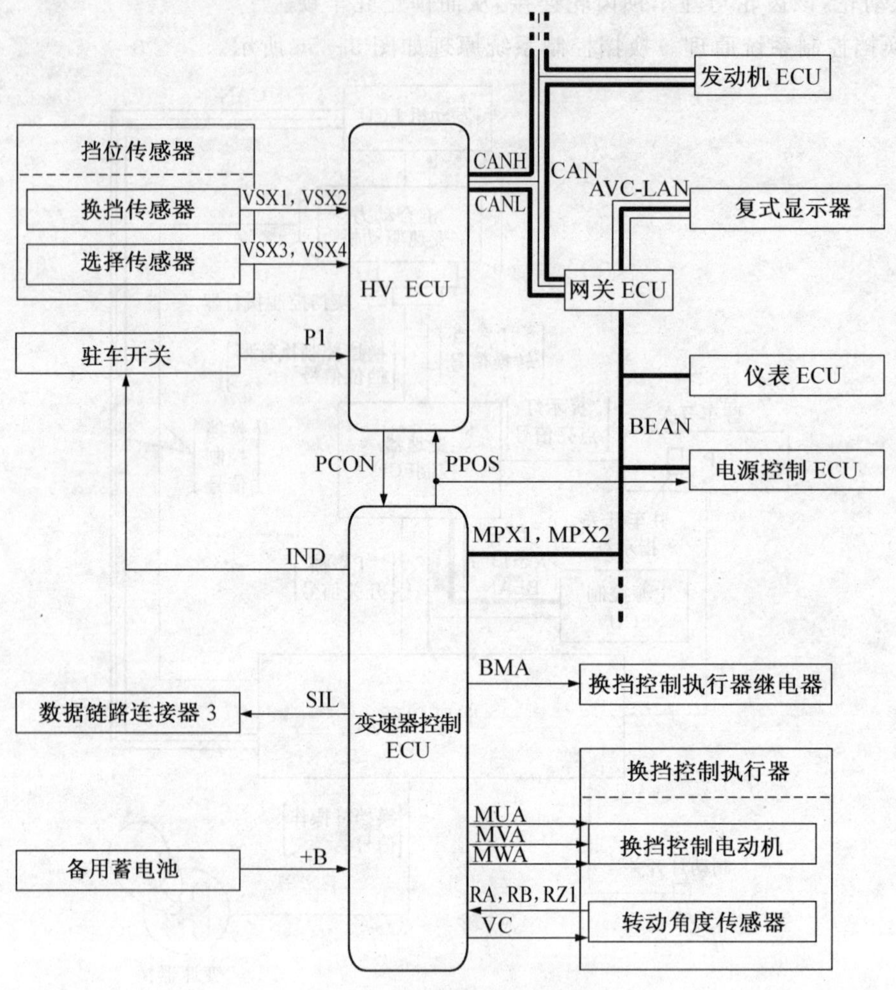

图 3-58　换挡控制系统框图

(1) 挡位传感器。挡位传感器安装在变速器换挡总成上，用于检测挡位（“R”“N”“D”和“B”）并发送挡位信号到 HV ECU，HV ECU 控制发动机、MG1 和 MG2 的转速来产生最佳齿轮速比。

(2) 换挡控制执行器。按下驻车开关时，换挡控制执行器工作。当混合动力变速驱动桥的驻车锁啮合挡位在“P”挡，如果驾驶员踩下制动踏板并操作换挡杆时，换挡控制执行器就会将混合动力变速驱动桥的驻车锁开锁。

(3) 驻车开关。驻车开关打开或关闭时，会检测驾驶员对“P”挡的操作情况，并将相关信息发送到 HV ECU。驻车开关是瞬间型开关，它能通过开关上的指示灯来指示驻车锁是否锁止。

(4) 变速器控制 ECU。变速器控制 ECU 收到 HV ECU 的打开驻车开关信号后，将激活换挡控制执行器，还能根据“P”挡的开关状态来点亮“P”挡指示灯。

(5) HV ECU。收到打开驻车开关的信号后，HV ECU 检测换到“P”挡的条件是否满足，并发送换挡控制执行器控制信号到变速器控制 ECU。

当混合动力变速驱动桥中的驻车锁没有啮合时，如果 HV ECU 收到电源 ECU 的车辆

电源“OFF”信号，则 HV ECU 发送“P”挡转换信号到变速器控制 ECU 来啮合驻车锁。

(6) 发动机 ECU。发动机 ECU 收到 HV ECU 发出的与驾驶员选择的挡位相适应的发动机控制信号，控制发动机处于最佳状态。

(7) 电源控制 ECU。电源控制 ECU 发送信号到 HV ECU，表明车辆电源已关闭。电源控制 ECU 发送“P”挡请求信号到变速器控制 ECU，只有当电源开关关闭，挡位不在“P”挡时才发送此信号。

(8) 制动灯开关。制动灯开关检测制动踏板踩下信号。

(9) 组合仪表。组合仪表根据 HV ECU 的信号点亮驾驶员所选择的挡位指示灯，如果变速器控制 ECU 有异常情况发生，则组合仪表点亮主警告灯。

(10) 复式显示器。复式显示器根据变速器控制 ECU 发送的信号显示警告信息，以提示驾驶员。

3. 换挡系统主要部件。

(1) 变速器换挡总成。紧凑型换挡杆的设计运用全新的理念，当换挡操作后驾驶员的手离开换挡杆手柄时，手柄会在回位弹簧的作用下回到原位。照明变速器换挡总成内的挡位传感器(选择传感器和换挡传感器)检测挡位(“R”“N”“D”和“B”)，如图 3-59、图 3-60 所示。打开尾灯时，壳体中的灯泡就会间接地照亮换挡杆手柄指示灯表面，以增强夜间的照明。

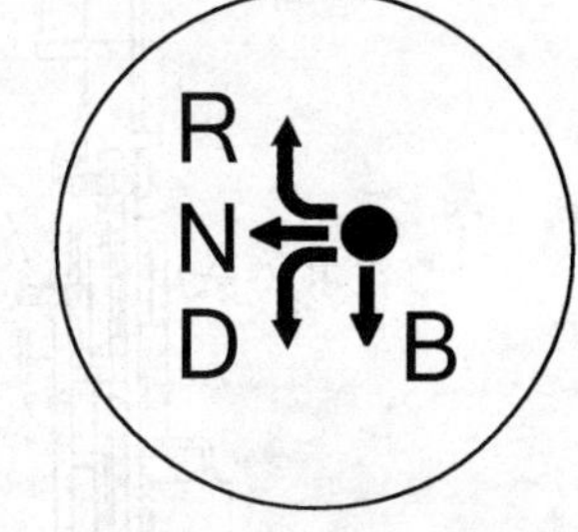

图 3-59　换挡模式

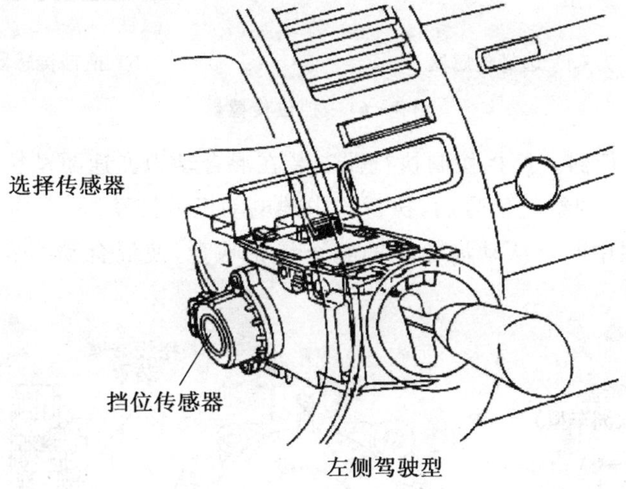

图 3-60　变速器换挡总成

(2) 换挡手柄指示灯。换挡手柄指示灯的结构原理如下：壳体内的灯泡点亮时，光束通过导光壳反射到换挡杆柱面和光传输区域，从而从换挡手柄的下部照亮指示灯表面。

(3) 挡位传感器。挡位传感器包括一个用于检测换挡杆横向运动的选择传感器和一个用于检测换挡杆纵向运动的换挡传感器，这两个传感器信号的组合可以检测挡位(表 3-5、图 3-61)，选择传感器和挡位传感器的传感器部分都包括在一个霍尔 IC(传感器)中。

表 3-5 挡位传感器检测位置

选择传感器检测位置(横向)	挡位传感器检测位置(纵向)	选择的挡位
R,N,D	上	R
	中	N
	下	D
B,中央位置	下	B

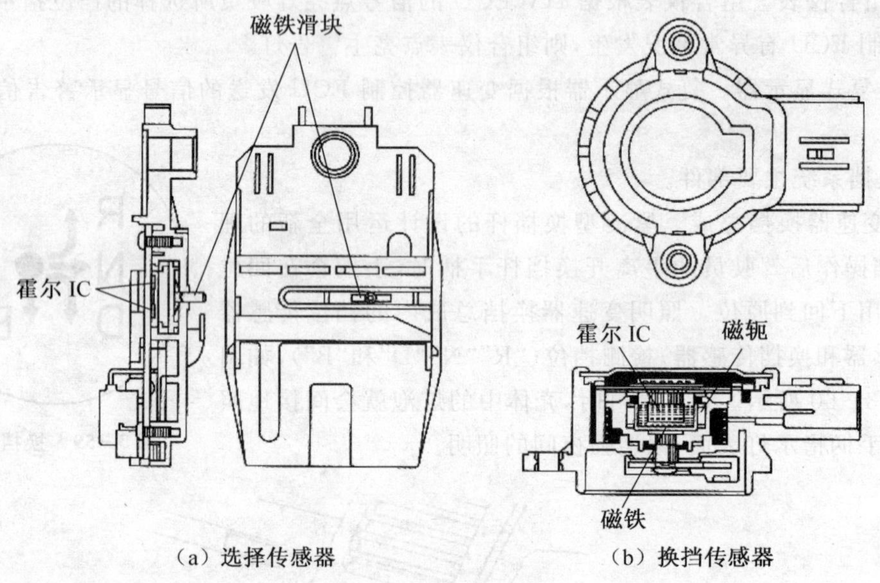

(a) 选择传感器　　(b) 换挡传感器

图 3-61 挡位传感器

(4) 换挡控制执行器。换挡控制执行器安装在混合动力变速驱动桥的侧面(图 3-62),收到变速器控制 ECU 的执行信号后,执行器中的电动机就转动,从而移动驻车锁止杆,再滑动驻车锁爪与安装在中间轴从动齿轮上的驻车齿轮啮合,使混合动力变速驱动桥被机械地锁止或开锁。

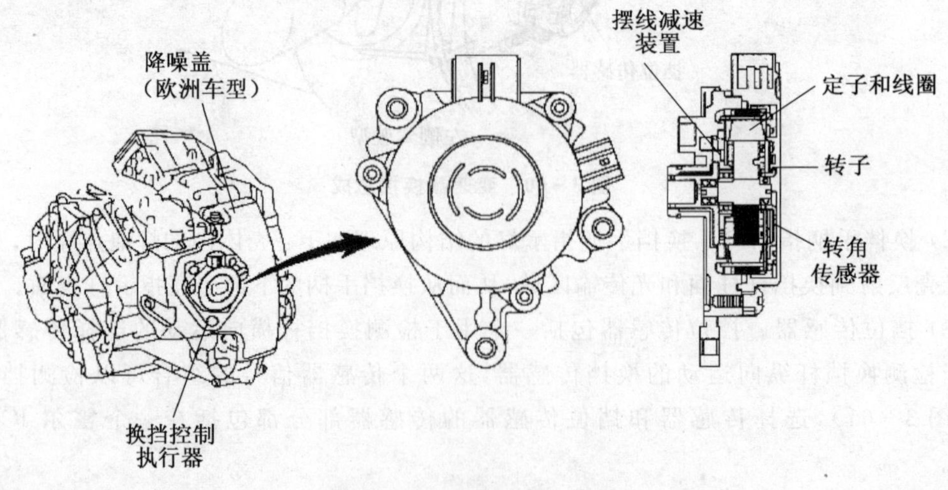

图 3-62 换挡控制执行器

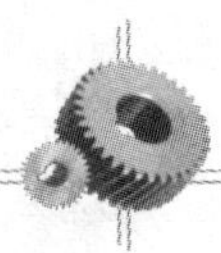

换挡控制执行器主要包括无刷电动机和摆线减速机构。电动机主要包括转角传感器、线圈、定子和转子。转角传感器包括3个霍尔IC(传感器)，其中的2个称为相位A和相位B传感器，用于检测电动机的转动角度；第3个称为相位Z传感器，用于校正转角检测控制。

(5) 驻车锁止机构。

① 机械驻车锁止机构安装在中间轴从动齿轮中，如图3-63所示。

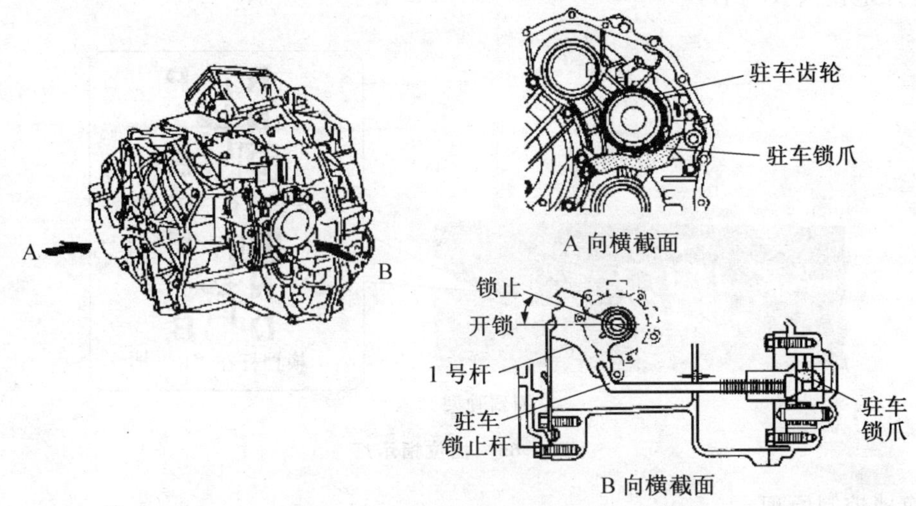

图3-63 驻车锁止机构

② 驻车锁爪和中间轴从动齿轮一体的驻车齿轮的啮合可以锁止车辆的运动。

③ 接到变速器控制ECU的锁止或开锁信号后，换挡控制执行器就会转动1号杆来滑动驻车锁止杆，从而推动驻车锁爪，使驻车锁爪和驻车齿轮啮合，进而锁止驻车锁。

(6) 摆线减速机构。在需要大扭矩的斜坡上停车时，摆线减速机构能确保驻车锁完全松开，因为它能把电动机输出轴的扭矩增大。摆线减速机构包括安装在电动机输出轴上的偏心盘、壳体上的内齿轮(61个齿)、外齿轮(60个齿)以及和外齿轮同步转动的输出轴，如图3-64所示。

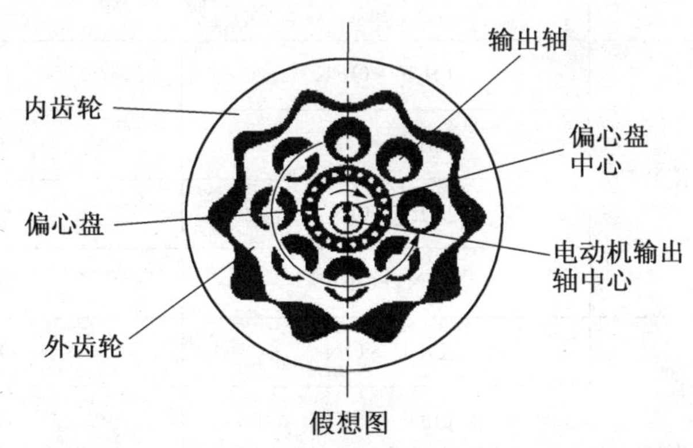

图3-64 摆线减速机构

除了电动机输出轴同步转动的偏心盘的旋转运动以外，内齿轮与外齿轮啮合时，内齿轮推动外齿轮。因外齿轮比内齿轮少1个齿，偏心盘每转动一圈，外齿轮就少转动1个齿，结果，和外齿轮同步旋转的输出轴以 1/61 的减速比输出电动机的转速。

(7) 挡位指示灯。换挡杆的设计使其总能回到原位，因此当前选择的挡位能通过组合仪表上的挡位指示灯进行显示。

本系统中，"B"挡在发动机制动范围内起作用，因此从"D"挡以外的挡换入"B"是被禁止的，如图 3－65 所示。因此，如果换挡杆不在"D"或"B"挡，则"B"挡指示灯就会熄灭，以防止驾驶员意外地换入"B"挡。

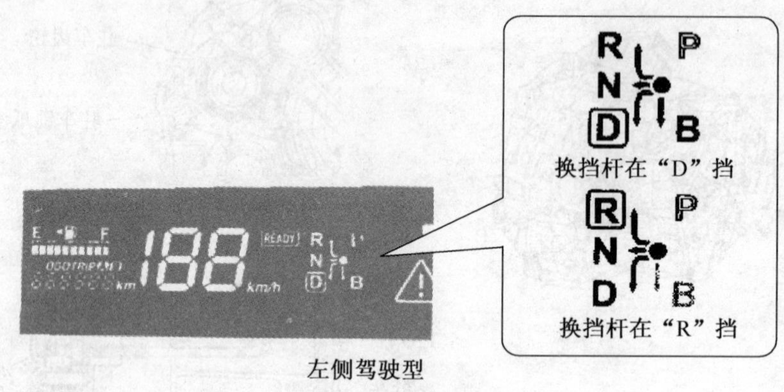

图 3－65 挡位指示灯

4. 换挡控制原理。

(1) 电动机功能。换挡控制电动机转动可以锁止或打开驻车锁，转角传感器检测电动机转动角度，变速器控制 ECU 根据转角传感器信号检测当前的挡位，进行驻车锁止或开锁。

变速器控制 ECU 通过 2 个装于转角传感器内的交错相位(相位 A 和相位 B)的霍尔 IC 脉冲数的组合检测电动机的转动方向、角度和运动范围(表 3－6、图 3－66)，检测到运动范围后，信息就被存储到 ECU 存储器中。但是，如果断开蓄电池端子，信息就会被消除。

表 3－6 霍尔 IC(传感器)脉冲变化规律

项　目	脉　冲	
计数上升(锁止→开锁)	OFF→OFF	OFF→ON
	OFF→ON	ON→ON
	ON→ON	ON→OFF
	ON→OFF	OFF→OFF
计数下降(开锁→锁止)	OFF→ON	OFF→OFF
	OFF→OFF	ON→OFF
	ON→ON	OFF→ON
	ON→OFF	ON→ON

驻车锁止或开锁位置提供了建立控制标准的数值，当启动变速器控制 ECU 或重新连接蓄电池端子时，驻车锁止或开锁位置被检测到并被存储在存储器中。最初，变速器控制 ECU 使电动机转到锁止位置，以便把驻车锁止位置存储在存储器中；然后，变速器控制 ECU 使电动机反向转动，以便把开锁位置存储在存储器中。但是，如果变速器控制 ECU 已经在存储器中存储了以前操作的运动范围，则它就检测到当前位置，并根据存储器中的运动范围计算其他位置。由于有这些过程，所以就没必要在更换执行器、ECU 或者重新连接蓄电池后进行初始化工作。

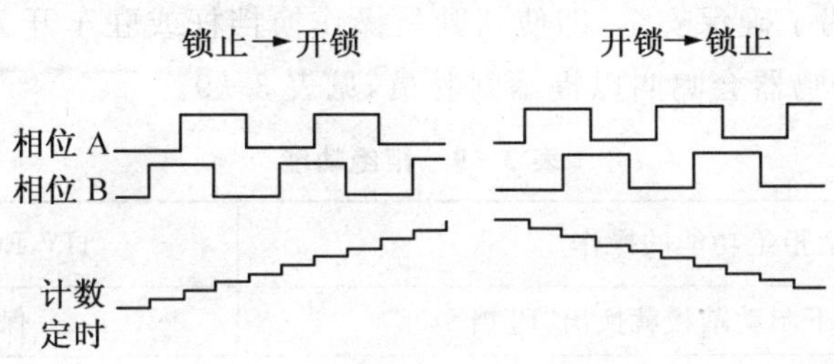

图 3－66 换挡控制原理

（2）换挡控制。本系统中 HV ECU 能检测车辆的一般状态，并能换挡和锁止或打开驻车锁。本系统还包括拒绝功能，当车辆在正常条件下行驶时，挡位可以移到拒绝功能没有断开的所有挡位。表 3－7 显示每一挡位时换挡杆和驻车开关的操作情况。

表 3－7 换挡杆和驻车开关的操作情况

电源状态	操作	挡位				
		P	R	N	D	B
ACC（不能行驶）	换挡杆	●—	×	×	×	×
	驻车开关	←	—	●		
IG-ON（不能行驶）	换挡杆	●	—	→		
	驻车开关	←	—	●		
READY（能行驶）	换挡杆	●	→			
		●	—	→		
		●	—	—	→	
			●	→		
			●	—	→	
				●	→	
			←	●		
				●	—	→
				←	●	
			←	—	●	
					←	●
				←	—	●
			←	—	—	●
	驻车开关	←	●			
		←	—	●		
		←	—	—	●	
		←	—	—	—	●

本系统中，变速器控制 ECU 电源重新接通时，ECU 根据存储器中存储的以前的挡位测定当前挡位（驻车锁止或开锁）启动控制（表 3－8）。如果以前的挡位无法利用，则 ECU 根据 HV ECU 通过车速测定的挡位来启动控制。

表 3-8 启动控制

以前的驻车状态		HV ECU 的测定值	测定值
驻车锁止		—	驻车锁止
驻车打开		—	驻车打开
无效	车辆停止	驻车锁止	驻车锁止
	车辆行驶	驻车打开	驻车打开

(3) 拒绝功能。为了确保安全,即使驾驶员操作换挡杆或驻车开关,本系统也会防止换挡。在这种情况下,蜂鸣器会鸣叫以提示驾驶员,见表 3-9。

表 3-9 拒绝功能

激活拒绝功能的操作	HV ECU 的相应操作
系统工作时,驾驶员不踩下制动踏板就换出“P”挡	保持在“P”挡
行驶时,驾驶员操作驻车开关换入“P”挡	换到“B”挡
行驶时,驾驶员从“D”挡换到“R”挡,或从“R”挡换到“D”挡	
驾驶员从“D”挡以外的挡换到“B”挡	

5. 换挡控制系统故障诊断。如果变速器控制 ECU 检测到换挡控制系统的故障,ECU 就进行诊断并存储故障信息。另外,ECU 会使换挡指示灯闪烁、点亮主警告灯和在复式显示器上显示警告信息来通知驾驶员。变速器控制 ECU 也会存储此故障的 DTC(诊断故障代码),可以用智能测试仪Ⅱ来读取 DTC。

6. 换挡控制系统的安全保护。如果变速器控制 ECU 检测到系统的故障,则变速器控制 ECU 会根据存储器中存储的数据来控制系统。

二、电机驱动系统电路

图 3-67 所示为电机驱动系统电路,其变频器、发电机、电动机控制功能如下:

1. 变频器控制。根据 HV ECU 提供的信号,变频器将 HV 蓄电池的直流电转换为交流电来驱动发电机(MG1)、电动机(MG2),同样也可以进行逆向过程。此外,变频器将发电机(MG1)的交流电提供给电动机(MG2)。

2. 发电机(MG1)和电动机(MG2)控制。

(1) 发电机(MG1)由发动机带动旋转,产生高压(最高电压 AC 500V),操作电动机(MG2)并为 HV 蓄电池充电。

(2) 由发电机(MG1)或 HV 蓄电池提供电能给电动机(MG2)来驱动汽车,产生车辆动力。

(3) 电动机(MG2)上的温度传感器检测温度,并将温度信号发送到 HV ECU。

3. 电动机驱动模式控制。仪表板上的 EV 模式开关被驾驶员手动打开后,如果所需条件满足,则 HV ECU 使车辆只能由电动机(MG2)驱动运行。

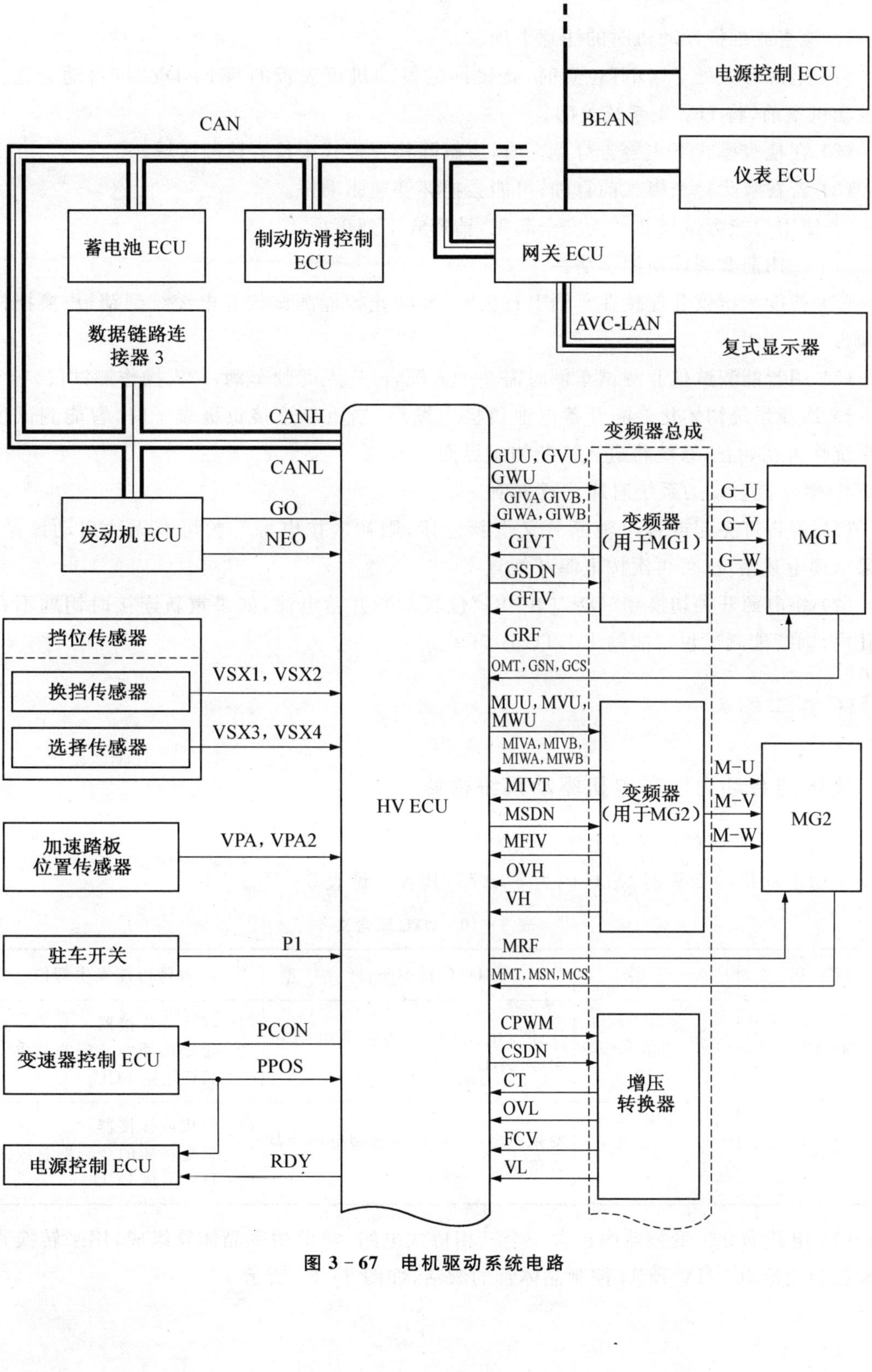

电源控制 ECU
BEAN
仪表 ECU
CAN
蓄电池 ECU
制动防滑控制 ECU
网关 ECU
AVC-LAN
复式显示器
数据链路连接器 3
CANH
CANL
变频器总成
GUU，GVU，GWU
GIVA GIVB，GIWA，GIWB
GIVT
GSDN
GFIV
GRF
OMT，GSN，GCS
变频器（用于MG1）
G-U
G-V
G-W
MG1
发动机 ECU
GO
NEO
挡位传感器
换挡传感器
选择传感器
VSX1，VSX2
VSX3，VSX4
MUU，MVU，MWU
MIVA，MIVB，MIWA，MIWB
MIVT
MSDN
MFIV
OVH
VH
MRF
MMT，MSN，MCS
变频器（用于MG2）
M-U
M-V
M-W
MG2
HV ECU
加速踏板位置传感器
VPA，VPA2
驻车开关
P1
变速器控制 ECU
PCON
PPOS
CPWM
CSDN
CT
OVL
FCV
VL
增压转换器
电源控制 ECU
RDY

图 3－67　电机驱动系统电路

三、混合动力汽车检修注意事项

1. 检查或维护发动机时的注意事项。

(1) 电源开关处于“ON”位置时,普锐斯的发动机仪表板的“READY”灯自动会亮。维护发动机室前,将 HV 主系统关闭。

(2) 在检查模式下主警告灯点亮时,应解除检查模式来检查诊断区域。

(3) 若在解除检查模式前行驶,可能会损坏变速驱动桥。

2. 使用智能测试仪Ⅱ。为安全起见,请遵守下列事项:

(1) 使用前要阅读使用手册。

(2) 智能测试仪Ⅱ连接在车辆上行驶时,要防止智能测试仪Ⅱ电缆绞到踏板、换挡杆或转向盘上。

(3) 用智能测试仪Ⅱ测试车辆时需 2 个人配合,一人驾驶车辆,一人操作测试仪。

3. 诊断系统初始化。断开蓄电池负极电缆后,当重新连接负极端子时,智能测试仪诊断系统将被初始化,系统将进入诊断初始界面。

4. 激活混合动力系统时应注意事项。

(1) 警告灯亮起或蓄电池断开又重新连接,则初次按电源开关可能无法启动该系统。如果出现上述情况,可再次按电源开关。

(2) 将电源开关切换到“ON”(在“IG”位置),断开蓄电池,如果重新连接时钥匙不在钥匙孔内,则智能测试仪可能输出 DTC B2799。

任务实施

丰电混合动力汽车电机驱动系统检修

1. 驱动电动机的变频器电压过低故障。

驱动电动机的变频器 DTC 码为 P0A78,其含义见表 3-10。

表 3-10 DTC 码含义

DTC 码	INF 码	DTC 检测条件	故障可能发生部位
P0A78	266	变频器电压(VH)传感器电路开路或 GND 短路	(1) 线束或连接器 (2) 带变换器的变频器总成 (3) HV 控制 ECU
P0A78	267	变频器电压(VH)传感器电路+B 短路	(1) 线束或连接器 (2) 带变换器的变频器总成 (3) HV 控制 ECU

(1) 电路简介。变频器内包含一个三相桥式电路,它由功率晶体管组成,用来转换直流电和三相交流电,HV ECU 控制晶体管的激活,如图 3-68 所示。

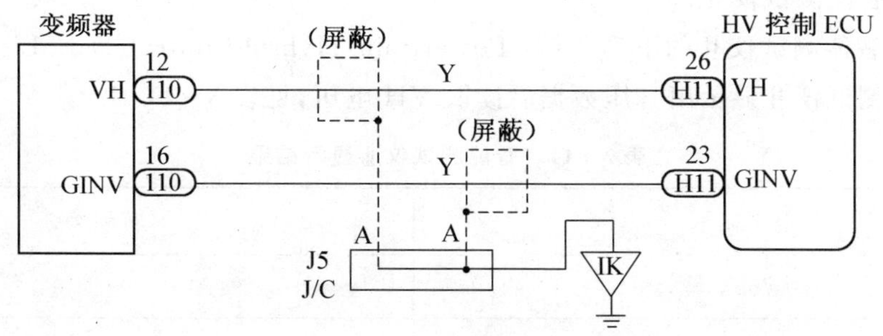

图 3-68　变频器控制电路

HV ECU 使用电压传感器，它内置于变频器中，用来检测升压后的高压并进行升压控制。变频器电压传感器根据高压的不同输出一个 0～5V 的电压，高压越高，输出电压越高；高压越低，输出电压越低(图 3-69)。HV ECU 监控变频器电压并检测故障。

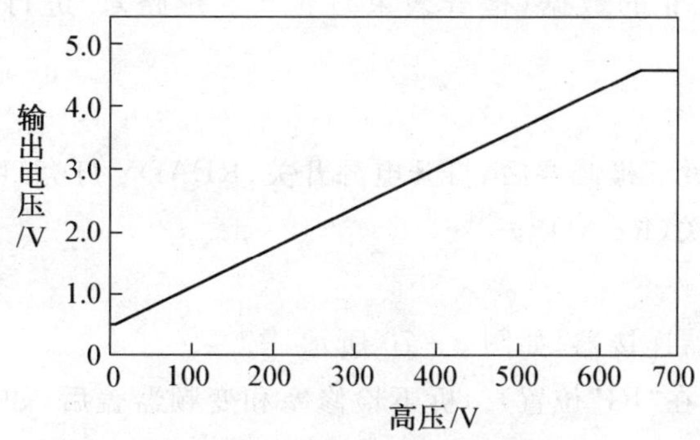

图 3-69　变频器电压传感器

(2) 检查步骤。在检查高压系统之前，应采取安全措施以避免发生触电事故。例如，戴上绝缘手套后拆下检修塞。拆下检修塞后，将其放在衣袋内，以避免在修理高压系统时，其他技师将其重新连接。

断开检修塞后，5min 内请不要接触任何高压连接器或端子，用 5min 对变频器内的高压电容器进行放电。

① 读取输出的 DTC(混合动力控制)。

(a) 将智能测试仪Ⅱ连接至 DLC3。

(b) 打开电源开关(在“IG”位置)。

(c) 打开智能测试仪Ⅱ。

(d) 进入智能测试仪Ⅱ的下列菜单：Powertrain/Hybrid Control/DTC。

(e) 读取 DTC。

测试结果：输出 DTC POA1D。若输出 DTC，转到相关的 DTC 表；若无 DTC 输出，则转到下一步。

② 读取智能测试仪Ⅱ的数据(升压后的 VH 电压)。

(a) 将智能测试仪Ⅱ连接至 DLC3。

(b) 打开电源开关(在“IG”位置)。

(c) 打开智能测试仪Ⅱ。

(d) 进入智能测试仪Ⅱ的下列菜单：Powertrain/Hybrid Control/Data List。

(e) 智能测试仪Ⅱ显示出升压数据后读取 VH 电压，见表 3－11。

表 3－11 智能测试仪Ⅱ显示结果

电压显示	转到
765V	下一步
0V	步骤⑤
1～764V	检查间歇性故障

如果存在＋B 电路短路，则智能测试仪Ⅱ显示 765 V；如果存在电路开路或 GND 短路，则智能测试仪Ⅱ显示 0V。

③ 读取智能测试仪Ⅱ的数据(检查线束是否＋B 短路)。进行下列操作前戴上绝缘手套。

(a) 关闭电源开关。

(b) 拆下检修塞。拆下检修塞后，打开电源开关(READY 灯亮)可能导致故障，因此，这时一定不要打开电源开关(READY)。

(c) 拆下变频器盖。

(d) 断开 110 变频器连接器，如图 3－70 所示。

(e) 打开电源开关(在“IG”位置)。拆下检修塞和变频器盖后，如果打开电源开关，则将输出互锁开关系统的 DTC。

(f) 进入智能测试仪Ⅱ的下列菜单：Powertrain/Hybrid Control/Data List。

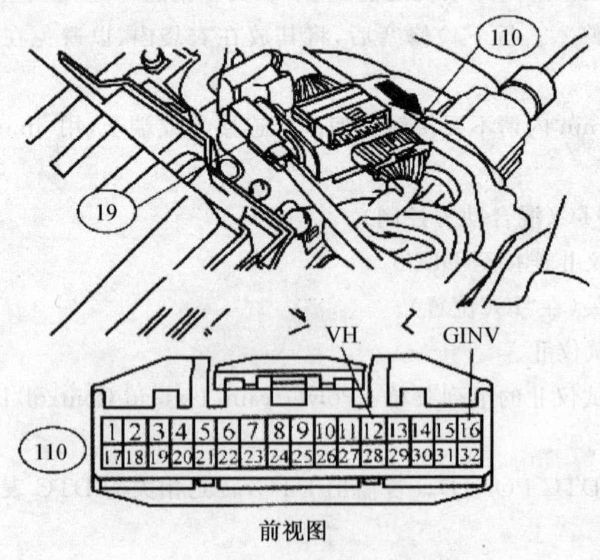

图 3－70 变频器连接器

(g) 智能测试仪Ⅱ显示出数据后读取 VH 电压,标准为 0V,如图 3-71 所示。

(h) 关闭电源开关。

(i) 重新连接变频器连接器。

(j) 重新安装变频器盖。

(k) 重新安装检修塞。

若异常,进行下一步;若正常,更换带变换器的变频器总成。

④ 读取智能测试仪Ⅱ的数据(检查混合动力车辆控制 ECU 是否+B 短路)。

(a) 断开 HV 控制 ECU 连接器的 H11 端子,如图 3-72 所示。

(b) 打开电源开关(在"IG"位置)。拆下检修塞和变频器盖后,如果打开电源开关,则输出互锁开关系统的 DTC。

(c) 进入智能测试仪Ⅱ的下列菜单:Powertrain/Hybrid/Control/Data List。

(d) 智能测试仪Ⅱ显示出数据后读取 VH 电压(图 3-71),标准为 0V。

(e) 重新连接 HV 控制 ECU 连接器。

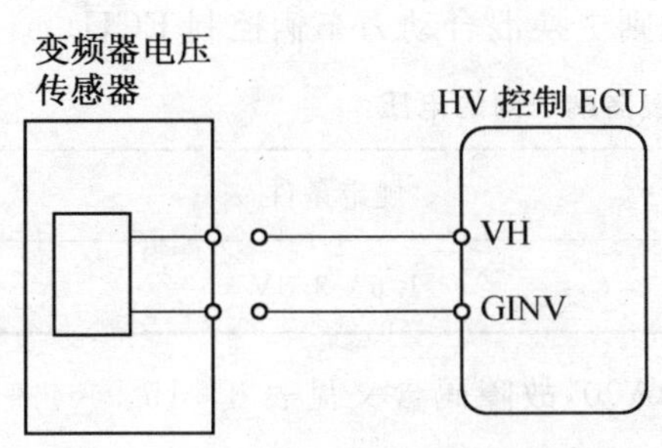

图 3-71　变频器电压传感器电路

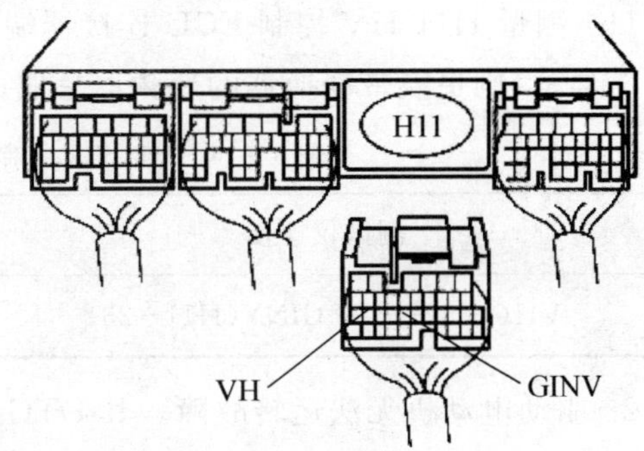

图 3-72　HV 控制 ECU 连接器

若异常,更换混合动力车辆控制 ECU;若正常,修理或更换线束或连接器。

⑤ 检查线束和连接器(HV 控制 ECU 变频器)。进行下列操作前戴上绝缘手套:

(a) 关闭电源开关。

(b) 拆下检修塞。拆下检修塞后,若打开电源开关(READY 灯亮),可能导致故障,所以这时一定不要打开电源开关(READY 灯亮)。

(c) 拆下变频器盖。

(d) 断开 H11 HV 控制 ECU 连接器,如图 3-72 所示。

(e) 断开 I10 变频器连接器,如图 3-70 所示。

(f) 检查线束侧连接器间的电阻,连接器间的电阻标准见表 3-12、表 3-13。

表 3-12　连接器间的电阻标准(开路检查)

测试仪连接	规定条件
VH(H11-26)—VH(I10-12)	小于 1Ω
GINV(H11-23)—GINV(I10-16)	小于 1Ω

表 3-13　连接器间的电路标准(短路检查)

测试仪连接	规定条件
VH(H11-26)或 VH(I10-12)—车身接地	10kΩ 或更大
GINV(H11-23)或 GINV(I10-16)—车身接地	10kΩ 或更大

(g) 连接变频器连接器。

(h) 连接 HV 控制 ECU 连接器。

(i) 安装变频器盖。

(j) 安装检修塞。

若异常,则修理或更换线束或连接器。

⑥ 检查混合动力车辆控制 ECU(VH 电压)。

(a) 打开电源开关(READY 灯亮)。拆下检修塞和变频器盖后,如果打开电源开关(在"IG"位置),则将输出互锁开关系统的 DTC。

(b) 测量 H11 HV 控制 ECU 连接器端子间的电压,见表 3-14。

若异常,则更换带变换器的变频器总成;若正常,则更换混合动力车辆控制 ECU。

表 3-14　H11 HV 控制 ECU 连接器端子间的电压

测试仪连接	规定条件
VH(H11-26)—GINY(H11-23)	1.6～3.8V

2. 驱动电动机无法运转故障。其 DTC 码为 POA90,故障码含义见表 3-15。

表 3-15　DTC 码含义

DTC 码	INF 码	DTC 检测条件	故障可能发生部位
P0A90	239	HV 变速驱动桥输入故障(损坏)	(1) 发动机总成 (2) HV 变速驱动桥总成(轴或齿轮) (3) 变速器输入减振器 (4) 线束或连接器 (5) HV 控制 ECU
P0A90	241	HV 变速驱动桥输入故障(扭矩限制器滑动)	
P0A90	602	HV 变速驱动桥输出故障	

(1) 电路简介。变速驱动桥包括行星齿轮装置、MG1 和 MG2。车辆给 HV 蓄电池充电时,齿轮装置会根据驱动请求使行星齿轮断开发动机输出。车辆驱动时,MG2 给发动机输出提供帮助。另外,MG2 通过把能量(正常制动时)消耗的热能转换为电能,并将之充到 HV 蓄电池,来影响再生制动。通过再生制动和减速车辆,MG2 产生高压电,高压电用于给 HV 蓄电池充电。

MG1 发的电除了用来给 HV 蓄电池充电或者驱动 MG2,还有无级变速功能,通过调节发电量来控制驱动桥,这会在很大程度上影响 MG1 的速度。另外,MG1 作为启动机来启动发动机,输入减振器吸收伴随着发动机驱动力传输的振动。

(2) 诊断步骤。

① 读取发动机输出 DTC

(a) 将智能测试仪Ⅱ连接到 DLC3。

(b) 打开电源开关(在"IG"位置)。

(c) 打开智能测试仪Ⅱ。

(d) 进入智能测试仪Ⅱ的下列菜单：Powertrain/Engine and ECT/DTC。

(e) 读取 DTC。若输出 DTC，转到相关的 DTC 表；若无 DTC 输出，转入下一步。

② 检查曲轴皮带轮旋转。

(a) 关闭电源开关。

(b) 顶起车辆。

(c) 用手转动曲轴皮带轮，检查曲轴是否旋转。正常，曲轴转动；异常，进行步骤⑩。

③ 检查线束和连接器(ECM—曲轴位置传感器)。

(a) 断开 E3 ECM 连接器，如图 3-73 所示。

(b) 断开 C7 曲轴位置传感器连接器，如图 3-74 所示。

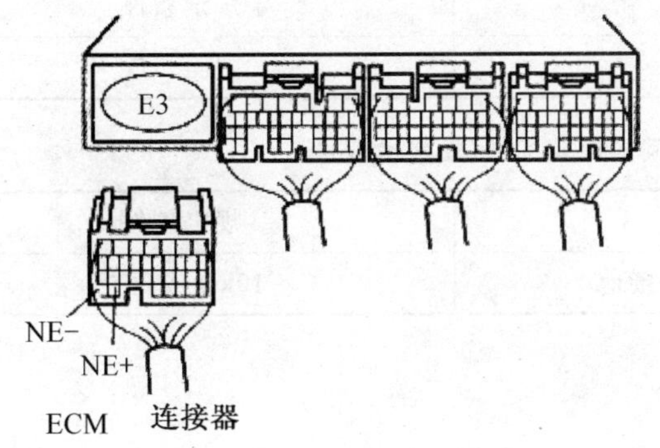

图 3-73　E3 ECM 连接器

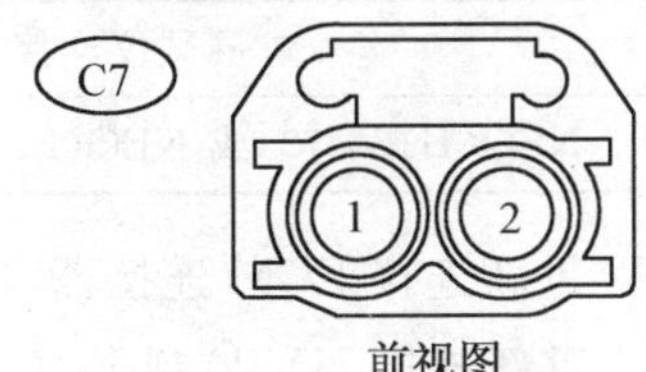

图 3-74　曲轴位置传感器连接器

(c) 检查线束侧连接器间的电阻。连接器间的电阻标准见表 3-16、表 3-17。

表 3-16　连接器间的电阻标准(开路检查)

测试仪连接	规定条件
NE+(E3-33)—曲轴位置传感器(C7-1)	小于 1Ω
NE-(E3-34)—曲轴位置传感器(C7-2)	小于 1Ω

表 3-17　连接器间的电阻标准(短路检查)

测试仪连接	规定条件
NE+(E3-33)或曲轴位置传感器(C7-1)—车身接地	10kΩ 或更大
NE-(E3-34)或曲轴位置传感器(C7-2)—车身接地	10kΩ 或更大

(d) 重新连接曲轴位置传感器连接器。

(e) 重新连接 ECM 连接器。

若异常，修理或更换线束或连接器；若正常，转入下一步。

④ 检查线束和连接器(混合动力车辆控制 ECU—ECM)。

(a) 断开 H12 HV 控制 ECU 连接器,如图 3-75 所示。

(b) 断开 E5 ECM 连接器,如图 3-76 所示。

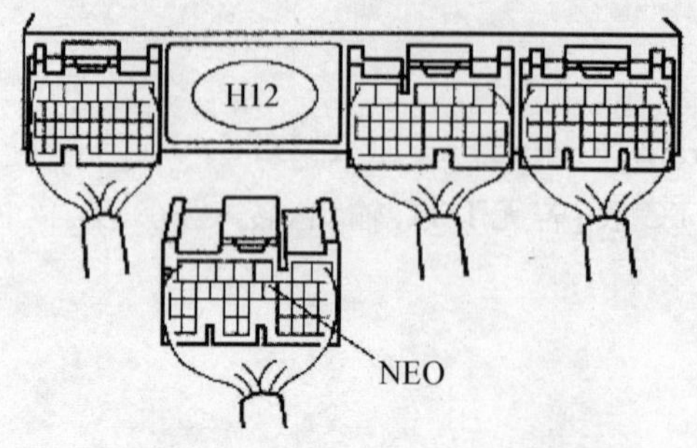

图 3-75 HV 控制 ECU 连接器

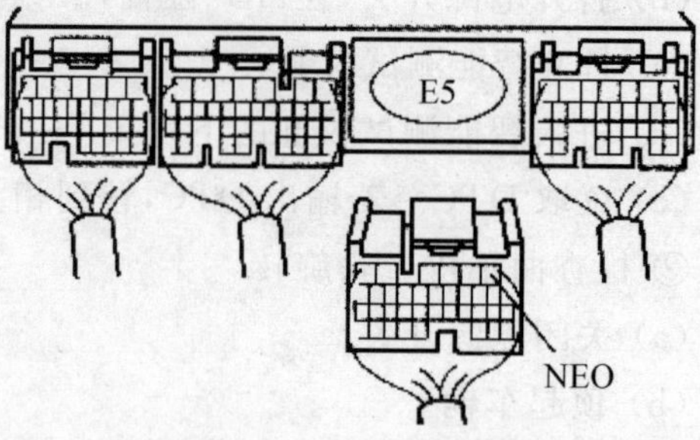

图 3-76 E5 ECM 连接器

(c) 检查线束侧连接器间的电阻。连接器间的电阻标准见表 3-18、表 3-19。

表 3-18 连接器间的电阻标准(开路检查)

测试仪连接	规定条件
NEO(H12-12)—NEO(E5-1)	小于1Ω

表 3-19 连接器间的电阻标准(短路检查)

测试仪连接	规定条件
NEO(H12-12)或 NEO(E5-1)—车身接地	10kΩ 或更大

(d) 重新连接 ECM 连接器。

(e) 重新连接 HV 控制 ECU 连接器。

若异常,修理或更换线束或连接器;若正常,转入下一步。

⑤ 检查和清除 DTC(混合动力控制)。

(a) 将智能测试仪Ⅱ连接至 DLC3。

(b) 打开电源开关(在"IG"位置)。

(c) 打开智能测试仪Ⅱ。

(d) 进入智能测试仪Ⅱ的下列菜单:Powertrain/Hybrid Control/DTC。

(e) 检查和记录 DTC,定格数据和信息。

(f) 清除混合动力控制 DTC。

⑥ 检查 READY 灯是否打开。

(a) 将智能测试仪Ⅱ连接至 DLC3。

(b) 打开电源开关(在"IG"位置)。

(c) 打开智能测试仪Ⅱ。

(d) 进入智能测试仪Ⅱ的下列菜单:Powertrain/Hybrid Control/Data List。

(e) 读取发电机(MG1)转速和发动机转速。

(f) 打开电源开关(READY 灯亮)。

正常情况下 READY 灯亮，若异常，则 READY 灯不亮，智能测试仪Ⅱ显示 DTC P0A90(INF 239)，即 HV 变速驱动桥故障(轴损坏)。接通 MG1，但发动机不转动，则更换混合动力车辆变速驱动桥总成；若正常，转入下一步。

⑦ 检查发动机转速上升。

(a) 将智能测试仪Ⅱ连接到 DLC3。

(b) 打开电源开关(在“IG”位置)。

(c) 打开智能测试仪Ⅱ。

(d) 进入智能测试仪Ⅱ的下列菜单：Powertrain/Hybrid Control/Data List。

(e) 读取发电机(MG1)转速和发动机转速。

(f) READY 灯打开，挡位位于“P”挡时，踏下加速踏板 10s。

正常情况下发动机转速上升，若异常，则发动机转速不上升，智能测试仪Ⅱ显示 DTC POA90(INF239)，即 HV 变速驱动桥故障(轴损坏)。接通 MG1，但发动机不转动，则更换混合动力车辆变速驱动桥总成；若正常，转入下一步。

⑧ 检查滑移。

(a) 将智能测试仪Ⅱ连接到 DLC3。

(b) 打开电源开关(READY 灯亮)。

(c) 顶起车辆。

(d) 踏下制动踏板，将换挡杆移到“D”挡，松开制动踏板。

正常情况下车轮转动(滑移)，若车轮不转，读取智能测试仪Ⅱ显示的 DTC POA90(INF 602)，即 HV 变速驱动桥输出故障，则更换动力车辆变速驱动桥总成；若正常，转入下一步。

⑨ 检查发动机加速度。

(a) 将智能测试仪Ⅱ连接至 DLC3。

(b) 当行驶车速高于 10km/h 时，完全踏下加速踏板来提高发动机转速。

正常情况下发动机转速平稳增加，如果发动机转速过高或智能测试仪Ⅱ显示 DTC POA90(INF241)，即 HV 变速器输入故障(扭矩限制器滑动)，则更换变速器的减振器。

若发动机转速过高，更换变速驱动桥输入减振器总成；若正常，进行模拟测试。如果症状不再出现，则更换 HV 变速驱动桥和 HV 控制 ECU。

⑩ 检查前轮转速。

(a) 打开电源开关(在“IG”位置)。

(b) 踏下制动踏板，移动换挡杆到“N”挡。

(c) 顶起车辆。

(d) 用手转动曲轴皮带轮，检查前轮是否转动。

正常情况下前轮转动，若异常，修理或更换发动机总成；若正常，修理或更换混合动力车辆变速驱动桥总成。

任务小结

丰田普锐斯第二代车型属于重混合动力汽车，本任务单元以该车型为研究对象，首先介绍了它的发动机、驱动电动机各自系统的组成、部件位置、控制功能及控制电路，并分析了其电路连接及控制机理；然后系统介绍了动力系统电路安全、检修操作规范；接下来对丰田普锐斯发动机系统主要组成部件(传感器、执行器)进行功能、电阻、电压及相关线路的检查，并着重用智能测试仪Ⅱ分析了系统的静态和动态数据流；最后根据故障现象，分析了发动机系统、电动机驱动系统综合故障的诊断流程、思路、方法，并给出了故障诊断实例，从而为检修、诊断混合动力发动机系统、电动机驱动系统奠定了基础。

习　题

一、填空题

1. 检修丰田普锐斯混合动力电路系统时，需首先拔掉__________，以便切断 HV 主系统高压电。

2. 在系统电路都正常的情况下，打开变频器盖，启动系统，驱动电动机将________正常工作。

3. 根据丰田普锐斯第二代混合动力发动机系统电路可知，其质量式空气流量计工作电源为________V，电阻丝加热电源为________V。

4. 对丰田普锐斯第二代混合动力汽车，凸轮轴正时机油阀进行功能检查时，若智能诊断仪Ⅱ显示“OCV ON”，且此时发动机怠速转速不稳，甚至熄火，表明该凸轮轴正时机油阀工作性能________。

5. 丰田普锐斯第二代混合动力汽车，使用变频器内的电压传感器检测升压后的高压并进行升压控制，其输出一个________V 的电压。

二、判断题

1. 点火开关置于 IG ON，且仪表上显示“READY”，表示丰田普锐斯混合动力系统有故障，HV 系统不能正常工作。(　　)

2. 对混合动力 HV 系统进行检修时，只要断开系统高压电，就可以马上对其进行故障检修。(　　)

3. 根据丰田普锐斯第二代混合动力发动机系统电路可知，该曲轴位置传感器属于主动型传感器。(　　)

4. 若启动丰田普锐斯第二代混合动力发动机时，发现无油、无火，经检查，智能诊断仪Ⅱ显示有曲轴位置信号，仪表工作灯显示正常，在排除相关线路或电脑故障后，则最有可能的故障为 IG2 继电器。(　　)

5. 若变频器电压传感器线路断路，用智能诊断仪Ⅱ进行数据流诊断时，其读取的 VH 电压为 5V。(　　)

三、综合题

1. 试述丰田普锐斯混合动力汽车变速驱动桥主要部件及其作用。

2. 电动机驱动系统有哪些常见故障？如何检查？

任务3　混合动力汽车动力源检修

学习目标

1. 知识目标

(1) 认识HV蓄电池的系统部件组成。

(2) 了解HV蓄电池的控制功能。

(3) 熟悉HV蓄电池系统部件连接方式及安装位置。

(4) 掌握高压电源、低压电源转化方式及充、放电机理。

2. 能力目标

(1) 能区分高压、低压电源供电系统。

(2) 能"安全、规范"地拆检高压、低压电源系统。

(3) 能正确、规范地对HV蓄电池进行检测、维护。

(4) 能结合电源系统电路对混合动力车辆的电源电路进行检修。

相关知识

一、HV蓄电池

THS-Ⅱ车辆动力蓄电池采用密封式镍—氢(Ni-MH)电池，具有高比功率和使用寿命长的特点。混合动力系统通过控制充放电速度，使HV蓄电池保持恒定的荷电状态(SOC)，并监控HV蓄电池总成的状态，将此信息传送给HV控制ECU，同时控制蓄电池鼓风机电动机控制器，以保持HV蓄电池适当的温度。

(一) HV蓄电池主要组件介绍

HV蓄电池、蓄电池ECU和SMR(系统主继电器)集中在一个信号箱中，位于后座后的行李箱中，这样可更有效地使用车内空间，如图3-77所示。

THS-Ⅱ HV蓄电池由28个模块串联而成，每个模块由6个1V或2V的单节蓄电池串联而成，总共有168个单节蓄电池，由此可得到201.6V的高电压。通过这些内部改进，蓄电池具有结构紧凑、重量轻的特点。蓄电池之间为双电连接，使蓄电池的内电阻得以减小。

1. 检修塞。检修塞位于HV蓄电池第19到第20模块中间，如图3-78所示。其作用是在检查或维修高压电路时，切断HV电池中部的高压电路，以保证维修期间人员的安全。检修塞包括互锁的导线开关，将卡箍翻起，关闭导线开关，进而切断SMR。但是，为安全考虑，在拔下检修塞前一定要关闭点火开关。高压电路的主熔断丝位于检修塞总成的内部。

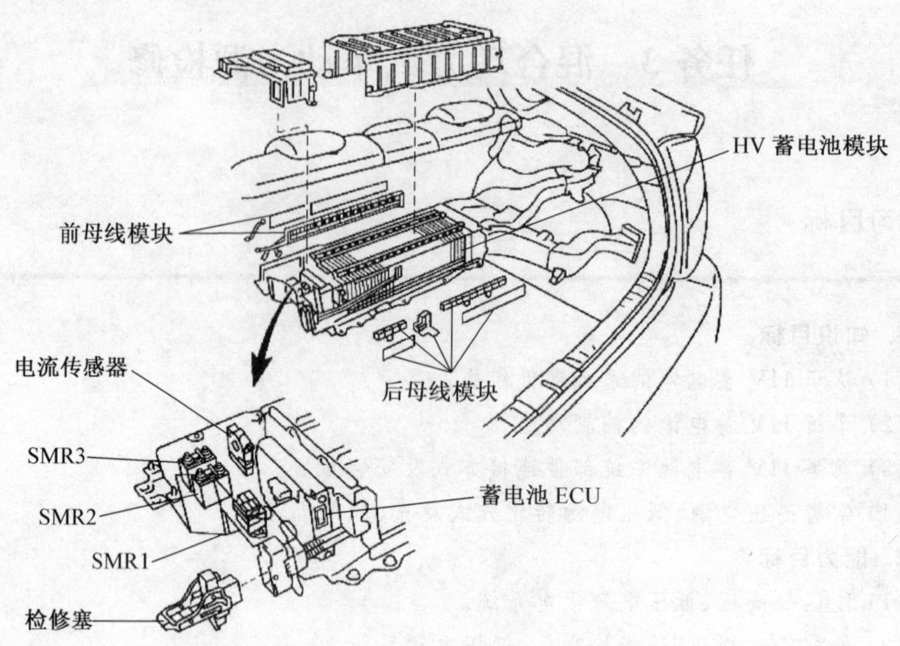

图 3-77 HV 蓄电池主要组件位置

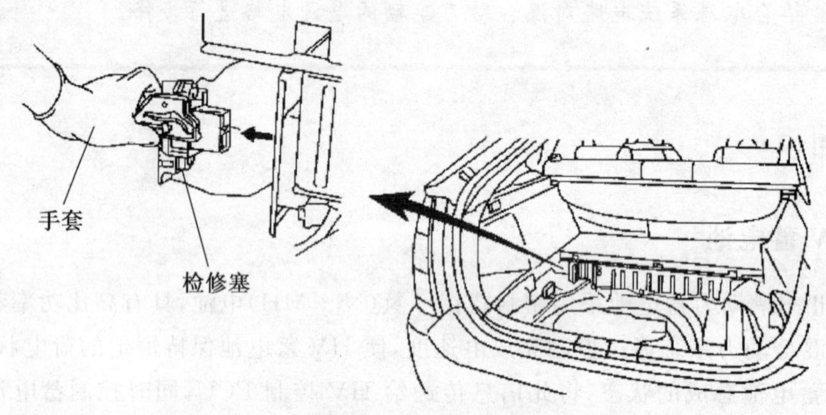

图 3-78 检修塞位置

2. HV 蓄电池冷却系统。充电/放电时，HV 蓄电池会散发热量，为保护蓄电池的性能及其正常工作，车辆为 HV 蓄电池配备了专用的冷却系统（图 3-79），通过蓄电池 ECU 控制冷却风扇工作帮助散热。

行李箱右侧的冷却风扇可以通过后排座椅右侧的进气口吸入车内空气（图 3-80），则从蓄电池顶部右侧进入的空气从上到下流经蓄电池 ECU 并将其冷却，然后空气流经排气管，最终排到车外。

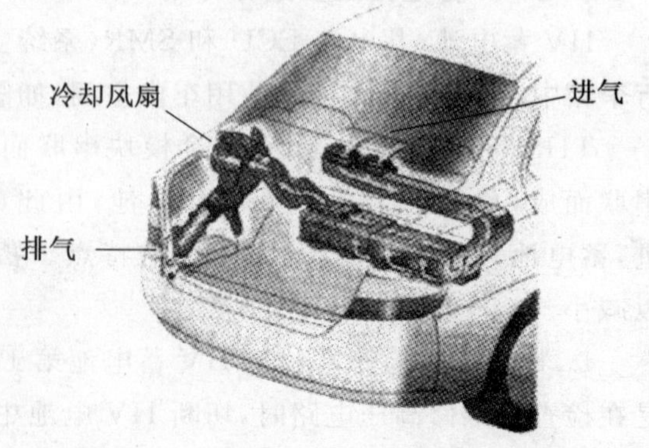

图 3-79 HV 蓄电池冷却系统结构简图

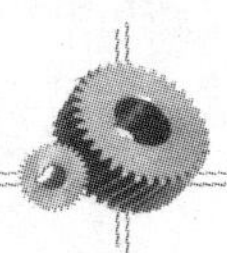

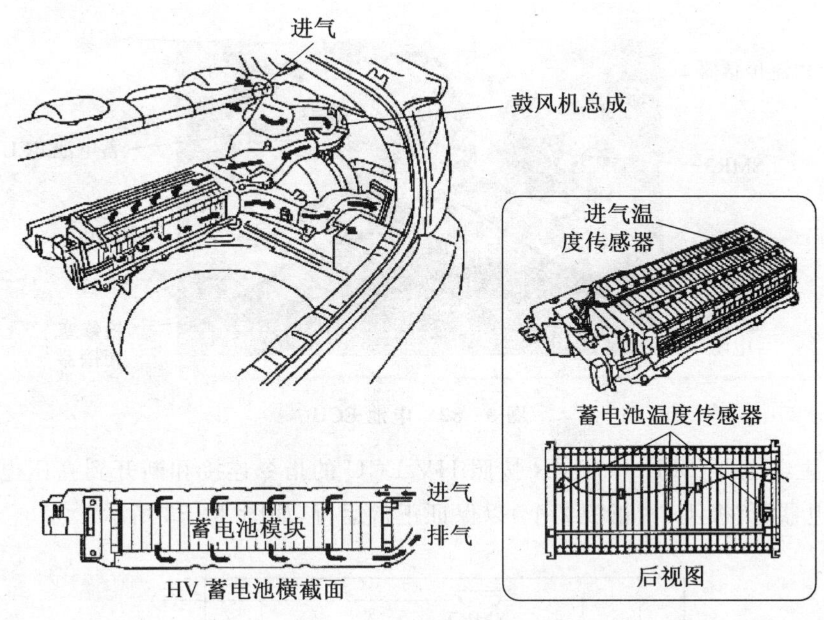

图 3-80 HV 蓄电池冷却系统功能简图

蓄电池 ECU 控制冷却风扇的工作，并根据 HV 蓄电池内部的 3 个蓄电池温度传感器和进气温度传感器给出的信号将 HV 蓄电池温度控制在合适的范围。

3. HV 镍—氢电池。由 6 个串联的 1.2V 电池构成一个模块，2004 年后出厂的普锐斯车上，28 个模块提供 201.6V 的额定电压(图 3-81)，其 HV 镍—氢电池的电极由多孔镍和金属氢氧化物组成。

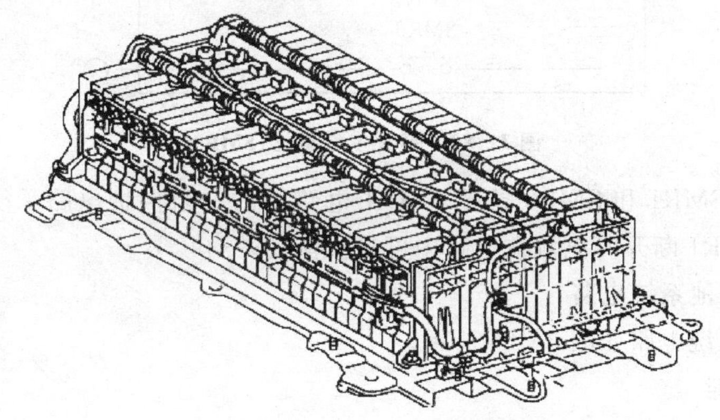

图 3-81 HV 镍—氢蓄电池

4. 电池管理系统。电池管理系统有下列功能(图 3-82)：

(1) 估计充放电电流，并向 HV ECU 发出充电和放电请求信息，以将 SOC(荷电状态)始终保持在中间水平。

(2) 估算在充放电期间产生的热量，调整冷却风扇，保持 HV 蓄电池有适当的温度。

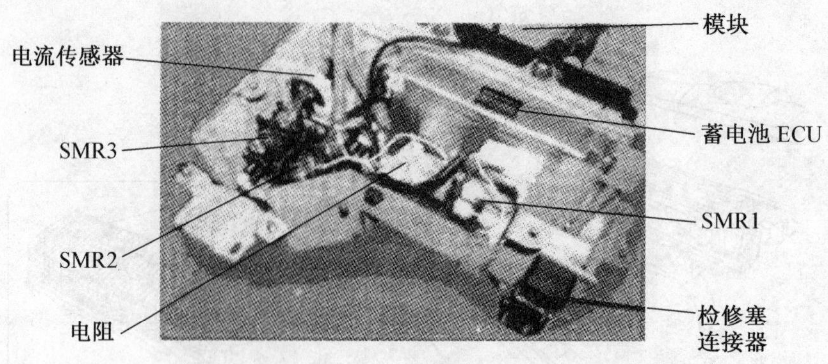

图 3-82　电池 ECU

5. 系统主继电器(SMR)。SMR 按照 HV ECU 的指令连接和断开到高压电路的动力，共有 3 个继电器(负极 1 个、正极 2 个)以保证正常运行，如图 3-83 所示。

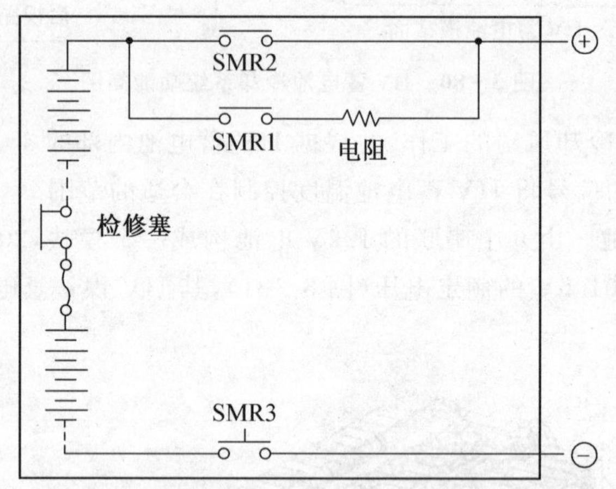

图 3-83　系统主继电器(SMR)

电路接通时，SMR1 和 SMR3 导通，SMR1 电路中的电阻保护电路承受过大初始电流，SMR2 导通和 SMR1 断开时电流在电路中可自由流动。

(二) HV 蓄电池系统电路

HV 蓄电池系统电路如图 3-84 所示。

(三) 控制功能

1. HV 蓄电池总成管理和安全保护功能。

(1) 在驾驶过程中，蓄电池总成加速时反复地放电，又通过减速恢复制动而被充电，蓄电池 ECU 根据电压、电流和温度测算 HV 蓄电池的 SOC(荷电状态)，然后将结果输送给控制 ECU，由 HV ECU 控制蓄电池 ECU 根据 SOC 执行充电/放电控制。

(2) 如果发生故障，则蓄电池 ECU 执行安全保护功能，依照故障程度保护 HV 蓄电池总成。

2. 蓄电池冷却风扇电动机控制。车辆行驶时，为了控制 HV 蓄电池总成温度的上升，蓄电池 ECU 按照 HV 蓄电池总成温度决定并控制蓄电池冷却风扇总成的操作模式。

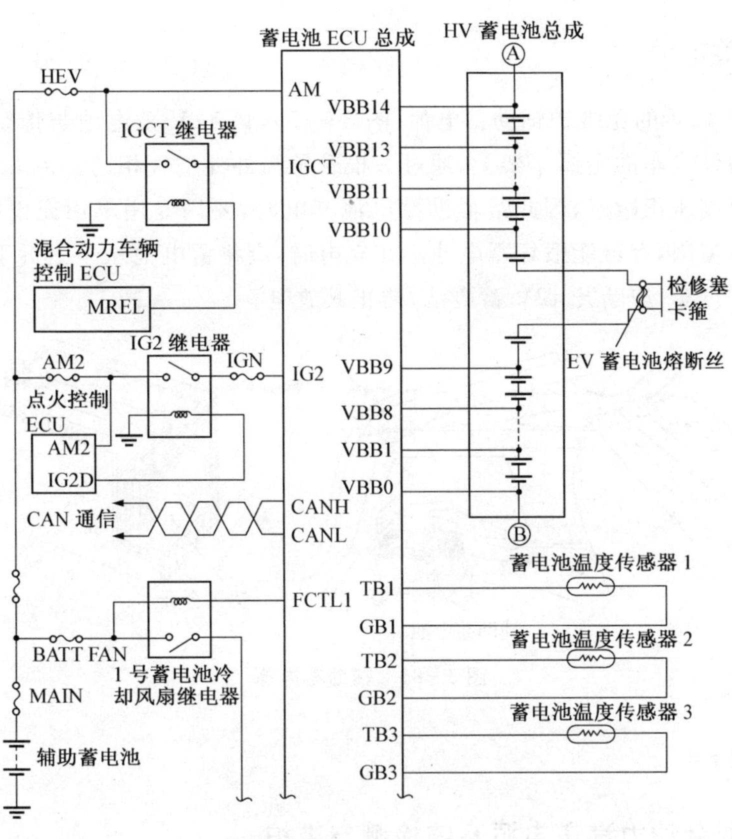

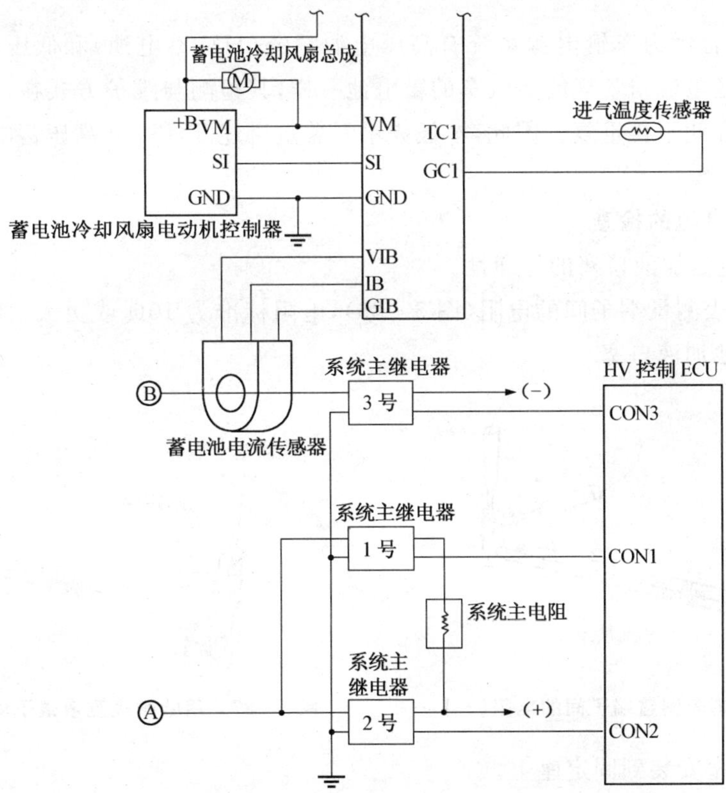

图3－84　HV蓄电池系统电路

二、辅助蓄电池

普锐斯采用12V的免维护辅助蓄电池(图3-85),该12V蓄电池与传统汽车蓄电池类似。蓄电池接地到汽车的金属车架上,通过一根管子与外界空气相通。

该蓄电池对高压很敏感,因此给辅助蓄电池充电时,要用专用丰田充电机,普通充电器没有专用的电压控制,有可能毁坏蓄电池。在充电时,应将蓄电池从车上拆下。如果需2周以上时间不使用汽车,应断开12V蓄电池,防止其放电。

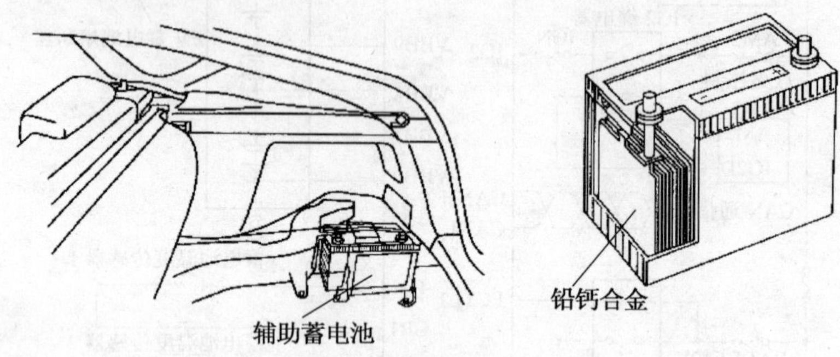

图3-85 辅助蓄电池

任务实施

一、丰田混合动力汽车电源系统检测与维护

THS-Ⅱ混合动力车辆电源系统有高压电源系统(HV蓄电池)和低压电源系统(辅助蓄电池)。辅助蓄电池与常规能源汽车的蓄电池一样,其检测与维护方式在汽车电器课程中已讲述得很多,在此不再重复。因此,本任务单元着重讲述THS-Ⅱ高压蓄电池的检测与维护方式。

(一) HV蓄电池的检查

1. 检查蓄电池加液口塞的导通性。

(1) 用欧姆表测量端子间的电阻(图3-86),电阻标准为10Ω或更大,如果不符合标准值,则更换蓄电池加液口塞。

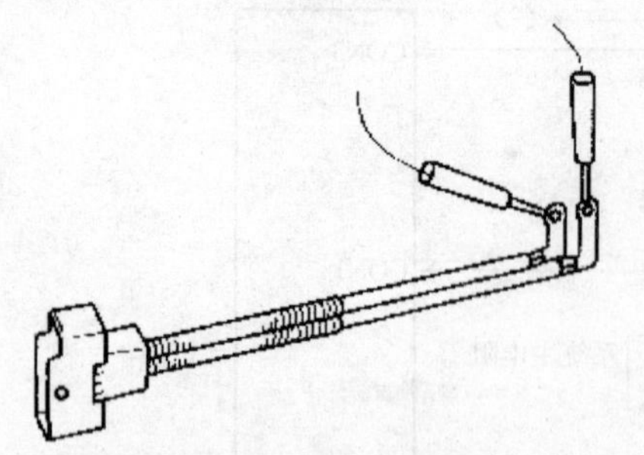

图3-86 用欧姆表测量端子间的电阻(一)

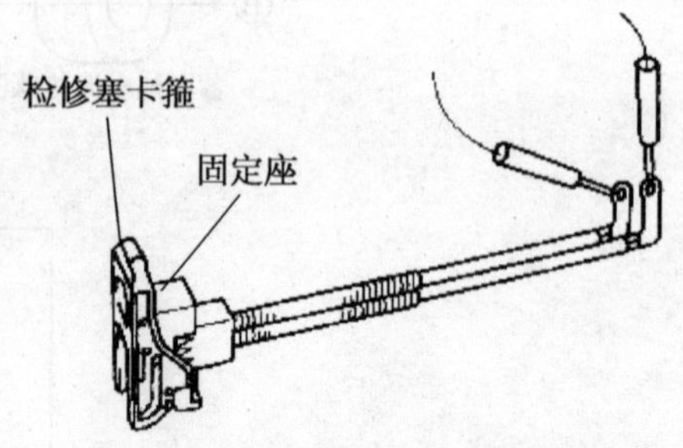

图3-87 用欧姆表测量端子间的电阻(二)

(2) 将检修塞安装到固定座上。

(3) 用欧姆表测量端子间的电阻(图3-87),电阻标准为小于1kΩ,如果不符合标准值,

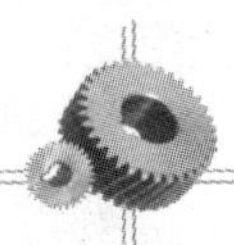

则更换蓄电池加液口塞。

2. 检查1号系统主继电器。主继电器连接器B和C形状相同，通过端子一侧的线束长度(L)和线束颜色来区分每一个连接器，如图3-88所示，线束长度和颜色见表3-20。

表3-20　1号系统主继电器线束长度和颜色

连接器	线束长度(L)	线束颜色
B	短	黄色
C	长	黑色

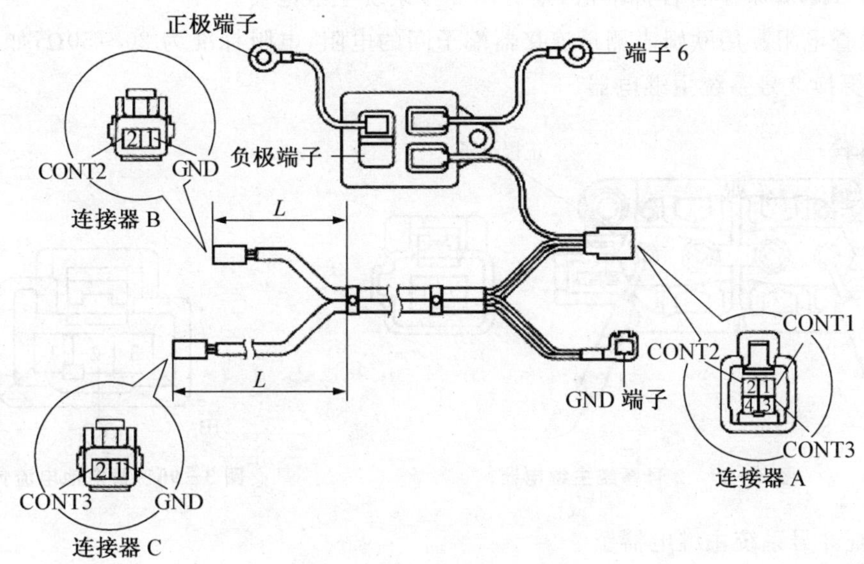

图3-88　主继电器的连接器

(1) 检查导通性。

① 用欧姆表测量连接器间的电阻(表3-21)，如果不符合标准值，则更换1号系统主继电器。

② 在正极和负极端子间提供电压，然后用欧姆表测量端子6和连接器A(CONTI)间的电阻，电阻标准为小于1Ω，如果不符合标准值，则更换1号系统主继电器。

表3-21　连接器间的电阻标准

测量连接器	规定条件
正极端子—负极端子	10kΩ或更大
A(CONT2)—GND	小于1Ω
A(CONT3)—GND	小于1Ω
端子B(GND)—GND	小于1Ω
端子C(GND)—GND	小于1Ω

(2) 检查电阻。用欧姆表测量端子 6 和连接器 A(CONT 1)间的电阻,电阻标准为 70～160Ω,如果不符合标准值,则更换 1 号系统主继电器。

3. 检查 2 号系统主继电器。

(1) 将 2 个螺母安装到负极和正极端子,扭矩为 5.6 N·m。

(2) 检查导通性。

① 用欧姆表测量正极和负极端子间的电阻,电阻标准为 10kΩ 或更大,如果不符合标准值,则更换 2 号系统主继电器。

② 在连接器端子间加蓄电池电压,然后用欧姆表测量正极和负极端子间的电阻,电阻标准应小于 1Ω,如果不符合标准值,则更换 2 号系统主继电器。

(3) 检查电阻。用欧姆表测量连接器端子间的电阻,电阻标准为 20～50Ω,如果不符合标准值,则更换 2 号系统主继电器。

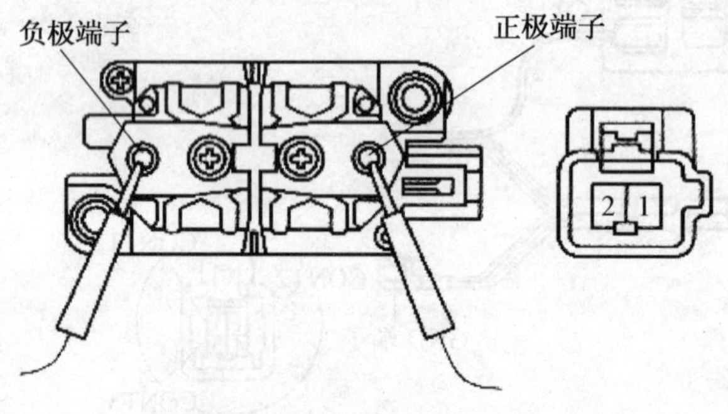

图 3-89　2 号系统主继电器

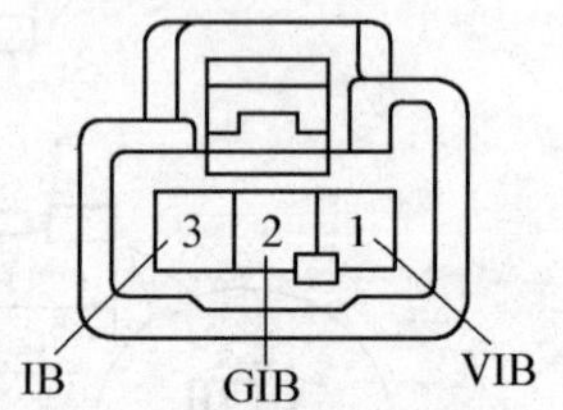

图 3-90　蓄电池电流传感器

4. 检查 3 号系统主继电器。

(1) 将螺母安装到负极和正极端子上,扭矩为 5.6N·m。

(2) 检查导通性。

① 用欧姆表测量正极和负极端子间的电阻,电阻标准为 10kΩ 或更大,如果不符合标准值,则更换 3 号系统主继电器。

② 在连接器端子间加蓄电池电压,然后用欧姆表测量正极和负极端子间的电阻,电阻标准为小于 1Ω,如果不符合标准值,则更换 3 号系统主继电器。

(3) 检查电阻。用欧姆表测量连接器端子间的电阻,电阻标准为 20～50Ω,如果不符合标准值,则更换 3 号系统主继电器。

5. 检查蓄电池电流传感器的电阻。

(1) 用欧姆表测量端子 1(VIB)和端子 2(GIB)间的电阻(图 3-90),两端子的电阻标准见表 3-22,如果不符合标准值,则更换蓄电池电流传感器。

表 3-22　端子 1(VIB)和端子 2(GIB)间的电阻标准

测试仪连接	规定条件	测试仪连接	规定条件
正极探针到端子 1(VIB) 负极探针到端子 2(GIB)	3.5～4.5kΩ	正极探针到端子 2(GIB) 负极探针到端子 1(VIB)	5～7kΩ

(2) 用欧姆表测量端子 1(VIB)和端子 3(IB)间的电阻(表 3-23),如果不符合标准值,则更换蓄电池电流传感器。

表 3-23 端子 1(VIB)和端子 3(IB)间的电阻标准

测试仪连接	规定条件	测试仪连接	规定条件
正极探针到端子 1(VIB) 负极探针到端子 3(IB)	3.5～4.5kΩ	正极探针到端子 3(IB) 负极探针到端子 1(VIB)	5～7kΩ

(3) 用欧姆表测量端子 2(GIB)和端子 3(IB)间的电阻,电阻标准为 0.2kΩ 或更小。

① 即使探针变换位置,电阻也不变。

② 如果不符合标准值,则更换蓄电池电流传感器。

6. 检查系统主继电器。用欧姆表测量端子间的电阻(图 3-91),电阻标准为 18～22Ω,如果不符合标准值,则更换系统主继电器。

7. 检查 1 号蓄电池冷却风扇继电器。用欧姆表测量端子间的电阻(图 3-92),端子间的电阻标准见表 3-24,如果不符合标准值,则更换 1 号蓄电池冷却风扇继电器。

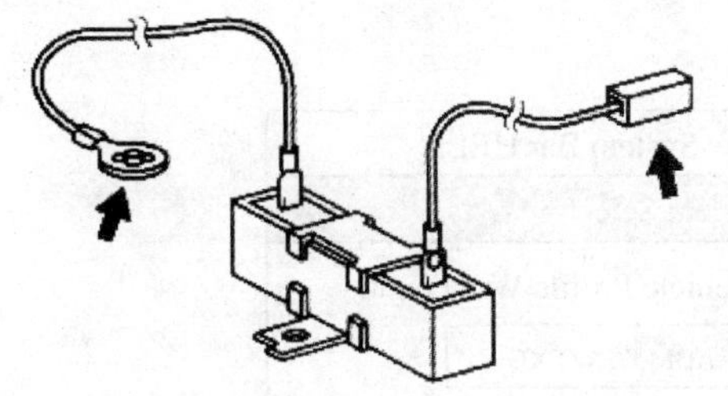

图 3-91 系统主继电器端子

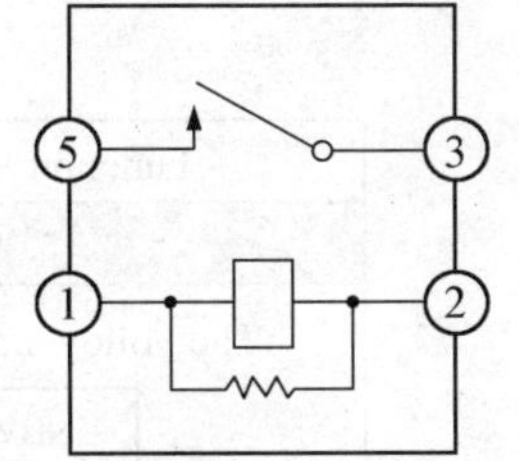

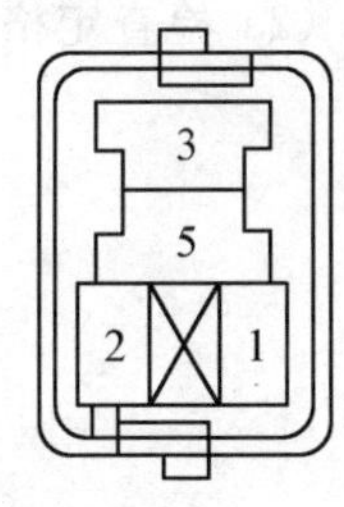

图 3-92 1 号蓄电池冷却风扇继电器

表 3-24 1 号蓄电池冷却风扇继电器端子间的电阻标准

测试仪连接	规定条件
3—5	10kΩ 或更大
3—5	小于 1Ω(将蓄电池电压加到端子 1 和端子 2 上)

(二) 蓄电池自诊断系统

蓄电池 ECU 有一个自我诊断系统,如果计算机、HV 蓄电池系统或组件工作异常,则 ECU 诊断出不正确的操作以便检查故障,并在点亮复式显示器上的 HV 系统警告灯的同时点亮组合仪表上的主警告灯。

当 HV 蓄电池系统存在故障时主警告灯亮,而在检查模式下主警告灯闪烁,这时需要将智能测试仪Ⅱ连接到车辆上,并读取输出的各种数据。当计算机检测到计算机本身或驱动系统故障时,车载计算机点亮仪表板上的检查警告灯(CHK ENG)。另外,相对应的诊断代码(DTC)被记录在蓄电池 ECU 存储器。

如果没有再出现故障,当断开电源开关时,则 CHK ENG 灯将会熄灭,但是 DTC 仍然存储在蓄电池 ECU 存储器中。为了检查 DTC,将智能测试仪Ⅱ连接到数据线路连接器 3(DLC3)上,也可用智能测试仪Ⅱ清除 DTC,并检查 HV 蓄电池的定格数据。

1. 检查辅助蓄电池。测量辅助蓄电池电压，电压标准应为 11～14V；检查辅助蓄电池、熔断丝、保险熔丝、线束、连接器和接地情况。

2. 检查 CHK ENG 灯。

(1) 当打开电源开关或断开“READY”灯时，CHK ENG 灯点亮；如果 CHK ENG 灯没有亮，则对 CHK ENG 电路进行故障排除。

(2) 当接通“READY”灯时，CHK ENG 灯应该熄灭；如果 CHK ENG 灯仍然点亮，则诊断系统已检测到系统异常。

3. DTC 检查/清除。

(1) 检查 DTC(HV 蓄电池系统)。

① 将智能测试仪Ⅱ连接至 DLC3。

② 打开电源开关(在“IG”位置)。

③ 打开智能测试仪Ⅱ。

④ 在系统选择屏幕上进入以下菜单：Powertrain/HV Battery/DTC。读取 HV 蓄电池系统的 DTC，如图 3－93 所示。

(2) 检查定格数据。

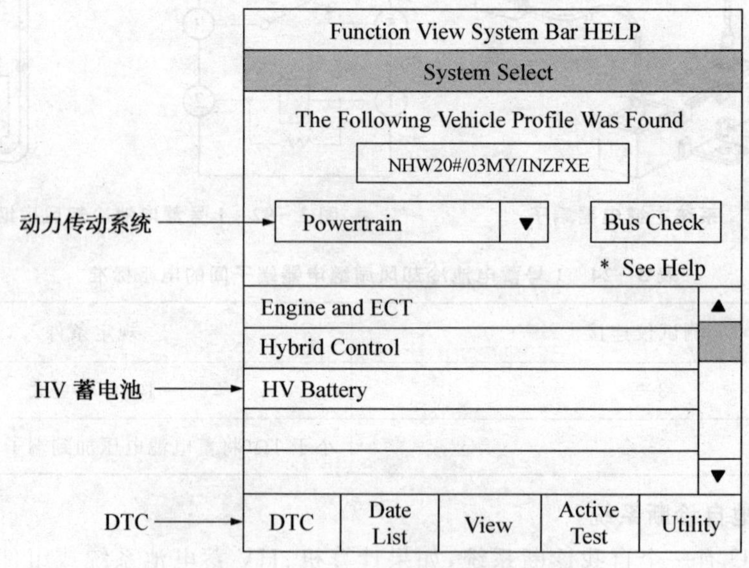

图 3－93 系统选择屏幕

① 如果出现 DTC，则选择该 DTC 以显示它的定格数据，如图 3－94 所示。

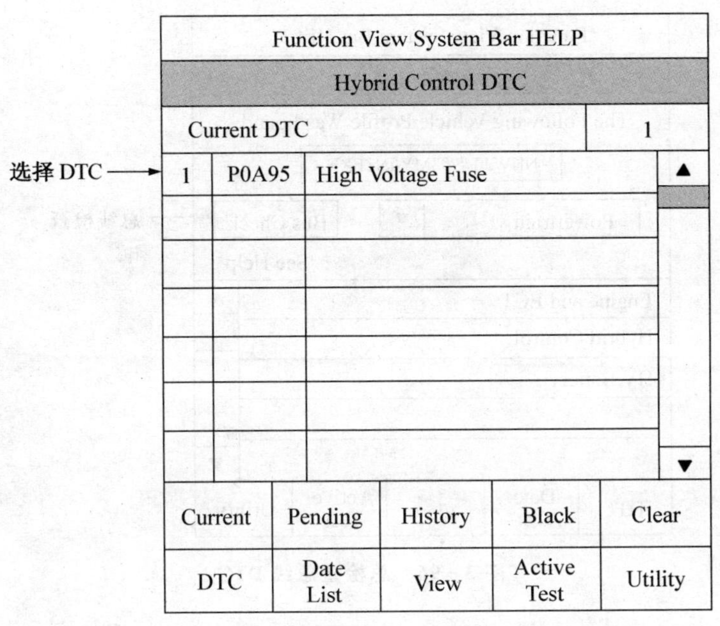

图 3-94　显示定格数据

② 在进行 DTC 检测时，读取记录的定格数据，如图 3-95 所示。

(3) 检查 DTC(总线)。

① 在系统选择屏幕上选择“Bus Check”，如图 3-96 所示。

② 在 Bus Check 屏幕上选择“Communication Malfunction DTC”，以便读取通信故障 DTC，如图 3-97 所示。除了出现其他 DTC 外，如果还出现 CAN 通信系统 DTC，则首先进行 CAN 通信的故障排除。

Function View System Bar HELP		
Hybrid Control Date List		
P0A95	High Voltage Fuse	
Parametre	Value	Units
Battery State of Charge	52.1	%
Delta SOC	50	%
Batt Pack Current Val	0.00	A
Discharge Control Power	21.00	kW
VMF Fan Motor Voltage	0.00	V
Auxiliary Bettery Vol	17.39	V
		Exit
DTC / Date List	View / Active Test	Utility

图 3-95　读取记录的定格数据

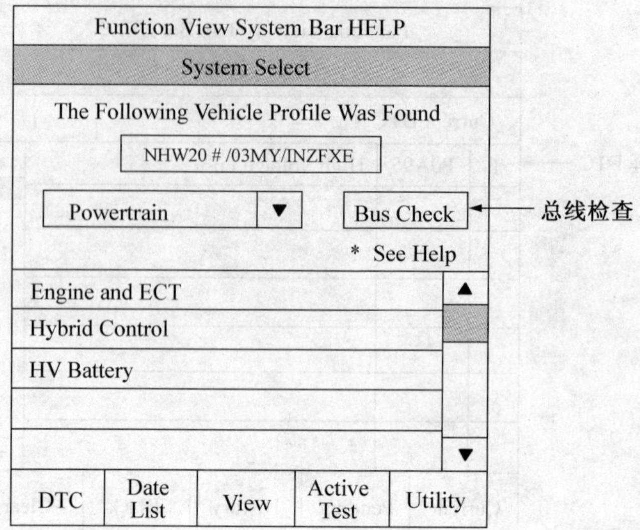

图 3-96 总检查总线 DTC

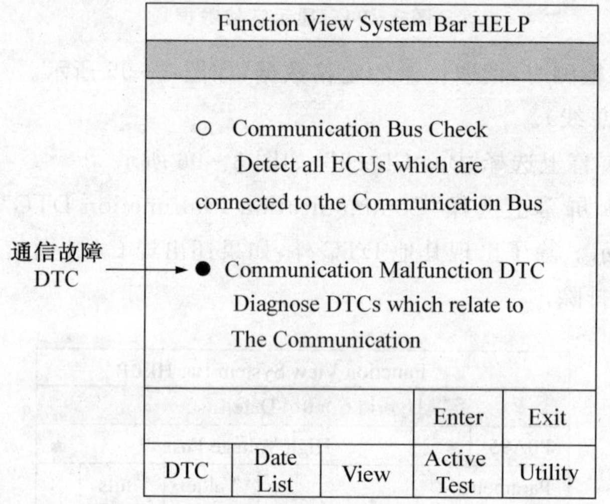

图 3-97 读取通信故障 DTC

(4) 检查 DTC(除 HV 蓄电池外的系统)。蓄电池 ECU 保持与 ECM、HV 控制 ECU 和其他设备在内的计算机之间的通信,如果蓄电池 ECU 输出一个警告,则有必要检查并记录所有系统的 DTC。

① 在系统选择屏幕上进入以下菜单:Utility/All Codes,如图 3-98 所示。

② 如果出现 DTC,则检查相关的系统。

(5) 清除 DTC。

① 将智能测试仪Ⅱ连接至 DLC3。

② 打开电源开关(在“IG”位置)。

③ 打开智能测试仪Ⅱ。

④ 检查换挡杆是否在“P”挡。

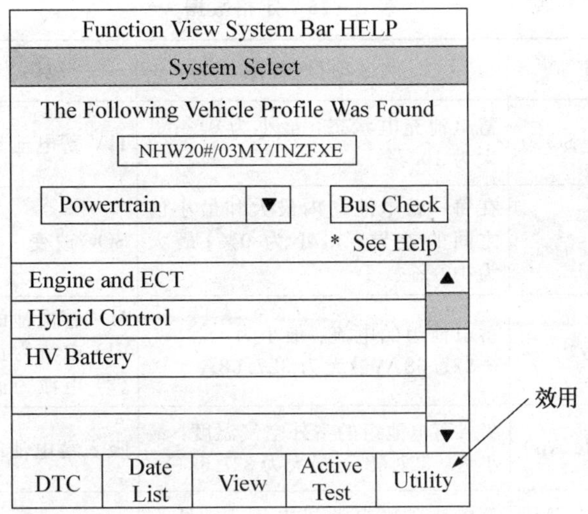

图 3-98 进入 Utility/All Codes 菜单

⑤ 显示 HV Battery/DTC 屏幕并按下屏幕右下的清除键，如图 3-99 所示。

注意：清除 DTC 也会清除定格数据。

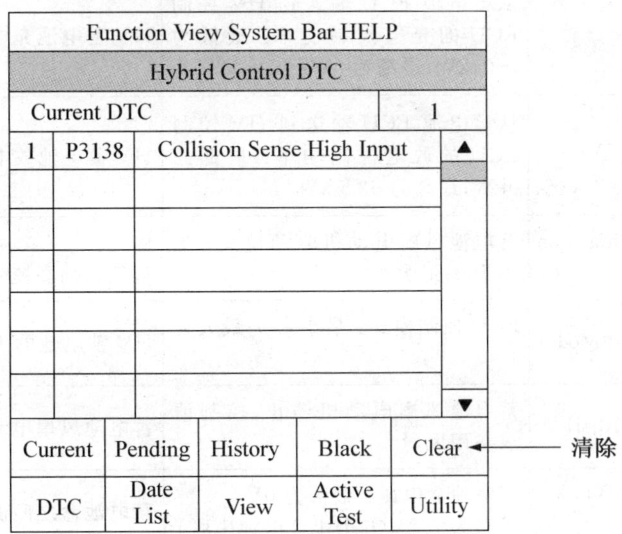

图 3-99 HV Battery/DTC 屏幕

4. 定格数据。定格数据记录了检测 DTC 时 HV 蓄电池系统和组件的工作状态，它有利于确定或模拟故障发生车辆的状态。检测定格数据的步骤：

(1) 将智能测试仪Ⅱ连接至 DLC3。

(2) 打开电源开关(在“IG”位置)。

(3) 打开智能测试仪Ⅱ。

(4) 在系统选择屏幕上进入以下菜单：Powertrain/HV Battery/DTC。

(5) 选择 DTC，以便显示它的定格数据。

(6) 检查已经检测到的 DTC 的定格数据，见表 3－25。

表 3－25　定格数据

智能测试仪Ⅱ显示(缩写)	测试项目/范围	故障出现时车辆可疑状态
蓄电池充电状态(Battery SOC)	蓄电池充电状态：最小为 0%；最大为 100%	HV 蓄电池充电状态
SOC 变化量(Delta SOC)	在每一蓄电池盒内最大和最小值之间的差异：最小为 0%；最大为 100%	SOC 改变
蓄电池组电流(IB Battery)	蓄电池组的电流：最小为－327.68A；最大为 327.68A	HV 蓄电池的充电和放电条件： (1) 电流为正时放电 (2) 电流为负时充电
吸入空气温度(Batt Inside Air)	吸入蓄电池组的室外空气温度：最小为－327.68℃；最大为 327.68℃	吸入蓄电池组的室外空气温度
VMF 风扇电动机电压(VMF Fan Voltage)	蓄电池风扇电动机电压：最低为 0V；最高为 25.4V	蓄电池风扇电动机的转动条件
辅助蓄电池电压(Aux Batt Vol)	辅助蓄电池电压：最低为 110V；最高为 14.1V	辅助蓄电池状态
充电控制数值(W_{IN})	从蓄电池 ECU 输送到 HV 控制 ECU 的充电控制功率：最低为－64kW；最高为 0kW	HV 蓄电池充电功率
放电控制数值(W_{OUT})	从蓄电池 ECU 输送到 HV 控制 ECU 的放电控制功率：最低为 0kW；最高为 63.5kW	HV 蓄电池放电功率
冷却风扇模式(Cooling Fan Spd)	蓄电池风扇电动机驱动模式：最小为 0；最大为 6	停止：0 从低速向高速转动：1～6
ECU 控制模式(ECU Ctrl Mode)	ECU 控制模式：最小为 0；最大为 4	HV 蓄电池的工作状态
备用风扇请求(SBL W Rqsi)	蓄电池风扇电动机停止，控制请求备用风扇	蓄电池风扇电动机出现停止控制
蓄电池盒电压 V01 - V14(V1 to V14 Batt Block)	蓄电池盒电压：最低为 0V； 最高为 7.2V(6 个 1.2 电池串联)	蓄电池盒之间的电压改变

5. DATA LIST/ACTIVE TEST(数据表/动态测试)。

(1) DATA LIST(数据表)。测量数据的环境和车辆的使用年限的差异导致所测数值有微小差异，也会导致 DATA(数据表)发生很大改变，所以确定的标准或判断值是没有的，即使测量数值在参考范围之内，也可能存在故障。

在复杂症状下，应在相同的条件下收集同一车型的另一车辆的样本数据，以此通过 DATA LIST(数据表)的全部项目相比较，得到一个全面的判断。

使用智能测试仪Ⅱ显示的 DATA LIST(数据表)，不用拆下零件，也可以读取开关、传感器等数据。读取 DATA LIST(数据表)作为故障排除的第一步是减少诊断时间的一种方式，

其数据表的含义见表3-26。

表3-26　DATA LIST(数据表)

智能测试仪Ⅱ显示(缩写)	测量项目/范围(显示)	参考范围
蓄电池组电流(IB Battery)	蓄电池组的电流：最小为-327.68A;最大为327.68A	发动机停机后立即满载加速：电流最大为140A(车内温度)"P"挡发动机自动启动,然后换到"N"挡位1s后,发动起停止,前照灯点亮,空调风扇高速运转,READY灯点亮：此时电流最大为30A
辅助蓄电池电压(Aux Batt V)	辅助蓄电池电压：最低为0V;最高为25.4V	与辅助蓄电池电压相等
充电控制数值(W_{IN})	从蓄电池ECU输送到HV控制ECU的充电控制的功率：最小为-64kW;最大为0kW	-25kW或更大
放电控制数值(W_{OUT})	从蓄电池ECU输送到HV控制ECU的放电控制的功率：最小为0kW;最大为63.5kW	21kW或更小
冷却风扇模式(Cool Fan Spd)	蓄电池鼓风机电动机转动模式：最小为0;最大为6	停止：0 从低速向高速转动1～6
ECU控制模式(ECU Ctrl Mode)	ECU控制模式：最小为0;最大为4	—
备用风扇请求(SBL W Rqsi)	蓄电池风扇电动机停止控制,请求备用风扇	ON/OFF
蓄电池电压(Batt Block Min V)	蓄电池电压：最小为0V;最大为7.2V	SOC55%～60%：12V或更高
储存DTC(DTC)	储存DTC号：最小为0;最大为255	—

① 将智能测试仪Ⅱ连接至DLC3。

② 打开电源开关(在"IG"位置)。

③ 打开智能测试仪Ⅱ。

④ 在系统选择屏幕上进入以下菜单：Powertrain/HV Battery/Data List。

⑤ 根据智能测试仪的显示,读取DATA LIST(数据表)。

(2) ACTIVE TEST(动态测试)。在ACTIVE TEST(动态测试)中,注意如果智能测试仪Ⅱ的连接器断开或发生通信故障,将不工作(READY灯不亮)。

使用智能测试仪Ⅱ进行ACTIVE TEST(动态测试)时,不用拆下零件便可以操作继电器、执行器等设备。动态测试的步骤：

① 将智能测试仪Ⅱ连接至DLC3。

② 打开电源开关(在"IG"位置)。

③ 打开智能测试仪Ⅱ。

④ 在系统选择屏幕上进入以下菜单：Powertrain/HV Battery/Active Test。

⑤ 根据测试仪的显示，进行 ACTIVE TEST(动态测试)，见表 3－27 所示。

表 3－27　ACTIVE TEST(动态测试)

智能测试仪Ⅱ显示(缩写)	目　　的	测试内容	测试条件
驱动蓄电池冷却风扇(Cooling Fan Spd)	为了检查工作情况和蓄电池风扇电动机的转速	在模式 0 蓄电池风扇电动机停止，或在模式 1～6 蓄电池风扇电动机工作	检测到 DTC 时，故障发生

(三) HV 蓄电池的维护

1. 动力电池的内阻检查。动力电池的内阻根据电池单元种类的不同而有所不同，但基本在一个数量级范围内。以镍—氢电池电源为例，其内阻一般在 20～30mΩ 之间，当内阻超过 80mΩ，需要对动力电池做均衡充电处理或活化处理。动力电池的内阻增大，必然伴随实际输出能量的降低，从而表现为动力电池的容量减小。

测试动力电池的内阻是否增大，决不可用万用表的电阻挡直接测量，应采用间接测量计算的方法。实际测量时可用简单方法判断动力电池的内阻是否增大，即用一组正常动力电池和一组被测动力电池做串联充电，在充电过程中同时测量对比两组动力电池的端电压，内阻增大的动力电池获得的充电电压比正常动力电池高，充电电压差别的大小反映出内阻差别的程度。

目前使用的动力电池一般为免维护密封式电池组，设计寿命一般为 5 年，寿命较长的是 10 年或 15 年。设计寿命是在动力电池生产厂家要求的标准测试环境下才能达到的。影响动力电池寿命的最主要因素是工作环境温度，一般动力电池生产厂家要求其使用的环境在 15℃～25℃之间。随着温度的升高，动力电池的放电能力提高，一般在 30%以内，代价却是动力电池寿命大大缩短。实验证明，环境的温度一旦超过 25℃，温度每升高 10%，动力电池寿命缩短 1/2。例如，动力电池的寿命为 5 年，环境的温度若在 35℃，那么动力电池的寿命就只有 2.5 年；如温度再升高 10%达到 45℃，动力电池的寿命只有 1.25 年，甚至更短。另外，要想提高动力电池的使用寿命，还必须严格遵循充电电流不能超过动力电池允许的最大充电电流的原则。

2. 动力电池安装。动力电池应尽可能安装在清洁、阴凉、通风、干燥的地方并避免受到阳光直射，远离加热器或其他辐射热源。动力电池应当正立安装，不可倾斜。动力电池组间应有通风措施，以避免因动力电池损坏所产生的可燃气体引起爆炸和燃烧。因动力电池在充放电时都会产生热量，所以动力电池组间的间距一般大于 50mm，以便使动力电池散热良好。同时，动力电池连线应符合放电电流的要求，对于并联的动力电池组连线，其阻抗应相等，不使用过细或过长连线用于动力电池和负荷的连接，以避免电流在传导过程中在线路上损耗和产生热量，给动力电源系统的安全运行留下隐患。

动力电池安装或更新不能采用新老结合的组合方式，而应全部采用新动力电池或全部采用原同一组的旧动力电池，以避免新老动力电池电源工作状态之间不平衡，影响所有动力电池的使用寿命及效能。对于不同容量的动力电池，绝对不可以在同一组中串联使用。

一般情况下，新的动力电池在安装完毕后，要进行一次较长时间的充电，即按额定容量1/10的电流来进行初充电。动力电池放电终了可进行再充电，即正常充电。

3. 动力电池搁置与放电。尽量避免使动力电池长期搁置不用或使动力电池长期处于浮充状态而不放电。若动力电池长期不用，则动力电池长时间自放电而能量得不到补充，或动力电池过度放电都会使动力电池“硫化”，所以对长期搁置不用的动力电池必须每隔一定的时间充电一次，已达到激活动力电池的目的，尽可能恢复动力电池原有的容量。

同样，对于不经常使用的动力电池系统，也应该每隔一定周期使动力电池人为放电一次，但不要完全放电，放电的幅度控制在30%～50%之间，然后再次充电。这样操作有利于延长动力电池的使用寿命及保证动力电池可供实际使用的容量处于接近动力电池标称容量的状态。

在实际使用中，随着动力电池使用时间的延长，总有部分动力电池电源的充放电性能减弱，进入恶化状态。因此，应定期对每个动力电池单元做充放电测量，检查动力电池的蓄电能力和充放电特性，对不合格的动力电池坚决给予更换，更不应将其与其他的动力电池混合使用，以影响其他动力电池的性能。

4. 动力电池的日常维护。在动力电池的日常维护工作中，要做到日常管理的周到、细致和规范性，保证设备(包括主机设备)处于良好的运行状况，从而延长其使用年限；保证直流母线上的电压和动力电池处于正常运行范围；保证动力电池运行和人员的安全，这就是动力电池维护的目的，也是动力电池运行规程中的内容。

在正常情况下，动力电池工作在反复的充放电状态，但并不是每次都能达到理想的充放电条件，这种情况下至少应每年进行一次完全充放电。放电前应先对动力电池组进行均衡充电，以达到全组动力电池的均衡。在放电前要清楚动力电池组中已存在的落后动力电池单元，放电过程中如有一只达到放电终止电压时，应停止放电，避免落后的动力电池单元再继续放电。

二、丰田混合动力汽车电源系统故障诊断

电源系统电压故障的DTC为P0560，见表3－28。

表3－28　DTC含义

DTC	DTC检测条件	故障可能发生部位
P0560	当向端子IGCT供电时，辅助蓄电池电源系统开路	(1) 线束或连接器 (2) HEV熔断丝 (3) 蓄电池ECU

1. 电路简介。蓄电池电源恒定地向蓄电池ECU的AM端子供电，以此达到保持存储器内的DTC和定格数据。若电源开关断开时，该电压可以作为一个辅助电压，如图3－100所示。

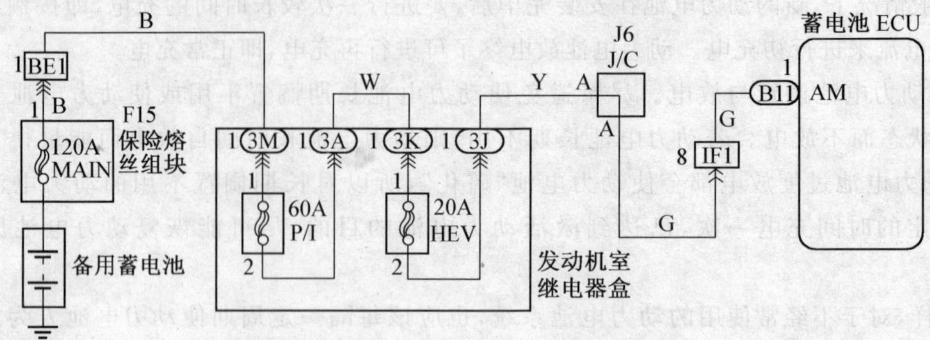

图 3-100　蓄电池电源电路

2. 诊断步骤。

(1) 检查熔断丝(HEV 20A)。

① 从发动机室继电器盒上拆下 HEV 熔断丝。

② 检查 HEV 熔断丝电阻,电阻标准应小于 1Ω。

③ 重新安装 HEV 熔断丝。

若异常,进行步骤(3)。

(2) 检查线束和连接器(蓄电池 ECU—辅助蓄电池)。

① 断开负极辅助蓄电池端子。

② 断开正极辅助蓄电池端子。

③ 从发动机室继电器盒上拆下 HEV 熔断丝,如图 3-101 所示。

④ 断开 B11 蓄电池 ECU 连接器,如图 3-102 所示。

⑤ 检查线束侧连接器间的电阻,连接器间的开路检查电阻见表 3-29。

使用测试仪测量时,不要对测试仪探针施加过大的力,以免损坏保持架。

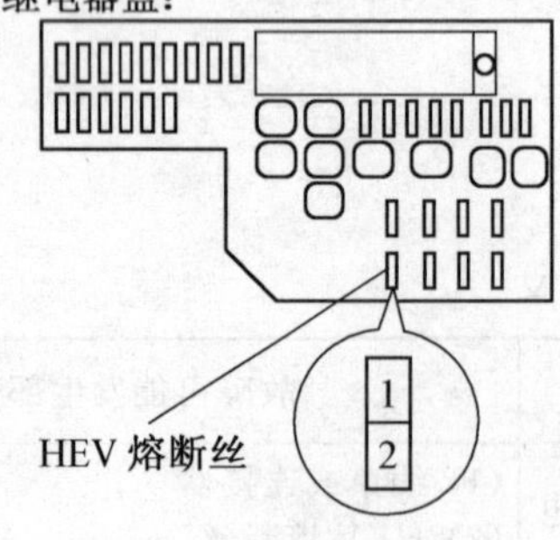

图 3-101　HEV 熔断丝

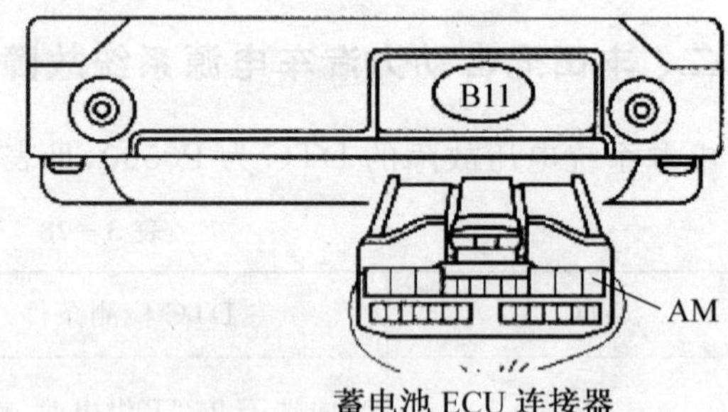

图 3-102　断开蓄电池 ECU 连接器

表 3-29　连接器间的电阻标准(开路检查)

测试仪连接	规定条件
AM(B11-1)—HEV 熔断丝(2)	小于 1Ω

⑥ 检查线束侧连接器间的短路检查电阻,见表 3-30。

表 3-30　连接器间的电阻标准(短路检查)

测试仪连接	规定条件
HEV 熔断丝(1)—正极备用蓄电池端子	小于 1Ω

⑦ 重新连接蓄电池 ECU 连接器。

⑧ 重新安装 HEV 熔断丝。

⑨ 重新连接辅助蓄电池的正极端子,如图 3-103 所示。

⑩ 重新连接辅助蓄电池负极的端子。

若异常,检查并修理连接器连接部分。

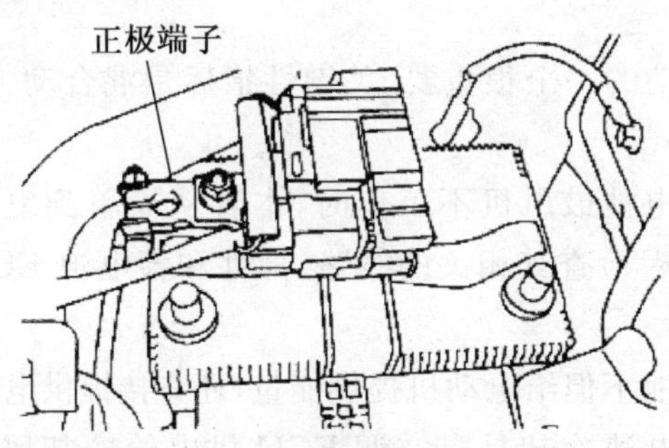

图 3-103　辅助蓄电池正极端子

(3) 检查线束和连接器(蓄电池 ECU—HEV 熔断丝)。

① 从发动机室继电器盒上拆下 HEV 熔断丝,如图 3-101 所示。

② 断开 B11 蓄电池 ECU 连接器,如图 3-102 所示。

③ 检查线束侧连接器和车身接地间的电阻,见表 3-31。使用测试仪测量时,不要对测试仪探针施加过大的力,避免损坏保持架。

表 3-31　连接器和车身接地间的电阻标准(短路检查)

测试仪连接	规定条件
AM(B11-1)或 HEV 熔断丝(2)—车身接地	10Ω 或更大

④ 重新连接蓄电池 ECU 连接器。

⑤ 重新安装 HEV 熔断丝。若异常,修理或更换线束或连接器后,再更换熔断丝(HEV 20A);若正常,更换熔断丝(HEV 20A)。

任务小结

混合动力车辆电源系统有高压供电系统和低压供电系统,为了便于识别、检修,用不同颜色的线束进行区分。其中,高压供电系统用于驱动电动机、空调压缩机等高压用电系统;低压供电系统与普通汽油车电路相同,用于发动机相关用电部件、灯光、雨刮、喇叭等低压用电系统。本任务单元对 THS-Ⅱ车辆电源系统进行了系统化讲解,首先介绍了 HV 动力电池系统部件的组成、相互连接关系及部件位置;然后对其系统部件的控制功能进行了介绍;接着分析了 HV 动力电池的电路；最后重点介绍了 HV 电池的性能检测、维护、系统检查与自诊断系统，并以典型的案例为切入口，对 HV 电源系统从机械、电路、电控方面进行了分析与诊断。

习　题

一、填空题

1. THS－Ⅱ车辆动力电池由 28 个模块________而成，从而得到 201.6V 的高压电。

2. THS－Ⅱ车辆靠________和________传感器给出的信号传输给蓄电池 ECU，从而将 HV 蓄电池温度控制在合适的范围。

3. HV 蓄电池 ECU 实时检测、监控蓄电池________、________和________，从而控制其充、放电。

4. 发动机能否参与驱动的一个很重要、关键性指标是混合动力车辆动力电池的________值的大小。

5. 当 THS－Ⅱ车辆蓄电池鼓风机不工作时，本着从简单到复杂的检修思路，首先应检查其相应的________，然后检查其相关的线路、部件和蓄电池 ECU。

二、判断题

1. THS－Ⅱ车辆动力电池不但给电动机提供能量，还直接提供电能来启动发动机。（　　）

2. THS－Ⅱ车辆动力电池冷却是靠空调 ECU 供电给冷却风扇，来控制动力电池的温度。（　　）

3. 对混合动力车辆进行检测和维护时，主要对辅助蓄电池进行维护，其动力电池不需要进行维护。（　　）

4. 为了安全性及降低线束成本，THS－Ⅱ车辆动力电池置于发动机舱内。（　　）

5. 在用智能诊断仪对 THS－Ⅱ车辆蓄电池鼓风机进行数据流检测、诊断时，若诊断仪显示蓄电池鼓风机转动模式显示为 6，此时鼓风机应以最高挡高速运转。（　　）

三、综合题

1. HV 电池管理系统有哪些功能？

2. 如何维护 HV 蓄电池？

任务 4　混合动力汽车电控系统检修

学习目标

1. 知识目标

(1) 认识 THS－Ⅱ车辆电控系统的部件组成。

(2) 了解 THS－Ⅱ车辆变频器电压转换方式与途径。

(3) 熟悉 THS－Ⅱ车辆电控系统作用机理。

(4) 掌握 THS－Ⅱ车辆电控系统网络化通信、控制过程。

2. 能力目标

(1) 能区分混合动力车辆各结构部件所属系统。

(2) 能正确观察混合动力车辆仪表显示灯的工作情况。

(3) 能正确理解、分析 THS－Ⅱ车辆电控系统电路。

(4) 能掌握混合动力车辆电控系统故障排除的方法与诊断思路。

相关知识

一、混合动力汽车电控系统组成

丰田普锐斯第二代混合动力汽车(HV)控制系统的组成如图 3－104 所示。

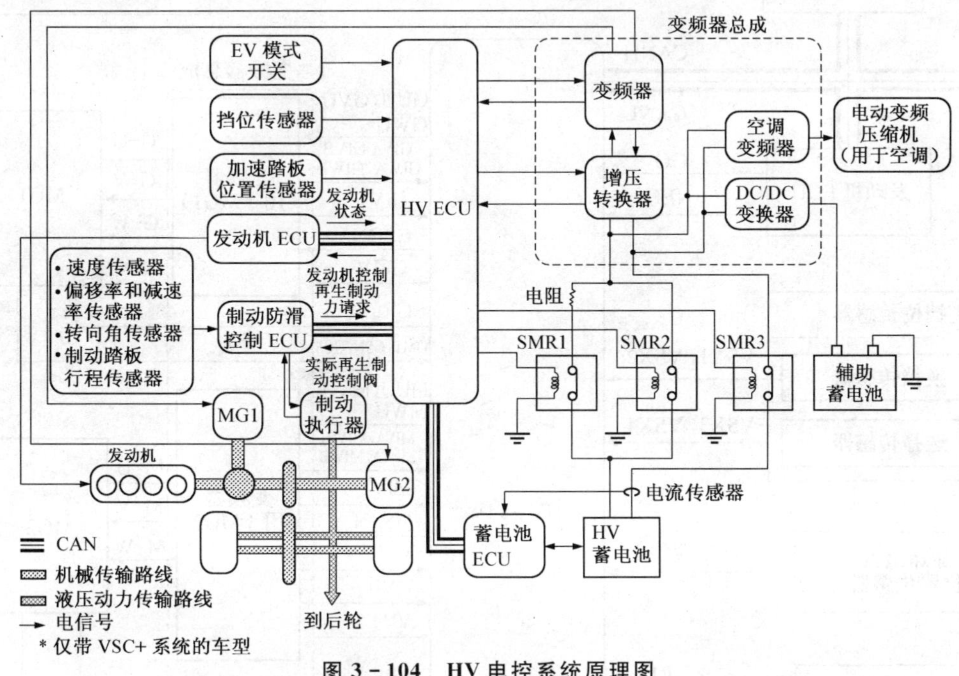

图 3－104　HV 电控系统原理图

THS 控制系统的组成框图如图 3－105 所示。

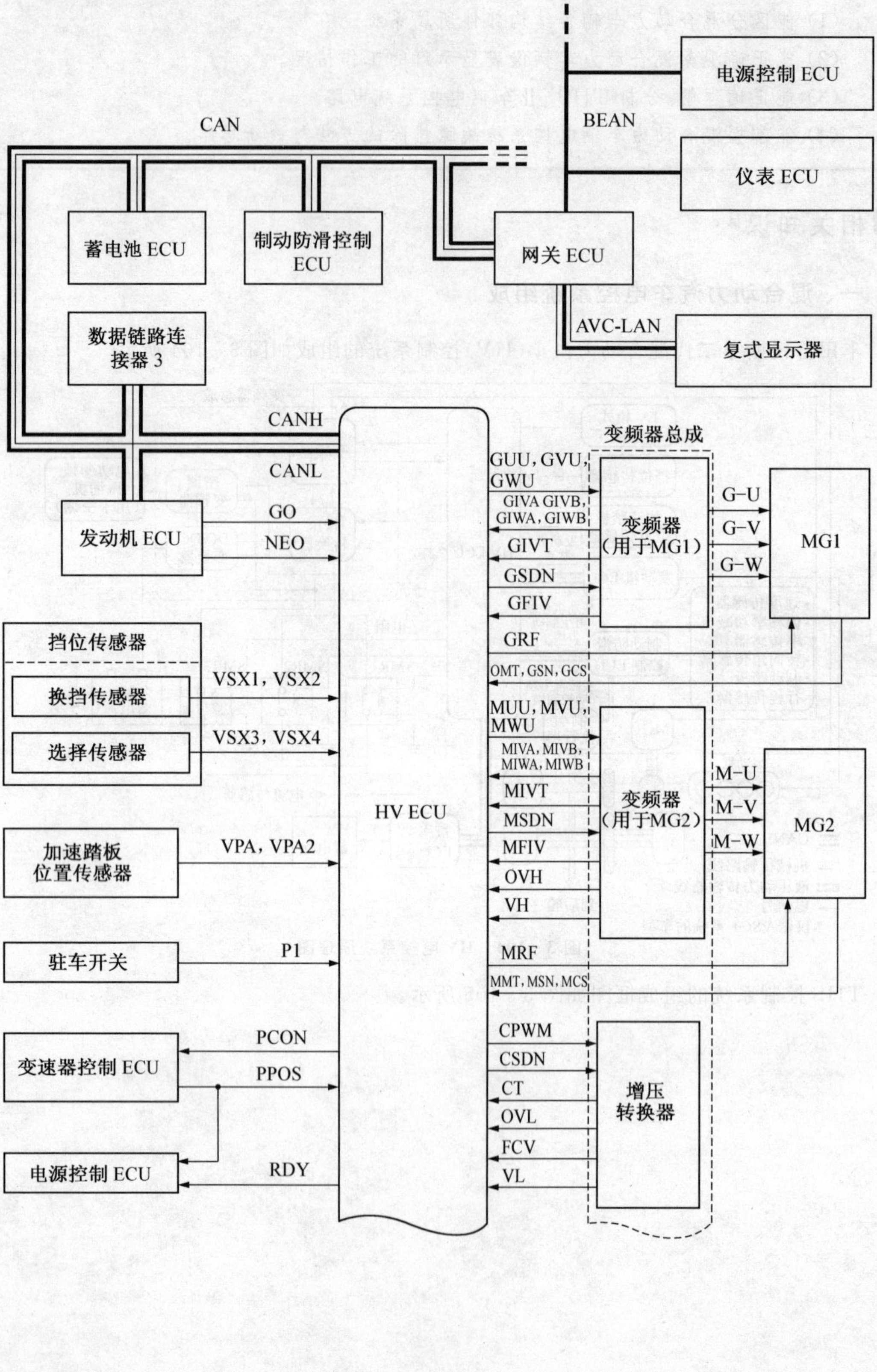

CAN
BEAN
电源控制 ECU
仪表 ECU
蓄电池 ECU
制动防滑控制 ECU
网关 ECU
AVC-LAN
复式显示器
数据链路连接器 3
CANH
CANL
变频器总成
发动机 ECU
GO
NEO
GUU，GVU，GWU
GIVA GIVB，GIWA，GIWB
GIVT
GSDN
GFIV
GRF
OMT，GSN，GCS
变频器（用于MG1）
G-U
G-V
G-W
MG1
挡位传感器
换挡传感器
VSX1，VSX2
选择传感器
VSX3，VSX4
MUU，MVU，MWU
MIVA，MIVB，MIWA，MIWB
MIVT
MSDN
MFIV
OVH
VH
MRF
MMT，MSN，MCS
变频器（用于MG2）
M-U
M-V
M-W
MG2
HV ECU
加速踏板位置传感器
VPA，VPA2
驻车开关
P1
变速器控制 ECU
PCON
PPOS
电源控制 ECU
RDY
CPWM
CSDN
CT
OVL
FCV
VL
增压转换器

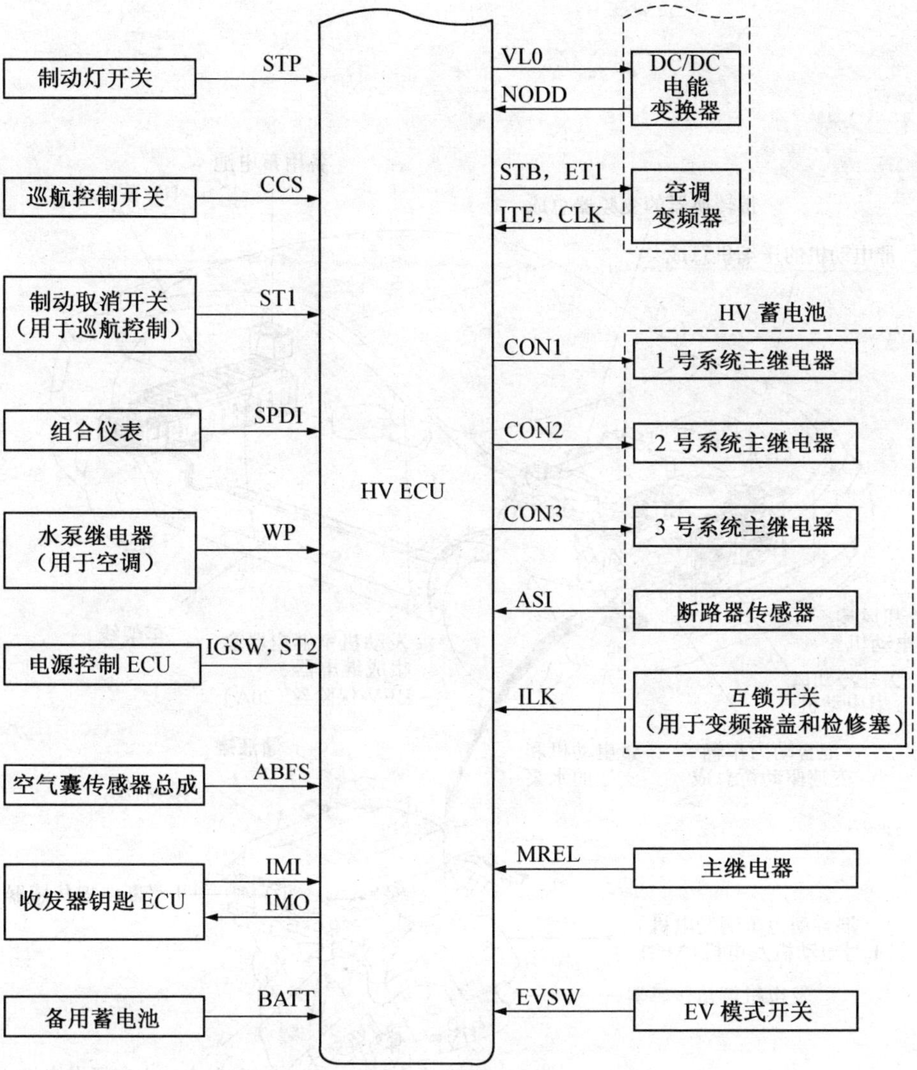

图 3-105　THS 控制系统组成框图

注：图例与图 3-106 相同。

二、混合动力汽车电控系统主要部件位置

丰田普锐斯混合动力 THS-Ⅱ电控系统主要部件位置如图 3-106～图 3-108。

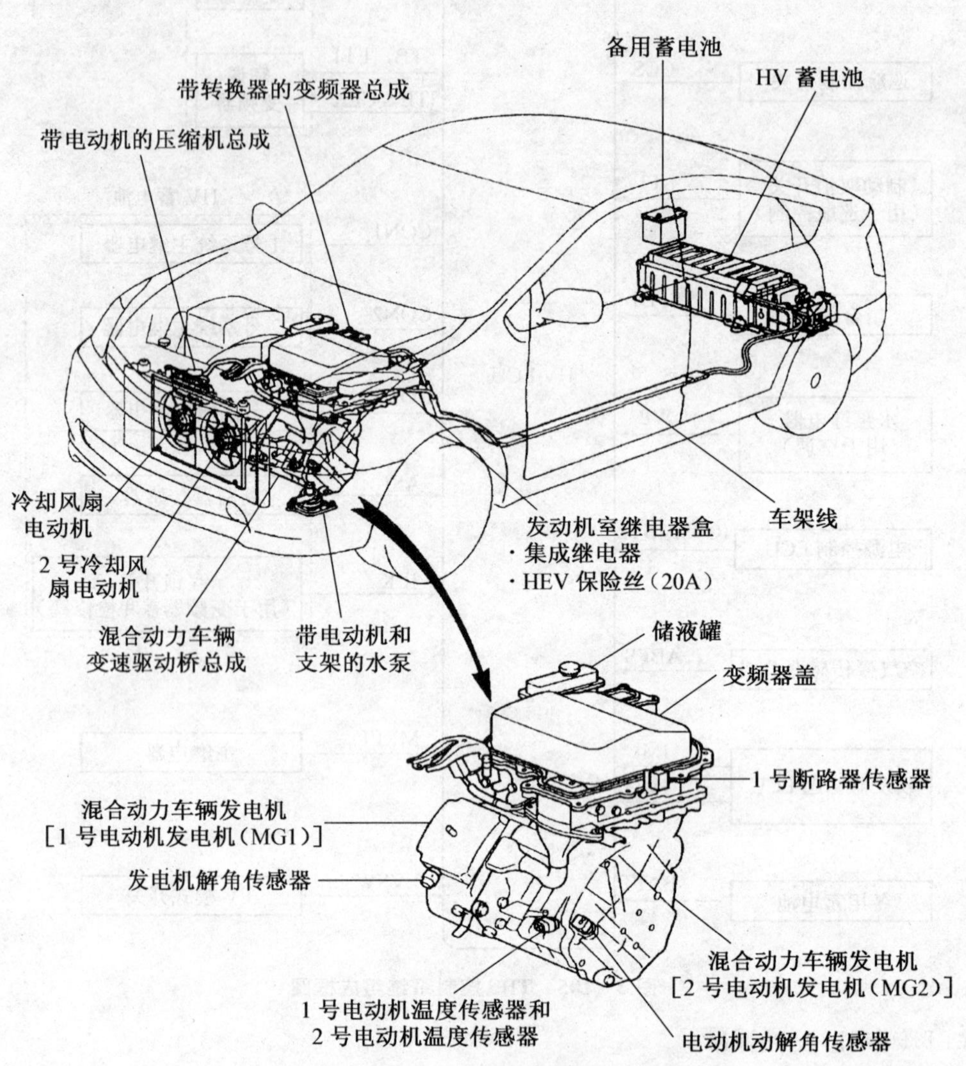

图 3－106　THS－Ⅱ电控系统主要部件位置(一)

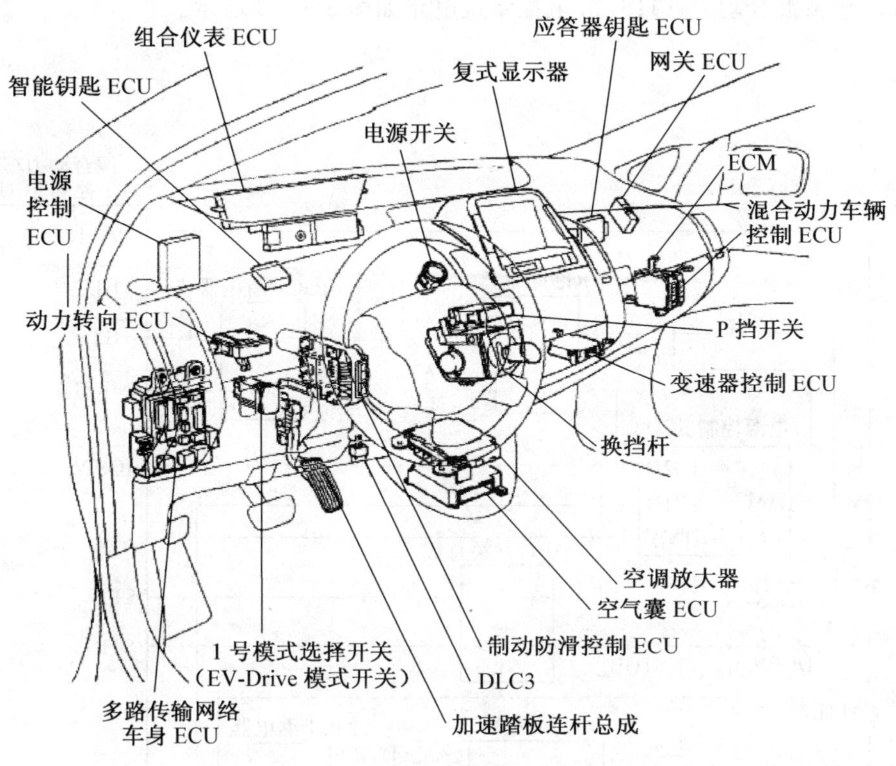

图 3－107 THS－Ⅱ电控系统主要部件位置(二)

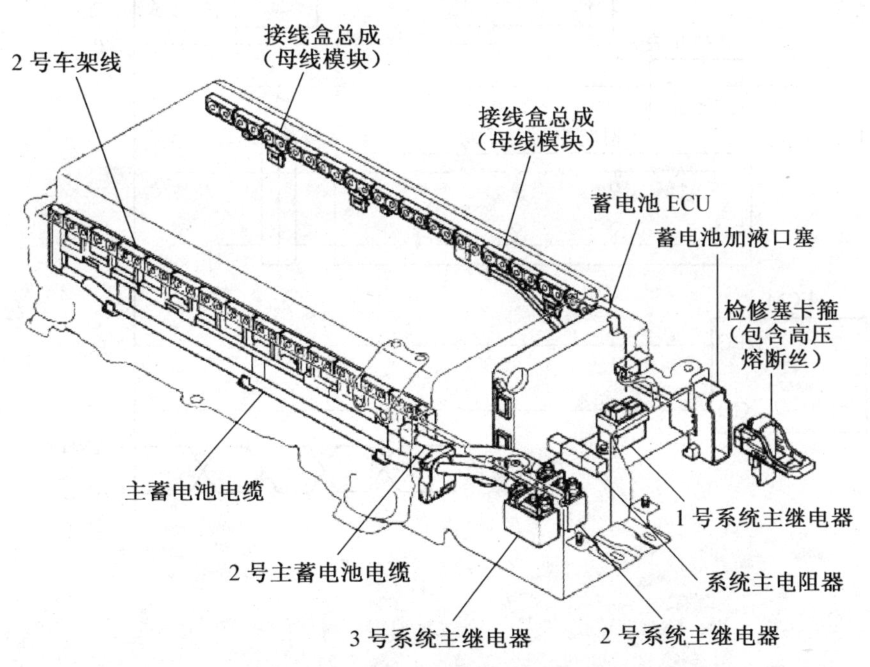

图 3－108 蓄电池系统主要部件位置

三、混合动力汽车电控系统电路

丰田普锐斯混合动力 THS-Ⅱ电控系统电路如图 3-109 所示。

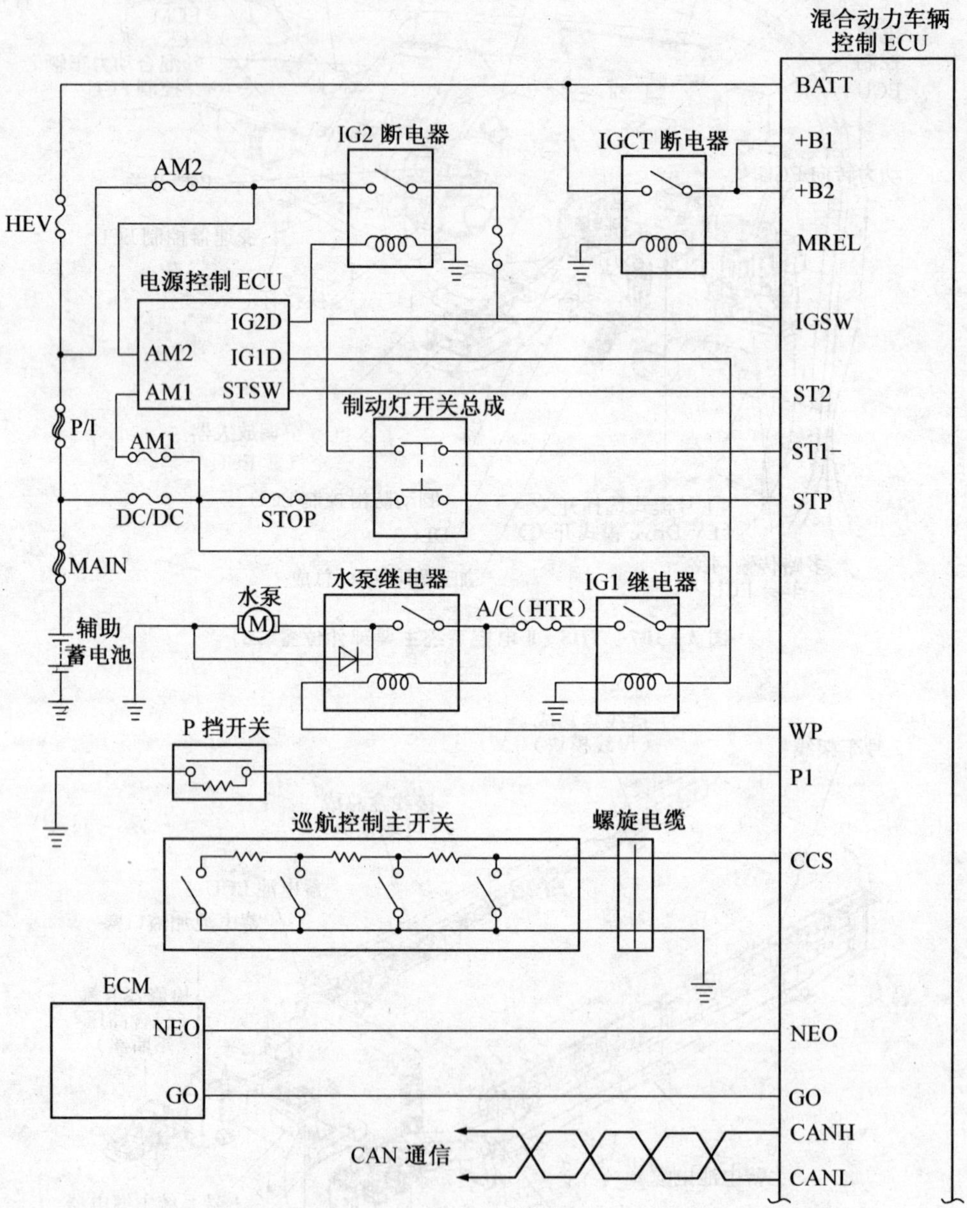

混合动力车辆控制 ECU
BATT
+B1
+B2
MREL
IGSW
ST2
ST1-
STP
WP
P1
CCS
NEO
GO
CANH
CANL
IG2 断电器
IGCT 断电器
AM2
HEV
电源控制 ECU
IG2D
AM2
IG1D
AM1
STSW
制动灯开关总成
P/I
AM1
DC/DC
STOP
MAIN
水泵继电器
IG1 继电器
水泵
A/C（HTR）
辅助蓄电池
P 挡开关
巡航控制主开关
螺旋电缆
ECM
NEO
GO
CAN 通信

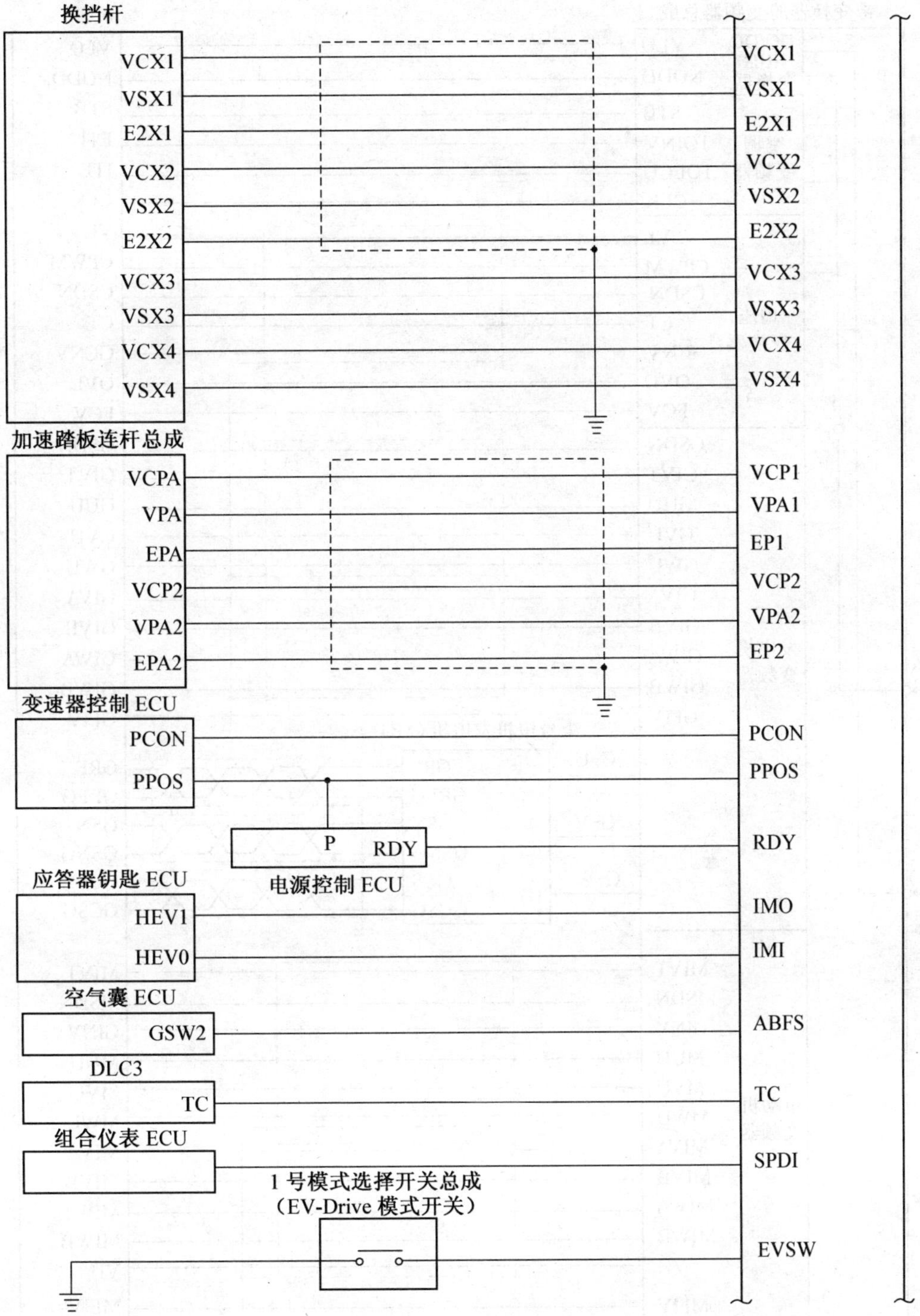

换挡杆

VCX1
VSX1
E2X1
VCX2
VSX2
E2X2
VCX3
VSX3
VCX4
VSX4

加速踏板连杆总成

VCPA
VPA
EPA
VCP2
VPA2
EPA2

变速器控制 ECU

PCON
PPOS

P　RDY

电源控制 ECU

应答器钥匙 ECU

HEV1
HEV0

空气囊 ECU

GSW2

DLC3

TC

组合仪表 ECU

1 号模式选择开关总成
（EV-Drive 模式开关）

VCX1
VSX1
E2X1
VCX2
VSX2
E2X2
VCX3
VSX3
VCX4
VSX4
VCP1
VPA1
EP1
VCP2
VPA2
EP2
PCON
PPOS
RDY
IMO
IMI
ABFS
TC
SPDI
EVSW

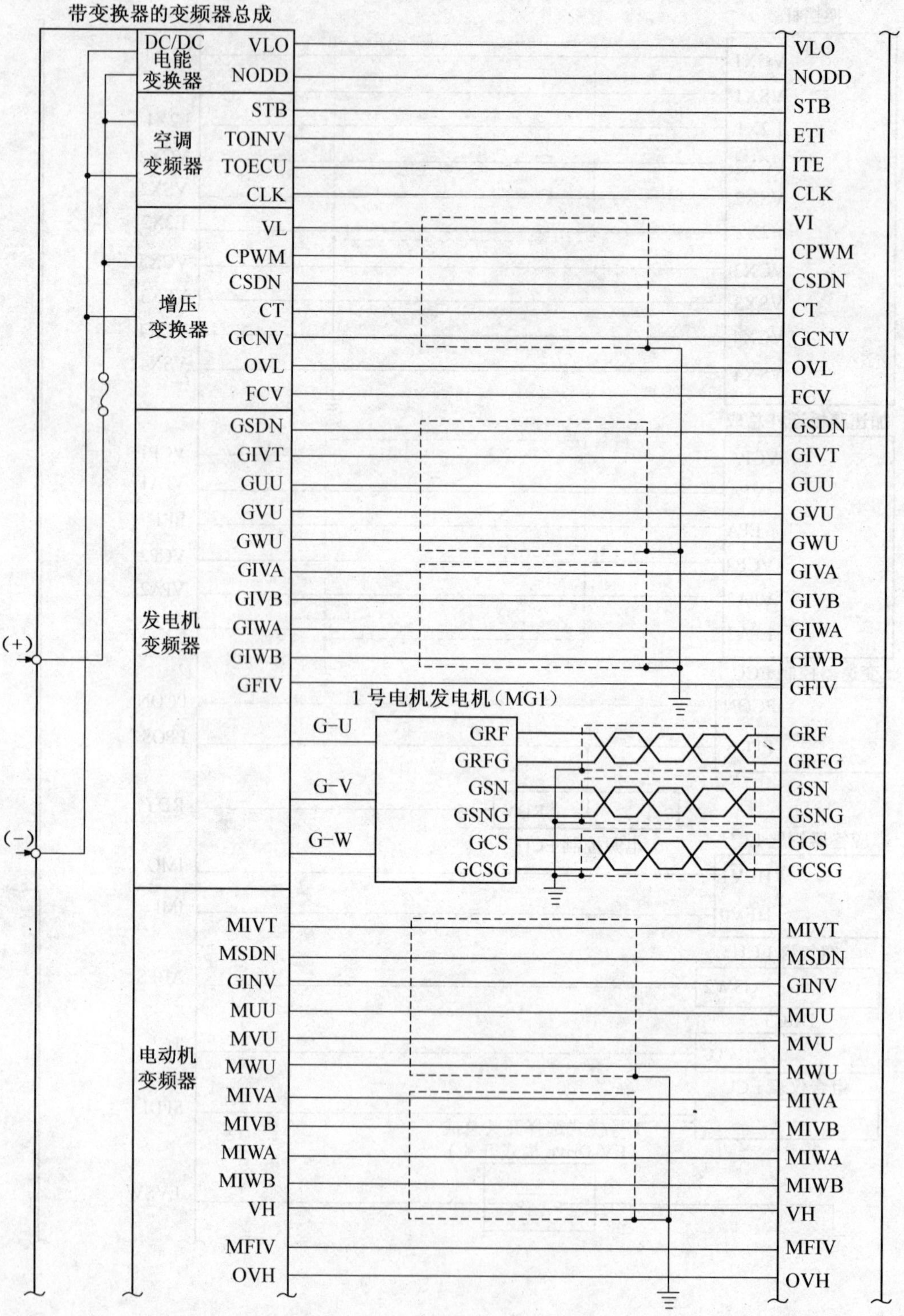

带变换器的变频器总成

DC/DC电能变换器
VLO
NODD

空调变频器
STB
TOINV
TOECU
CLK

增压变换器
VL
CPWM
CSDN
CT
GCNV
OVL
FCV

发电机变频器
GSDN
GIVT
GUU
GVU
GWU
GIVA
GIVB
GIWA
GIWB
GFIV

(+)
(−)

1号电机发电机（MG1）
G-U
G-V
G-W
GRF
GRFG
GSN
GSNG
GCS
GCSG

电动机变频器
MIVT
MSDN
GINV
MUU
MVU
MWU
MIVA
MIVB
MIWA
MIWB
VH
MFIV
OVH

VLO
NODD
STB
ETI
ITE
CLK
VI
CPWM
CSDN
CT
GCNV
OVL
FCV
GSDN
GIVT
GUU
GVU
GWU
GIVA
GIVB
GIWA
GIWB
GFIV
GRF
GRFG
GSN
GSNG
GCS
GCSG
MIVT
MSDN
GINV
MUU
MVU
MWU
MIVA
MIVB
MIWA
MIWB
VH
MFIV
OVH

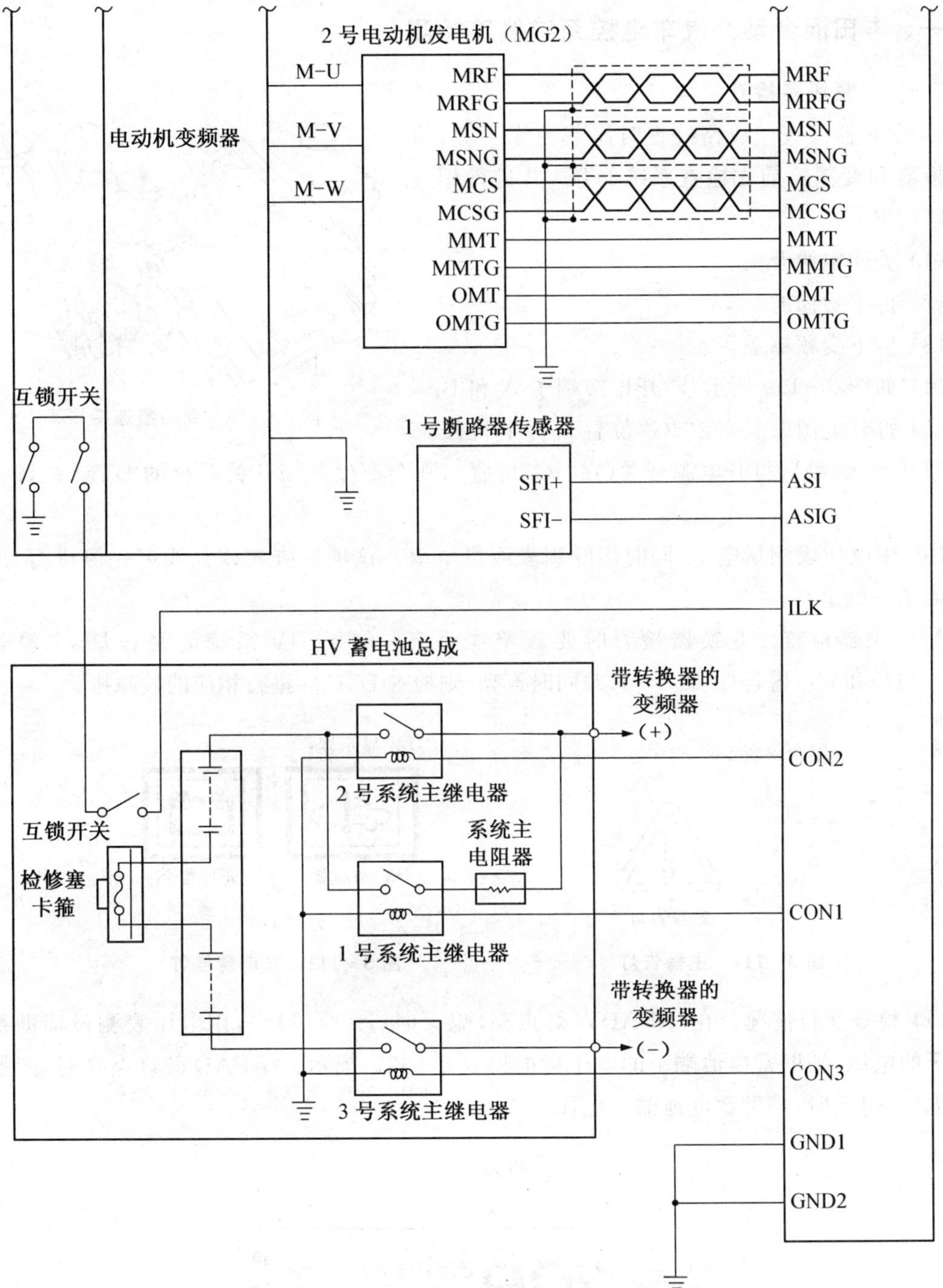

图 3-109　THS-Ⅱ电控系统电路

任务实施

一、丰田混合动力汽车电控系统线路检测

(一) 变频线路检查

1. 变频器检查。线路检查时需戴绝缘手套,检查变换器和变频器前先检查系统DTC,并进行相应的故障清除。

(1) 关闭电源开关。

(2) 拆下检修塞。

(3) 拆下变频器盖。

(4) 如图3-110所示,断开连接端子A和B。

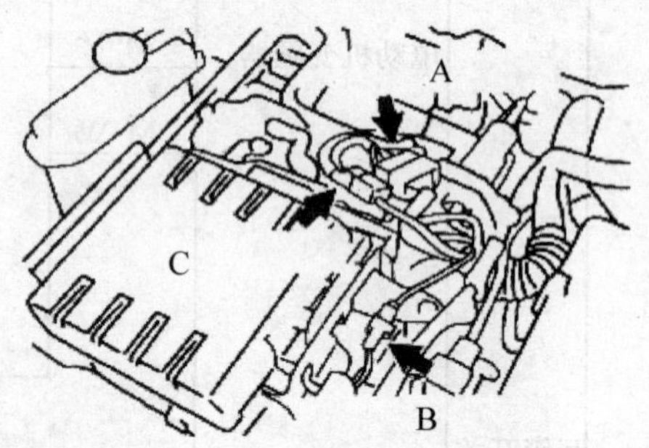

图3-110 变频器连接端子

(5) 打开电源开关(在"IG"位置),拆下检修塞和变频器盖,如果后打开电源开关(在"IG"位置),则会产生互锁开关系统的DTC(故障诊断码)。

(6) 用电压表测量电压,同时用欧姆表测量电阻。这项检查应该在线束一侧进行,而不是在端子一侧进行。

2. 变换器检查。变换器检查时要戴绝缘手套。如果HV系统的警告灯、主警告灯(图3-111)和充电警告灯(图3-112)同时点亮,则检查DTC并进行相应的故障排除。

组合仪表:

主警告灯

图3-111 主警告灯

复式显示器:

HV系统警告　充电警告

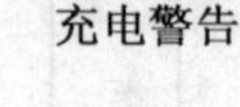

图3-112 充电警告灯

(1) 检查运行情况。在"READY"灯点亮、熄灭时(图3-113),用电压表测量辅助蓄电池端子的电压,辅助蓄电池端子的电压标准见表3-32。提示:"READY"灯点亮时,变换器输出电压;熄灭时,辅助蓄电池输出电压。

"READY"灯

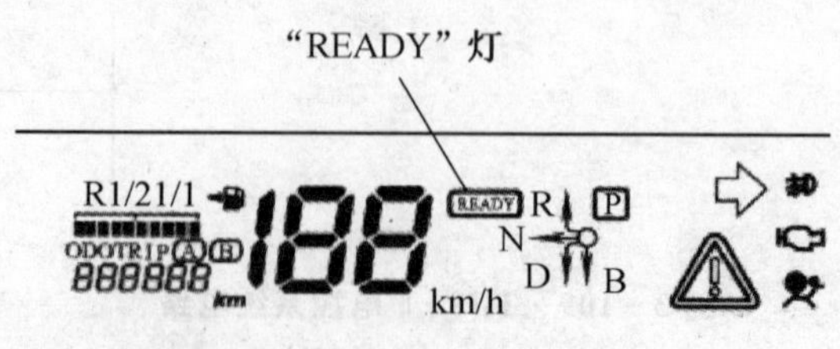

图3-113 READY灯

表 3-32　辅助蓄电池端子的电压标准

READY 灯	电压/V
ON	14
OFF	12

(2) 检查输出电流。

① 从变频器上断开 MG1 和 MG2 电线。

② 在图 3-114 所示位置安装电压表和交流/直流 400A 的探针。

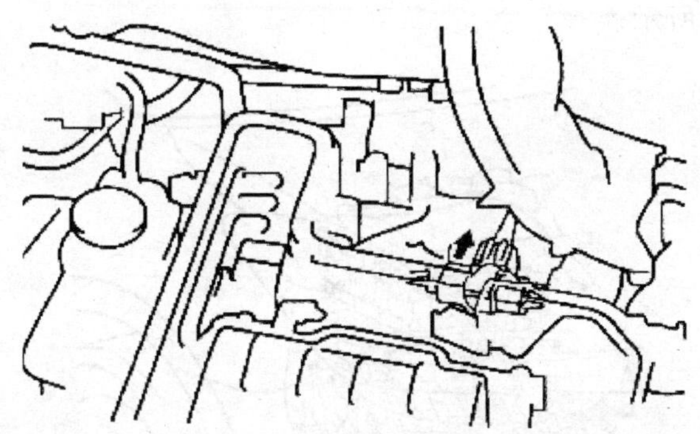

图 3-114　断开连接器，安装电压表和交流/直流探针

③ 将 MG1 和 MG2 电线连接到变频器。

④ 在"READY"灯亮的条件下，依次操作 12V 电气设备，然后测量输出电流，电流标准约为 80A 或更小。如果输出电流为 0A 或大于 80A，则检查输入/输出信号。

(3) 检查输入/输出信号。

① 用电压表测量车身接地与车辆侧线束连接器的端子间的电压，电压标准与辅助蓄电池端子电压相同。

② 如图 3-115 所示，断开连接器。

③ 打开电源开关(在"IG"位置)，用电压表和欧姆表测量车辆线束侧连接器端子间的电压和电阻(图 3-116)，连接器端子间的电压和电阻标准见表 3-33。如果不符合标准值，则更换带变频器的变换器总成。

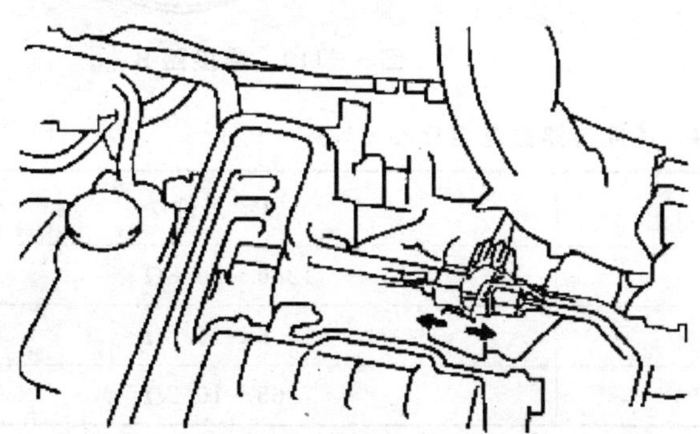

图 3-115　断开连接器

图 3-116　连接器端子

表 3-33　连接器端子间的电压和电阻标准

测试仪连接	规定条件
端子 5—车身接地(IGCT—车身接地)	8～16V
端子 3—车身接地(S—车身接地)	与辅助蓄电池端子电压相同
端子 3—车身接地(S—车身接地)	120～140Ω

(二) 传感器线路检查

1. 速度传感器检查。速度传感器位于变速驱动桥上，用于实时检测驱动电动机的转速，其位置如图 3-117 所示。

图 3-117　速度传感器

用欧姆表测量端子间的电阻(图 3-118、图 3-119)，速度传感器电阻标准见表 3-34。如果不符合标准值，则更换混合动力车辆变速驱动桥总成。

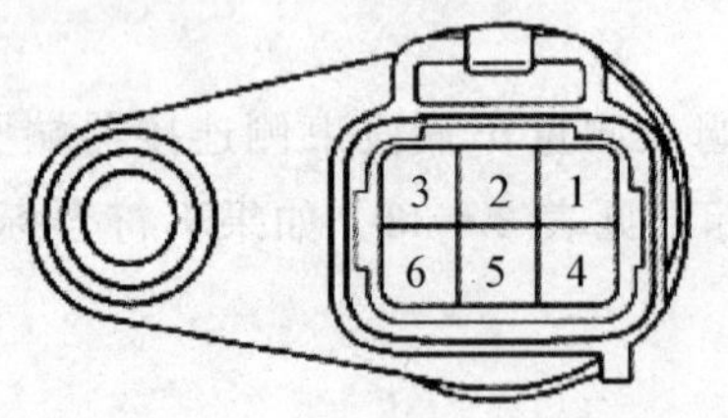

图 3-118　连接器 A

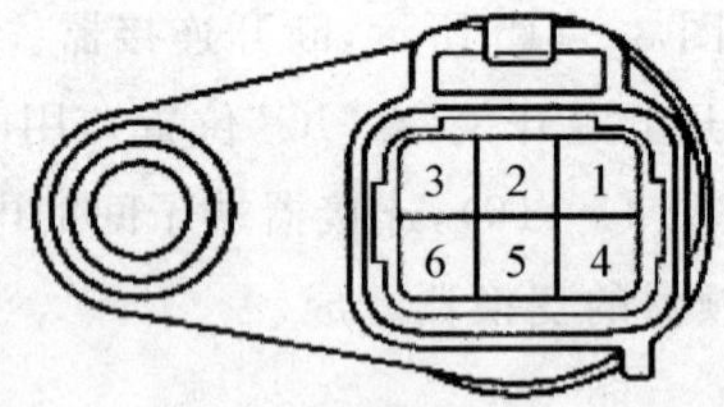

图 3-119　连接器 B

表 3-34　速度传感器电阻标准

测试仪连接	规定条件
A1—A4(GCS—GCSG)	12.6～16.8Ω
A2—A5(GSN—GSNG)	12.6～16.8Ω
A3—A6(GRF—GRFG)	7.65～10.2Ω

续表

测试仪连接	规定条件
B1—B4(MRF—MRFG)	7.65～10.2Ω
B2—B5(MSN—MSNG)	12.6～16.8Ω
B3—B6(MCS—MCSG)	12.6～16.8Ω
上述所有端子—变速驱动桥壳	10kΩ 或更大

2. 温度传感器检查。温度传感器位于混合动力驱动桥上，用于实时检测驱动电动机的温度，其位置如图 3-120 所示。

图 3-120 温度传感器位置

用欧姆表测量端子间电阻(图 3-121、图 3-122)，端子间电阻标准见表 3-35。标准值随着传感器温度改变而改变，如果不符合标准值，则更换混合动力车辆变速驱动桥总成。

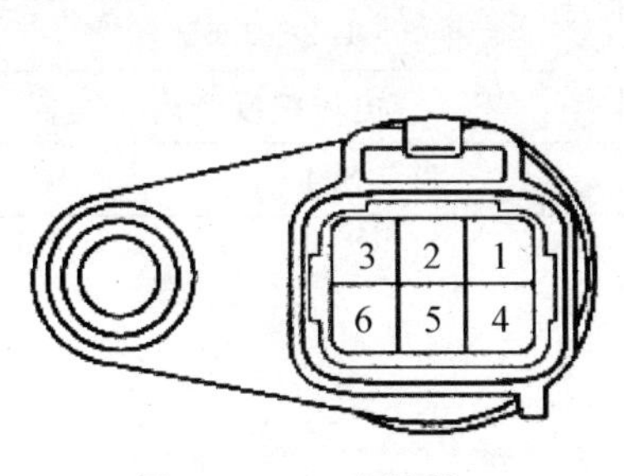

图 3-121 连接器 C

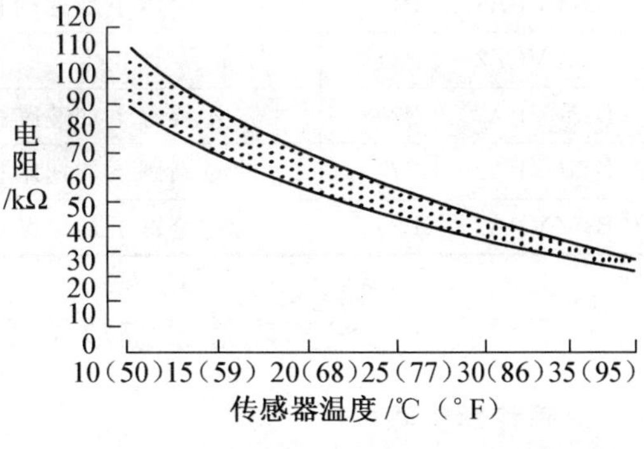

图 3-122 电阻随传感器温度的变化

表 3-35 端子间电阻标准

测试仪连接	规定条件
C1—C4(MMT—MMTG)	10℃时(50 ℉)，87.3～110.5kΩ 40℃时(104 ℉)，23.8～28.5kΩ

续表

测试仪连接	规定条件
C3—C6(OMT—OMTG)	10℃时(50 ℉),87.3～110.5kΩ 40℃时(104 ℉),23.8～28.5kΩ
上述所有端子—变速驱动桥壳	10kΩ 或更大

3. 加速踏板位置传感器检查。不要从加速踏板上拆下加速踏板位置传感器,在连接器的混合动力车辆控制 ECU 侧进行检查。

(1) 打开电源开关(在“IG”位置)。

(2) 用电压表测量加速踏板位置传感器端子间电压,如图 3-123 所示的连接器 B 端子。加速踏板位置传感器端子间的电压标准见表 3-36,如果不符合标准值,则更换加速踏板连杆总成。

7 6 5 4 3 2 1
17 16 15 14 13 12 11 10 9 8
27 26 25 24 23 22 21 20 19 18
34 33 32 31 30 29 28

连接器 D

7 6 5 4 3 2 1
19 18 17 16 15 14 13 12 11 10 9 8
27 26 25 24 23 22 21 20
35 34 33 32 31 30 29 28

连接器 C

6 5 4 3 2 1
16 15 14 13 12 11 10 9 8 7
27 26 25 24 23 22 21 20 19 18 17
35 34 33 32 31 30 29 28

连接器 B

7 6 5 4 3 2 1
17 16 15 14 13 12 11 10 9 8
25 24 23 22 21 20 19 18
31 30 29 28 27 26

连接器 A

图 3-123 混合动力车辆控制 ECU 端子

表 3-36 加速踏板位置传感器端子间电压标准

端　　子	测量条件	规定条件
B25—B27(VCP1—EP1)	正常	4.5～5.5V
B26—B27(VPA1—EP1)	不要踩下加速踏板	0.5～1.1V
B26—B27(VPA1—EP1)	逐渐踩下加速踏板	电压缓慢升高
B26—B27(VPA1—EP1)	完全踩下加速踏板	2.6～4.5V
B33—B35(VCP2—EP2)	正常	4.5～5.5V
B34—B35(VPA2—EP2)	不要踩下加速踏板	1.2～2.0V
B34—B35(VPA2—EP2)	逐渐踩下加速踏板	电压缓慢升高
B34—B35(VPA2—EP2)	完全踩下加速踏板	3.4～5.3V

二、丰田混合动力汽车电控系统故障诊断

(一) 故障诊断步骤

在混合动力电控系统故障诊断时,必须遵守相应的安全操作规程,并掌握正确的故障诊断方法,其具体的实施流程及步骤如下:

(1) 车辆进入车间。

(2) 分析客户所述故障。

(3) 将智能测试仪Ⅱ连接到 DLC3(数据链路连接器),如果测试仪显示通信故障,检查 DLC3。

(4) 检查并记录DTC和定格数据，如果输出与CAN通信系统有关的故障的DTC，则首先检查并修理CAN通信。

(5) 清除DTC。

(6) 故障症状确认。若故障未出现，进行步骤(7)。若故障出现，进行步骤(8)。

(7) 症状模拟。

(8) 检查DTC。

(9) 查DTC表。

(10) 电路检查。

(11) 故障识别。

(12) 调整和/或修理。

(13) 确认故障试验。

(14) 结束。

注：步骤(3)～(5)、步骤(8)使用智能测试仪Ⅱ。

智能测试仪Ⅱ(Intelligent TesterⅡ)是丰田公司最新推出的第二代汽车检测仪(图3－124)，支持丰田和凌志所有装备CAN BUS系统的车型。智能测试仪Ⅱ采用手持电脑，结构紧凑坚固，触摸屏操作，中文显示。诊断功能支持所有可诊断系统：防盗、ABS安全气囊、发动机和变速器等。智能测试仪Ⅱ内置双通道示波器和万用表，极大地扩展了仪器功能。

图3－124 智能测试仪Ⅱ(Intelligent TesterⅡ)

(二) 故障自诊断系统

HV控制ECU有自我诊断系统。如果不正当操作混合动力车辆控制系统或其他组件，ECU会检测出故障，使组合仪表上的主警告灯点亮(图3－125)，或者在复式显示器上其他灯点亮，如系统警告灯(图3－126)、蓄电池警告灯或放电警告灯。

图3－125 主警告灯

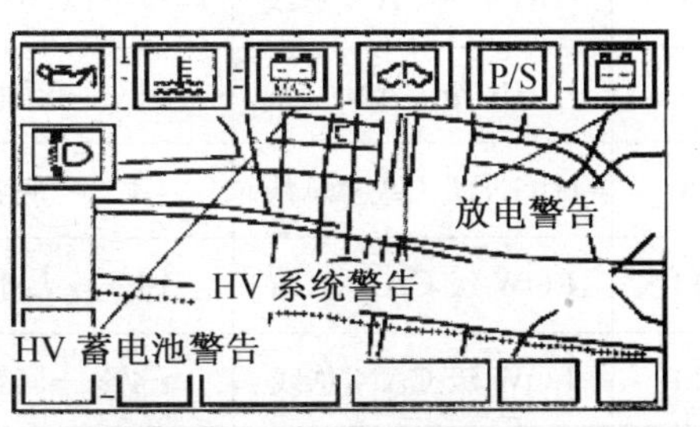

图3－126 HV系统警告灯

主警告灯点亮表示 THS Ⅱ有故障，在检查模式下主警告灯闪烁。

将智能测试仪Ⅱ连接到车辆上，并读取车辆 ECU 输出的各类数据。车载计算机在检测到本身或驾驶系统组件故障时，会点亮仪表盘上的发动机检查警告灯(图 3－127)。另外，可应用的故障诊断代码(DTC)被保存在 HV 控制 ECU 存储器中。如果故障没有重现，则 CHK ENG 灯会在电源关闭后熄灭，而 DTC 将继续保存在 HV ECU 存储器中。

将智能测试仪Ⅱ连接到车辆的数据链路连接器 DLC3 上(图 3－128)，以便检测 DTC。智能测试仪Ⅱ还可以帮助清除 DTC，或者检测定格数据和不同类型的 THS－Ⅱ数据。

图 3－127 发动机检查警告灯

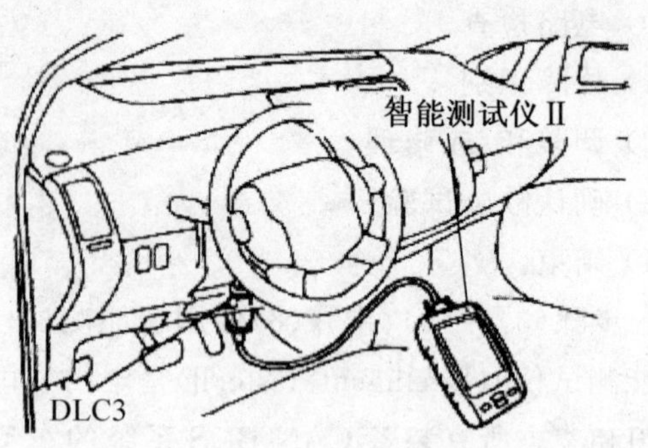

图 3－128 智能测试仪Ⅱ与 DLC3 的连接

1. 检查 DLC3。HV 控制 ECU 使用 ISO 91412(Euro－OBD)/ISO 14230(M－OBD)通信协议，DLC3 的端子排列顺序符合 ISO 15031—03 标准并与 ISO 91412/IS0 14230 格式相匹配(图 3－129)，数据链路连接器 DLC3 的含义见表 3－37。

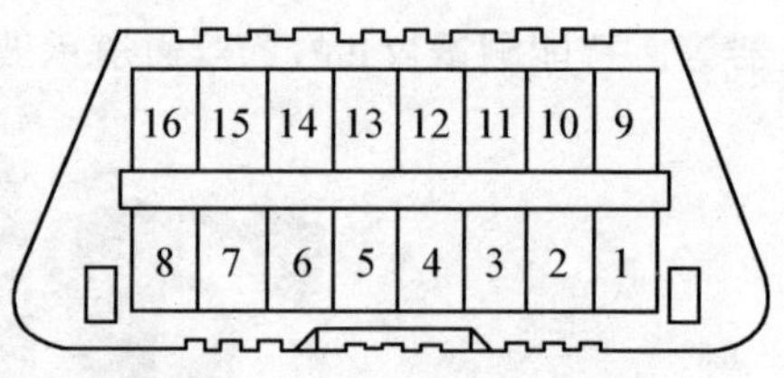

图 3－129 数据链路连接器 DLC3

表 3－37 数据链路连接器 DLC3 含义

符号	端子号	名称	参考端子	结果	条件
SIL	7	总线“＋”连线	5——信号接地	产生脉冲	通信过程中
CG	4	底盘接线	车身接地	1Ω 或更小	始终
SG	5	信号接地	车身接地	1Ω 或更小	始终
BAT	16	蓄电池正极	车身接地	11～14V	始终
CAN H	6	HIGN 级 CAN 总线	14——LOW CAN 总线	54～69Ω	电源处于“OFF”
CAN H	6	HIGN 级 CAN 总线	16——蓄电池正极	1MΩ 或更大	电源处于“OFF”
CAN H	6	HIGN 级 CAN 总线	4——底盘接地	1MΩ 或更大	电源处于“OFF”
CAN L	14	LOW 级 CAN 总线	16——蓄电池正极	1MΩ 或更大	电源处于“OFF”
CAN L	14	LOW 级 CAN 总线	4——底盘接地	1MΩ 或更大	电源处于“OFF”

如果将智能测试仪Ⅱ电缆连接到 DLC3 上，打开电源开关并操作智能测试仪Ⅱ，而显示器没有显示任何有效信息，则表明车辆或者测试仪本身有故障；若将测试仪连接到其他车辆上，在同样模式下通信正常，则检查原车辆的 DLC3 和通信总线；若测试仪连接到其他车辆上，在同样模式下通信仍然异常，则测试仪本身可能有故障，请咨询操作手册上列出的相关维修部门。

2. 检查辅助蓄电池。

(1) 测量辅助蓄电池电压，电压标准为 11～14V。

(2) 检查辅助蓄电池、熔断丝、线束、连接器和接地。

3. 检查发动机警告 CHK ENG 灯。

(1) 电源开关打开和 READY 灯关闭时，CHK ENG 灯点亮。如果 CHK ENG 灯没有点亮，则对 CHK ENG 灯电路进行故障排除。

(2) READY 灯点亮时，CHK ENG 灯应熄灭(图 3-130)。如果 CHK ENG 灯一直亮，则诊断系统已检测到故障或异常。

图 3-130　READY 灯

4. DTC 检查/清除。

(1) 检查 DTC(混合动力控制)。

① 将智能测试仪Ⅱ连接 DLC3。

② 打开电源开关(在“IG”位置)。

③ 在系统选择画面中进入下列菜单：Powertrain/Hybrid Control/ DTC(图 3-131)，读取控制系统的 DTC。

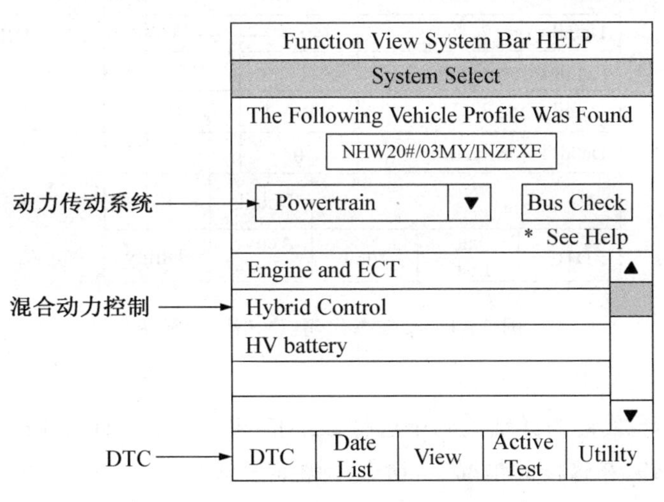

图 3-131　系统选择

(2) 检查定格数据和信息。

① 如果 DTC 出现，则选择该 DTC 以显示定格数据，如图 3-132 所示。

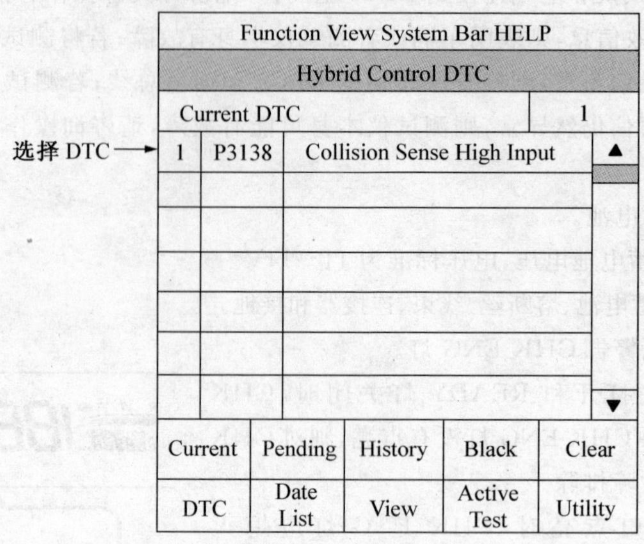

图 3-132　定格数据

② 在检测 DTC 时读取已储存的定格数据，如图 3-133 所示。

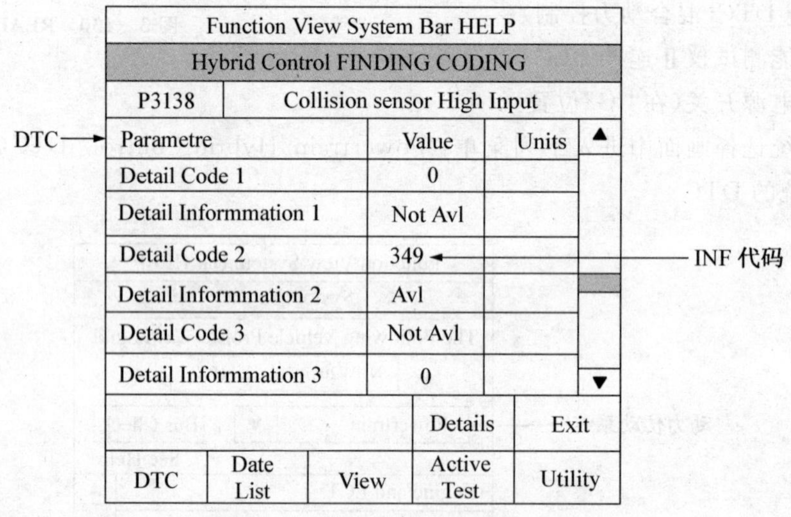

图 3-133　信息代码(INF 代码)显示

③ 读取信息。

(a) 在含有 INF 代码的详细代码中选择详细信息。提示：如图 3-134 所示，详细代码 2 含有 INF 代码 349，在这样的情况下，请选择详细信息 2。

（b）按下“Details”键。

（c）如图 3－135 所示显示的信息。

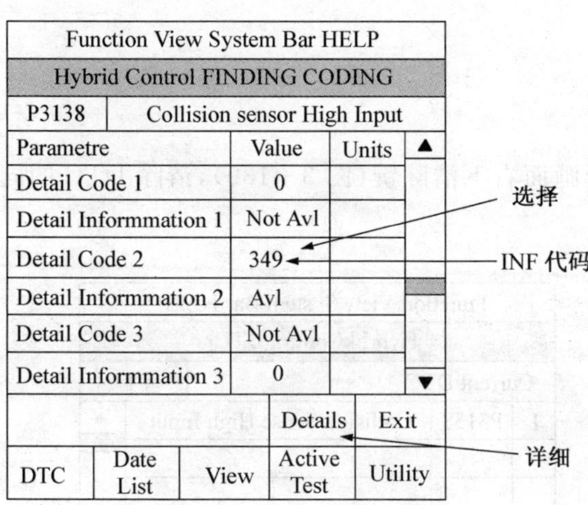

图 3－134　详细信息

Function View System Bar HELP			
Hybrid Control Date List			
Parametre	Value	Units	▲
Information 2	349	Units	
Generation（MG1）Revolution	0	rpm	
Generation（MG2）Revolution	0	rpm	
Generation（MG1）Torque	0	N. m	
Generation（MG2）Torque	0	N. m	
Request Power	0	kw	
Engine Speed	0	rpm	▼
		Exit	
DTC	Date List	View	Active Test / Utility

图 3－135　显示的信息

（3）检查 DTC（总线检查）。

① 在系统选择画面中选择总线检查，如图 3－136 所示。

② 在总线检查画面中，选择通信故障 DTC 来读取通信故障 DTC，如图 3－137 所示。如果在其他 DTC 检测过程中发现 CAN 通信系统故障 DTC，则首先在 CAN 通信系统中排除故障。

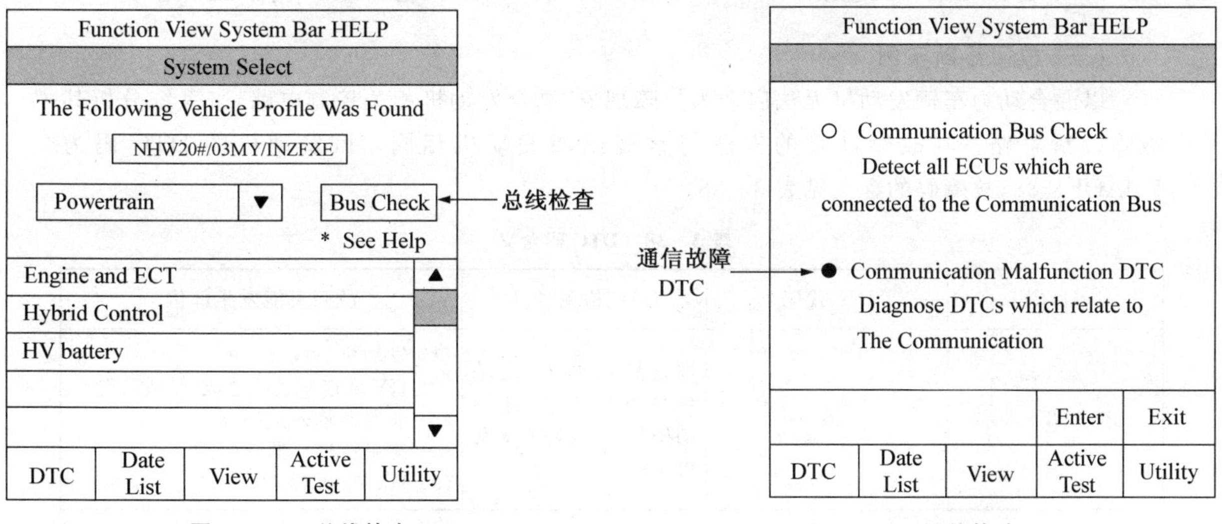

图 3－136　总线检查　　　　图 3－137　通信故障 DTC

（4）检查 DTC（除混合动力控制系统外）。HV 控制 ECU 和计算机保持相互通信，包括 ECM、蓄电池 ECU、制动防滑控制 ECU、动力转向 ECU 和其他部分。因此，如果 HV 控制 ECU 输出警告信号，则有必要检查和记录上述所有系统的 DTC。

① 在系统选择画面中进入下列菜单：Utility/All Codes。

② 如果出现DTC,则检查相应系统,如图3-138所示。

(5) 清除DTC。

① 将智能测试仪Ⅱ连接至DLC3。

② 打开电源开关(在"IG"位置)。

③ 打开智能测试仪Ⅱ。

④ 检查挡位是否在"P"挡。

⑤ 打开混合动力控制/DTC画面,并按下画面右下清除键(图3-139),清除DTC的同时会清除定格数据、信息。

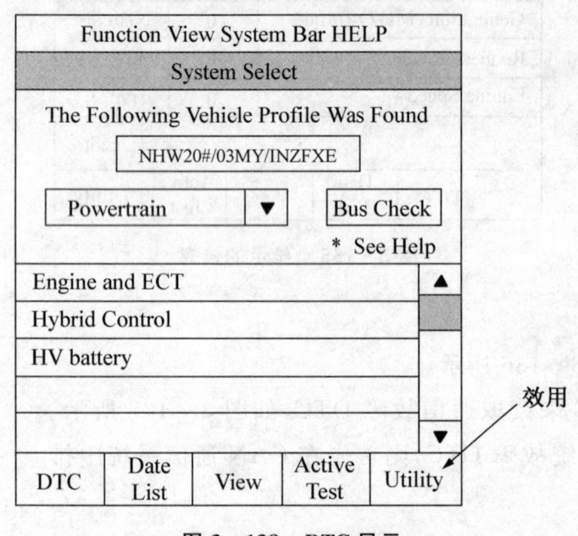

图3-138 DTC显示

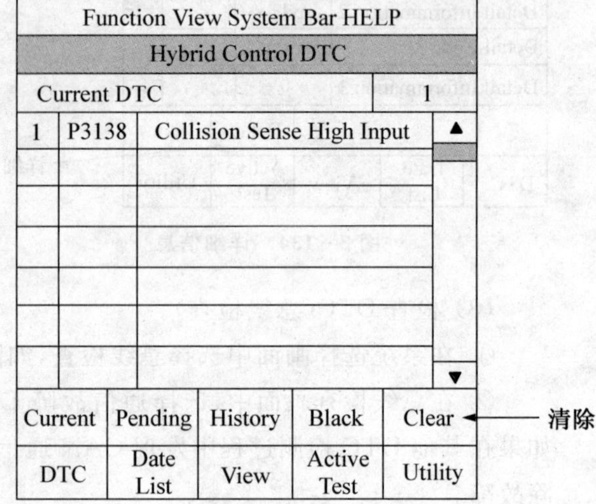

图3-139 清除DTC

(三) 故障诊断实例

以混合动力车辆发动机无法启动为故障现象,结合发动机相关控制电路,来系统分析其故障诊断思路。其故障排除的方法与常规燃油发动机相同。该发动机的DTC码为POAOF1238,故障码的含义见表3-38。

表3-38 DTC码含义

DTC	INF代码	DTC检测条件	故障可能发生部位
POAOF1238	238	即使转动曲轴,发动机也不启动,变速驱动桥输入故障(发动机系统)	(1) 发动机总成 (2) HV变速驱动桥总成(轴或齿轮) (3) 变速器输入减振器 (4) 线束或连接器 (5) HV控制ECU

1. 电路简介。如果发动机或变速驱动桥齿轮被卡住,或进入异物,HV控制ECU就会检测到DTC,并且启动安全保护控制程序。HV ECU与ECM通信控制电路如图3-140所示。

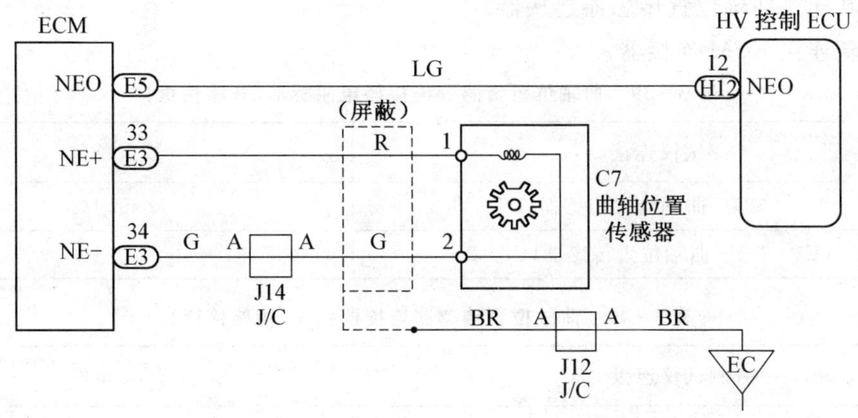

图 3-140　HV ECU 与 ECM 通信控制电路

2. 诊断步骤。

(1) 读取输出的 DTC

① 将智能测试仪Ⅱ连接到 DLC3。

② 打开电源开关(在"IG"位置)。

③ 打开智能测试仪。

④ 进入智能测试仪Ⅱ的下列菜单：Powertrain/Engine and ECT/DTC。

⑤ 读取 DTC。

⑥ 结果：若输出 DTC,转到相关的 DTC 表。

(2) 检查曲轴皮带轮是否转动。

① 关闭电源开关。

② 顶起车辆。

③ 手动转动曲轴皮带轮,检查曲轴是否旋转。若异常,转到步骤(11);否则,进行下一步骤。

(3) 检查线束和连接器(ECM 曲轴位置传感器)。

① 断开 E3 ECM 连接器,如图 3-141 所示。

② 断开 C7 曲轴位置传感器连接器,如图 3-142 所示。

③ 检查线束侧连接器间的电阻,曲轴位置传感器连接器开路检查的电阻标准见表 3-39,短路检查的电阻标准见表 3-40。若异常,修理或更换线束或连接器。

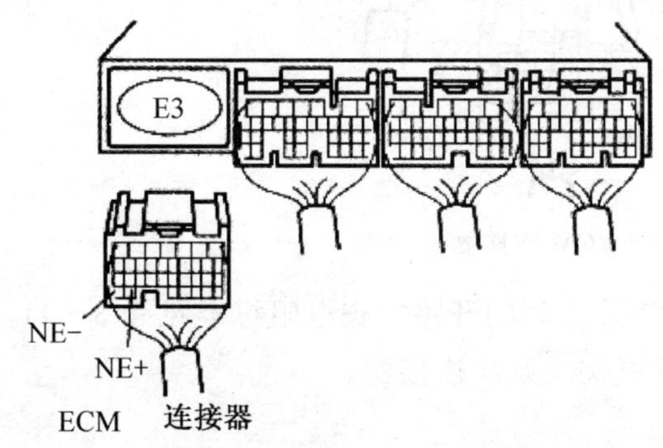

图 3-141　E3 ECM 连接器

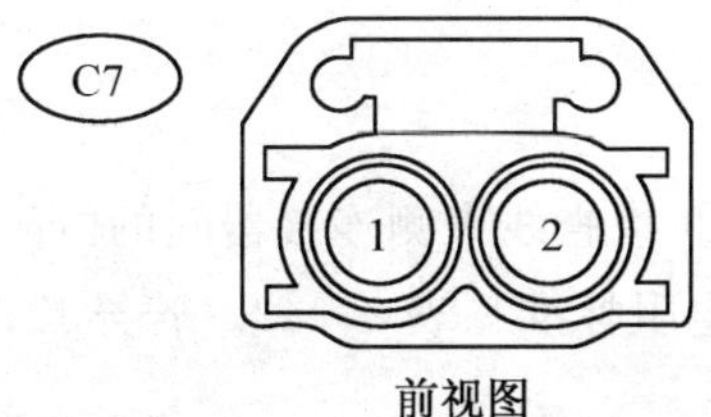

图 3-142　曲轴位置传感器连接器

④ 重新连接曲轴位置传感器连接器。

⑤ 重新连接 ECM 连接器。

表 3－39　曲轴位置传感器连接器电阻标准(开路检查)

测试仪连接	规定条件
NE＋(E3－33)—曲轴位置传感器(C7－1)	小于 1Ω
NE－(E3－34)—曲轴位置传感器(C7－2)	小于 1Ω

表 3－40　曲轴位置传感器连接器标准(短路检查)

测试仪连接	规定条件
NE＋(E3－33)或曲轴位置传感器(C7－1)—车身接地	10kΩ 或更大
NE－(E3－34)或曲轴位置传感器(C7－2)—车身接地	10kΩ 或更大

(4) 检查线束和连接器(混合动力车辆控制器 ECU—ECM)。

① 断开 H12 HV 控制 ECU 连接器，如图 3－143 所示。

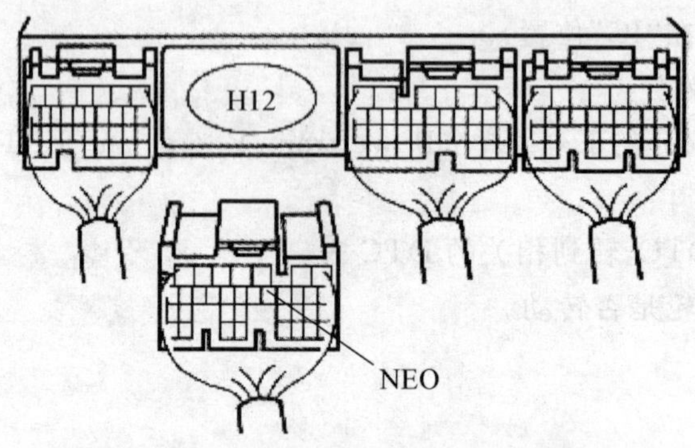

图 3－143　H12 HV 控制 ECU 连接器

② 断开 E5 ECM 连接器，如图 3－144 所示。

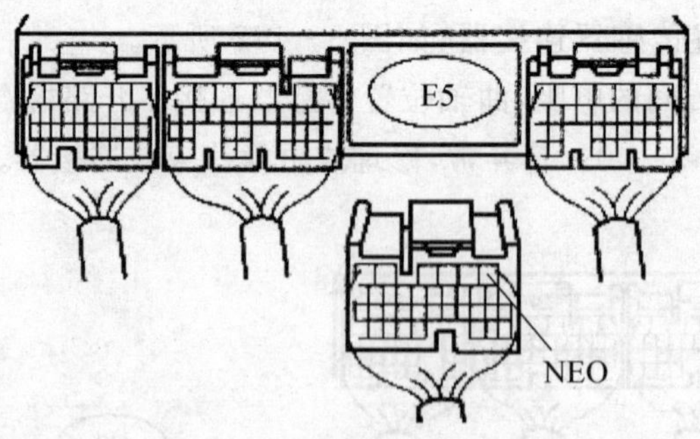

图 3－144　E5 ECM 连接器

③ 检查线束侧连接器间的电阻，线束侧连接器间的开路检查电阻标准见表 3－41，短路检查电阻标准见表 3－42。若异常，则修理或更换线束或连接器。

表 3-41 线束连接器间的电阻标准(开路检查)

测试仪连接	规定条件
NEO(H12-12)—NEO(E5-1)	小于 1Ω

表 3-42 线束连接器间的电阻标准(短路检查)

测试仪连接	规定条件
NEO(H12-12)或 NEO(E5-1)—车身接地	10kΩ 或更大

④ 重新连接 ECM 连接器。

⑤ 重新连接 HV 控制 ECU 连接器。

(5) 检查并清除 DTC(混合动力控制)。

① 将智能测试仪Ⅱ连接到 DLC3。

② 打开电源开关(在“IG”位置)。

③ 打开智能测试仪Ⅱ。

④ 进入智能测试仪Ⅱ的下列菜单：Powertrain/Hybrid control/DTC。

⑤ 检查并记录 DTC、定格数据和信息。

⑥ 清除混合动力控制的 DTC。

(6) 检查 READY 灯是否点亮。

① 将智能测试仪Ⅱ连接到 DLC3。

② 打开电源开关(在“IG”位置)。

③ 打开智能测试仪Ⅱ。

④ 进入智能测试仪Ⅱ的下列菜单：Powertrain/Hybrid control/Data List。

⑤ 读取发电机(MG1)转速和发动机转速数据。

⑥ 打开电源开关(READY)。

正常情况下 READY 灯亮。若 READY 灯不亮，并且智能测试仪上的读数显示为 DTC POA90，即 INF 239(HV 变速驱动桥输入部分发生故障：驱动桥轴损坏)，若 MG1 转动但发动机不运转，则更换混合动力车辆变速驱动桥总成。

(7) 检查发动机转速是否增加。

① 将智能测试仪Ⅱ连接至 DLC3。

② 打开电源开关(在“IG”位置)。

③ 打开智能测试仪Ⅱ。

④ 进入智能测试仪Ⅱ的下列菜单：Powertrain/Hybrid Control/Data List。

⑤ 读取发电机(MG1)转速和发动机转速数据。

⑥ 在 READY 灯亮的情况下，把挡位置于“P”挡的同时，踩下加速踏板 10s。

正常情况下发动机转速加快。若发动机转速不增加，智能测试仪Ⅱ的读数显示为 DTC POA90，即 INF 239(HV 变速驱动桥输入部分发生故障：驱动桥轴损坏)，并且 MG1 转动但发动机不运转，则更换混合动力车辆变速驱动桥总成；若异常，则更换混合动力车辆变速驱

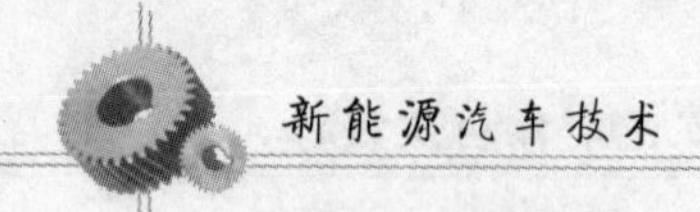

动桥总成。

(8) 检查车轮是否缓慢转动。

① 将智能测试仪Ⅱ连接至 DLC3。

② 打开电源开关(READY 灯亮)。

③ 顶起车辆。

④ 踩下制动踏板,把换挡杆移动到“D”挡,然后松开制动踏板。

正常情况下车轮转动(缓慢转动)。若车轮不转动,并且智能测试仪Ⅱ的读数显示为 DTC POA90(INF 602),即 HV 变速驱动桥输出部分发生故障,则应更换混合动力车辆变速驱动桥总成;若异常,则更换混合动力车辆变速驱动桥总成。

(9) 检查发动机加速转速。

① 将智能测试仪Ⅱ连接至 DLC3。

② 当以高于 10km/h 的速度行驶时,完全踩下加速踏板以提高发动机转速。

正常情况下发动机转速平稳增加。若发动机超过常速或智能测试仪Ⅱ的读数显示为 DTC POA90,即 INF241(HV 变速驱动桥输入部分发生故障:扭矩限制器发生滑动),则应更换变速器的减振器;若异常,则更换变速器输入减振器总成。

(10) 检查阻力在旋转过程中增加的原因(什么原因导致变速驱动桥和发动机的阻力在转动中变大)。

① 检查发动机润滑系统和变速驱动桥润滑系统。

② 检查发动机冷却液和变速驱动桥冷却液。

③ 检查发动机本身和变速驱动桥本身是否有任何故障。

若有故障,则修理故障零件和组件;若无故障,进行模拟试验,如果没有症状产生,则更换发动机、HV 变速驱动桥和 HV 控制 ECU。

(11) 检查前轮是否旋转。

① 打开电源开关(在“IG”位置)。

② 踩下制动踏板,把换挡杆移动到“N”挡。

③ 顶起车辆。

④ 手动转动曲轴皮带轮检查前轮是否旋转。

正常情况下前轮应旋转。若正常,则修理或更换发动机总成;若异常,则修理或更换混合动力车辆变速驱动桥总成。

任务小结

本任务单元系统介绍了丰田第二代普锐斯混合动力电控系统的部件组成、名称及在实车上的位置,并详细介绍了各电控系统功能、部件组成框图、硬件及线路连接方式,给出了 THS-Ⅱ的电控系统电路;接着对动力变频器的相关线路、驱动电动机的相关传感器(温度传感器、转速传感器等)在开路或短路状态下进行了电压或电阻的检查,并分析了系统主要警告灯的操作显示情况;然后简要介绍了混合动力系统的故障诊断步骤,重点分析了故障自诊断系统的 READY 灯、CHK ENG 灯、DTC 含义及定格数据;最后以发动机系统无法启动

为故障现象，从整个电控系统控制角度系统介绍了发动机电控系统相关线路的检查、诊断方法与思路。

习　题

一、填空题

1. 在蓄电池 SOC 高的情况下，按下________模式开关，THS－Ⅱ将会以纯电动机的方式进行驱动。

2. THS－Ⅱ车辆驱动电机上的传感器有________传感器、________传感器、________检测传感器等。

3. THS－Ⅱ车辆发生碰撞时，若 HV ECU 接收到气囊系统的碰撞信号，则 HV ECU 会关闭__________，以切断整个电源。

4. HV ECU 是根据__________传感器、__________传感器、__________传感器来计算系统所需的目标驱动力。

5. HV ECU 根据发电机(MG1)和电动机(MG2)的________传感器及 HV ECU 的__________信息，来控制变频器的功率晶体管，从而控制发电机(MG1)和电动机(MG2)的 U、V 和 W 相。

二、判断题

1. 在“P”挡启动 THS－Ⅱ车辆时，若仪表指示灯“READY”灯点亮，表示该系统有故障。（　　）

2. THS－Ⅱ车辆电动机(MG2)驱动时，其电源全部由 HV 蓄电池提供。（　　）

3. THS－Ⅱ车辆的空调压缩机输入的是低压直流电源。（　　）

4. THS－Ⅱ车辆的驱动电机(MG2)产生的转速和温度信号直接送给发动机 ECU，从而进行发动机功率和扭矩的控制。（　　）

5. 在用智能诊断仪对 THS－Ⅱ车辆诊断时，进入 Powertrain/Hybrid Control/Data List 界面，可以读取电控系统相应的静态或动态数据流。（　　）

三、综合题

1. 试述丰田普锐斯混合动力第二代控制系统的组成，并画出电控系统结构框图。

2. 试述混合动力电控系统故障诊断步骤。

项目四　燃料电池汽车技术应用

本项目主要介绍燃料电池汽车的结构类型、基本组成及驱动原理，燃料电池汽车的关键技术及应用现状等。通过本项目的实施，使学生对燃料电池汽车的整体结构、动力驱动技术及应用现状等有全面和清晰的认识。

任务1　燃料电池汽车结构认知

学习目标

1. 知识目标

(1) 了解燃料电池汽车不同结构类型的特点。

(2) 认识燃料电池辅助系统的主要部件及功用。

(3) 熟悉燃料电池汽车动力系统的基本结构组成。

(4) 掌握燃料电池的结构及工作原理。

2. 能力目标

(1) 能区别燃料电池汽车的不同类型及特点。

(2) 能描述燃料电池汽车动力系统的主要组成及其功用。

相关知识

一、燃料电池汽车的类型

燃料电池汽车也是电动汽车，它与电动汽车的区别在于燃料电池汽车装备了车载燃料电池发动机(发电机)。用燃料电池发动机与动力电池组和超级电容共同组成“电—电”电力驱动平台。

燃料电池电动汽车(Fuel Cell Electric Vehicle)以燃料电池作为动力源，它将燃料的化学能直接转变为电能，通过驱动电动机使车辆运行。图 4 - 1 所示为途胜 ix 燃料电池汽车。从能源的利用和环境保护方面说，燃料电池汽车是一种理想的车辆。

燃料电池电动汽车根据燃料特点不同，可分为直接燃料电池电动汽车和重整燃料电池电动汽车；按主要燃料种类不同，可分为以纯氢气为燃料的 FCEV、以甲醇改质后产生的氢气为燃料的 FCEV；按照驱动形式不同，主要又可分为纯燃料电池(PFC)、燃料电池和辅助蓄电池联合驱动(FC＋B)、燃料电池和超级电容联合驱动(FC＋C)、燃料电池加辅助电池加超级电容联合驱动(FC＋B＋C)四种结构。

图 4－1 途胜 ix 燃料电池电动汽车

(一) 纯燃料电池电动汽车(PFC)

纯燃料电池电动汽车有且只有一个动力源，那就是燃料电池，其驱动系统结构如图 4－2 所示，汽车的所有功率负荷都由燃料电池来承担，这与纯电动汽车有相似之处。纯燃料电池电动汽车工作时，燃料电池系统将氢气与氧气反应产生的电能通过总线传给驱动电动机，驱动电动机将电能转化为机械能再传给传动系，从而驱动汽车前进。

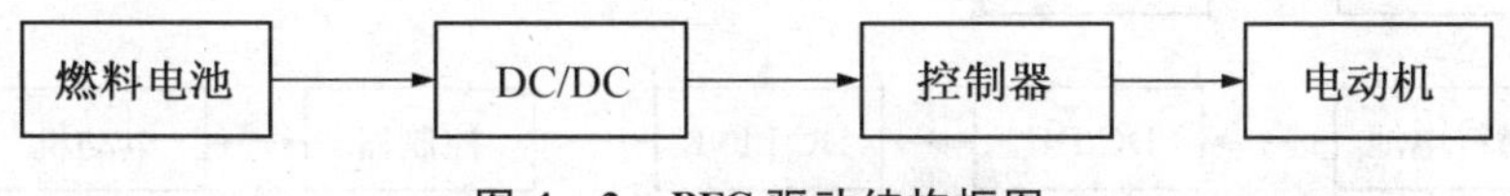

图 4－2 PFC 驱动结构框图

这种系统结构的特点：系统结构简单，便于实现系统控制和整体布置；系统部件少，有利于整车的轻量化；较少的部件使得整体的能量传递效率高，从而提高整车的燃料经济性。但是，这种燃料电池系统的动态响应和可靠性难以满足车辆的要求；系统无法实现制动能量的回收，影响了系统能量效率的提高。基于这些不利因素，目前的燃料电池电动汽车主要采用的是混合驱动形式，即在燃料电池的基础上，增加了一组电池或超级电容作为另一个动力源。

(二) 燃料电池和辅助蓄电池联合驱动(FC＋B)

燃料电池和辅助蓄电池联合驱动是一种比较流行的结构。在该动力系统结构中，燃料电池为主电源，动力电池为辅助电源，燃料电池和动力电池一起为驱动电动机提供能量，驱动电动机将电能转化成机械能传给传动系，从而驱动汽车前进；在汽车制动时，驱动电动机变成发电机，动力电池将储存回馈的能量。在燃料电池和动力电池联合供能时，燃料电池的能量输出变化较为平缓，随时间变化波动较小，而能量需求变化的高频部分由动力电池分担，如图 4－3 所示。

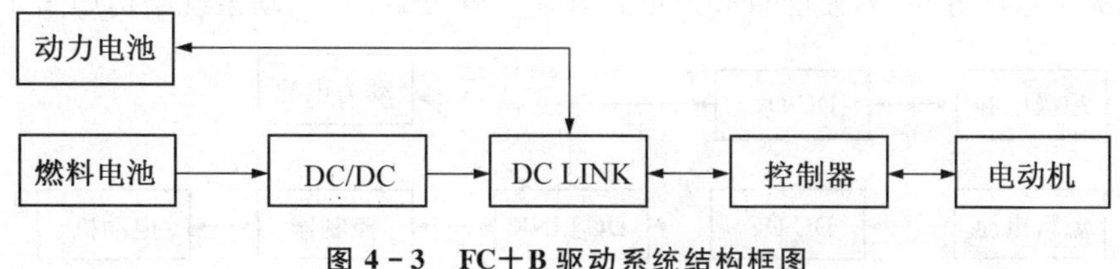

图 4－3 FC＋B 驱动系统结构框图

这种结构的特点：由于增加了比功率价格相对低廉得多的动力电池组，系统对燃料电池的功率要求较单一燃料电池结构得到简化的降低，从而较大地降低了整车成本；燃料电池可以在比较好的设定工作条件下工作，工作时燃料电池的效率较高；系统对燃料电池的动态响应性能要求较低；汽车的冷启动性能较好；制动能量回馈的采用可以回收汽车制动时的部分动能，同时也增加了驱动系统的重量、体积和复杂性，增加了电池的维护更换费用。

FC＋B 型燃料电池电动汽车采用的是混合动力结构，它与传统意义上的混合动力结构的差别仅在于发动机是燃料电池而不是内燃机。在燃料电池混合动力结构汽车中，燃料电池和辅助能量存储装置共同向电动机提供电能，通过变速机构来驱动汽车。燃料电池可以单独或与动力电池共同提供持续功率，在车辆启动、爬坡和加速等峰值功率需求时，动力电池提供峰值功率；在车辆起步的时候和功率需求量不大的时候，动力电池可以单独输出能量。由于动力电池技术比较成熟，可以在一定程度上弥补燃料电池技术上的不足。

(三) 燃料电池和超级电容联合驱动(FC＋C)

燃料电池和超级电容联合驱动结构应用燃料电池作为主动力源提供持续功率，超级电容作为辅助动力源提供峰值功率，系统结构如图 4－4 所示。

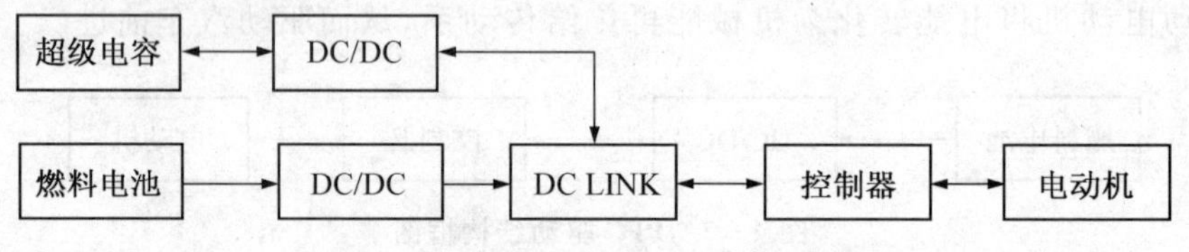

图 4－4　FC＋C 驱动系统结构框图

这种结构的特点：由于超级电容既能快速充电又能快速放电，所以可以利用超级电容迅速高效地回收制动时产生的再生能量；超级电容有负荷均衡作用，放电电流得到减少，从而使电池的利用能量、循环寿命得到提高，降低了使用成本。FC＋C 结构控制简单，解决汽车冷启动和加速爬坡的问题，能充分发挥超级电容的优势。但是，超级电容存储的能量有限，即比能量极低，只可以提供持续大约 1min 的峰值功率。

相对于蓄电池，超级电容充放电效率高，能量损失小，比蓄电池功率密度大，在回收制动能量方面比蓄电池有优势，循环寿命长，但是超级电容的能量密度较小。随着超级电容技术的不断进步，这种结构将成为一种新的重要研究方向。

(四) 燃料电池加动力电池加超级电容联合驱动(FC＋B＋C，燃料电池为主电源，动力电池加超级电容为辅助电源)

燃料电池加辅助电池加超级电容联合驱动结构，可以由燃料电池单独或与蓄电池共同提供持续功率，而且在车辆启动、爬坡和加速等工况需求峰值功率时，动力电池和超级电容可以单独或共同提供这部分功率，使能量分配更趋合理。FC＋B＋C 驱动系统结构如图 4－5 所示。

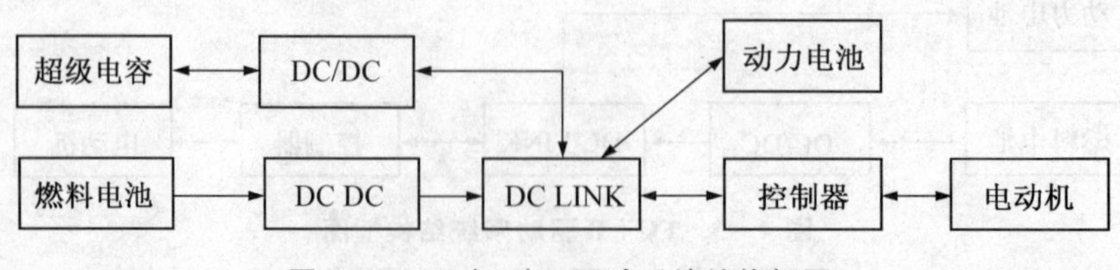

图 4－5　FC＋B＋C 驱动系统结构框图

这种结构的主要特点：可以进一步降低对燃料电池和动力电池的功率要求；在寒冷的季节里，动力电池不能产生足够大的电流启动车辆时，动力电池可以对超级电容进行小电流充电，由超级电容提供足够的启动能量，这样可以减少动力电池的数量和单个电池的容量，减轻动力电池的负担；再生制动时，超级电容接收回馈能量，减少动力电池的充放电次数，延长动力电池的使用寿命。但这种结构最复杂，整车控制难度也最大，它的控制策略比较复杂。

燃料电池系统＋动力电池组＋超级电容(FC＋B＋C)混合动力系统是在 FC＋B 混合动力系统基础上再并联一组超级电容，用于提供吸收加速/紧急制动的尖峰电流，从而减轻了电池的负担，延长其使用寿命。但这种结构形式较为复杂，既增加了动力系统结构复杂度和整车空间结构布置的难度，也给控制系统及元器件提出了更高的要求，同时成本较高，一般应用于燃料电池电动大客车。

二、燃料电池的驱动运行模式

由于现在已开发出的燃料电池电动汽车大多采用燃料电池和辅助电池的(FC＋B)双动力源结构，这种结构的驱动运行模式见表 4－1。

表 4－1　燃料电池电动汽车驱动运行模式

燃料电池起动	低速巡航	高速巡航	加速或爬坡行驶	滑行或下坡	停车充电
辅助装备 燃料电池起动 电池组放电 电能转换器 驱动电动机停止 燃料电池起动 ⇓ 驱动轮 ◎	辅助装备 燃料电池工作 电池组充电 电能转换器 驱动电动机工作 ⇓ 带动车辆巡航行驶 ⇓ 驱动轮 ◎	辅助装备 燃料电池工作 电池组停止 电能转换器 驱动电动机工作 ⇓ 带动车辆高速行驶 ⇓ 驱动轮 ◎	辅助装备 燃料电池工作 电池组充电 电能转换器 驱动电动机工作 ⇓ ⇓ 双电源供电加速爬坡 ⇓ ⇓ 驱动轮 ◎	辅助装备 燃料电池停止 电池组充电 电能转换器 驱动电动机发电 ⇑ 反馈动能带动发电 ⇑ 驱动轮 ◎	辅助装备　插头 燃料电池停止 电池组充电 电能转换器 驱动电动机停止 电池组充电 驱动轮 ◎

注：1. 高速巡航时只是在燃料电池发动机发生过载时，才控制动力电池组向电动机提供辅助电能。

2. 一般情况下用公共电网为动力电池组充电，只是在必要的情况下，才采用燃料电池发动机的电源向动力电池组充电，以节约氢燃料。

3. 表中单线箭头表示电力传递；表中双线箭头表示动力传递。

三、燃料电池电动汽车动力系统结构

FC+B双动力源联合驱动形式的燃料电池电动汽车的动力系统主要包括燃料电池系统、DC/DC变换器、驱动电动机及其控制系统等。而燃料电池系统由燃料电池堆及其辅助系统组成，在外接氢源条件下可以正常工作，直接对外提供电能，其中辅助系统包括氢气供给系统、空气供给系统、水/热管理系统、系统控制和安全保障系统等。

(一) 燃料电池及燃料电池堆

1. 燃料电池的分类。燃料电池的作用是将燃料的化学能转化成电能，并最终能够为负荷提供所需的电力。下面主要介绍按照使用电解质的不同分类的燃料电池。

(1) 碱性燃料电池(AFC)。碱性燃料电池是第一种得到实际应用的燃料电池，它以强碱[如氢氧化钾(KOH)]溶液为电解质，电池工作温度一般为60℃～220℃。在低温工作(小于120℃)的AFC采用质量分数为35%～50%的KOH电解质；在较高温度工作(大于200℃)的则采用质量分数为85%的KOH电解质。通常碱性燃料电池由两个多孔电极以及多孔电极之间的碱性电解质组成。其工作原理如图4-6所示，反应式如下：

$$\text{阳极反应：}H_2+2OH^- -2e^- \rightarrow 2H_2O+O_2(\varepsilon=-0.828V) \quad (4-1)$$

$$\text{阴极反应：}1/2O_2+H_2O+2e^- \rightarrow 2OH^-(\varepsilon=0.401V) \quad (4-2)$$

$$\text{总反应：}1/2O_2+H_2 \rightarrow H_2O(\varepsilon=1.229V) \quad (4-3)$$

当氢气到达阳极后，在阳极催化剂的作用下，与碱中的OH^-生成水，并失去2个电子，见式(4-1)；当氧气到达阴极后，在阴极催化剂的作用下，得到从外电路过来的2个电子，还原生成OH^-，见式(4-2)；生成的OH^-通过隔膜到达阳极。碱性燃料电池的总反应见式(4-3)，在理论上，电池的电动势为1.229V。实际上，由于反应的不可逆性，开路电压一般在1.1V以下。

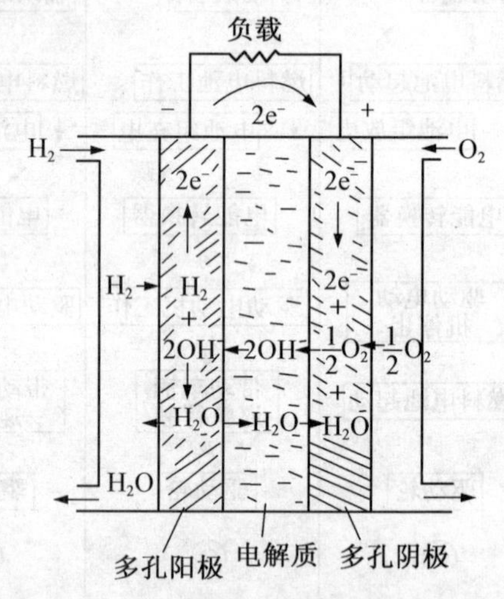

图4-6 碱性燃料电池反应示意图

AFC的优势在于它的能量转换效率高，电能转换效率高达60%～70%；由于是碱性介质，与其他采用金属铂作电极的燃料电池相比，可采用较为便宜的金属电极，如镍、银等，降低了燃料电池的成本，同时电解质氢氧化钾的价格也很低，使之更具价格优势。此外，它的电池快速启动性好，且工作温度范围宽，可低于0℃工作。但是，AFC不能采用空气作为氧化剂，这是由于AFC采用的是碱性电解质(如KOH、NaOH等)，会和空气中的CO_2反应生成K_2CO_3、Na_2CO_3等，导致溶液导电率下降，并且K_2CO_3等碳酸盐易在电极中结晶，堵塞电极孔隙，从而影响电池的性能。这也正是造成AFC应用受限的一个重要因素。

(2) 质子交换膜燃料电池(PEMFC)。质子交换膜燃料电池是一种低温燃料电池，工作温度一般在60℃～80℃。电池单体主要由膜电极(阳极和阴极、质子交换膜)和集流板组成。在质子交换膜燃料电池中，质子交换膜不只是一种隔膜材料，它还是一种选择透过性膜，只

容许 H^+（质子）透过，隔离了 H_2 分子及其他离子。它还是电解质和电极活性物质的基底。通常，PEMFC 采用氢气作为燃料，在燃料电池工作时，经增湿后的氢气和氧气分别到达电池的阳极和阴极，通过电极上的扩散层到达催化层和质子交换膜界面。在膜的阳极一侧，氢原子在阳极催化剂的作用下转化为氢离子和电子，氢离子以水合质子的形式在质子交换膜中转移，最后到达阴极，实现质子导电，如图 4－7 所示。氢离子的这种转移导致阳极出现带负电的电子的积累，从而变成一个带负电的端子。与此同时，阴极的氧原子在阴极催化剂的作用下与阳极过来的氢离子结合，使得阴极变成带正电的端子。反应产物水则以水蒸气或冷凝水的形式随过剩的阴极反应气体从阴极排出。因而，质子交换膜燃料电池的化学反应为：

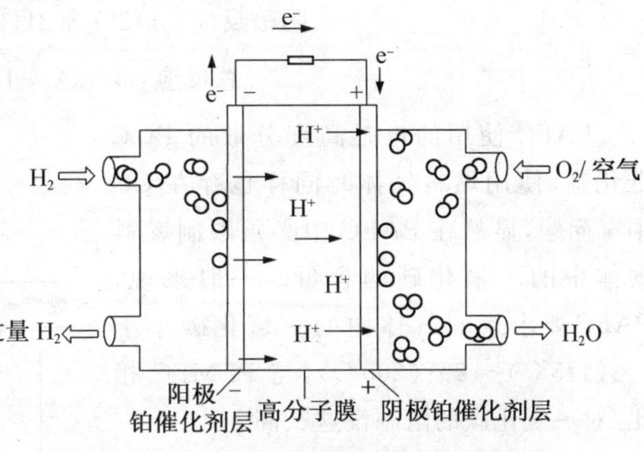

图 4－7　质子交换膜燃料电池反应示意图

$$阳极（负极）：H_2-2e^-=2H^+ \quad (4-4)$$

$$阴极（正极）：1/2O_2+2e^-+2H^+=H_2O \quad (4-5)$$

$$总反应：1/2O_2+H_2 \rightarrow H_2O \quad (4-6)$$

值得注意的是，由于质子交换膜只能传导质子，因此氢质子可直接穿过质子交换膜到达阴极，而电子只能通过外电路才能到达阴极。当电子通过外电路流向阴极时，就产生了直流电。PEMFC 在标准状态下的理论电压为 1.14V，将多个单电池层叠组合就能构成输出电压满足实际负荷需要的燃料电池堆。

质子交换膜燃料电池的优点：内部构造简单，发电单元模块化，可靠性高，组装和维修都很方便；工作时没有噪声，不存在活塞发动机工作时机械传动部分引起的噪声污染；发电效率受负荷变化影响很小，非常适于分散型发电装置（作为主机组），也适于电网的“调峰”发电机组（作为辅机组）；所用燃料的来源比较广泛，如可以通过电解水制氢，也可以通过石油、天然气、甲醇、甲烷等进行重整的方法制得。

对于 PEMFC 来说，质子交换膜的性能对燃料电池的性能起着非常重要的作用，它的好坏直接影响燃料电池的使用寿命。目前在 PEMFC 中使用的主要是杜邦公司基于全氟化特氟龙材料生产的 Nafion 膜。但质子交换类膜存在以下缺点：① 制作困难、成本高，全氟物质的合成和磺化都非常困难，而且在成膜过程中的水解、磺化容易使聚合物变性、降解，使得成膜困难，导致成本较高；② 对温度和含水量要求高，Nafion 系列膜的最佳工作温度为 70℃～90℃，超过此温度会使其含水量急剧降低，导电性迅速下降，阻碍了通过适当提高工作温度来提高电极反应速度和克服催化剂中毒的难题。

（3）磷酸燃料电池（phosphoric acid fuel cell，PAFC）。磷酸燃料电池是一种以天然气、甲醇、液化石油气等重整气体为燃料，以空气为氧化剂，磷酸作为电解质的中温型燃料电池。在阳极催化剂的作用下，氢气释放出氢离子，氢离子通过作为电解质的磷酸溶液迁移到阴极，电子则从外电路移动到阴极，而阴极的氧气则与氢离子反应生产水，如图4-8所示。其电极反应式如下：

$$阴极反应：1/2O_2+2H^+\rightarrow H_2O+2e^- \quad (4-7)$$

$$总反应：1/2O_2+H_2\rightarrow H_2O \quad (4-8)$$

PAFC使用的也是高度分散的Pt/C催化剂，使用燃料气体时同样也存在CO中毒问题，显然在PAFC中必须限制燃料气体中的一氧化碳的含量。一般来说，PAFC要求燃料气体中的一氧化碳小于1%（175℃）～2%（200℃），与PEMFC相比，对一氧化碳的限制没这么高。

PAFC最大的特点是电解质为酸性，克服了AFC中CO_2造成的电解质变质问题，这样PAFC就可以使用由煤等燃料改质而得到的含有CO_2的重整气体。此外，PAFC采用加压水冷方式冷却，它的冷却系统可以做得比较小，排出的热量可以应用于空调采暖，具有较高的综合效率。

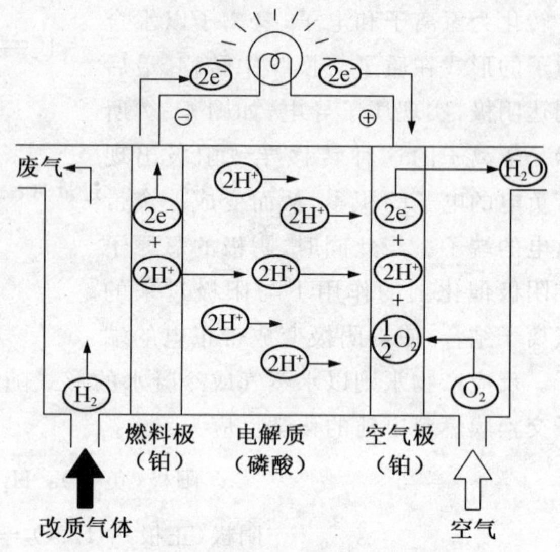

图4-8 磷酸燃料电池反应示意图

由于磷酸在低温时的离子导电性比较差，且阳极催化剂易受到CO毒化，PAFC的工作温度在160℃～220℃。目前，PAFC的发电效率比较低，仅为40%～45%。另外，由于酸性电解质的腐蚀作用，PAFC的寿命还难以超过40 000h。加之PAFC所用催化剂为铂等稳定性较好的贵金属材料，成本偏高，阻碍了它的迅速普及。

（4）熔融碳酸燃料电池（MCFC）。熔融碳酸燃料电池以天然气、甲醇、液化石油气为原始燃料，以熔融的碳酸盐混合物为电解质，如碳酸锂和碳酸钾的混合物、碳酸锂和碳酸钠的混合物。在较高的温度下（一般为600℃～700℃），这些碳酸盐混合物成为高传导性的熔融盐，电解质中的CO_3^{2-}离子能够自由流动，在电场作用下，从电池的阴极流向阳极，提供离子传导。在阳极，氢气与从电解质隔膜迁移过来的CO_3^{2-}离子发生反应，生产二氧化碳和水，并释放出电子；而阳极产生的电子则通过外电路到达阴极，与氧气和二氧化碳相结合，生成CO_3^{2-}。熔融碳酸燃料电池反应示意图如图4-9所示。电极反应式为：

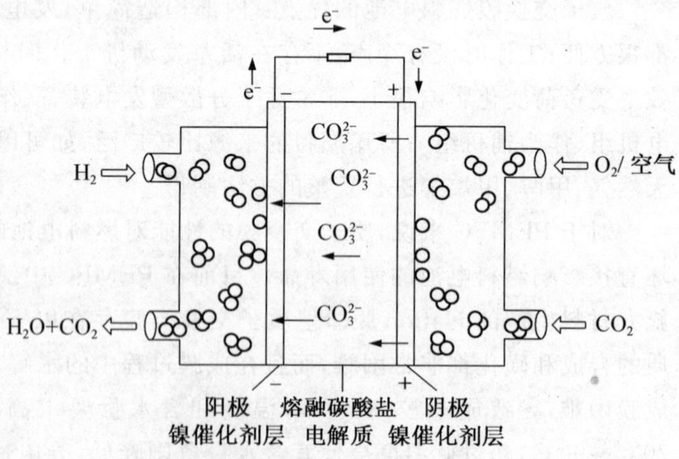

图4-9 熔融碳酸燃料电池反应示意图

$$阳极反应：CO_3^{2-}+H_2 \rightarrow H_2O+CO_2+2e^- \quad (4-9)$$

$$阴极反应：CO_2+1/2\ O_2+2e^- \rightarrow CO_3^{2-} \quad (4-10)$$

$$总反应：1/2O_2+H_2+CO_2 \rightarrow H_2O+CO_2 \quad (4-11)$$

此外，MCFC还可以将一氧化碳作为燃料。在PEMFC和PAFC中，为了防止催化剂中毒，要严格控制燃料中一氧化碳的浓度，而在MCFC中，一氧化碳发生水汽变换反应，先生成氢气[反应式(4-12)]，然后再发生式(4-11)的反应，也就是说一氧化碳可以作为氢气的间接来源。

$$CO+H_2O \rightarrow H_2+CO_2 \quad (4-12)$$

从反应方程式(4-12)可以看出，MCFC与其他燃料电池有所不同，阴极反应需要消耗二氧化碳，而在阳极，碳酸盐离子又转化为二氧化碳，可以实现从阴极到阳极的二氧化碳循环。这种循环也可应用到二氧化碳分离系统上，如用于吸收太空舱中宇航员呼出的二氧化碳，可以吸收热电厂废气中的大量二氧化碳等等。由于熔融碳酸盐燃料电池工作温度高，电极反应活化能小，可以不使用贵金属，而以镍作为催化剂。

当燃料电池组工作时，在产生电的同时也产生热，过高的温度会引起严重的腐蚀，但过低的温度又会导致过高的电化学活化损失。过去燃料电池组工作温度维持在700℃左右，现在则降到660℃左右。如果温度降到580℃以下，阴极极化现象将非常明显，所以对于MCFC来说，控制温度非常重要。就目前来看，MCFC的阴极溶解、阳极蠕变、高温腐蚀、电解质损失等问题仍然是影响电池寿命的重要因素。

(5) 固体氧化物燃料电池(Solid Oxide Fuel Cell，简称SOFC)。固体氧化物燃料电池因使用固体陶瓷材料电解质而得名，是一种在中高温下直接将储存在燃料和氧化剂中的化学能高效、环境友好地转化成电能的全固态化学发电装置。SOFC由阳极、阴极和中间的电解质组成，氧气在多孔的阴极被还原，产生氧离子：

$$O_2+4e^- \rightarrow 2O^{2-} \quad (4-13)$$

对于氧离子导体的电解质，在电极两侧氧浓度差驱动力作用下，通过电解质中的氧离子的跃迁，迁移到阳极上与阳极燃料反应释放电子，并形成和燃烧过程一样的产物。电子经外电路通过负荷做功，最后回到阴极。下面给出几种比较典型的燃料的阳极反应式：

$$阳极燃料为H_2时：H_2+O^{2-} \rightarrow H_2O+2e^- \quad (4-14)$$

$$阳极燃料为CO时：CO+O^{2-} \rightarrow CO_2+2e^- \quad (4-15)$$

$$阳极燃料为CH_4时：CH_4+4O^{2-} \rightarrow 2H_2O+CO_2+8e^- \quad (4-16)$$

可以看出，固体氧化物燃料电池的燃料范围广泛，不仅可以用H_2、CO等作为燃料，还可以直接用天然气、液化石油气和其他碳氢化合物(如甲醇、乙醇，甚至汽油、柴油等高碳链的液体燃料等)作为燃料。加之，固体氧化物燃料电池以高温下成为氧离子导体的陶瓷(氧化锆系等)为电解质，不会出现电解质的蒸发和析出，避免了像熔融碳酸盐燃料电池(MCFC)使用液态电解质带来的腐蚀和电解质流失等问题。SOFC的效率也非常高，它是目前以碳氢化合物为燃料的燃料电池中发电效率较高的一种，热电联产时最大可以达到80%以上。

由于SOFC在中高温的条件下工作，它的电极反应过程相当迅速，并且可以承受较高浓度的硫化物和CO的毒害，因此对电极的要求大大降低，也无须采用贵金属电极，降低了成本。此外，SOFC的抗毒性好，对燃料要求不高，当以干氢、湿氢、一氧化碳(CO)或它们的混合物为燃料时都能很好地工作。不过，SOFC的操作温度非常高，通常为700℃～1 000℃，如此的高温对燃料电池的连接材料、密封材料等性能提出了很高的要求，如何解决这一问题，还有待进一步研究。表4-2对五种主要类型的燃料电池进行了简单比较。

表4-2　5种燃料电池的主要特征比较

燃料电池	典型电解质	工作温度/℃	优点	缺点	效率/%
碱性燃料电池	$KOH-H_2O$	80	(1) 启动快 (2) 室温常压下工作	(1) 需以纯氧作氧化剂 (2) 成本高	70
磷酸燃料电池	H_3PO_4	200	对 CO_2 不敏感	(1) 对CO敏感 (2) 工作温度较高 (3) 低于峰值功率输出时性能下降	40
固体氧化物燃料电池	$ZrO_2-Y_2O_3$	1 000	(1) 可用空气作氧化剂 (2) 可用天然气或甲烷作燃料	工作温度高	>60
熔融碳酸盐燃料电池	Na_2CO_3	650	(1) 可用空气作氧化剂 (2) 可用天然气或甲烷作燃料	工作温度高	>60
质子交换膜燃料电池	含氟质子交换膜	80～100	(1) 寿命长 (2) 可用空气作氧化剂 (3) 工作温度低 (4) 启动迅速	(1) 对CO敏感 (2) 反应物需要加湿 (3) 成本高	>60

(6) 其他类型燃料电池。以上五大类燃料电池基本上都是以氢气为燃料，然而自然界中并不存在氢气这种燃料，因此要使这些燃料电池技术得到应用，首先必须解决制取氢气的问题。目前，氢气基本上是从化石燃料中提取，如将天然气、石油炼制产物(液化气、汽油、柴油等)、醇类、煤等经过转换(重整、水气转换)和提纯净化后获得。这些转换和净化处理过程造成一定的能量损失，使得燃料电池的成本增加，转化效率下降。另外，氢气的存储、运输、携带也成为燃料电池推广应用的难题。因此，寻找替代燃料就成了燃料电池发展的一个重要方向。

目前，已有关于不依赖氢气为燃料的燃料电池。比如，以醇类(甲醇、乙醇、异丙醇等)直接作为燃料的直接醇燃料电池DAFC，以甲酸为燃料的直接甲酸燃料电池DFAFC，以固体碳(如煤)为燃料的直接碳燃料电池DCFC，以硼氢化物直接作为燃料的直接硼氢化物燃料电池DBFC，以生物质和微生物为燃料的生物燃料电池BFC和微生物燃料电池MFC，以金属为燃料的金属半燃料电池MSFC等。

此外，还有可再生燃料电池(RFC)。理想的可再生燃料电池是一个可再生能源的闭合循环发电系统，即利用风能、太阳能、地热能等可再生能源产生电能，通过水电解器将水分解

成氢气和氧气，提供给燃料电池发电和供热，反应生成的水在电解器中重新被电解为氢气和氧气，循环返回到燃料中。严格意义上讲，RFC仅是一个特殊的燃料电池系统，而不是一种燃料电池类型。

2. 燃料电池主要参数。用于汽车上的燃料电池主要是质子交换膜燃料电池。质子交换膜燃料电池工作特性影响着整车性能，而影响其工作特性的主要参数有：

(1) 燃料电池的工作温度。燃料电池的工作温度对燃料电池的输出特性的影响比较显著。随着温度的升高，燃料电池的内阻减小。在相同电流密度条件下，燃料电池的工作温度越高，燃料电池的工作电压随之增大。

(2) 气体的工作压力。气体的工作压力对燃料电池堆的功率密度影响比较明显，一般来说，工作压力越高，功率密度越大。

3. 燃料电池电动汽车对燃料电池的要求。FCEV对燃料电池性能基本要求有以下几方面：

(1) 燃料电池组(堆)的比能量不低于150～200Wh/kg，比功率不低于300～400W/kg，要求达到或超过美国先进电池联合体(USABC)所提出的电池性能和使用寿命的指标。

(2) 可以在－20℃的条件下启动和工作，有可靠的安全性和密封性，不会发生燃料气体的结冰和燃料气体的泄漏。

(3) 各种结构件有足够的强度和可靠性，可以在负荷变化情况下正常运转，并能够耐受FCEV行驶时的振动和冲击。

(4) 除了要求FCEV排放达到零污染的要求外，动力性能要求基本达到或接近内燃机汽车的动力性能的水平，性能稳定可靠。

(5) 各种辅助技术装备的外形尺寸和辅助技术装备的质量应尽可能地减小，以符合FCEV的装车要求。

(6) 燃料充添方便、迅速，燃料电池能够方便地进行电极和催化剂的更换和修理。

(7) 所配置的辅助电源，应能满足提供启动电能和储存制动反馈电能的要求。

4. 单体燃料电池的结构。现有的燃料电池电动汽车大多数都采用质子交换膜燃料电池。下面以质子交换膜燃料电池为例来说明燃料电池的结构及原理。

单体燃料电池由三种基本组件构成：质子交换膜(两侧载有催化剂Pt)、电极(兼气体扩散层)和流场板(双极性集流板)，如图4-10所示。正极和负极被电解质膜隔开。电解质膜内有固态酸性电解质，电解质内具有自由氢离子H^+。

质子交换膜是PEMFC的核心，质子交换膜有酚醛树脂磺酸型膜、聚苯乙烯磺酸型膜、部分氟化质子交换膜、全氟磺酸质子交换膜和非氟化质子交换膜等。全氟磺酸质子交换膜兼有电解质、电极活性物质的基底和能够选择透过H^+的功能，它只允许H^+透过，而不允许其他离子和氢分子H_2透过，而普通多孔性的电解质膜不具备这些功能。

正、负电极通常称为膜电极。膜电极中包括正极、负极、质子交换膜和催化剂。正、负极是以多孔碳或石墨为载体，在电极内浸入氟磺酸并与质子交换膜压合，在负极和正极之间为催化剂和电解质层，它们共同组成了单体电池。

在正、负膜电极的两侧装有双极性集流板，集流板的材料有石墨板、表面改性的金属集流板和碳聚合物复合材料板等。在正膜电极集流板面向膜电极的一面刻有用于输送O_2的凹槽，通过凹槽将 O_2 扩散到整个正极中；在负膜电极集流板面向膜电极的一面刻有用于输送 H_2 的凹槽，通过凹槽将 H_2 扩散到整个负极中。负电极集流板中的 H_2 在催化剂的作用下转化为 e 和 H^+，H^+ 通过质子交换膜到达正极，与正电极集流板中的 O_2 发生氧化作用后转化为水。在正、负膜电极集流板的背面刻有输送冷却液的凹槽，冷却液在凹槽中流动将热量导出。双极性集流板对燃料电池气体均匀分布程度、水和热量导出的效率、导电性能以及燃料电池的密封性等有重要作用。

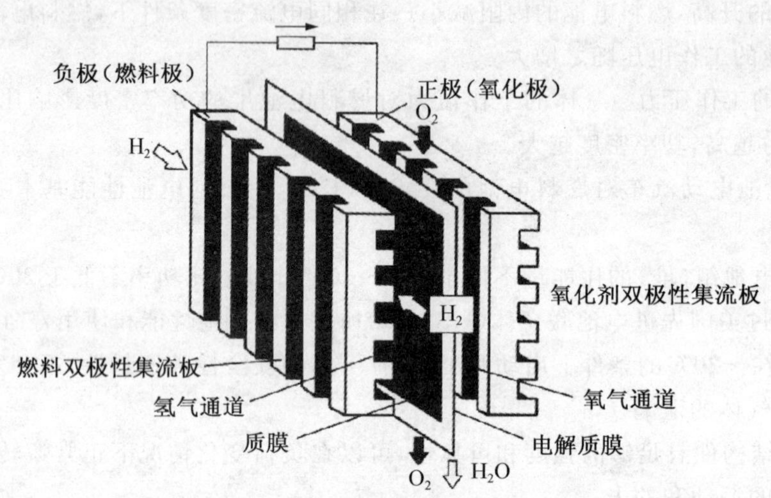

图 4-10　质子交换膜单体燃料电池结构

5. 单体燃料电池的工作原理。燃料电池实质上是电化学反应发生器，它将燃料中的化学能不经燃烧而直接转化为电能。质子交换膜燃料电池工作原理示意图如图 4-11 所示。

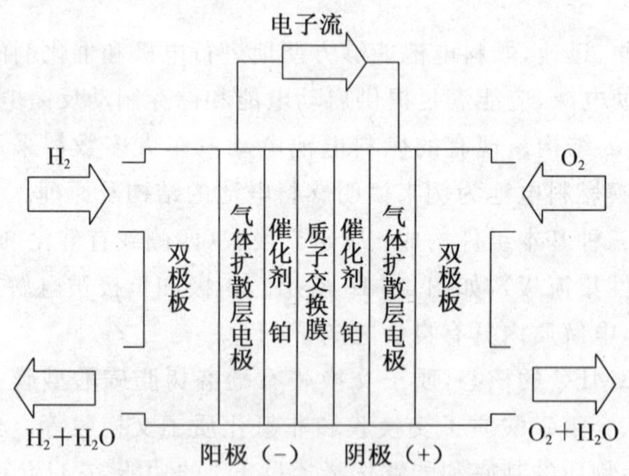

图 4-11　燃料电池工作原理示意图

负极（氧化剂）上产生的化学反应方程式如下：

$$H_2 \rightarrow 2H^+ + 2e^- \tag{4-17}$$

氢气作为燃料被连续地输送到燃料电池的负极，在催化剂的作用下，发生电化学氧化反应，放出电子，生成质子，同时释放出能量。

正极(燃料极)上产生的化学反应方程式如下：

$$1/2O_2 + 2H^+ + 2e^- \rightarrow H_2O \quad (4-18)$$

氧气与来自负极的电子以及来自电解质的 H^+ 形成水。

总的电池反应为：

$$H_2 + 1/2O_2 \rightarrow H_2O \quad (4-19)$$

质子交换膜燃料电池中的 H^+ 从负极以“水合物”作为载体向正极移动，因此质子交换膜燃料电池的正负极间必须保持 400mmHg 压力的水气。在工作过程中要不断地补充水分，使得燃料气体流和氧化剂(空气等)气体流保持一定的“湿润”状态。在氢离子流过质子交换膜时，将水分附着在质子交换膜上，保持质子交换膜处于湿润状态，防止质子交换膜脱水。质子交换膜脱水时，会使燃料电池的内电阻温度大幅度上升。

质子交换膜燃料电池需要用铂(Pt)等贵金属作为催化剂。在催化剂的催化作用下，才能促成 H^+ 从负极向正极移动，并与 O_2 发生化学反应生成电能和水。铂(Pt)是贵金属，减少其用量对提高燃料电池的寿命、降低燃料电池的成本有重要的意义。

从以上燃料电池的工作原理分析可知，燃料电池与普通的电化学原电池和充电电池类似，都是通过电化学反应将化学能转换成电能，但又存在着本质区别。普通的原电池或充电电池是一个封闭系统，封装后，它与外界只存在能量交换而没有物质交换。当电池内部的化学物质消耗尽或反应条件发生变化时，系统就无法继续输出能量。而燃料电池则不同，参与反应的化学物质，如氢和氧，是由燃料电池外部的单独供气系统供给的，只要保证物质供应的连续性，就可以保证能量输出的连续性。从这个意义上来讲，燃料电池本身是一个开放的发电装置，这也是燃料电池与普通电池的最大差别。

6. 燃料电池堆结构。单体燃料电池的电压一般在 1V 左右，需要多个燃料电池串联在一起形成燃料电池堆，才能获得驱动电动机工作所需要的电压。用端板将不同个数的单体电池紧密地装配到一起组成不同规格(电压和容量)的燃料电池堆，如图 4-12 所示。在串联成整体的燃料电池堆中，各个单体电池之间的密封性要求很高，若密封性不良会导致氢气泄漏而降低氢气的利用率，使燃料电池的效率降低。

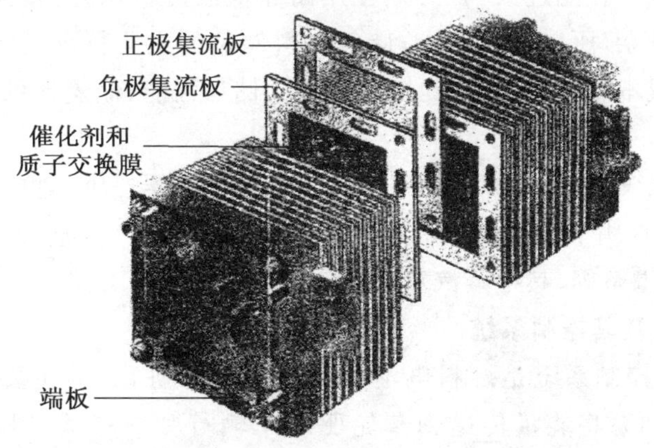

图 4-12　燃料电池堆结构

(二) 燃料电池辅助系统

燃料电池要实现能量的转化并输出电能，仅靠一个燃料电池是不够的，通常需要若干个单燃料电池组成燃料电池堆，再与一整套附属装置连成一体，构成复杂的燃料电池系统。燃料电池系统一般由燃料供应系统、发电系统、热管理系统、电力系统、控制系统等组成。

1. 发电系统。发电系统是指燃料电池本身，它将燃料和氧化剂中的化学能直接转化成电能，而无须燃烧的过程，它通常以电池堆的形式存在。以氢氧燃料电池为例，单个电池的工作电压通常为0.6～0.7V。此时，燃料电池堆输出功率接近它的最大值，且电效率约为45%，比较合适。而实际应用中所需的电压远远高于0.7V，因此通常将多个单体电池串成一个电池堆，电池堆电压则为各单体电池电压的总和。

2. 热管理系统。燃料电池的电效率约为40%～60%，其中没有转化为电能的能量以热量的形式释放。如果不能及时扩散热量，可能会导致燃料电池堆过热，或使电池堆内不同部位出现较大的温度差，不利于燃料电池堆工作。因此，热管理系统在燃料电池系统中起着重要作用。

3. 电力系统。燃料电池的电力调节和转化系统的作用主要有以下两方面：

(1) 保证燃料电池系统输出一个确切稳定的电压。

(2) 将燃料电池输出的直流电转化为交流电。几乎所有的燃料电池都要进行电力调节，并且对于车用燃料电池来说电力转换也是必要的。

4. 控制系统。由于燃料电池系统的负荷经常变化，如车辆频繁地起、停、变速等，这就意味着需要对燃料电池系统进行实时监控，并根据负荷变化情况进行相应调整，保持燃料电池系统稳定可靠运行。同时，该系统还包括燃料电池系统的启动程序、停车程序、故障检测程序等。

5. 燃料供应系统。燃料供应系统给燃料电池堆提供燃料，如氢气、天然气、甲醇等。如果这个系统直接提供氢气，则结构相对简单；如果提供化石燃料制氢，则结构相当复杂。

氢是燃料电池的主要燃料，目前供氢主要有两种方式：储氢和重整制氢。

(1) 在现有的储氢技术中，应用相对较广的是高压储氢、液态储氢和储氢材料储氢，然而这三种技术在实际应用中的效果很大程度上都受材料性能的制约。总的来看，高压储氢应用相对较多，实现方式比较简单、方便，但必须使用耐高压容器，只是储氢压力过大，会降低安全性，且充氢操作复杂、成本增加；液态储氢的特点是储运效率高、装置质量轻、体积小、储氢压力低，但液化氢气耗能过大，且必须使用耐超低温的特殊容器，使用中存在一定的危险，且充氢系统也很复杂，所以应用较少；储氢材料储氢的主要特点是安全性好、运输方便、操作较容易，但它的成本相对较高，且受制于材料的储氢性能、储氢器的结构等，所以目前应用也不多。

(2) 重整制氢是指燃料电池工作所需的氢气可由重整器提供。重整器中使用的原料可以是天然气、汽油、柴油、甲醇、乙醇等等。重整技术主要有蒸汽重整、部分氧化重整、自动供热重整以及等离子体重整等，其中蒸汽重整是使用最广的制氢方式。

(三) 驱动电动机及其控制系统

驱动电动机及其控制系统是燃料电池电动汽车的心脏，它的主要功能是使电能转变成机械能，并通过传动系将能量传递到车轮驱动车辆行驶。其基本构成有：电动机和控制器。电动机由控制器控制，它将电能转变成机械能。要使电动汽车有良好的使用性能，驱动电动机应具有调速范围宽、转速高、启动转矩大、体积小、质量小、效率高且有动态制

动强和能量回馈等特性。控制器的作用是将动力源的电能转变为适合于电动机运行的另一种形式的电能，是一个电能变换控制装置。关于驱动电动机及控制器在任务 2.2 和任务 2.5 中已阐述，这里不再重复介绍。

(四) 辅助蓄电池组及其管理系统

辅助蓄电池组可以在汽车启动、加速、爬坡等工况下需要的驱动功率大于燃料电池系统可以提供的功率时释放存储的电能，从而降低燃料电池的峰值功率需求，使燃料电池工作在一个较稳定的工况下；而在汽车怠速、低速或减速等工况下、燃料电池功率大于驱动功率时，存储富余的能量；在汽车制动时，吸收存储再生制动能量，从而提高系统的能量效率。辅助蓄电池管理系统是根据蓄电池特性对蓄电池组实施有效管理的系统，它可以优化和保持蓄电池组性能，充分发挥现有电池的性能，提高电池使用效率。

(五) 燃料电池双向 DC/DC 电能变换器

双向 DC/DC 电能变换器是燃料电池电动汽车系统中的一个重要部分。它的主要功能是把不可调的直流电源变为可调的直流电源。当燃料电池输出的电压大于动力电池组的工作电压，因燃料电池的输出特性较软，而动力电池组输出特性偏硬，两者不相匹配，因此燃料电池难以直接与蓄电池组并联使用。解决这一问题的方法是在燃料电池的输出端串接一个 DC/DC 电能变换器，它是燃料电池与动力电池组之间通断性的开关控制装置，具有调压的功能，可以对燃料电池的最大输出电流和功率进行控制，起到保护燃料电池系统的目的。

燃料电池汽车采用双向 DC/DC 电能变换器，可以将燃料电池输出的直流电通过升压变换将电能输送到驱动电动机，还可以将燃料电池输出的直流电，通过降压变换将电能输送到动力电池组中储存，具有稳定直流母线电压的作用，同时还可以调节整车能量分配。

(六) 超级电容

在燃料电池系统＋蓄电池组＋超级电容（FC＋B＋C）、燃料电池系统＋超级电容器（FC＋C）的燃料电池驱动结构中，均并联了一个超级电容，主要用于在车辆进行加速或上坡时，电容通过 DC/DC 电能变换器的控制提供短期的大电流，不足的部分由电池供给，两者经过电机控制器的调控，驱动电动机使车辆行驶。这主要是因为超级电容具有超级储电能力，是一种提供强大脉冲功率的物理二次电源，是介于蓄电池和传统静电电容之间的一种新型储能装置。超级电容主要利用电极/电解质界面电荷分离所形成的双电层，或借助电极表面快速的氧化还原反应所产生的法拉第准电容来实现电荷和能量的储存。超级电容又称双电层电容、黄金电容、法拉第电容，它是一种电化学元件，在电极和电解液接触面间具有极高的比电容和非常大的接触表面积，但其储能的过程并不发生化学反应，并且这种储能过程是可逆的，因此超级电容可以反复充放电数十万次。

1. 超级电容的结构原理。超级电容单体主要由电极、电解质、集电极、隔离膜、连线极柱、密封材料和排气阀等组成。电极材料一般有碳电极材料、金属氧化物及其水合物电极材料、导电聚合物电极材料，要求电极电阻小、导电率高、表面积大、尽量薄；电解质需要有较高导电性（内阻小）和足够电化学稳定性（提高单体电压），电解质材料分为有机类和无机类，或分为液态和固态；集电极选用导电性能良好的金属和石墨等来充当，如泡沫镍、镍网、铝箔、钛网以及碳纤维等；隔离膜防止超级电容相邻两电极短路，保证接触电极较小，尽量薄，通常使用多孔隔膜，有机电解质通常使用聚合物或纸作为隔膜，水溶液电解质可采用玻璃纤维或陶瓷隔膜。电极的材料、制造技术、电解质的组成和隔离膜质量对超级电容的性能有较大的影响。

在电动汽车上广泛使用的主要是碳电极超级电容。碳电极超级电容的面积是基于多孔碳材料，该材料的多孔结构允许其表面积达到 2 000m^2/g，通过一些措施还可以实现更大的表面积。碳电极超级电容电荷分离开的距离是由被吸引到带电电极的电解质离子尺寸决定的，该距离(<10Å)比传统电容薄膜材料所能实现的距离更小。这种庞大的表面积再加上非常小的电荷分离距离，使得超级电容较传统电容有巨大的静电容量。超级电容中，多孔极化电极采用的是活性炭粉、活性炭或活性炭纤维，电解液采用有机电解质，如丙烯碳酸酯或高氯酸四乙氨等。工作时，在可极化电极和电解质溶液之间的界面上形成的双电层中聚集电容量，其多孔化电极在电解液中吸附电荷，因而可以存储大的静电能量。超级电容的这一储电特性介于传统的电容和电池之间，尽管其能量密度比电池低，但这种能量的储存方式有快充快放的特点，可以应用在传统电池难以解决的短时高峰值电流应用中。

双电层电容本质上是一种静电型能量储存方式，目前已经研制出的活性炭材料表面积可以达到 2 000m^2/g，单位重量电容量可达 100F/g，且电容的内阻还能保持在很低的水平。由于活性炭材料具有成本低、技术成熟等优点，使得该类超级电容在汽车上应用广泛。

2. 超级电容的特点。

(1) 超级电容具有以下优点：

① 高功率密度。超级电容的内阻小，输出功率密度高，是一般蓄电池的数十倍。

② 循环寿命长。超级电容具有至少十万次以上的充电寿命，没有“记忆功能”。

③ 充电速度快。可以用大电流给超级电容充电，充电 10s～10min 可以达到其额定容量的 95%以上。

④ 工作温度范围宽。超级电容能在−40℃～60℃的环境中正常工作。

⑤ 简单方便。超级电容充放电线路简单，无需充电电池那样的充电电路，安全系数高，长期使用免维护；检测方便，剩余电量可直接读出。

⑥ 绿色环保。超级电容在生产过程中不使用重金属和其他有害化学物质，因而在生产、使用、储存以及拆解过程中均没有污染，是一种新型的绿色环保电源。

(2) 超级电容存在以下缺点：

① 线性放电。超级电容线性放电的特性使它无法完全放电。

② 低能量密度。目前超级电容可储存的能量比化学电源的能量小得多。

③ 低电压。超级电容单体电压低，需要多个电容串联才能提升整体电压。

④ 高自放电。它的自放电速率比化学电源要高。

任务小结

燃料电池电动汽车以燃料电池作为动力源，它将燃料的化学能直接转变为电能，通过驱动电机使车辆运行。按照驱动形式不同，燃料电池电动汽车动力系统有多种结构形式。本任务以常见的燃料电池和辅助蓄电池联合驱动结构形式为例，详细介绍了燃料电池电动汽车的系统构成及功用，介绍了各种燃料电池的特点及反应过程，并以质子交换膜燃料电池为例，重点介绍了其结构和工作原理。

习　题

一、填空题

1. 燃料电池电动汽车以燃料电池作为动力源，它将燃料的＿＿＿＿＿＿直接转变为＿＿＿＿，通过驱动电动机使车辆运行。

2. 按照驱动形式分类，燃料电池电动汽车可分为＿＿＿＿＿、＿＿＿＿＿、＿＿＿＿＿和＿＿＿＿，目前应用最广泛的是＿＿＿＿＿＿。

3. 质子交换膜燃料电池的英文缩写是＿＿＿＿＿＿。

4. 燃料电池按照使用电解质的不同，可分为＿＿＿＿＿、＿＿＿＿＿、＿＿＿＿＿＿、＿＿＿＿＿等。

5. 单体燃料电池主要由＿＿＿＿＿、＿＿＿＿＿和＿＿＿＿＿＿组成。

二、判断题

1. 质子交换膜燃料电池中的氢质子可直接穿过质子交换膜到达阴极，而电子只能通过外电路才能到达阴极，当电子通过外电路流向阴极时就产生了直流电。（　　）

2. 碱性燃料电池采用镍、银作为电极，空气作为氧化剂，氢氧化钾作为电解质，具有能量转换效率高、成本低等优点。（　　）

3. 燃料电池和普通电池的主要区别是普通电池封装后与外界只存在能量交换而没有物质交换，而燃料电池在发生能量转化的同时还需要外部提供燃料。（　　）

4. 单体电池串联形成燃料电池组堆后，燃料电池的效率保持不变。（　　）

5. 燃料电池输出的是直流电。（　　）

三、综合题

1. 试述燃料电池电动汽车动力系统的组成部件及各自的功用。

2. 简述超级电容的功用及特点。

3. 质子交换膜燃料电池主要由哪几部分组成？为什么要防止质子交换膜脱水？

4. 试述燃料电池能量转化机理。

任务2　燃料电池汽车技术及应用

学习目标

1. 知识目标

(1) 了解燃料电池汽车的应用及发展现状。

(2) 认识燃料电池汽车的关键技术。

(3) 掌握燃料电池汽车特点。

2. 能力目标

(1) 能分析燃料电池汽车的优缺点。

(2) 能简单描述燃料电池汽车的关键技术。

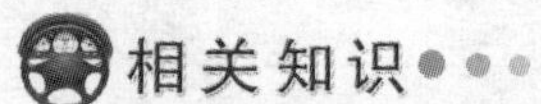

一、燃料电池汽车的特点

燃料电池汽车具有传统汽车无可比拟的优点,而且在续驶里程、低温冷启动性能和能量补充、能源多元化等方面又优越于其他电动汽车。燃料电池汽车的优点主要体现在以下几方面:

(一) 燃料电池汽车的优点

1. 节能、转换效率高,不需要石油燃料。

(1) 除用汽油重整产生氢气外,其他(甲醇、碳氢化合物等)燃料基本不用石油燃料。由发动机经驱动系统到车轮的综合效率,内燃机汽车为11%左右;以氢气为燃料的FCEV实际效率达到50%~70%;用甲醇为燃料,经过重整产生氢气FCEV,实际效率达到34%。可见,FCEV的实际效率大大地高于内燃机汽车。

(2) 内燃机汽车在额定功率附近才有最高效率,而在部分功率输出条件下运转,效率迅速降低。燃料电池汽车在额定功率下的效率可以达到60%,而在部分功率输出条件下运转,效率可以达到70%,在过载功率输出条件下运转效率可以达到50%~55%。燃料电池汽车的效率随功率变化的范围很宽,在低功率下运行效率高,特别适合于汽车动力性能的要求。

(3) 内燃机汽车过载能力低,在过载运转时容易"熄火"。燃料电池汽车短时间的过载能力可以达到额定功率的200%,非常适合汽车在加速和爬坡时动力性能的特性。

综合上述几点,燃料电池汽车的节能远远超过内燃机汽车,而且稳定性和可靠性高。

2. 排放达到零污染。内燃机汽车排放废气中的有害气体对环境造成污染,尽管采取了各种机内和机外的技术措施,但只能达到"低污染"的水平。由于内燃机汽车的数量庞大,即使"低污染",也给地球环境带来巨大影响。用氢气作为燃料的燃料电池汽车主要生成物质为水和CO_2,属于"零污染"。用碳氢化合物作为燃料的燃料电池汽车主要生成物质为水和CO_2、CO等,属于"超低污染"。出于对地球环境保护的要求和谋求新的能源,燃料电池发动机是比较理想的动力装置,并有可能逐渐取代石油作为车辆的主要能源。

3. 车辆性能接近内燃机汽车。内燃机的比功率约为300W/kg。目前燃料电池本体的比功率为700W/kg,功率密度为1 000W/L。如果包括燃料电池的重整器、净化器和附属装置在内,比功率为300~350W/kg,功率密度280W/L。在能量方面,燃料电池与内燃机相接近,因此燃料电池汽车的动力性能可以达到内燃机汽车的水平。

4. 结构简单和运行平稳。

(1) 燃料电池发动机能量的转换是在静态下完成的,结构件构造简单,其加工精度要求

比内燃机低得多。特别是质子交换膜燃料电池能量转换效率高，能够在低温条件下启动和运转，对结构件的耐热性能要求也不高。结构件大多数为板状和管件，没有运动零部件和各种摩擦副，没有因零部件磨损引起的故障，维修、保养方便。

(2) 燃料电池发动机由多个单体燃料电池串联组成，可以配置成各种不同规格的系列燃料电池发动机组，可以装配在不同用途和不同型号的车辆上，在车辆上可以根据车辆的轴荷分配、车辆有效空间的利用等具体情况，灵活、机动地进行总布置。

(3) 燃料电池发动机在运行过程中，噪声小、振动小，散热系统比内燃机简单得多，热管理系统也更加简单，产出物不需要进行净化处理和消声处理，整个燃料电池系统容易实现自动化系统管理。

(二) 燃料电池汽车的缺点

燃料电池汽车在成本和整体性能上，特别是行程和补充燃料时间上明显优于其他电池的电动汽车，并且燃料电池所用的燃料(甲醇、汽油、柴油、天然气等)来源广泛，又可再生，并可实现无污染、零排放等环保标准。所以，燃料电池汽车已成为世界各大汽车公司 21 世纪初激烈竞争的焦点。但从目前来看，燃料电池技术瓶颈尚未突破，如成本、功率密度、可靠性、耐久度等等。此外，燃料电池汽车大规模运营，需要配套建设氢气加注站等基础设施。

1. 燃料电池造价偏高。车用 PEMFC 的成本中质子交换隔膜约占成本的 35%，铂触媒约占 40%，二者均为昂贵材料。

2. 反应/启动性能。燃料电池的启动速度尚不及内燃机发动机。

3. 碳氢燃料无法直接利用。除甲醇外，其他的碳氢化合物燃料均需经过转化器、一氧化碳氧化器处理产生纯氢气后，方可供现今的燃料电池利用，这些设备会增加燃料电池系统的投资成本。

4. 氢气储存技术。目前 FCV 的氢燃料是以压缩氢气为主，车体的载运量因而受到限制，每次充填量仅约 2.5～3.5kg，尚不能满足现今汽车单程可跑 480～650kg 的续航力。以 −253℃保持氢的液态氢系统虽已测试成功，但却有重大的缺陷：约有 1/3 的电能必须用来维持槽体的低温，使氢维持于液态，且从隙缝蒸发而流失的氢气约为总存量的 5%。

5. 氢燃料基础建设不足。氢气在工业界虽已使用多年且具备规模，但全世界充氢站仅约 70 座，仍处于示范推广阶段。此外，加气时间颇长，约需时 5min，尚跟不上时代发展的步伐。

二、燃料电池汽车的关键技术及发展现状

燃料电池汽车作为新兴产业，在市场需求和政府推动下发展迅速，尤其是美国、日本、德国等汽车制造大国，已经攻克了燃料电池汽车的多项关键技术。我国燃料电池汽车的研究起步较晚，许多关键技术与其他发达国家差距比较大。

(一) 燃料电池整车集成技术

(1) 在燃料电池汽车车型平台开发方面，日本本田汽车公司 Clarity、丰田汽车公司 FCHV、戴姆勒奔驰公司 F-Cell 和通用公司 Chevrolet Equinox 等国外大型汽车制造公司已经进入了为燃料电池汽车动力系统技术平台而全新打造专用化整车平台阶段。基于这些整车平台，国外汽车公司开展了如空气动力学性能、轻量化、车身碰撞安全性、底盘系统主动控制以及面向舒适性的人机界面与人机工程等研究。而在国内，以上汽股份、上海大众、一

汽、长安、奇瑞等公司为代表开发的燃料电池汽车均基于传统内燃机车辆进行改制，尚未掌握燃料电池汽车专用车身开发、底盘开发、底盘动力学主动控制等关键技术，与国外存在较大差距。

(2) 在车辆动力性能方面，主要受限于燃料电池功率输出水平和整车集成及轻量化技术水平，我国燃料电池汽车整车加速性能明显低于世界主流燃料电池汽车加速性能。

(3) 在整车燃料经济性水平、车外噪声水平上，我国燃料电池汽车与国外同类型汽车处于同一水平甚至领先地位。

(二) 燃料电池发动机技术

(1) 在燃料电池发动机集成度方面，国外燃料电池堆质量功率密度已超过 1 600W/kg，体积功率密度已超过 2 700W/L，而国内燃料电池堆质量功率密度维持在 700W/kg 左右，体积功率密度维持在 1 000W/L 左右。我国轿车用燃料电池发动机输出功率等级、功率密度等性能参数明显低于国外同类型燃料电池汽车。

(2) 在燃料电池发动机环境适应性方面，尤其是低温冷启动性能方面，国外燃料电池汽车已经实现低温环境中冷启动，并在北欧瑞典地区开展冬季寒冷工况下实车道路实验。我国燃料电池汽车冷启动性能基本上还处在较低水平，燃料电池堆也仅在实验室环境中实现启动。

(3) 在燃料电池发动机可靠性、寿命方面，国外燃料电池堆 2010 年寿命水平比 2003 年提高 2 倍，其中燃料电池质子交换膜已经超过 7 300h(采用美国 3M 公司的 MEA)，质子交换膜电池堆实验室寿命提高到 5 000h 以上。美国 UTC 公司开发的 120kW 燃料电池系统(PureMotion Model 120)在没有更换任何部件的情况下运行了 7 000h，已经基本满足整车产品需求。我国燃料电池堆及关键部件寿命仍然无法满足整车产品寿命要求，低压燃料电池单体动态循环工况试验运行时间仅突破 1 500h，预测寿命也仅为 2 000h。

(4) 在燃料电池发动机成本控制关键技术方面，国外已经运用低铂用量燃料电池堆、提高催化剂抗毒性及非铂燃料电池等技术来降低其运行成本。据美国 DOE 估计，燃料电池系统成本已由 2002 年的 275 美元/kW 降低至 2009 年的 62 美元/kW (按 50 万套产量测算)。丰田公司宣布 2015 年将实现燃料电池汽车零售价 5 万美元/辆的目标。我国受限于燃料电池发动机和氢气存储系统成本，燃料电池汽车成本仍然很高。

(三) 高压储氢系统技术

目前国外主流燃料电池汽车车型均采用 700MPa 的氢气存储和供给系统，而国内燃料电池汽车的高压氢气存储系统压力仍然维持在 350MPa 水平，这直接制约我国燃料电池汽车整车续驶里程能力。而且国内 350MPa 的氢气存储和供给系统中的传感器、阀门等零件还依赖进口，直接导致氢气存储与供给系统成本过高。

燃料电池是当前所开发的电池中最有发展前途的高能电池，其燃烧效率高、无工作噪声、无废气排放等特点，是其他化学电池所不能相比的。目前国内外燃料电池汽车技术攻关的焦点集中在如何提高燃料电池的可靠性和耐久性方面。氢气是 21 世纪的主要燃料，当前氢气的制取还比较困难，价格也比较贵，用甲醇、汽油等通过重整快速转化为氢，是一种相对成熟的技术，使得氢气的生产成本降低，大大提高了燃料电池汽车的竞争力。随着燃料电池的催化剂、质子交换膜、燃料电池组、电极的密封性、可靠性和燃料电池组的管理系统等方面

全方位的技术不断攻关，燃料电池汽车因其具有零排放、效率高、燃料来源多元化、能源可再生等优势，必将成为未来汽车工业可持续发展的重要方向。

三、燃料电池电动汽车示例

燃料电池作为现代汽车技术发展的方向，美、日及欧洲等发达国家十分重视燃料电池的发展。世界上第一辆以燃料电池作动力的轿车由奔驰汽车公司制造，于1996年5月在德国柏林向公众展示。这款称作“NECAR”的轿车不会产生污染物，它向大气中排放的仅是水蒸气。目前，戴姆勒—克莱斯勒公司已经开发出以甲醇为燃料的燃料电池汽车“NECAR5”和“Jeep Commander 2”。1997年戴姆勒—克莱斯勒公司使用NECAR 3首次证明燃料电池所需的氢可以从车载甲醇中提取出来。NECAR 5是NECAR 3的后续产品，与NECAR 3相比，NECAR 5的车重减轻了300kg，且体积减小了一半，但功率却提高了50%，它的一个电池组就能产生75kW的电能。图4-13所示为燃料电池汽车NECAR 5。

Jeep Commander 2是汽油改质型汽车Commander的后续车种，也是SUV型燃料电池汽车。外观设计大体与Commander相同，它与NECAR 5不同的是配备了镍氢电池作为充电电池，除通过该电池在加速时用作辅助动力以外，还可用来回收制动力。

丰田汽车公司推出新概念燃料电池混合动力车“Fine-N”，如图4-14所示。该车采用了燃料电池混合动力系统，在各车轮内配置了每轮最高输出功率为25kW、最大扭矩为110 N·m的小型轻量高效率的轮毂电动机，能够对4轮的驱动和制动力进行独立连续控制。

图4-13　戴姆勒—克莱斯勒公司推出的NECAR 5

图4-14　燃料电池混合动力车“Fine-N”

“氢动3号”(Hydrogen 3)是通用汽车公司推出的基于欧宝赛飞利MPV多功能汽车改进的燃料电池汽车，如图4-15所示。

“氢动3号”的燃料电池由200个燃料电池单体串联而成，功率为94kW，功率密度为0.94kW/kg，功率体积密度为1.6kW/L，通过68L的氢气储存罐向燃料电池组提供氢气。电池组所产生的电能输入电动机后，通过功率为60kW三相异步电机驱动车辆行驶，并几乎不产生任何噪声。“氢动3号”0～100km/h的加速时间约为16s，最大时速达到160km。氢储存罐分为2种，一种罐内储存温度为－253℃的液态氢，另一种罐内储存承受最高压力可达7×10^{7}Pa的高压氢气。“氢动3号”燃料电池汽车一次充气行驶里程分别可达400km和270km。

图4-16所示为通用氢燃料电池汽车Sequel，它可连续行驶300mile，且能够在10s内由静

止状态加速到 60 mile/h。Sequel 燃料电池系统内的氢能源可以被直接转成电能，车辆加速时备用高压锂电池系统可向三个驱动电动机提供额外动力。其电气系统由 3 个子系统组成，其中高压系统为驱动装置提供动力，42 V 系统为一般电气设备供电，12 V 系统为辅助设备提供电源。

图 4－15 “氢动 3 号”燃料电池汽车

图 4－16 氢燃料电池车 Sequel

从 20 世纪 50 年代开始，我国就进行燃料电池相关技术的研究，直到 20 世纪 90 年代，全球环境署支持在中国进行燃料电池公共汽车示范，我国对其产生了浓厚兴趣。从那时起，我国在燃料电池汽车领域有了很大的进步：2001 年，我国加大了在燃料电池车辆研究方面的投入，保证五年内每年投资 2000 万美元；2002 年，中国科学院宣布大约用三年的时间，投资 1200 万美元进行技术研究，其中包括质子交换膜燃料电池技术，并在 2008 年奥运会和 2010 年上海世博会真正投入燃料电池汽车运营。目前我国有 60 多个机构在从事燃料电池的研究，这些机构大多数为研究所。虽然我国燃料电池研究起点较晚，但也取得了显著的进步。

由同济大学、上海神力科技有限公司等联合研制的“超越”系列燃料电池轿车，如“超越二号”，它以桑塔纳 3000 为原型车装配而成，每百公里氢消耗量为 1.03 kg。与“超越一号”相比，“超越二号”的加速时间有较大的提高，从起步加速到 100 km 只需 26.7 s，比“超越一号”整整缩短了约 20 s，最高时速为 118 km，续驶里程达到 197 km。“超越三号”的持续行驶里程已达到 200 km，其中重量较“超越二号”减轻 85kg；输出功率达到 50kW/h，比“超越二号”提高了 10kW；燃料效率由 40％提高到 45％。超越系列燃料电池汽车均采用上海神力科技公司生产的燃料电池发动机。图 4－17 所示为“超越二号”燃料电池电动汽车。

图 4－17 “超越二号”燃料电池电动汽车

图 4－18 “清能一号”燃料电池客车

清华大学和上海神力科技公司联合研制的“清能一号”“清能三号”燃料电池城市客车，自2005年运行以来，行驶里程已分别突破12 000km和7 000km，燃料电池发动机性能依旧稳定。图4－18所示为“清能一号”燃料电池客车。

图4－19　“楚天一号”燃料电池汽车

武汉理工大学与东风汽车公司联手，成功研制出以25kW氢燃料电池作为动力的轿车“楚天一号”燃料电池汽车。该车燃料电池功率为25kW，配合12A·h镍氢电池，最高时速为103km/h，一次充氢可行驶200km以上。图4－19所示为“楚天一号”燃料电池汽车。

任务小结

燃料电池电动汽车具有传统汽车无可比拟的优点，而且在续驶里程、低温冷启动性能和能量补充、能源多元化等方面又优越于其他电动汽车，因此燃料电池电动汽车被认为是现代汽车技术发展的主要方向。本任务主要介绍燃料电池电动汽车的优缺点以及关键技术，简要分析了燃料电池的发展瓶颈以及发展趋势，并结合具体车型对燃料电池电动汽车的性能进行了说明，便于读者对燃料电池电动汽车有较为全面的认识。

习　题

一、填空题

1. 燃料电池汽车具有__________、__________、____________和__________等优点。
2. 目前燃料电池造价偏高的原因主要来自_______________和____________两方面。
3. 氢气作为燃料的燃料电池发动机主要生成物质为________和________，属于“零污染”。
4. 燃料电池发动机的主要燃料为________、________、________等。

二、判断题

1. 目前FCV的氢燃料储存以压缩氢气为主。（　）
2. 燃料电池发动机跟普通的发动机的结构类似。（　）
3. 燃料电池是高能电池，燃烧效率高。（　）
4. 我国燃料电池汽车的研究起步较晚，与其他发达国家差距比较大。（　）

三、综合题

1. 与其他传统汽车相比，燃料电池电动汽车有哪些优点？
2. 与其他电动汽车相比，燃料电池汽车有哪些优越性？
3. 燃料电池电动汽车有哪些关键的技术？
4. 目前燃料电池电动汽车的发展瓶颈有哪些？
5. 国内外对燃料电池电动汽车研究和发展进度如何？

项目五　太阳能汽车技术应用

本项目主要介绍太阳能汽车的基本结构、原理及主要技术特点。通过本项目的实施，使学生对太阳能汽车的整体结构及应用等方面有较全面和清晰的认识。

任务1　太阳能汽车结构认知

学习目标

1. 知识目标

(1) 了解太阳能汽车产生的背景。

(2) 认识太阳能汽车的基本组成结构。

(3) 熟悉太阳能电池方阵的功用及能量转化过程。

2. 能力目标

能比较说明太阳能汽车和电动汽车的区别。

相关知识

一、太阳能汽车概述

图5-1　太阳能汽车

太阳能汽车使用太阳能电池把光能转化成电能，存储在电池中，并用电能来驱动电动机使汽车行驶，所以太阳能汽车也属于电动汽车，如图5-1所示。由于太阳能车不用燃烧化石燃料，所以不会排放有害物，真正实现零排放。太阳能是绿色、环保的天然能源，所以太阳能发电应用在汽车上，将能够有效降低全球环境污染，创造洁净的生

活环境。随着全球经济和科学技术的飞速发展，太阳能汽车作为一个产业已经不是神话。太阳能汽车被诸多国家所提倡，太阳能汽车产业的发展也日益蓬勃。

二、太阳能汽车结构及工作原理

(一) 太阳能汽车结构

电动汽车的蓄电池换成太阳能电池则为太阳能电动汽车，换成燃料电池则为燃料电池电动汽车。太阳能汽车主要由车身、太阳能电池板、电力控制系统、驱动系统、蓄电池、机械系统、底盘等部分组成。太阳能汽车的核心是太阳能电池板和电力控制系统。太阳能汽车的车身由于安装太阳能电池(板)的需要，其造型与普通汽车有较大的区别，其表面积也往往大于普通汽车的表面积。

图 5－2 和图 5－3 所示为太阳能电动汽车的实例：超能 GRIFFN 和 ZDP 太阳能电动汽车。前者通过在车身两侧追加平板，以搭载尽量多的太阳能电池，侧重于发电量；而后者在车顶搭载太阳能电池板，侧重于车辆的空气动力性能。

图 5－2　超能 GRIFFN 太阳能电动汽车

图 5－3　ZDP 太阳能电动汽车

(二) 太阳能汽车的工作原理

将太阳能电池板安装在汽车上，采集阳光并产生电流，由电流驱动电动机，最终驱动车辆行驶。太阳能汽车的工作原理如图 5－4 所示。

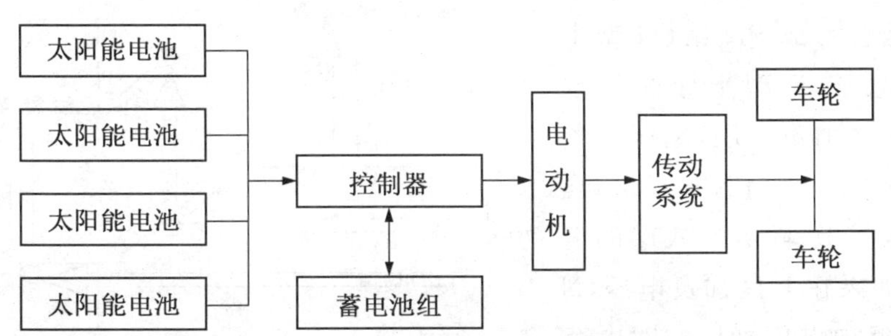

图 5－4　太阳能汽车工作原理框图

太阳能电池驱动汽车有三种方式：直接驱动式、间接驱动式和混合驱动式。

1. 直接驱动式。太阳能电池(板)产生的电流不经过蓄电池组，直接通过控制器、电动机、传动系统来驱动汽车的车轮行驶。

2. 间接驱动式。太阳能电池(板)产生的电流通过控制器先给蓄电池组充电,当汽车需要行驶时,电流从蓄电池组中流出,通过控制器、电动机、传动系统来驱动汽车的车轮行驶。

3. 混合驱动式。太阳能电池(板)既可以把产生的电流直接驱动汽车行驶,也可以用之前储存在蓄电池组的电能驱动汽车行驶,还可以在汽车行驶过程中给蓄电池组充电。

为了长途行驶或预防连续阴雨天气的需要,在蓄电池组上可以增加外接充电接口。

三、太阳能电池方阵

(一) 太阳能汽车对电池的性能要求

太阳能电池方阵是太阳能汽车的能源。电池方阵是由许多 PV 光电池板(通常有好几百个)组成,它的类型受到太阳能汽车尺寸和部件费用等制约。目前,主要有两种类型的光电池板:即硅电池和砷化合物电池。其中,砷化合物电池已在地球卫星上使用,而硅电池则更为普遍地在地面基础设备上使用,一般等级的太阳能汽车通常使用硅电池板。硅电池板由许多独立的硅片(接近 1 000 个)组合在一起,形成太阳能电池方阵。通常这些方阵的工作电压为 50~200V,并能提供 1 000W 的电力。方阵输出功率的大小受到太阳、云层的覆盖度和温度的影响。超级太阳能汽车多数使用太空级光电板。这种光电板很小,但是比普通的硅片电池板要昂贵得多,然而它们的使用效率非常高。

一般情况下,车辆运动时转换的太阳能被直接送到发动机控制系统。当提供的大于发动机需求的电力,多余的存储于蓄电池中。当太阳能电池方阵不提供能量来驱动发动机时,蓄电池内被储存的备用能量将会自动补充,同时可以利用一些回流的能量来推动汽车。当太阳能汽车不运动时,所有能量都将通过太阳能光伏阵列储存在蓄电池内。当太阳能汽车开始制动减速时,发动机就变成了一个发电机,能量通过发动机控制器反向进入蓄电池内进行储存,虽然回充到蓄电池中的能量非常少,但非常实用。

(二) 电池方阵的结构、原理

太阳能电池的作用是将光能转换为电能。这种发电原理与 1905 年爱因斯坦发现的光电效应有关,但因为包含量子理论,所以其原理是非常复杂的。

图 5-5 所示为 PN 二极管(整流二极管)的能带图。P 型半导体和 N 型半导体的结合形成 PN 结(N 型半导体带自由电子,P 型半导体带空穴),如果在 P 区加正电压,N 区加负电压(正向电压),空穴向 N 区扩散,自由电子向 P 区扩散,随着空穴层的消失形成电流;如果在 P 区加负电压,N 区加正电压(反向电压)时,空间电荷区变宽,几乎不能形成电流,这便是 PN 结二极管的整流特性。

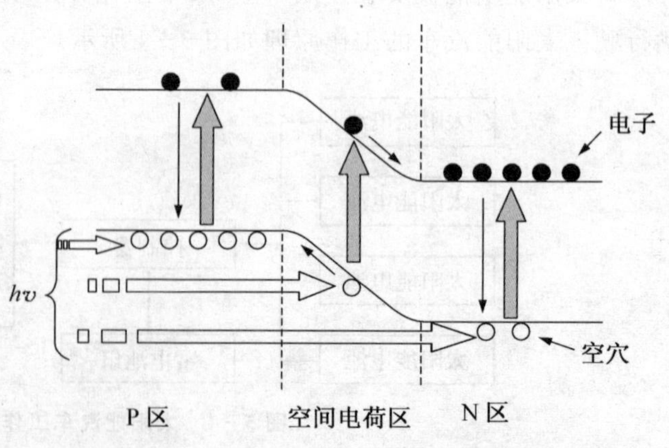

图 5-5 PN 二极管(整流二极管)能带图

硅半导体的共价键在太阳光的照射下会被打破，所形成的自由电子可以在硅晶体中自由移动，这样原本电子所处的位置便形成空穴，这便是光电效应的另一种表现形式，即光传导现象。这种光传导现象发生在空间电荷区附近时，在内部电场作用下，自由电子和空穴在空间电荷区形成定向移动，这些电荷的移动（电流）会使太阳能电池发电。

太阳能电池的电压、电流特性如图 5-6 所示。图中(a)所示为背光下的电池特性，和通常的整流二极管一样；(b)、(c)所示为向光时，电池就像二极管一样，只是导电特性与其相反。这时，如果使太阳能电池的两端短路，则电池电压降为零，流过的电流为短路电流，与 I_{SC} 相反；处于开路状态的电压为开路电压 V_{OC}，此时电流为零。不同光强的 V_{OC}，相当于如图 5-5 所示的 PN 结的扩散电位差，影响它的因素有掺杂量、温度、半导体的能量差等。这个特性曲线的内接长方形（灰网部分）的面积即为电池的最大功率。使用者需要把握最大功率时的最大功率点电压和最大功率点电流。单晶体和多晶体的硅太阳能电池的最大功率点电压为 0.5V，当与电动机以及蓄电池相连接时，因电压太小，一般采用几十块太阳能电池的并联模块。

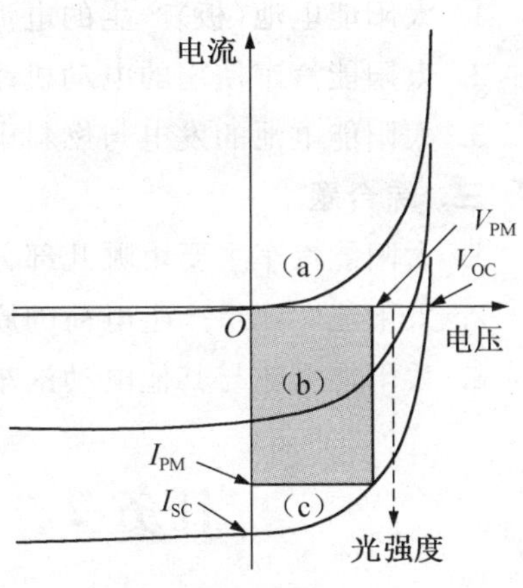

图 5-6　太阳能电池的电压、电流特性

（三）电力系统的控制原理

电力系统最基本的功能是控制和管理整个系统中的电力。在太阳能汽车中，最高级的组件部分就是电力系统，包括峰值电力监控仪、发动机控制器和数据采集系统。峰值电力监控仪调节来源于太阳能光伏阵列的电力，把能量传递给蓄电池用于储存或直接传递给发动机控制器用于推动发动机。当太阳能光伏阵列正在给蓄电池充电的时候，电池组电力监控仪会保护蓄电池组因过充而损坏。峰值电力监控仪由轻质材料构成。发动机的启动需要配备不同型号的发动机控制器，它使用的工作效率一般超过 90%。从数据采集获得的数据常常用来判断太阳能汽车的状况，并用来解决太阳能汽车出现的问题。

在太阳能汽车中使用什么类型的发动机并没有限制，但大多数太阳能汽车使用的发动机是双线圈直流无刷发动机。这种发动机用相当轻质的材料，其额定 rpm（每秒转速）可达到 98% 的效率。但是，它们的价格比普通有刷型交流发动机要贵一些。

任务小结

太阳能电动汽车是指标准用太阳能充电的电动汽车。由于目前太阳能汽车还未真正进入日常使用阶段，因此人们对太阳能汽车的了解较少。本任务简要介绍太阳能汽车的结构组成及驱动原理，并重点介绍了太阳能电池方阵的特性以及能量转化原理，便于深入了解和认知。

习　题

一、填空题

1. 太阳能汽车主要由______、______、______、______、______等部分组成，

其中核心部分是________和________。

2. 太阳能电池汽车驱动有________、________和________三种方式。

3. 太阳能电池的作用是将________转换为________。

二、判断题

1. 太阳能电池(板)产生的电流可以直接用来驱动汽车行驶。（ ）

2. 太阳能汽车使用的电动机一般用直流电机。（ ）

3. 太阳能电池的发电与燃料电池的发电机理相类似。（ ）

三、综合题

1. 太阳能汽车主要由哪几部分组成？与传统汽车在结构方面有什么区别？

2. 太阳能电池组产生电荷的原理是什么？

3. 太阳能电池与其他电动汽车的动力电池有哪些区别？

任务 2　太阳能汽车技术及应用

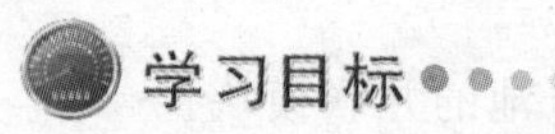

学习目标

1. 知识目标

(1) 了解太阳能汽车的应用情况。

(2) 了解太阳能汽车的发展前景与存在问题。

2. 能力目标

(1) 能简单描述太阳能汽车的应用现状。

相关知识

一、太阳能技术在汽车上的应用

到目前为止，太阳能在汽车上的应用技术主要集中在三个方面：一是作为驱动力；二是作为混合动力；三是用作为汽车辅助设备的能源。

(一) 作为驱动力

这一应用方式，指采用太阳能电池板，通过太阳能电池转化的电能驱动汽车运行。目前，太阳能电池主要是用在太阳能赛车(图 5-7)和短距离电瓶车(图 5-8)上。

完全用太阳能为驱动力代替传统燃油，是几代汽车工作者的梦想。1982 年澳大利亚的汉斯和帕金用玻璃纤维和铝制成了一部“静静的完成者”太阳能汽车，车顶部装有能吸收太阳能的装置，给两个电池充电，电池再给发动机提供电力。1982 年 12 月 19 日，他们两人驾驶着这辆车，从澳大利亚西海岸的珀思出发横穿澳大利亚大陆，于 1983 年 1 月 7 日到达东

海岸的悉尼，实现了一次伟大的创举。这种太阳能汽车与传统的汽车不论在外观还是运行原理上都有很大的不同，太阳能汽车已经没有发动机、底盘、驱动、变速箱等构件，而是由电池板、储电器和电机组成。利用贴在车体外表的太阳能电池板，将太阳能直接转换成电能，再通过电能的消耗驱动车辆行驶，车辆行驶的快慢只要控制输入电机的电流就可以解决。目前，此类太阳能汽车的车速最高能达到 100km/h 以上，而无太阳光的最大续行能力也在 100km 左右。

图 5－7 太阳能赛车

图 5－8 太阳能电瓶车

还有一种概念上的太阳能汽车，这种汽车在车体上没有安装光伏电池板，而只是配置蓄电池，而电能全部来自专门的太阳能发电装置。其优点是外观与现有车辆类似，没有“另类”的感觉，缺点是要经常到太阳能电站充电，当然续航能力也受到限制。

（二）作为混合动力

太阳能和其他能量混合驱动汽车，相当于混合动力汽车，既可以减轻蓄电池的重量，也可以适当降低环境污染。

太阳能辐射强度较弱，光伏电池板造价昂贵，加之蓄电池容量和天气的限制，使得完全靠太阳能驱动的汽车的实用性受到极大的限制，不利于推广。因此，就出现了一种采用太阳能和其他能量混合驱动的汽车。

复合能源汽车外观与传统汽车相似，只是在车表面加装了部分太阳能吸收装置，如车顶电池板，用于给蓄电池充电或直接作为动力源。这种汽车既有汽油发动机，又有电动机，汽油发动机驱动前轮，蓄电池给电动机供电驱动后轮。电动机用于低速行驶，当车速达到某一速度以后，汽油发动机启动，电动机脱离驱动轴，汽车便像普通汽车一样行驶。

由于采用了混合驱动形式，带来了诸多好处。首先，因为有汽油发动机驱动，所以蓄电池不会过放电，蓄电池的容量只要满足一天使用即可，与全用蓄电池的车相比，其容量可减少一半，也减轻了车重；其次，城市中大多数车辆都处在低速行驶状态下，采用电动机驱动可最大可能地降低城市局部污染。

（三）作为汽车辅助设备的能源

由于太阳辐射到地面的功率最多为 $1kW/m^2$，目前的光电转换效率小于 30%，而普通汽车的功率一般在几十千瓦左右，因此全部用太阳能电池驱动普通汽车，目前还难以达到。但在普通汽车上用太阳能作为辅助动力，或者给汽车上的各种辅助设备提供电能，如利用太阳能电池为汽车的空调、风扇和车内照明设备提供能源等。

在汽车上加装太阳能电池后，可在车辆停止使用时，继续为电池充电，从而避免电池过度放电，节约能源。日本应庆大学设计了一款叫做“Luciole”(萤火虫)的概念车，它的颜色像萤火虫。这款车曾在北京展览过，车顶上贴有近 1m^2 的转换效率较高的光伏板，作用给辅助的 12V 电池充电，当 12V 电池充满后，12V 电池又会给主电池充电。当主电池充满电时，这辆概念车能行驶 800km。

汽车在阳光下停泊，由于车内空气不流通，使得车体成了收集太阳能的温室，造成车内温度升高，使车内释放大量的有害物质，从而使车内空气品质变糟。若加装太阳能装置，如太阳能风扇等，则可以为车辆在停泊期间无能耗提供新风并降温，保证车辆再次上路时有良好的空气品质。

若汽车天窗的玻璃下方设置太阳能电池，太阳能电池与设置的控制单元输入端相连接，输入端连接车辆空调系统的温度传感器，同时输入端还与蓄电池和点火器相连接。当玻璃下方的太阳能电池吸收太阳能，经汽车天窗控制单元可对蓄电池充电，保证蓄电池的电能充足，同时延长蓄电池的使用寿命。而太阳能天窗带给消费者的最直接好处是，在夏天高温天气里，汽车在烈日下停车熄火，完全没有能源供给时，能自动调节车内温度。利用内置在天窗内部的太阳能集电板依靠阳光所产生的电力，经过控制系统来驱动鼓风机，将车厢外的冷空气导入车内，驱除车内热气，达到降温的目的。当驾驶者及乘员再打开车门及坐在座位上，不会感觉热浪袭人、闷热难耐。汽车的空调系统还可以在最短时间内将车内温度降至舒适程度。同时，可以改善车内的空气状况，冬天也可以减少车内前挡风玻璃的结霜。根据资料显示，与没有通风降温的车型相比，安装了太阳能天窗的汽车驾驶室内的温度最高降低 20℃。利用太阳能供电，节能降温，十分有效地减少了汽车内由热所产生的“孤岛”效应。目前国内销售的车型中，奔驰 E 级，奥迪 A8、A6L、A4、途锐等部分车型都已配备了太阳能天窗。

二、太阳能汽车的发展前景

(一) 太阳能电池的优缺点分析

利用太阳能电池将太阳的辐射能直接转变为电能有许多优点：

(1) 它是由太阳能转变为电能的各种装置中效率最高的。目前太阳能电池的最高转换效率约为 20%。

(2) 易于制造。太阳能电池实际上是一种半导体元件，小到手表、计算器，大到人造卫星、太空飞船、航天飞机，都有它的应用。

(3) 工作寿命长。

(4) 比功率(功率/质量)大。

美国通用汽车公司所研制的太阳能汽车由 7 200 个太阳能电池组成供电系统，电池效率实测值为 16.5%。这些电池在汽车表面的覆盖面积为 8.37m^2，在阳光充足的白天，能以 72.4km/h 的速度行驶。该车还装有银—锌电池系统，专为加速或爬坡提供额外功率，或加速使用。

制造太阳能电池的材料为单晶硅。目前正在发展中的太阳能电池材料是砷化镓，其效

率可达 22%。太阳能电池现在存在的两个主要问题是效率低及成本过高。

(二) 太阳能汽车的发展瓶颈

太阳能汽车的发展也遇到了一些瓶颈。

(1) 太阳光由于受到天气、季节、时间早晚等不可抗因素影响，导致太阳能具有地域性、季节性和时域性等特点。同时，太阳光的不稳定性、分散性(强烈时大约 $1kW/m^2$)以及太阳能电池能量密度小、转化效率低、成本高等因素，导致太阳能电池在汽车上还不能广泛使用。

(2) 太阳能电池价格比较高，所以太阳能汽车的价格也比较高，超出了普通民众接受的范围。太阳能汽车功率普遍较小，续航里程短，承重能力低，乘坐舒适性与普通汽车相比还有比较大的差距。

(3) 我国机动车登记明确规定，未列入《机动车产品目录公告》的机动车不准办理注册登记。由于太阳能汽车完全由太阳能电池(板)驱动，导致太阳能电池(板)的面积很大，且太阳能汽车的造型也与普通汽车有较大的区别，所以太阳能汽车依法不能上路，这也是限制太阳能汽车发展的一个外在因素。

(三) 太阳能汽车的发展前景

太阳能汽车以光电代油，可节约有限的石油资源。白天，太阳能电池把光能转换为电能自动存储在动力电池中，在晚间还可以利用低谷电(220V)充电，无污染，无噪声。因为不用燃油，太阳能汽车不会排放污染大气的有害气体；没有内燃机，太阳能汽车在行驶时听不到燃油汽车内燃机的轰鸣声，与燃油汽车的比较具有优势。实用型太阳能汽车除行驶速度远低于燃油汽车外，与燃油汽车相比，还是有诸多优势的。首先，太阳能汽车耗能少，只需采用 $3\sim4m^2$ 的太阳电池组件便可使太阳能汽车行驶起来。燃油汽车在能量转换过程中要遵守卡诺循环的规律来做功，热效率比较低，只有 1/3 左右的能量消耗在推动车辆前进上，其余 2/3 左右的能量损失在发动机和驱动链上；而太阳能汽车的热量转换不受卡诺循环规律的限制，90%的能量用于推动车辆前进。很多国家的汽车企业和光电企业已加大了对汽车和太阳能电池的研发投入，并取得了很大进展。主要表现在以下三个方面：

(1) 提高汽车设计技术。汽车行业的整体发展趋势是更安全、更高效、更节能。随着材料技术、工艺技术、设计理念、设计方法的进步，汽车车身、底盘、机械系统、驱动系统、蓄电池、控制系统等将得到进一步的提高，届时汽车的重量将更轻、性能更优，从而减少对电能的需求。

(2) 提高太阳能电池的转换效率。目前，太阳能电池的最大光电转换率已经有了比较大的提升。例如，澳大利亚企业用激光技术制成的太阳能电池，其光电转换率达 24.2%；日本企业已研制出光电转换率达 30%的太阳能电池；美国已研制成功光电转换率达 35%的高性能太阳能电池。

(3) 提高对太阳光照的利用效率。目前，太阳能发电站主要有三种太阳能电池组件安装方式，即简单的固定安装方式、单跟踪系统和双轴跟踪系统。

简单固定安装方式没有跟踪太阳的能力，对太阳光的利用是有限的；单轴跟踪系统相比简单固定安装方式最多可以增加额外 25%的发电量；双轴跟踪系统不仅可以根据太阳的方位和高度调整电池组件的位置，还可以根据天空云层的分布情况选取最亮点进行跟踪，同时还可以根据系统指令使电池组件采取避风措施。双轴跟踪系统比简单固定安装方式最多可以增加额外40%的发电量。

为获得更高效率的太阳能，目前美国、日本、欧洲国家及一些国际组织已经开展了空间太阳能电站的研究工作。所谓空间太阳能电站，是指在空间通过太阳能电池将太阳能转化为电能，再通过无线方式传输到地面的系统。该系统计划2030年前后实现商业化运行。目前已实现了短距离、小功率的电能传输。一旦空间太阳能电站成功发电，将直接推动太阳能汽车及其他利用太阳能产品的普及，同时也将对世界的能源结构及能源传输带来革命性的影响。

任务小结

太阳能电池是将光能转化成电能的主要装置。我国是一个太阳能电池板的出口大国，但使用安装量极少。加快太阳能汽车的发展对我国扩大太阳能电池板的内需有重要影响。本任务主要介绍了目前太阳能技术在汽车上的应用情况，并简要分析了太阳能汽车的优缺点、技术瓶颈以及发展前景。

习　题

一、填空题

1. 太阳能电池是利用__________原理发电的。
2. 太阳能电池实际上是一种________元件。
3. 目前太阳能电池的材料主要为________材料。

二、判断题

1. 太阳能可以和其他能量混合驱动汽车。（　　）
2. 在阴雨天气，太阳能汽车是无法行驶的。（　　）
3. 受太阳光照强弱的影响，太阳能汽车工作不稳定。（　　）

三、综合题

1. 太阳能技术在汽车上有哪些应用？
2. 太阳能汽车的发展遇到了哪些瓶颈？
3. 未来的太阳能汽车将会在哪些领域里得到应用？
4. 太阳能汽车产业化前景如何？

项目六　气体燃料汽车技术应用

本项目主要介绍气体燃料汽车整体结构及工作原理，结合具体车型介绍气体燃料汽车检测、维护和故障诊断的实施方法及操作步骤。通过本项目的实施，使学生了解气体燃料汽车的类型、结构特点及主要技术参数，熟悉气体燃料汽车的整体结构，掌握气体燃料汽车动力系统的接线安装及故障检测诊断方法。

任务1　气体燃料汽车结构认知

学习目标

1. 知识目标

(1) 了解气体燃料汽车的分类。

(2) 认识气体燃料汽车的结构组成。

(3) 理解气体燃料汽车的燃气供给控制原理。

2. 能力目标

(1) 能比较说明气体燃料汽车和传统燃油汽车的结构区别。

(2)能描述气体燃料汽车燃气供给工作过程。

相关知识

一、气体燃料汽车类型

根据《机动车运行安全技术条件》(GB7258—2004)，气体燃料汽车(gasoline fuel vehicle)是指装备有液化石油气、天然气或煤气等气体为燃料的发动机的汽车。气体燃料汽车又叫燃气汽车，可用的燃气有石油液化气(LPG)、液化天然气(LNG)和压缩天然气(CNG)三种。根据使用燃料、燃料的使用形态以及使用方法的不同，燃气汽车的分类如图6-1所示。

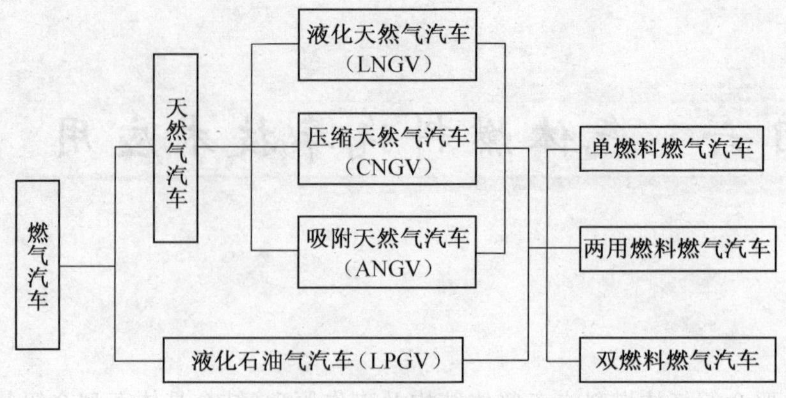

图 6-1 燃气汽车分类

几种燃气汽车的主要特点对比见表 6-1。

表 6-1 燃气汽车主要特点

类别 项目	主要特点			
	CNGV	ANGV	LNGV	LPGV
储气压力	20.0MPa	3.5～6.0MPa	0.6～0.8MPa (−161.5℃)	0.6～0.8MPa
储气瓶	材质要求高,制备工艺复杂,售价贵,每只约700(钢瓶)～3 500元(复合材料)	材料要求较低,制瓶工艺较简单,成本比CNG低1/2～2/3	要求良好的低温绝热性能,材质要求高,成本高	成本低
加气站	建加气站费用高达数百万元甚至上千万元,维护费用较高,加气站网络建设投资大	建加气站费用约为CNG的1/3～1/2,加气站网络建设投资少	加气站和维护费用较高	加气站和维护费用较低
一次充气行程	200～250km	可达200～250km,目前试验车较CNGV行程短	可与汽油车相当	可与汽油车相当
技术成熟性	技术成熟	研究阶段	研究阶段	技术成熟
关键技术或主要问题	加气站和站网建设与车辆改装	吸附剂研制,ANGV改装配套技术	液化能耗大,低温储存困难	受LPG资源限制
发展预测	发展迅速,但受天然气管线网络的制约	可获得一定的应用	发展缓慢	资源有保证的地区会迅速发展

二、天然气汽车

天然气是一种以甲烷(CH_4,含甲烷80%～99%)为主要成分,还伴有少量的乙烷、丙烷、丁烷,以及少量二氧化碳、氮气的矿物燃料。天然气汽车的抗爆性极好(RON 约为 140),从而可使用 13∶1 的压缩比。在汽油和燃气组合使用的双燃料汽车上,由于压缩比必须按照汽油来调整,所以这一点不能很好地被利用。

天然气汽车的类型分为：

1. 压缩天然气汽车(CNGV)(Compressed Natural Gas Vehicle)。以高压气态储带天然气的天然气汽车称为压缩天然气汽车。储带于储气瓶内的高压天然气(通常为20MPa)工作时经降压、计量和混合后进入气缸，也可直接喷入气缸或进气管。CNGV是天然气汽车的主体。

2. 常压天然气汽车(NNGV)(Normal Natural Gas Vehicle)。以常压气态储带天然气的天然气汽车称为常压天然气汽车。常压天然气汽车出现于第一次世界大战期间，20世纪五六十年代在我国四川省有少量常压天然气汽车使用。这种原始的储带方式因携带不便和安全隐患太大，已基本被淘汰。

3. 液化天然气汽车(LNGV)(Liquefied Natural Gas Vehicle)。以液态储带天然气的天然气汽车称为液化天然气汽车。天然气在低于－161.5℃的超低温下以液态储存于绝热性能良好的容器中，工作时液化天然气经升温、汽化、计量和混合后进入气缸，也可直接喷入气缸或进气管。由于天然气液化后的体积仅为标准状态下体积的1/625，储带方便，应用潜力较大。

4. 吸附天然气汽车(ANGV)(Adsorbable Natural Gas Vehicle)。以吸附方式储带天然气的天然气汽车称为吸附天然气汽车。储带于储气瓶内的中压天然气(3.5～6MPa)工作时经降压、计量和混合后进入气缸，也可直接喷入气缸或进气管。

三、天然气汽车结构及工作原理

(一) 天然气汽车燃料供给系统组成

天然气汽车装置是在原有的原型车单一供油系统不变的基础上，加装的一套使用压缩天然气(CNG)作为燃烧原料的装置，加装后车辆的动力性能降低不大于5%，排放远优于欧Ⅱ标准(达到欧Ⅲ标准)的限值，而且加装后车辆的驾驶特性与加装前无异。

目前，燃气汽车燃料供给系统主要有两大类：缸外供气方式和缸内供气方式。缸外供气分为进气道混合器预混合供气系统和缸外进气阀处喷射供气；缸内供气分为缸内高压喷射供气和低压喷射供气。按天然气与汽油两用燃料汽车燃气混合控制装置的不同，可分为开环混合器供气系统、闭环带电控动力阀的混合器供气系统和电控燃气喷射系统等三类。

图6-2所示为在原来化油器式发动机车辆上改装而成的开环混合器供气系统，其天然气气路和汽油油路在化油器之前是两个并行的燃油供给系统，储气瓶的压力为20 MPa。

当使用天然气为燃料时，手动截止阀打开，安装在驾驶室内的油气燃料转换开关扳到“气”的位置，此时天然气电磁阀打开，汽油电磁阀关闭，储气瓶中的高压天然气通过储气瓶阀、高压管路进入减压调节器，减压调节器将高压天然气逐级减压，再通过低压管路(供气三通管)进入混合器，并与经空气滤清器进入的空气混合，经化油器通道进入发动机气缸内燃烧。

油路中安装有一个汽油电磁阀，其余部件均保留不变，当使用汽油时，汽油电磁阀打开，汽油通过该阀进入混合器并吸入气缸燃烧。

图6-3所示为电控燃油喷射系统车辆改装而成的开环混合器电控液化石油气喷射系

统，其构成与汽油喷射系统极其相似，是目前世界上较为先进的燃气喷射系统。

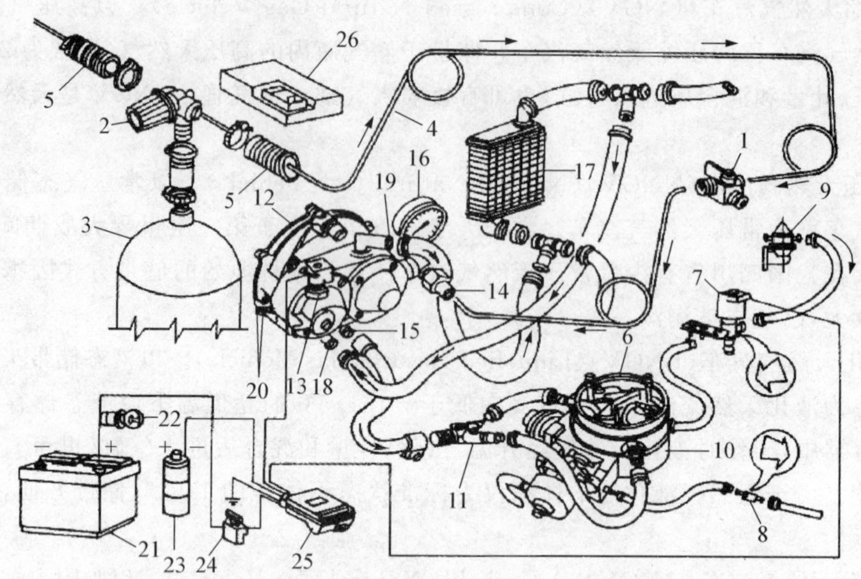

图 6-2　化油器式发动机车辆上改装而成的开环混合器供气系统

1-充气阀；2-储气瓶阀；3-储气瓶；4-高压管路；5-外套管；6-混合器；7-汽油电磁阀；8-回油单向阀；9-汽油泵；10-化油器；11-供气三通管；12-减压调节器；13-减压器电磁阀；14-天然气进气口；15-天然气出气口；16-压力表；17-散热器；18-加热水出口；19-恒温器；20-怠速调节螺钉；21-蓄电池；22-点火开关；23-高压线圈；24-熔断器；25-燃料转换开关；26-点火提前调节器

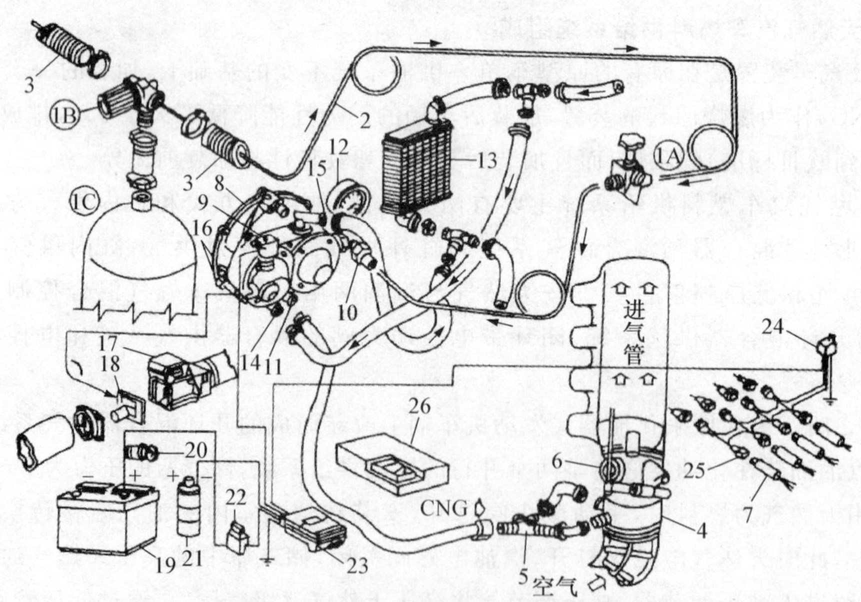

图 6-3　电控燃油喷射系统车辆改装而成的开环混合器供气系统

1A-充气阀；1B-储气钢瓶；1C-储气瓶；2-高压管路；3-外套管；4-电子节气门；5-供气三通管；6-混合器；7-喷油器；8-减压调节器；9-减压器电磁阀；10-天然气进气口；11-天然气出气口；12-压力表；13-散热器；14-加热水出口；15-恒温器；16-怠速调节螺钉；17-滤清器；18-低压燃料切断阀；19-蓄电池；20-点火开关；21-高压线圈；22-熔断器；23-燃料转换开关；24-压力调节器；25-燃油分配管；26-点火提前调节器

天然气汽车燃料供给主要由储气系统、供给系统和控制系统三大系统组成。

1. 储气系统。指储存 CNG 的装置，主要由天然气储气瓶、气量显示器(压力表、充气阀、压力传感器)、高压管线等组成。

2. 供给系统。主要由天然气滤清器、减压调节器、动力调节器、混合器等组成。

3. 控制系统。指根据用户需求随时切换燃料，并能根据发动机工况调整 CNG 供给量的装置，主要由油气燃料转换开关、ECU 电子控制单元、燃油及 CNG 电磁阀、喷射阀共轨及相关线束组成。

在汽油/CNG 两用燃料汽车中，中、小负荷工况下，发动机一般燃用纯 CNG，当发动机负荷达 50%以上时，减少 CNG 供气量并加入少量汽油掺烧，或在大负荷工况下完全切断 CNG 供气，改为纯汽油的供给。

(二) 压缩天然气(CNG)供气系统工作原理

CNG 汽车燃气系统供气流程如图 6-4 所示。当天然气发动机启动后，天然气便从储气钢瓶经过过滤器过滤和压力调节器降压后进入燃气喷射系统，再进入发动机燃烧。

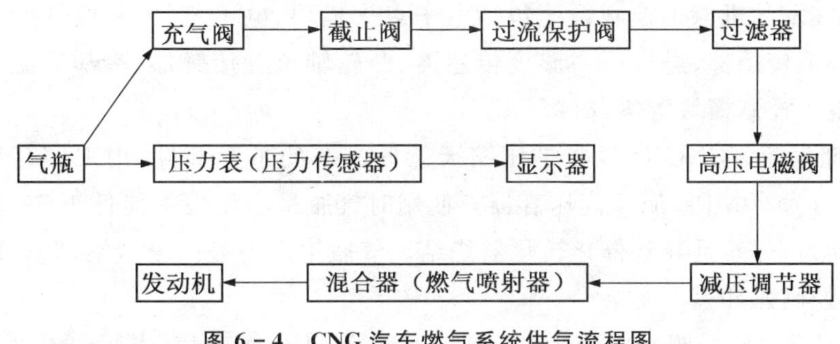

图 6-4 CNG 汽车燃气系统供气流程图

玉柴 CNG 发动机电控供气系统如图 6-5 所示。当以天然气作为燃料时，20MPa 的压

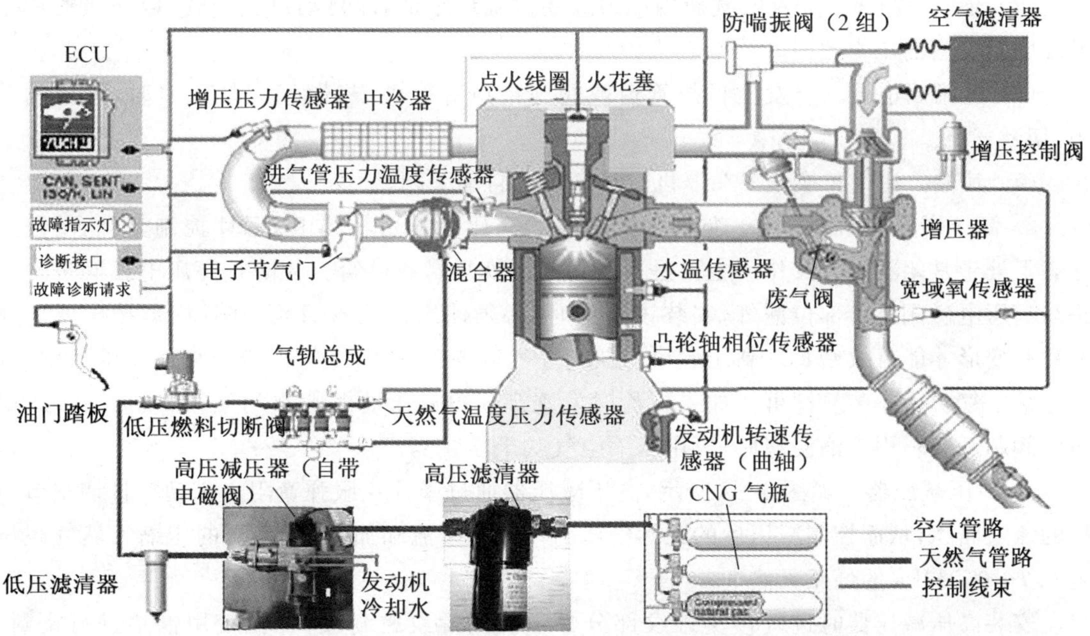

图 6-5 玉柴 CNG 发动机电控供气系统

缩天然气从储气钢瓶出来，经管道进入天然气滤清器过滤杂质后，再经高压电磁阀进入高压减压器，高压电磁阀的开合由ECM控制。高压减压器的作用是将高压的压缩天然气(工作压力20～30MPa)经过减压加热将压力调整至0.7～0.9MPa。高压天然气在减压过程中，由于减压膨胀需要吸收大量的热量，为防止减压器结冰，将发动机冷却液引出到减压器对燃气进行加热。经减压后的天然气进入电控调压器。电控调压器根据发动机运行工况精确控制天然气喷射量。天然气与空气在混合器内充分混合后，进入发动机缸内，经火花塞点燃进行燃烧，火花塞的点火时刻由ECM控制。氧传感器即时监控燃烧后尾气的氧浓度，推算出空燃比，ECM根据氧传感器的反馈信号和控制MAP及时修正天然气喷射量。

(三) 压缩天然气(CNG)供气专用部件及安装

压缩天然气汽车供气专用装置有储气瓶、高压管线、管路接头、气压表、显示器、手动截止阀、高压电磁阀、过滤器、过流保护阀、减压调节器、低压软管、循环水管、空气燃料混合器(燃料喷射器)、发动机控制系统等。其中，供气调节部件主要有高压电磁阀、减压调节器、比例调节混合器以及发动机电子控制系统等。

压缩天然气发动机电子控制系统包括电子点火模块、电子节气门、废气旁通控制阀、氧传感器、大气环境传感器、进气压力温度传感器、凸轮轴位置传感器、冷却液温度传感器、电子加速踏板、电子控制模块等零部件。

1. CNG储气瓶。CNG储气瓶是压缩天然气汽车的重要部件，用来储存压缩天然气。其公称工作压力为20MPa，属于高压容器。使用时气瓶最小压力不能低于3MPa，否则会引起供气不足，动力下降，且导致催化转化器烧结。气瓶生产需经国家劳动部认证。储气瓶盖上主要有以下控制元件：

(1) 过压安全(释放)阀。内装100℃易熔塞和26MPa爆破片，当瓶内温度、压力超过上述值时可自动泄气，以免温度、压力过高发生爆炸。

(2) 充填限制阀。充气时气瓶内压力只要达到预定值，即自动停止充气，以防止使用中因温度升高瓶内压力超限。

(3) 过流截止阀。当发生事故管道或阀门接口等处破裂，燃气大量逸出时，可自动关闭，切断气流。

(4) 其他。油气转换开关在停机时油气均可自动关闭。

2. 高压燃料切断阀部件。如图6-6所示，高压燃料切断阀由ECM控制其开合，停机状态下处于常闭状态。其作用主要是及时切断或恢复燃料供给。为防止高压电磁阀进气接头与高压电磁阀接合部位漏气，安装该接头时，必须使用螺纹密封胶，并且锁紧接头要使铜垫略有变形才能有效密封。高压燃料切断阀进气口自带滤芯，维护保养时可用汽油浸泡，并用压缩空气吹干净装复即可。如果拆检时发现高压电磁阀滤芯严重污染，必须拆下高压电磁阀阀芯、阀座，用汽油浸泡后，再用压缩空气吹干净装复。

3. 高压减压器。如图6-7所示，高压减压器通过膜片克服弹簧阻力带动杠杆调整节流孔的流通面积，从而控制减压后的天然气压力。通过节流和加热，使高压的压缩天然气减压至0.7～0.9MPa的低压天然气。

安装高压减压器时进气接头螺纹部分必须使用螺纹密封胶，并且使用铜垫进行密封。高压减压器出气口接头应使用"O"形圈进行密封。其他接头用螺纹连接并使用螺纹密封

胶。减压器不能直接安装在发动机上，必须安装在汽车大梁上，并且安装位置不能高于发动机散热器顶部，否则会导致加热水不能流经减压器，导致减压器结冰冻裂。

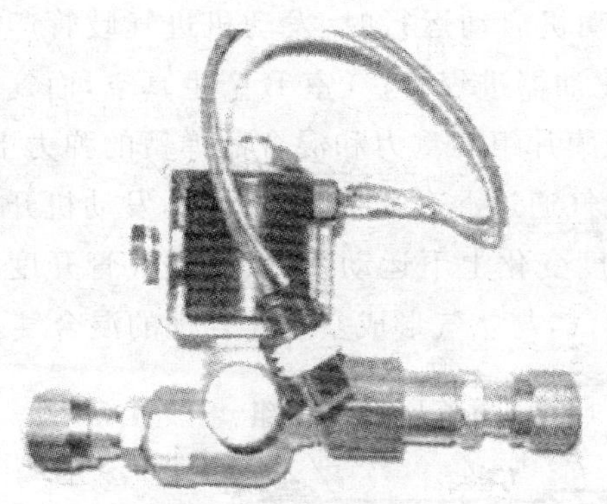

图 6-6　高压燃料切断阀

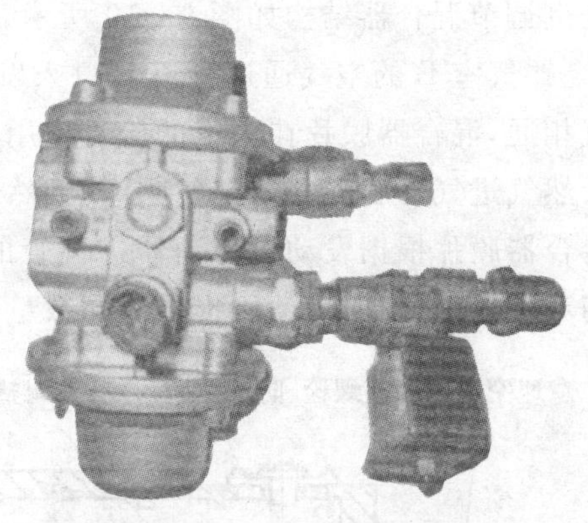

图 6-7　高压减压器

高压减压器在汽车每行驶 5×10^4 km 后需进行维护保养，如拆卸、检查、更换易损部件（密封圈）、调整减压压力等；每行驶 1×10^5 km 后更换膜片及密封件，并对减压压力进行检查调整。

4. 低压电磁阀部件。低压电磁阀如图 6-8 所示，由 ECM 控制其开合，停机状态下处于常闭状态，有及时切断或恢复燃料供给的作用。安装低压电磁阀时，为有效防止低压电磁阀进气接头接合部位漏气，安装该接头时必须使用螺纹密封胶有效密封，要求安装在电控调压器上面。

5. 电控调压器部件（EPR 阀）。电控调压器如图 6-9 所示，内部有一控制芯片，该控制芯片接受来自 ECM 的控制指令，通过高速电磁阀控制天然气气量，从而实时有效控制空燃比，可控制天然气喷射量。

安装电控调压器时应避免高频振动，其自带的减振软垫切勿自行拆除。为了让天然气的杂质流到混合器中随空气进入缸内燃烧掉，保持 EPR 阀内清洁，以保证天然气供给响应速度快，安装时电控调压器出气口中心水平高度不能低于混合器进气口中心高度。电控调压器天然气出气口离混合器天然气出气口距离要求控制在 500mm 以内。

电控调压器在汽车每行驶 5×10^4 km 后需对内部进行清洁，更换易损部件，检查轴销的磨损情况；每行驶 1.5×10^5 km 后需要更换膜片及密封件，并对压力进行校准。

图 6-8　低压电磁阀

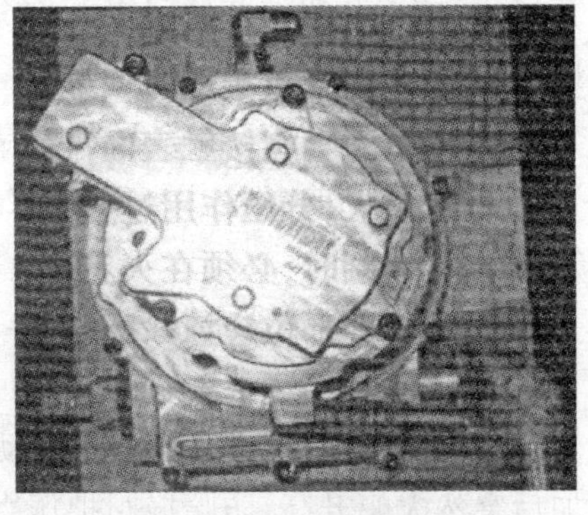

图 6-9　电控调压器

6. 比例调节混合器。比例调节混合器将天然气和中冷后的空气充分混合，使燃烧更充分、柔和，有效降低 NO_X 排放和排气温度。

比例调节混合器结构如图 6－10 所示。当发动机启动运行时，发动机进气歧管产生真空，混合器气室 B 的空气通过管道 E 进入发动机化油器进气管；气室 B 产生真空，而气室 A 与大气相通，混合器膜片在大气的压力作用下克服膜片组的重力和混合器弹簧的弹力上行，打开天然气进气管和混合器空气阀座，天然气和空气通过混合器进入发动机，发动机开始工作。混合器膜片根据发动机化油器进气管的真空度变化上下运动，天然气进气管开度的大小也随着变化，从而向发动机提供不同数量的天然气，与空气形成空燃比合理的混合气。

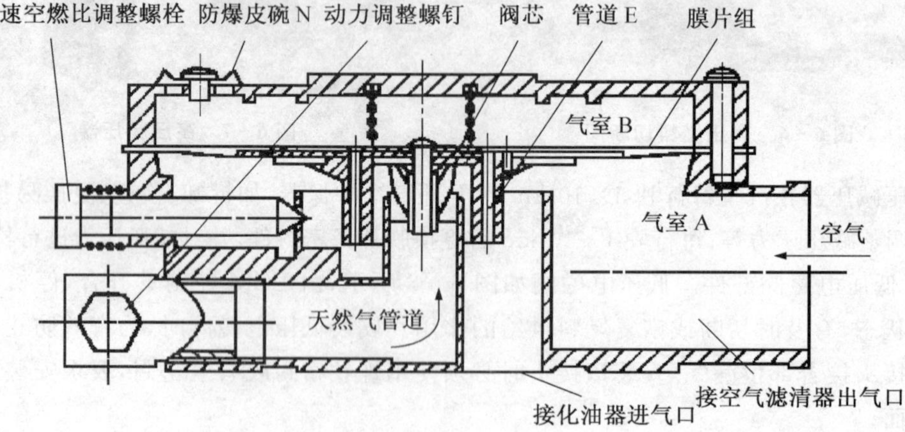

图 6－10　比例调节混合器

比例调节混合器如果使用不当或使用地区空气比较脏，容易导致部件损坏，如膜片损坏、燃料空气阀受阻甚至卡死，导致发动机工作不稳定。因此，要及时对比例调节混合器内部进行清洁保养。安装时调压器出气管安装在混合器天然气出气口处，连接部分需用密封胶密封防止漏气。

7. 电子节气门。电子节气门通过控制蝶阀的开度，控制进入缸内的混合气的量，从而控制发动机转速和负荷。驾驶者通过加速踏板将动力需求传送给 ECM，ECM 接收到加速踏板信号后，根据发动机运行工况控制电子节气门开度。安装时要求电子节气门驱动电动机轴线必须保持水平方向。汽车每行驶 1×10^5 km（视当地空气清洁度而定），从发动机上拆下节气门，检查和清洁节气门蝶阀部分。装复后要检查蝶阀运动有无卡滞，回位是否正常，否则需更换电子节气门总成。

8. 天然气温度传感器。天然气温度传感器实时测量电控调压器出口处的天然气温度，ECM 根据测量到的温度、压力等参数与所需要的目标空燃比计算出需要提供给发动机的天然气供给量。

天然气温度传感器安装时要求牢固地安装在电控调压器上的指定位置，并加密封胶密封，确保不发生天然气泄漏，拧紧力矩为 15～20N・m。

9. 防喘振阀。防喘振阀是当发动机突然减速时，电子节气门关闭，进气歧管内的压力叠加后突然大幅升高，防喘振阀把压力释放，避免增压器叶片因超速喘振而损坏。

防喘振阀共有 3 个接口，喘振阀通气软管连通防喘振阀和进气管，另两个接口分别连接

增压器前进气管和增压器后进气管，连接安装如图 6－11 所示。图中为两个防喘振阀。

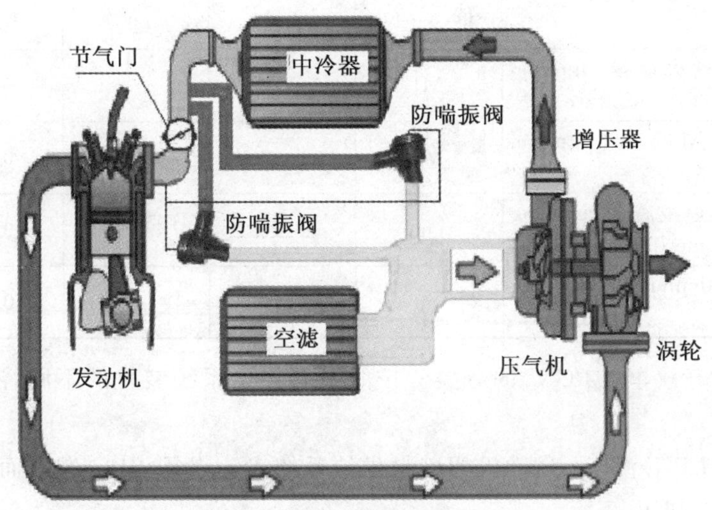

图 6－11 防喘振阀连接示意图

四、液化石油气(LPG)汽车

(一) 液化石油气汽车的特点及分类

1. 液化石油气的理化特性。液化石油气的主要成分是丙烷 C_3H_8，此外还含有少量的丁烷 C_4H_{10}、丙烯 C_3H_6 和丁烯 C_4H_8。它无色无味，在常温下密度比汽油低一些，沸点也比汽油低，着火温度与汽油相当，并且辛烷值高于汽油，抗爆性好于汽油。液化石油气的另一特征是在室温和相对较低的压力下（400～1 200kPa）会转化为液体。液化石油气的主要性质见表 6－2。

表 6－2 液化石油气的主要性质

项　　目	单　　位	C_3H_8	C_4H_{10}	C_3H_6	C_4H_8
分子量(Molecular Weight)		44.11	58.14	42.09	56.1
沸点(Boiling Point)	℃	－42.07		－33.5	－33.5
蒸发潜热(Evaporation Heat)	j/g	422			
燃烧热值(Heat of Combustion)	j/g	50 339		46 697.9	
在空气中的爆炸极限(Explosion Limit in Air Mixture)	Vol%	2.1～9.5	1.9～8.5	2.4～10.4	
自燃温度(Ignition Temperature)	℃	432	460	498	
闪点(Flashing Temperature)	℃	－104			
最大燃烧速度(Maximum Buring Velocity)	cm/s	43		52	54
理论混合比下的绝热火焰温度(Adiabatic Flame Temperature in Stoichiometric Mixture)	℃	1 977		2 054	2 043

续表

项　　目	单　位	C_3H_8	C_4H_{10}	C_3H_6	C_4H_8
理论混合比下的点火能量(Ignition Energy of Stoichiometric Mixture)	MJ	0.3		0.24	
最小点火能量(Minimum Ignition Energy)	MJ			0.23	
理论混合比下的淬熄距离(Quenching Distance of Stoichiometric)	cm	0.18		0.18	
最小淬熄距离(Minimum Quenching Distance)	cm	0.17		0.18	

2. 液化石油气汽车(LPGV)的分类。按照燃料供给系统装置的不同,液化石油气汽车可分为:

(1) 单燃料(LPG)汽车。发动机的燃料供给系统专为燃用 LPG 燃料而设计,其结构保证气体燃料能有效利用。

(2) 两用燃料(LPG 和汽油)汽车。汽车设有两套独立的燃料供给系统,利用选择开关可在 LPG 和汽油两种燃料中进行转换使用,但两种燃料不允许同时混合使用。

(3) 双燃料(LPG 和柴油)汽车。系统有同时供给汽车两种燃料的装备,配备两个供给系统及两个独立的燃料储存系统。发动机工作于双燃料状态时,用压燃的柴油引燃 LPG 与空气的混合气而实现燃烧。发动机也可使用纯柴油工作,在低负荷及怠速时自动转换到纯柴油工作方式。

液化石油气汽车燃料供给系也分为开环混合器供气系统、闭环带电控动力阀的混合器供气系统和电控燃气喷射系统等三类。

(二) 液化石油气汽车结构及工作原理

液化石油气供给系统在整车上的布置如图 6-12 所示,储气部分一般布置在车厢后半部分,相对比较安全。

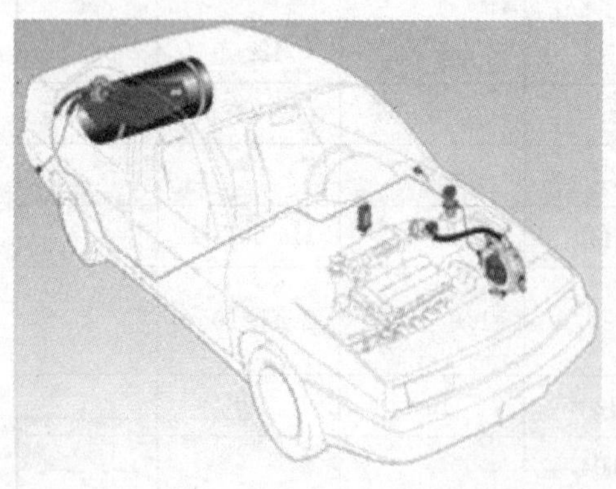

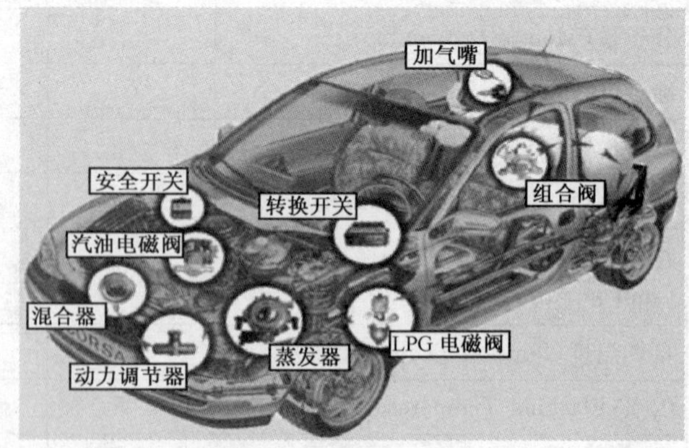

图 6-12　液化石油气供给系统布置

1. 液化石油气汽车燃料供给系统结构。图 6-13 所示为由化油器汽车改装的两用燃料(液化石油气 LPG 和汽油)汽车燃料供给系统。汽油供给和 LPG 供给分别为两套独立的装置,其中 LPG 供给主要包括 LPG 储存装置(钢瓶、组合阀等)、供给装置(如高压管、混合器、

蒸发减压器等)和控制装置(如 LPG 电磁截止阀、功率调节阀、减压器调节阀、电子油气转化开关等)组成。

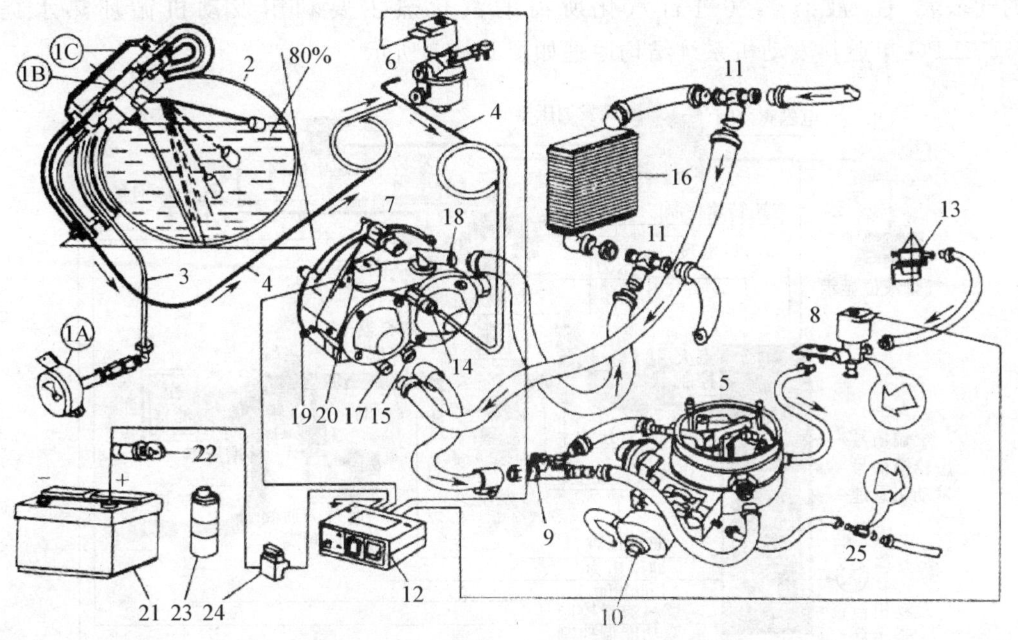

图 6-13 液化石油气燃料供给系统结构图

1A-LPG 充气阀;1B-组合阀;1C-防泄漏密封盒;2-LPG 钢瓶;3-充气管;4-高压管;5-混合器;6-LPG 电磁截止阀;7-蒸发调压器;8-汽油电磁截止阀;9-功率调节阀;10-化油器;11-循环水三通接头;12-电子油气转换开关;13-汽油泵;14-燃气入口;15-燃气出口;16-散热器;17-循环水入口;18-循环水出口;19-怠速调节螺栓;20-减压器电磁阀;21-蓄电池;22-点火开关;23-高压线圈;24-熔丝;25-回油阀

2. 液化石油气系统工作原理。液化石油气工作流程如图 6-14 所示。其工作原理与天

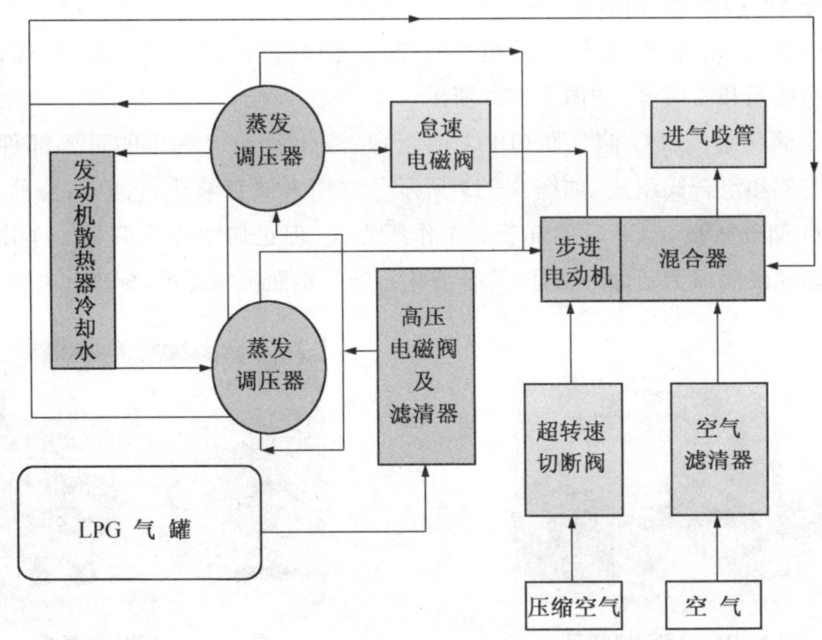

图 6-14 液化石油气工作流程示意图

燃气 CNG 供给系统不同的是：液化石油气很容易液化，常温下加压到 2MPa 左右以液态方式存储，液态 LPG 经蒸发调压器减压，汽化后与空气均匀混合，并根据发动机的负荷提供适量的气态燃气。液态燃气进行汽化所需的汽化热主要利用发动机循环热水提供。YC6112LPG 单燃料发动机系统结构原理如图 6－15 所示。

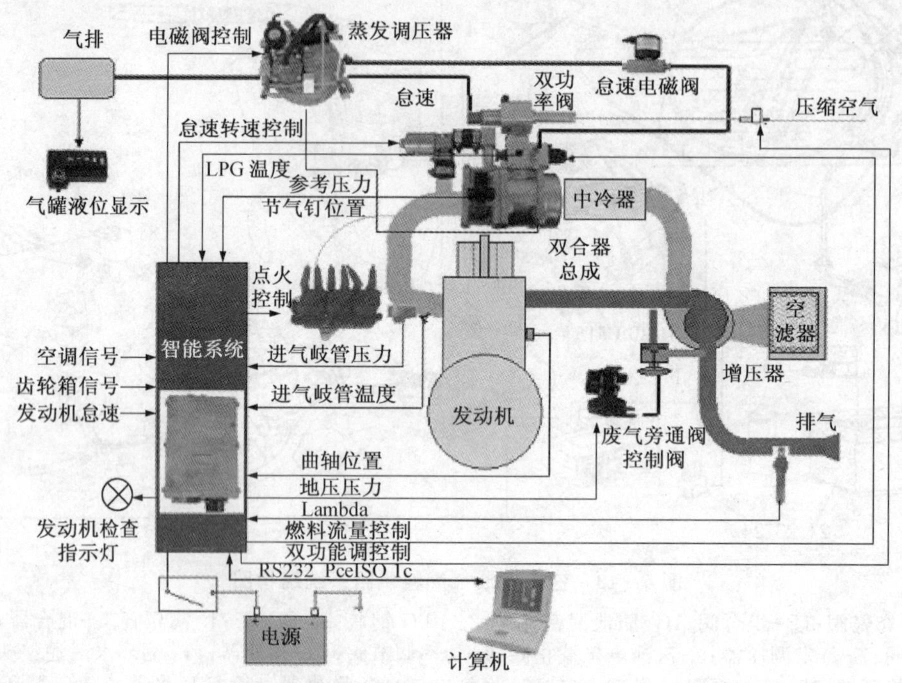

图 6－15　YC6112LPG 单燃料发动机系统结构原理图

（三）液化石油气汽车的主要部件

1. 液化石油气汽车专用装置。

（1）LPG 加气口。LPG 加气口的组成有接头、锁紧螺母、单向阀、外套、阀体、密封垫、钥匙、旋盖、连接圈和安装盒，如图 6－16 所示。

（2）LPG 储气瓶。LPG 储气瓶（LPG 钢瓶）是液化石油气汽车的重要部件之一，由瓶体、防护盒、支架和组合阀组成，如图 6－17 所示。它用来储存液化石油气，公称工作压力为 2.2MPa。LPG 储气瓶没有 CNG 储气瓶的工作压力高，但也属于压力容器。车用 LPG 储气瓶的生产也必须经国家劳动部的认证，符合液化石油气钢瓶国家标准，标准代号为 GB17259—

图 6－16　LPG 加气口

图 6－17　LPG 储气瓶

1998。LPG储气瓶一般采用钢质，圆柱筒形是液化石油气储气瓶的基本形式。在小轿车上，LPG一般安装在后行李箱内，为紧凑起见，宜采用车轮形，以便将其放置在原备用轮胎处。

(3) 组合阀。组合阀包括进气口单向阀、自动限充阀、出气口手动阀、超流阀、安全阀(压力泄放阀)、气量表及电子显示器接头(图6-18)，有些还装有电磁控制阀。

① 自动限充阀又叫超量灌装防止阀，限制充量在80%以下，预留燃料因温差产生的体积变化量。

② 压力泄放阀即安全阀，当燃气储气瓶受热，致使储气瓶内压力异常上升超过临界值时，会自动泄压，即使蓄意将钢瓶置于火场都不会爆炸。

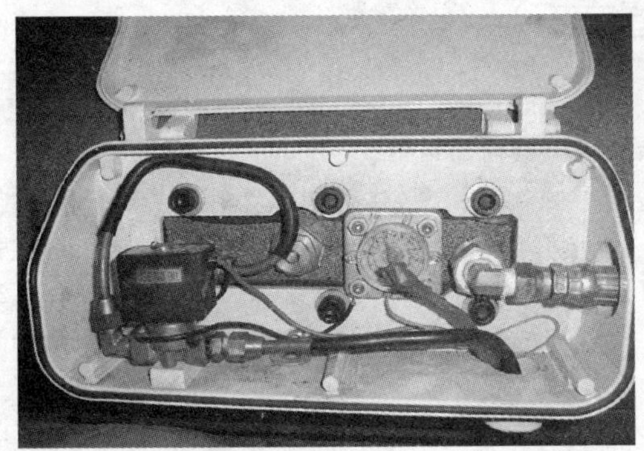
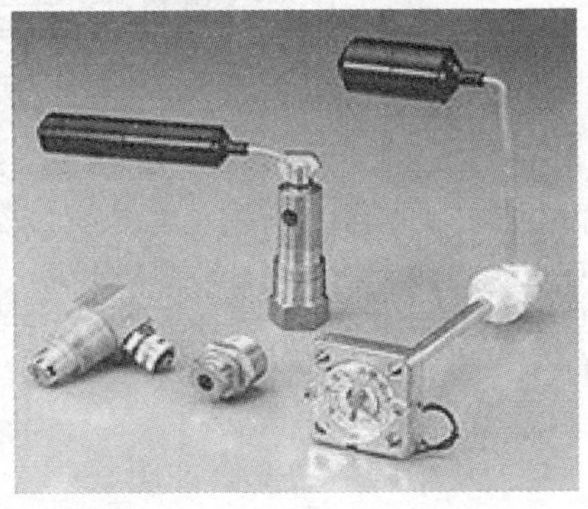

图6-18　组合阀零部件

③ 超流量关闭阀简称超流阀，当供气管路受损破裂，出现异常大流量时，超流量关闭阀能自动感应并关闭燃气。

④ 出气口手动阀，用于紧急情况下手动关闭，便于储气瓶及管路的维修、保养。

⑤ 液面计，用于显示储气瓶内LPG的存量多少，以决定是否加气。液面计的浮筒会随LPG液面高低而带动扇形轴，并使轴端的电动机随之转动，以带动刻度板上的磁铁，除在刻度板上立即显示存量之外，因刻度板装的可变电阻连接至驾驶座前仪表板的气量表，气量表也显示LPG的存量。

(4) 汽化调节器。汽化调节器又称蒸发调压器，其零部件及内部结构如图6-19和图6-20所示。其功能有：将高压燃气调整至工作压力；利用发动机循环热水，提供液态燃气进行汽化所需的汽化热；依据负荷提供适量的气态燃气；紧急状态或发动机熄火时，自动切断燃气供应。

图6-19　汽化调节器

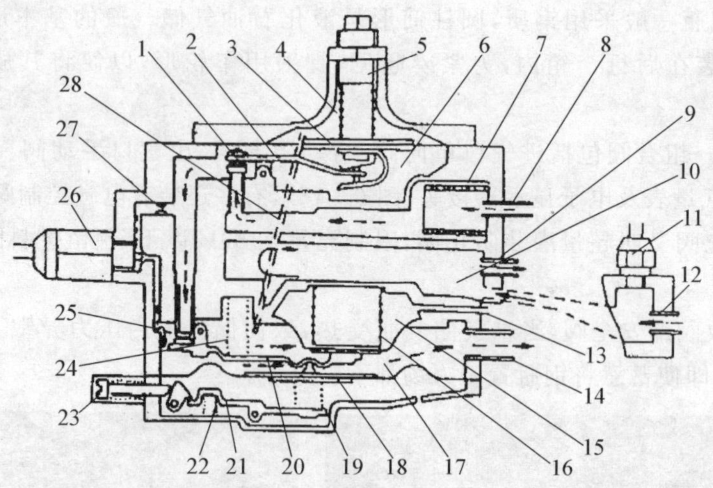

图 6-20　汽化调节器内部结构

1-次压阀门；2-次压杠杆；3-次压膜片；4、16、22、24-弹簧；5-次压压力调整螺钉；6-次压室；7-滤网；8-LPG 进口；9-加热水出口；10-加热水室；11-温控开关；12-加热水入口；13-真空接头(接进气歧管)；14-LPG 出口；15-真空管；17-二次压室；18-二次压膜片；19-平衡弹簧；20-二次压阀门；21-怠速调整杠杆；23-怠速调整螺钉；25-二次压阀门；26-加浓电磁阀；27-加浓量孔；28-压力平衡通道

(5) 功率阀。功率阀如图 6-21 所示，其作用是自动调节 LPG 的输气量和调整发动机最大功率时的供气量，满足发动机的需求。

图 6-21　功率阀

(6) 混合器。混合器的结构如图 6-22 所示，其作用是将空气和 LPG 按适当的比例混合，送到发动机气缸燃烧。

(7) 液化石油气汽车阀类件。液化石油气汽车阀类零件主要包括汽油电磁阀(图 6-23)和 LPG 高压电磁阀(带过滤器)(图 6-24)。

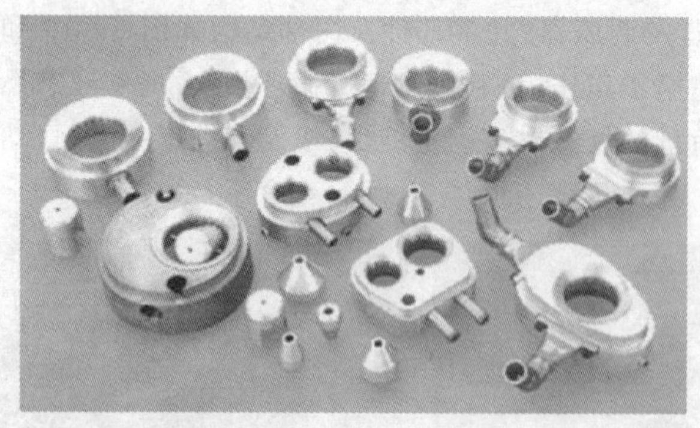

图 6-22　混合器

图 6-23　汽油电磁阀

(8) 液化石油气汽车管类件。液化石油气汽车管类零件有加气管、输液管 、低压输气管、冷却水输入/输出管等，如图 6-25 所示。

图 6－24　LPG高压电磁阀

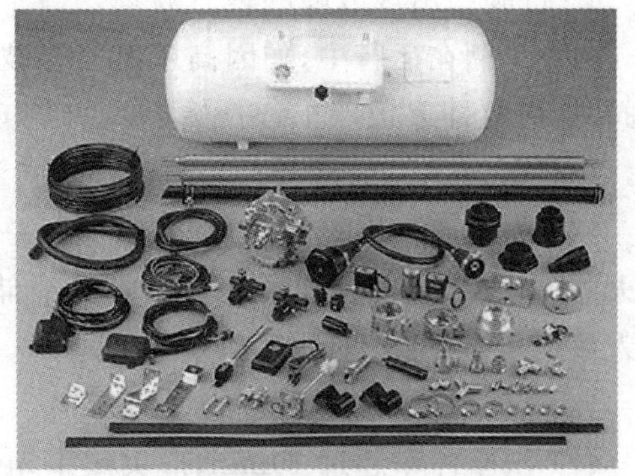

图 6－25　液化石油气汽车管类件

(四) 燃气汽车使用注意事项

1. 充装燃气时的要求。

(1) 充气时,严格执行充气安全操作规程,挂上排挡和拉上手刹车,关闭车上所有电气装置(包括收音机、冷却风扇),断开电源总开关;系统储气瓶内气压不得超过额定工作压力(CNG不大于20MPa;LPG不大于2.2MPa),人不能站在充气阀口正面,防止充气头滑脱。

(2) 充气后,应注意检查系统是否有漏气现象,若发现漏气和其他故障,一定要排除故障后才能上路行驶。

(3) 打开瓶口阀时,人不得站在瓶口阀的正面,截止阀应缓慢开启,防止冲击压力表、阀和其他零件。

2. 出车前例检。检查燃气系统高压表的指示压力,与停车前比较检查有无明显下降;检查燃气储存情况、装置和管线是否有漏气现象,以及各部件、管线有无松动及异常情况,如有松动、漏气,应及时排除。

3. 发动机启动操作要求。

(1) 用汽油启动。关闭主气阀,打开点火钥匙到发动机“运行”挡,打开转换开关至用“油”挡,数秒后,将点火钥匙旋转到“启动”挡,即可用汽油启动行驶。

(2) 用燃气启动。

① 化油器中有汽油：由于化油器中有汽油,需将化油器中汽油用完后方可用液化石油气LPG启动。首先,将转换开关打至用“油”挡,启动发动机,当发动机内汽油即将用完时,迅速打开主气阀至全开,将转换开关打至“气”挡,即可用液化石油气运行。或者将化油器中的汽油用完,发动机停止运转后,再打开主气阀至全开,将转换开关打至“气”挡,重新启动发动机,用液化石油气运行。

② 化油器中无汽油：打开主气阀至全开,将转换开关打至“气”挡,将点火钥匙旋转到“启动”挡,即可用液化石油气运行。

(3) 用燃气作燃料起步,应以比汽油起步低的挡起步;起步前,发动机水温应在40℃以上,否则会造成发动机早期磨损和汽化调节器因冰堵而损坏的不良后果。

4. 行驶中出现故障的紧急处理。

(1) 车辆在运行中，如因高压燃气管破裂、卡套松脱造成燃气大量泄漏而无法关闭储气瓶阀时，应立即靠边停车，疏散乘员，并将现场圈起隔离，不得允许人员、车辆进入，隔离火源，待燃气散尽后再作处理。

(2) 如果发生火灾，除立即关闭电源总开关、手动气阀和储气瓶阀外，还应隔离现场，用灭火器灭火；如果因交通事故引起管路或储气瓶阀无法关闭，而导致燃气大量泄漏，应向有关人员报告，以便分别处理。

5. 停驶时要求。

(1) 汽车停车超过 10min，应关闭手动气阀及电气总开关。

(2) 每日收班后，应检查系统是否正常，有无漏气现象，钢瓶有无松动及异常现象，关闭手动阀及电气总开关，查看高压表压力情况，以作次日判断系统是否漏气之依据。

(3) 汽车长期停放时，应将冷却液、燃油放尽，燃气用完，并断开电源，拆下蓄电池引线，将蓄电池置于通风、防潮、防火、防晒的场所。

6. 汽车检修要求。

(1) 检漏时只许用检漏仪、洗涤剂或肥皂水，严禁用明火检漏。

(2) 所有接头、卡套、装置、仪表、管路等燃气器件应保持清洁，禁止用油污手去安装、紧固。

(3) 拆卸管路或部件，尤其是高压部分的管路或部件，必须泄压后才能拆卸，防止高压气体冲击伤人。

(4) 车辆保养时，严禁敲打、碰撞燃气装置系统，并远离火源 10m 以上。

(5) 汽车长期使用燃气，应定期改用汽油燃料，以运转发动机，检查化油器工作性能，防止供油系统失效，保持两种燃料供给系统都处于良好状态。

7. 安全操作规范。

(1) 只有接受过汽油/LPG 双燃料汽车维修培训的专门人员才能有资格维修双燃料系统。

(2) 维修时不应穿着化纤工作服，以免产生静电。

(3) 维修时不得拆卸钢瓶上的多功能组合阀，多功能组合阀损坏时只能与钢瓶一起更换。

(4) 当必须拆卸含有 LPG 气体或液体的管路时，必须使用专门的防静电扳手，同时必须戴手套操作，以防冻伤。

(5) 检修操作应在通风处进行，不要在地下室进行工作。

(6) 操作前应卸下蓄电池，并使车辆接地，减少电火花发生的机会。

(7) 在操作现场不得有任何形式的明火，如香烟、电焊、砂轮火花等。

(8) 在拆下钢瓶总成或气体管路时，应先关闭钢瓶上的手动出气截止阀，让发动机在 LPG 状态下运转，直到管路中的 LPG 耗尽而停止。

(9) 当车辆需要停放在超过 50℃ 的高温环境中时(如烤漆房中时)，应拆下钢瓶总成。

(10) LPG 液体管路铜管接头拆卸后，应更换新的管接头，修理后应用可燃气体测试仪或肥皂水或其他方法检查相应位置的密封性。

任务小结

气体燃料汽车又叫燃气汽车，主要分为液化石油气（LPG）汽车、液化天然气（LNG）汽车和压缩天然气（CNG）汽车等。液化天然气由于技术原因，在汽车上的应用没有其余两种广泛。本任务简要介绍了气体燃料汽车的分类，重点介绍了液化石油气汽车和压缩天然气汽车的结构组成及工作过程，并对这两种汽车的主要零部件结构及功用进行了详细的阐述，最后介绍了这类汽车的使用注意事项，以对气体燃料汽车有一个全面的认知。

习　题

一、填空题

1. 气体燃料汽车是指装备有________、________和________等气体为燃料的发动机的汽车。

2. CNG 压缩天然气汽车储气钢瓶的公称压力为________MPa，使用时压力一般不能低于________MPa。

3. 压缩天然气供气系统主要由__________、____________、____________、__________和__________等组成。

4. CNG 储气瓶充填限制阀的作用主要是限制充气时气瓶内的充气压力不能超过________。

二、判断题

1. 高压燃料切断阀停机状态下处于常开状态。　（　）

2. 液化石油气检修操作应在通风处进行，不要在地下室进行工作。　（　）

3. 液化石油气汽车充装燃气时，人必须站在充气阀口正面，以便充气头滑脱时快速处理。　（　）

4. 防喘振阀的作用主要是当发动机突然减速时，通过喘振阀释放压力，使增压器压气机前后压力平衡，保护增压器。　（　）

三、综合题

1. 气体燃料汽车可以分为哪几类？各有哪些特点？

2. 天然气汽车主要由哪几部分组成，其工作原理如何？

3. 液化石油气汽车的结构与天然气汽车有哪些区别？

4. 液化石油气汽车使用注意事项有哪些？

任务2　气体燃料汽车技术及应用

学习目标

1. 知识目标

(1) 了解气体燃料汽车的发展及应用现状。

(2) 认识气体燃料汽车的关键技术。

(3) 熟悉气体燃料汽车的优缺点。

2. 能力目标

(1) 能简单描述气体燃料汽车的优缺点。

(2) 能简单描述气体燃料汽车的发展瓶颈。

相关知识

一、气体燃料汽车的关键技术

近些年来，由于石油危机凸显，石油供应紧张带来的各种压力以及对经济发展产生的负面影响，迫使世界各国纷纷调整汽车燃料结构。燃气汽车由于其排放性能好、运行成本低、技术成熟、安全可靠，所以被世界各国公认为当前最理想的替代燃料汽车。气体燃料汽车的技术关键集中在燃料供给系统的开发和发动机工作过程的优化两方面，尤其是如何控制燃料的供给量，即空燃比调节和混合气量控制。与燃油汽车相比，燃气汽车技术主要体现在以下三方面：

(1) 加气站技术。

(2) 储气瓶技术。

(3) 发动机技术。

目前我国天然气发动机技术是在传统汽油发动机或柴油发动机技术基础上开发的，基本原理和机体结构都没有太大改变，变化较大的是燃料供给系统和点火系统。天然气发动机大多采用火花塞点火技术，不能采用压燃技术，这就限制了发动机压缩比的提高，限制了发动机功率的增加。我国潍柴动力成功开发了天然气发动机缸内直喷点火系统，加拿大西港创新公司开发了天然气发动机高压直喷技术(HPDI)，用少量柴油为点火源，在发动机内引燃天然气。由两根同心针设计的喷嘴直接取代柴油喷嘴，可以用 30MPa 喷射压力独立喷射天然气，无需节气门，无需在机外预混燃料。我国突破了 LNG 低温液化、储存、运输、使用的关键技术，改变了我国 LNG 汽车液化气关键设备只能依靠进口，及绝大部分使用 CNG 的局面。

未来燃气汽车技术的发展主要集中在以下几方面：

(1) 缸内气体燃料喷射供气方式。

(2) 液化天然气技术。

(3) 液体喷射技术。

(4) 专用型单一气体燃料发动机技术。

二、气体燃料汽车的特点

与燃油发动机相比，气体燃料发动机具有以下特点：

1. 具有较好的排放性能。

(1) 天然气和液化石油气在常温下为气态，以气态进入内燃机，燃料与空气同相，混合均匀，燃烧比较完全，可大幅度降低 CO 和 HC 的排放量，彻底改善微粒排放污染。天然气和液化石油气火焰温度低，也会使 NO_x 排放量减少。柴油、汽油、液化石油气、天然气碳含量依次降低，因此以产生相同热量计算，产生的 CO_2 也可比汽柴油降低 15%以上。

(2) 冷启动或低温运转时，无须燃用浓混合气，因而相应工况的排放低，不存在液体燃料的蒸发排放。

2. 具有较佳的经济性。从燃料成本上看，天然气成本最低，液化石油气次之。天然气是价格最低的能源，天然气汽车的燃料费用大约是汽油车或柴油车的一半。从燃料的应用性看，由于液化石油气在低压常温下就可液化，其运输、存储、携带方便，因而经济性最好。其他气体由于液化极困难，因此这方面的附加成本较高。

3. 动力性有待提高。由于气体燃料本身是气态，当采用缸外预混合方式时，就会占据部分进入气缸的空气量，充气系数比使用液体燃料大约低 10%左右，同时气体燃料的理论混合气热值也较低，与同排量的汽油机相比，使用天然气或液化石油气将使发动机功率有所下降。

4. 抗爆性较好。天然气辛烷值高，约为 130，液化石油气的辛烷值也在 100 左右，高级汽油的辛烷值在 96 左右，所以天然气和液化石油气不需要添加剂或加铅抗爆剂等。当天然气应用于汽油机，可适当增大发动机压缩比和点火提前角，以提高发动机性能。

5. 安全性较好。天然气(甲烷)本身无毒性，是最安全的气体燃料。天然气密度较空气轻，一旦泄漏也很快飘散，不易形成可燃混合气。液化石油气密度比空气大、易沉积，不易逸走，易形成可燃混合气，因此安全性相对较差。

6. 燃料携带性较差。天然气不能压缩成液态形式存储，而必须以高压(20～25MPa)存储在高压气瓶内，所以携带性较差；但液化石油气在较低压力下(690kPa)就可以完全液化，可以和汽油、柴油一样携带，较为方便。

7. 使用性能好。以天然气和液化石油气为燃料的发动机，冷启动性能好，运转平稳，不含汽柴油中存在的胶质，因而在燃烧中不会产生如汽、柴油燃料中胶质产生的积炭，同样由于其 S 含量和机械杂质均远低于汽、柴油，对气缸、活塞、活塞环、气门等零部件的危害较小。气体燃料不会对机油产生稀释，因此发动机寿命长，汽车大修里程可提高 20%以上。不用经常注入机油和更换火花塞，比使用常规燃料节约 50%以上的维修费用。

三、气体燃料汽车的应用示例

(一) 欧宝 Zafiria 1.6 CNG Turbo

意大利欧宝 Zafiria1.6CNGTurbo 车型如图 6-26 所示。该车型既可以使用天然气/生物甲烷,也可以使用普通的汽油。搭载 CNG 涡轮增压发动机的车型,动力输出为 150 马力(1 马力=735.5W),扭矩为 210N·m,最高时速为 200km/h。在 CNG 模式下可行驶 370km。另外,其 14L 汽油储备油箱里储备的汽油还能供汽车再多行驶 150km,以备加不到天然气的时候,还能够行驶到汽油站加油。使用天然气的成本比同等的汽油机车型减少了大约 50%。

图 6-26 欧宝 Zafiria

(二) 奔驰 B 170 NGT Blue Efficiency

奔驰的这款 B 级车如图 6-27 所示,也使用了 bi-fuel 技术。它的发动机使用柴油(或汽油)与混合压缩天然气燃料共同做功。在行驶过程中,可以随意选择使用天然气或柴油(或汽油)作为动力来源,一个常规燃料油箱加上天然气油箱,一共可以行驶 621mile。此款车型在欧洲已上市销售。

图 6-27 奔驰 B NGT Blue Efficiency

四、气体燃料汽车的发展前景

随着国际油价的一路高涨,客运企业运营成本和压力愈来愈高。由于我国燃气汽车开发、生产、使用诸环节的关键技术取得了全面突破,相较于新能源客车,燃气客车的技术成熟度和稳定性等问题已得到解决,燃气客车的市场发展迅速。我国有郑州宇通、厦门金龙、金旅、安凯、长安、东风扬子江、烟台舒驰、潍柴、玉柴、上柴、中集安瑞科等国内外天然气汽车和相关零部件企业竞相亮相,极大地推动着燃气汽车产业的发展。然而我国燃气汽车产业化发展还存在一些瓶颈,主要体现在以下三方面:

(1) 燃气汽车的标准规范欠缺。目前我国在用的 19 万辆左右燃气汽车的专用装置来自十多个国家,有几十种品牌,所用储气瓶组合阀的绝大多数用进口件。由于燃气汽车装置缺乏统一的标准,所以很难形成燃气汽车的有序快速发展。

(2) 燃气汽车关键零部件的技术水平还有差距,环保效果不明显,导致一些汽车生产厂商不愿生产燃气汽车。

(3) 燃气汽车加气站等基础设施建设滞后,也影响了车用燃气汽车的推广应用。燃气汽车加气站投资规模较大,主要原因是进口关键设备,如高性能天然气压缩机、脱硫及深度

脱水装置价格昂贵，而国产设备的性能和可靠性有待进一步提高，亟须组织力量对关键技术进行攻关。同时，要加强国家的统一规划，制定配套政策，保证燃气汽车加气站的建设速度能够适应燃气汽车发展的需求。

任务小结

气体燃料作为清洁能源，气体燃料汽车是传统汽、柴油汽车的有效替代车辆。气体燃料汽车具有许多传统汽车不可比拟的优越性，因此气体燃料汽车在公共交通领域应用越来越广泛。本任务就气体燃料汽车的关键技术、特点、应用现状和发展瓶颈作了简要介绍，并结合具体车型对整体燃料汽车的性能特点作了进一步的说明。

习　题

一、填空题

1. 天然气的主要成分是________。
2. 高压压缩天然气经过减压器减压后，压力一般为减至__________MPa。
3. 液化石油气的主要成分是__________。
4. LPG 储气瓶公称工作压力为____________MPa。

二、判断题

1. 液化石油气容易液化，常温下加压到 2.2 MPa 左右，以液态方式存储。　（　　）
2. 天然气和液化石油气由于辛烷值较高，汽车上使用不需要添加剂或加铅抗爆剂。　（　　）
3. 天然气应用于汽油机，可适当增大发动机压缩比和点火提前角，以提高发动机性能。　（　　）
4. 天然气本身无毒性，是最安全的气体燃料。　（　　）

三、综合题

1. 气体燃料汽车有哪些优缺点？
2. 气体燃料汽车发展的关键技术有哪些？
3. 你认为气体燃料汽车发展前景如何？
4. 目前我国发展和普及气体燃料汽车，还应具备哪些条件？